Anton Friedrich Schneider

Monographie der Nematoden

AF131055

Anton Friedrich Schneider

Monographie der Nematoden

ISBN/EAN: 9783743337244

Hergestellt in Europa, USA, Kanada, Australien, Japan

Cover: Foto ©ninafisch / pixelio.de

Manufactured and distributed by brebook publishing software
(www.brebook.com)

Anton Friedrich Schneider

Monographie der Nematoden

MONOGRAPHIE

DER

NEMATODEN

VON

ANTON SCHNEIDER, Dr. phil.,

PRIVATDOCENT DER ZOOLOGIE AN DER UNIVERSITÄT BERLIN.

MIT 28 TAFELN UND 130 HOLZSCHNITTEN.

BERLIN.

DRUCK UND VERLAG VON GEORG REIMER.

1866.

VORREDE.

Eine längere Beschäftigung mit der Anatomie und Entwicklungsgeschichte der Nematoden hatte mich überzeugt, dass die systematische Eintheilung derselben einer durchgreifenden Veränderung bedürfe. Als mir daher im Jahre 1859 Herr Professor Peters antrug die Katalogisirung und Ordnung der helminthologischen Sammlung des hiesigen zoologischen Museums zu übernehmen, widmete ich meine Kräfte um so lieber dieser Aufgabe, als mir nun durch die freie Benutzung einer grossen Sammlung möglich wurde, das System der Nematoden zu bearbeiten. Für die vielfache Unterstützung und Förderung, die mir Herr Professor Peters während der Zeit meiner Beschäftigung am zoologischen Museum zu Theil werden liess, sage ich demselben meinen wärmsten Dank. Auch Herrn Geheimenrath Gurlt, der mir die Benutzung der Sammlung der Thierarzneischule in liberalster Weise gestattete, bin ich zu grossem Dank verpflichtet.

Die bildliche Darstellung namentlich der sehr complicirten Mundtheile der Nematoden bot grosse Schwierigkeiten. Ich würde dieselben in keiner Weise überwunden haben, hätte ich mich nicht der Unterstützung meines verehrten Freundes Herrn G. R. Wagener zu erfreuen gehabt, der sowohl ein Meister in der Darstellung microscopischer Gegenstände, als auch ein gründlicher Kenner der Nematoden ist. Eine Anzahl der schwierigsten Figuren sind von ihm selbst gezeichnet, an einen grossen Theil der andern hat er unermüdlich seine bessernde Hand gelegt. Auch die grosse Bereitwilligkeit, mit welcher der Herr Verleger meinen Wünschen in Betreff der Ausstattung entgegengekommen ist, muss ich dankbar anerkennen.

Die Zahl der in diesem Werk beschriebnen Species beträgt etwa 180. Wie gering diese Zahl gegen die der wirklich lebenden ist, davon kann man sich aus folgenden Angaben eine Vorstellung machen. Von unsern Species leben:

145 in 145 Species von Wirbelthieren,
2 - 2 - - Mollusken,
2 - 10 - - Insecten,
1 - 2 - - Pflanzen,
30 frei in der Erde, Süss- und Meerwasser.

Es wäre allerdings zu hoch gegriffen, wollte man auf jede Wirbelthierspecies eine Nematodenspecies als Bewohner rechnen. Bedenkt man aber, dass wohl jedes Wirbelthier Ne-

matoden beherbergen kann, und dass 20,000 Wirbelthierspecies
bekannt sind, so lässt sich annehmen, dass die 145 beschriebenen Species nur einen sehr geringen Theil der darin wirklich lebenden darstellen. Unter den Mollusken scheinen
Nematoden in wenig Species, nur in Landschnecken vorzukommen. Die Gliederthiere, deren Untersuchung ich fast
ganz unterlassen habe, werden aber sicher eine grosse Zahl
neuer Species liefern, wie sich aus der Zahl der von Hammer-
schmidt in Käferlarven und von Leydy in Myriapoden gefundnen schliessen lässt. Auch in Bezug auf die freilebenden
stehen wir nur im Anfang der Kenntniss. Welchen Reichthum
an marinen Formen allein die Küsten des Mittelmeeres und Eng-
lands beherbergen, davon geben die Untersuchungen Eberth's
und Bastian's Zeugniss. Von freilebenden Nematoden aus
faulenden Substanzen habe ich allein zwölf neue Species beschrieben. Dass die Gattungen Mermis und Gordius sicher
ungleich mehr Species als die wenigen bis jetzt bekannten enthalten werden, lässt sich aus der Verbreitung und Mannichfaltigkeit der Insecten schliessen, welche den Larven dieser
Gattungen zum Wohnort dienen. Gehören aber die Nematoden
offenbar zu den an Arten reichsten Ordnungen des Thierreichs,
so gehören sie auch noch zu denen, welche sich durch massen-
haftes Auftreten der Individuen auszeichnen. Schon unter den
parasitischen Species setzt uns die Zahl der Individuen, welche
ein einziges Thier bewohnen, oft in Staunen. Noch grösser aber

ist die Zahl bei den freilebenden Formen. Der Grund der süssen
Gewässer und der Meeresküsten ist davon bedeckt und die
ganze Humusdecke unsrer Erde von zahllosen Mengen derselben durchwandert. Wo sich überhaupt Feuchtigkeit längere
Zeit hält, können wir sicher sein diese Thiere zu finden.

Berlin, 1. September 1866.

INHALTSVERZEICHNISS.

GESCHICHTLICHE EINLEITUNG.

Die Nematoden gehören nicht zu den Naturgegenständen, welche durch auffallende Regelmässigkeit des Baus, Schönheit der Form, oder Farbenglanz zur Untersuchung einladen, ihre scheinbare Einförmigkeit hat vielmehr etwas Abschreckendes. Wir dürfen uns deshalb nicht wundern die Litteratur[1]) derselben verhältnissmässig arm zu finden. Am frühsten kannte man die Rundwürmer des Menschen und der Hausthiere. Da dieselben oft und in grosser Menge auftreten, konnten sie den Aerzten und Landwirthen nicht wohl entgehen. So werden im Alterthum die Nematoden des Menschen erwähnt von Hippocrates[2]), Aristoteles[3]), Celsus[4]), Galen[5]). Von den Ascariden der Kälber spricht Columella[6]), von denen der Pferde Vegetius[7]). Nimmt man hinzu, dass dem Agatharchidas[8]) die Filaria medinensis bekannt war, so dürften wir Alles bezeichnet haben, was das Alterthum von den Nematoden wusste.

Eine nähere Beschreibung der Körpergestalt findet sich nirgends, ebensowenig hatten die Alten irgend eine Einsicht in den Bau dieser Thiere.

---

[1]) Rudolphi (Historia naturalis Ent. I. S. 1 und Synopsis S. 602) hat die Litteratur der Nematoden bis zum Jahre 1819 vollständig zusammengestellt, und über die Ansichten der Schriftsteller kritisch berichtet. Bis 1860 findet man die Citate in Diesing's beiden Werken Systema helminthum und Revision der Nematoden (Sitzungsberichte d. Wiener Academie math. naturw. Classe, Sitz. v. 6. Dez. 1860).

[2]) Aphorism. 3. 26 ἑλμινθες στρογγύλαι und ἀσκαρίδες.

[3]) Hist. anim. 5. 19.

[4]) de medicina 4. 18.

[5]) Comment. 3.

[6]) 6. 25.

[7]) Mulomedicina 1. 44.

[8]) Plutarch. Quest. conviv. lib. VIII. quest. 9.

Aristoteles stellt die *ἑλμινθες* mit den Insecten zusammen, insbesondre mit den Larven, welche sich im entleerten Kothe einfinden.

Die Entstehung der Eingeweidewürmer geschah nach der Ansicht des Alterthums durch Urzeugung aus dem thierischen Auswurfe, welcher sich noch im Darm befindet und zwar sind uns zwei etwas verschiedne Ansichten überliefert. Nach dem Schriftsteller des fälschlich dem Hippo- crates zugeschriebenen wahrscheinlich von einem Schüler desselben her- rührenden Buches de morbis[1]) entstehen sie nur im Embryo, weil da allein der Koth lange genug im Darm zurück bleibe. Zum Beweis wird angeführt, dass in der ersten Entleerung der Neugebornen sich bereits Würmer finden, eine Behauptung, welche bis Anfang dieses Jahrhunderts oft wiederholt worden ist. Nach ihrer Entstehung durch Urzeugung sollen die runden Würmer allerdings gebären, die breiten aber nicht. Aristo- teles lässt die Eingeweidewürmer ohne Einschränkung aus dem Darmkoth entstehen[2]).

Auch im Mittelalter blieb die Erweiterung der Kenntniss unsres Ge- genstandes nur dem Zufall überlassen. Erwähnenswerth ist, dass die Falko- niere die Nematoden der Falken sehr wohl kannten[3]) und dass Albertus

---

[1]) De morbis lib. IV. Hippocratis opera ed. Kühn II. p. 366.

[2]) l. c. Die Stelle heisst nach der Uebersetzung von Strack:

„Mehrere dieser Thiere entstehen nur durch wirkliche Fortpflanzung jedes von einem andern seiner Art, z. B. die Phalangen und Spinnen, Attelaben, Heuschrecken und Ci- caden; andre aber nicht durch Fortpflanzung, sondern von selbst, z. B. aus Thau der auf Blätter fiel . . . oder auch im thierischen Auswurf und zwar, was den letzten anlangt, theils in dem wirklich aus dem Körper schon entfernten, theils in dem noch in demselben zurückgehaltenen, wie z. B. die Eingeweidewürmer. Von diesen aber giebt es 3 Gattungen, breite, runde und die sogenannten Ascarides. Sie pflanzen sich nicht weiter fort. . . . In demselben Capitel versteht Aristoteles unter *ἀσκαριδες* etwas andres, nämlich Mückenlarven.

[3]) Albertus magnus de falconibus erwähnt zweimal die Nematoden der Falken, Cap. XVIII. (secundum Guillelmum falconarium Regis Rogeri) „Si vero falco lumbricis af- fligitur in ventre et in egestionibus ejus aliquid apparuerit, de talibus limatura ferri et maxime chalibis depurati supra carnem porcinam spargatur et falconi detur . . .“ und Cap. XIX. (secundum falconarium Frederici imperatoris) „Si autem anguillae hoc est lumbrici longi comedunt falconem“ worauf die Beschreibung einer langen Curmethode folgt. In der ersten Stelle ist vielleicht an Ascaris depressa zu denken. Merkwürdig ist, dass der Fi- laria attenuata, welche spätere Werke über Falkonierkunst immer als gewöhnlich und all- gemein bekannt erwähnen, bei Albertus magnus nicht ausdrücklich gedacht wird. Frederico Giorgi libro del modo di conoscere i buoni falconi astori et sparvieri etc. Vinegia 1547 unterscheidet 3 Nematodenarten bei den Falken: Filandri der Nieren (Filaria attenuata) und 2 Arten Filandri aus den Därmen, letztere sind unkenntlich.

magnus[1]) und nach ihm sein Schüler Thomas Cantipratensis[2]) den Gordius unter dem Namen Seta zuerst beschrieben. Die arabischen Aerzte des Mittelalters haben die Kenntniss der Eingeweidewürmer in nichts gefördert, ausser dass sie das Vorkommen und die Symptome der Filaria medinensis genauer beobachteten.

Erst mit dem Wiederaufleben der anatomischen Studien vermehren sich die Angaben über den Fund von Eingeweidewürmern und speciell der Nematoden. So hat unter den Anatomen wahrscheinlich Caesalpinus (1519 bis 1603)[3]) zuerst Eustrongylus Gigas beim Hund gesehen. Georg Hieronymus Velsch, ein gelehrter Arzt in Augsburg (1624—1678), der erste, welcher ein eigenes Werk über Nematoden geschrieben hat, verfügt schon über eine ganze Zahl von Beobachtungen. Sein Buch[4]) enthält zunächst die Uebersetzung zweier Capitel aus einem Werk des berühmten arabischen Arztes und Philosophen Avicenna (Lib. IV. Canonis Ebnsinae sect. III. tract. II. Cap. XXI. und XXII.). Diese Stelle wird in einem Commentar von 428 Seiten mit grosser Gelehrsamkeit erläutert. Man bemerkt zwar nicht, dass der Verfasser — und dies wäre in unsrer Zeit das wichtigste gewesen — jemals selbst den Gegenstand seiner Schrift, die Filaria medinensis, gesehen hat, indess ist das Resultat seiner Betrachtung richtig, nämlich dass die Vena medinensis ein Thier sei, was Avicenna unentschieden gelassen hatte[5]). Ja er weist ihm auch seine Stellung im Thierreiche an „Dracunculus seu vena Medinensis lumbricus quidam est" (pag. 132). Zur Unterstützung seiner

---

[1]) De animalibus Lugd. 1651. lib. XXVI.

[2]) Diesing (Systema helminthum II. S. 84.) hat die betreffende Stelle ganz mitgetheilt. Seine Beschreibung stimmt, wie Meissner (S. u. K. Ztschrft f. w. Z. VII. S. 1.) bemerkte, mit der des Albertus magnus fast wörtlich überein.

[3]) Citirt von Redi, eine ältere sehr ergötzliche Beschreibung von Jean de Clamorgan (La Chasse de loup, Lyon 1583) ist citirt bei Davaine: Traité des Entozoaires S. 267. Danach sind die Eustrongylus Schlangen, welche „font mourir le loup et deviennent serpents et bêtes fort venimeuses".

[4]) Exercitatio de Vena medinensi, ad mentem Ebnsinae, sive de dracunculis veterum. Specimen exhibens novae Versionis ex Arabico cum commentario uberiori. Cui accedit altera de vermiculis capillaribus infantium. Augustae Vindelicorum 1674.

[5]) Wir setzen den Anfang des Cap. XXI. nach der Uebersetzung von Velsch hier her: „Vena Medinensis est cum in quibusdam corporis membris pustula exoritur, quae intumescens deinde vesicam contrahit. Mox ea perforata prodit rubri quidpiam ad nigredinem vergens, neque cessat continuo protendi. Interdum motum habet vermicularem sub cute, ac si is animalis motus et vere vermis esset ita ut quidam existimaverint animal esse quod gignatur. Nonnulli vero putarunt partem esse filamenti nervi corrupti et crassefacti."

Ansicht beruft er sich auf das Vorkommen andrer Filarien — dracunculi von ihm genannt — der Filaria attenuata, einer von Spiegel an der Hüfte des Distelfinken's und einer von ihm selbst im Leib der Lerchen gefundenen. Ja, er führt sogar eine sehr wichtige — leider bis jetzt noch nie wiederholte — Beobachtung an, die uns einen der Filaria medinensis in seiner Lebensweise vielleicht ganz ähnlichen Wurm kennen lehrt. Marcgraff erzählt nämlich, dass in Brasilien die Papageien, Ajuru genannt, einen Höcker auf dem Kopf tragen, in welchem ein Wurm verborgen sei. Daneben werden freilich die Vasa deferentia des Flusskrebses — nach einer damals verbreiteten, auch von Gessner getheilten Ansicht — für Würmer gehalten, ebenso gewisse fadenförmige Pflanzentheile. Das Werk des Velsch ist wesentlich antiquarisch commentatorisch, als naturwissenschaftliche Untersuchung bleibt es selbst hinter den Anforderungen seiner Zeit zurück.

Weitaus bedeutender ist der Schriftsteller, welchen wir nun zu betrachten haben, nämlich Tyson[1]). Tyson hat zuerst den Bau der Eingeweidewürmer (Ascaris lumbricoides und Taenia solium) gründlich untersucht, und so genau ist seine Anatomie der Ascaris lumbricoides, dass bis auf die neuste Zeit, wie bereits Bojanus (1821) bemerkt hat, nichts wesentlich Neues hinzugekommen ist. Er beschreibt die 3 Lippen, den Oesophagus, den Darmcanal, den After. Er kennt ferner die vollkommne Trennung der Geschlechter. Die Vulva, Vagina, den zweitheiligen Uterus, die beiden Ovarien, deren blinde Enden und die Eier mit ihrer rauhen Schale, der Hoden als ein einfacher blind endigender Faden, das Vas deferens werden richtig beschrieben. Die Abbildungen sind schön und naturgetreu, nur die Rauhigkeit der Eier ist etwas übertrieben. In Betreff der Spicula waltet eine Unklarheit ob. Er bezeichnet nämlich das Vas deferens als Penis und spricht davon, dass derselbe vorgestreckt werden kann, es ist also wohl möglich, dass er die vorgestreckten Spicula gesehen hat. Was aber diese Untersuchung besonders wichtig macht, ist der Gedanke, den Bau des Spulwurms mit dem des Regenwurms zu vergleichen. Indem er sich dabei auf die von Willis[2]) zuerst gemachte Anatomie dieses Thieres stützt, kommt er zu dem Resultat, dass beide Thiere vollkommen verschieden sind.

---

[1]) Philosophical transactions 1683 S. 154–161 über Ascaris lumbricoides. Die Abhandlung über Taenia solium S. 113—141 bildet damit ein zusammenhängendes Ganze.

[2]) Willis de Anima brutorum, Oxford 1672. Nach der Ausgabe Genf 1680 S. 19.

Dieses Resultat würde von grösserem Einfluss für die folgende Zeit gewesen sein, wenn man schon eine zoologische Systematik besessen und dieser tiefern Verschiedenheit auch sprachlich einen angemessenen Ausdruck hätte geben können. So aber behielten sie immer ihren herkömmlichen Namen Lumbricus teres seu intestinalis und Lumbricus terrestris bei und diese Aehnlichkeit des Namens blieb noch lange die Quelle vielfacher Verwirrung.

Tyson wurde durch diesen Unterschied auf Ueberlegungen ganz andrer Art geführt, und wir können es uns nicht versagen, auf seinen Gedankengang näher einzugehen. Durch die in seine Zeit fallenden glänzenden Entdeckungen über die Entwicklungsgeschichte der Insecten war die aristotelische Lehre von der theilweisen Urzeugung derselben vernichtet und ihre geschlechtliche Fortpflanzung festgestellt. Da man die Würmer nach Aristoteles immer noch zu den Insecten rechnete [1]), so lag es nahe auch diese geschlechtlich entstehen zu lassen. Redi selbst spricht, in seiner Entwicklungsgeschichte der Insecten [2]), die Vermuthung aus, dass die Würmer im Darm des Menschen und in der Leber der Schafe vielleicht auf solche Weise entständen, wie er von den Maden im faulende Fleische nachgewiesen. Diese Vermuthung wird nicht weiter ausgeführt, allein wahrscheinlich dachte er sich, dass die Eingeweidewürmer aus den verschluckten Eiern freilebender Insecten entständen. Gegen diese vielleicht weitverbreitete Ansicht tritt nun Tyson auf. Die Eingeweidewürmer scheinen ihm rücksichtlich ihres Baus so eigenthümlich, dass er sie nicht als solche erachten könne, — wie man wohl meinen sollte — die sich aus mit der Nahrung verschluckten Eiern gleicher [3]) Art entwickelt haben sollten. Indem er voraussetzt, dass man wohl den Lumbricus teres des Menschen aus verschluckten Eiern des Lumbricus terrestris ableiten könne, führt er aus, dass der Unterschied dieser beiden Thiere bei aller äusserlichen Aehnlichkeit doch so gross sei, dass man denselben nicht allein aus dem verschiedenen Aufenthaltsort erklären könne. „Obgleich wir verhindert sind anzugeben, wie diese Art von Wurm zuerst in den Körper

---

[1]) So noch in dem System Ray's: Methodus Insectorum, London 1705. Bei Audry: de la génération des vers dans le corps de l'homme, Amsterdam 1701 heisst es: Les animaux qu'on appelle vers sont les petits insectes.

[2]) Esperienze intorno alla generazione degli insetti, Firenze 1668. S. 189.

[3]) Der Ausdruck ist zweideutig, es heisst bei ihm like, also sowohl ähnlich als gleich.

kommt, so ist doch nichts klarer, als dass sie sich durch univocale Generation fortpflanzen, denn so vollkommen ist die Trennung der Geschlechter."
Mit Freude verweilt man bei einer obgleich kurzen doch so ausgezeichneten
Abhandlung, die vollkommen des hohen Standpunktes würdig ist, welchen
die Naturwissenschaften damals in England, Holland und Italien einnahmen.
    Ein Jahr nach Tyson erschien das berühmte Buch Redi's, den man
als den Vater der Entozoenkunde betrachten kann [1]). Die grosse Bedeutung
desselben besteht darin, dass man zum erstenmal eine Uebersicht über das
Vorkommen der Eingeweidewürmer insbesondre der Rundwürmer — aus
den übrigen Ordnungen sind nur wenige erwähnt — in allen Classen der
Wirbelthiere und in allen Organen derselben erhielt. Ausser den älteren
hat Redi selbst eine Fülle eigner Beobachtungen gesammelt, er erwähnt
Rundwürmer aus dem Oesophagus, Magen, Darm, den Nieren, Lungen, dem
Peritoneum, den Muskeln und aus dem Zellgewebe der Haut, er hat verschiedne Fische, Eidechsen, Schlangen, Schildkröten, viele Vögel, Igel,
Fuchs, Hund, Katze, Löwe, Tiger, Marder, Iltis, Delphin u. a. darauf untersucht. Abgebildet werden Strongylus Gigas, Ascaris lumbricoides, Mystax,
eine Filaria aus der Unterhaut des Löwen, die Abbildung der Oxyuris
vermicularis stellt offenbar eine Fliegenlarve dar. In seinen anatomischen
Untersuchungen ist er nicht so weit gelangt als Tyson, dessen Abhandlung
er noch nicht benutzen konnte. Mund, Oesophagus Darm, und After werden richtig beschrieben. Die Geschlechtsorgane bleiben unklar, er vermuthet, dass die Geschlechter getrennt, aber dass die Organe für beide
Geschlechter gleich sind. Dennoch hat er von Eustrongylus Gigas
grosse und kleine Exemplare beobachtet und die Abbildung eines kleinen Exemplar's (Taf. 8, Fig. 4) zeigt am Schwanzende die Bursa
des Männchens. Von Ascaris lumbricoides fand er 4 Exemplare (S. 36),
bei welchen die Anheftung der Geschlechtsorgane nicht am Kopf sondern am Schwanz stattfand und deren äussere Körpergestalt auch sonst
von der gewöhnlichen abwich, indem der Schwanz nicht rund sondern platt
war, und nach dem Absterben sich halbkreisförmig krümmte. Vielleicht
war es nur allzugrosse Vorsicht, die ihn davon abhielt, den Unterschied der
Geschlechter anzunehmen, Tyson konnte zu grösserer Gewissheit kommen,
indem er durch das Mikroskop die Eier fand. Die Geschlechtsorgane der

---

[1]) Osservazioni di Francesco Redi Academico della Crusca intorno agli animali che
si trovano negli animali viventi. Firenze 1684.

Ascaris lumbricoides werden als zweigetheilt abgebildet, aber so dass die Enden in einander übergehen. Die Spicula sind nirgends erwähnt. Wie Tyson vergleicht Redi den Bau des Regenwurms mit dem der Rundwürmer, er benutzt gleichfalls die Anatomie von Willis und kommt auch zu demselben Resultat.

Der nächstfolgende Schriftsteller über Nematoden Vallisneri hat keine weitere Fortschritte gemacht. In seinem ersten Werk[1]) wiederholt er nur einige Figuren Redi's, in einem zweiten beschreibt er als neu entdeckt die Eier der Ascaris des Menschen und des Kalbes und giebt eine Anatomie der Ascaris des Kalbes. Auch er erkannte nicht die Trennung der Geschlechter.

Es folgt nun eine Reihe von Jahren, in welchen die Anatomie der niederen Thiere und insbesondere die mikroskopische Untersuchung nach dem glänzenden Aufschwung, den sie gegen Ende des 17ten Jahrhunderts erlebt hatte, in vollständigen Verfall gerieth. Dafür haben wir nun den Anfang der systematischen Kenntniss zu bemerken. Linné war es, der zuerst eine Systematik der Würmer aufstellte[2]). Die Materialien, welche er vorfand, waren allerdings äusserst dürftig, er wusste es selbst: „Scriptores Vermium pretiosi, Intestinorum vix ulli[3])“. Es ist bekannt, dass er das Thierreich in 6 Classen eintheilte: die Mammalia, Aves, Amphibia, Pisces, Insecta und Vermes. In der Aufstellung der Insecta bewährte Linné seinen Scharfsinn am meisten, indem er alle Würmer davon trennte. Die weitere Eintheilung der Vermes in Intestina, Mollusca, Testacea und Zoophyta hat sich nicht bewährt. Unsre heutige Classe der Vermes ist in diesen Ordnungen zerstreut, die Taenien stehen unter den Zoophyta, die Kiemenwürmer unter den Mollusca und Testacea, die übrigen, so insbesondere die Nematoden, unter den Intestina. Linné begriff in dieser Ordnung die Gattungen Lumbricus, Sipunculus, Fasciola, Gordius, Ascaris, Hirudo und Myxine. Das Princip der Zusammenstellung erhellt aus seiner Definition: Intestina terrena quondam dicta, ob summam simplicitatem corporis, terebrant omnia, perforat Gordius Argillam ut aqua tranet, Lumbricus Humum ne situ cor-

---

[1]) Antonio Vallisneri: Considerazioni ed esperienze intorno alla generazione de' Vermi ordinari del Corpo umano, Padoa 1710. Vallisneri: Nuova scoperta dell' Ovaja e delle uova de' Vermi tondi di Vitelli e degli uomini. 1713.

[2]) Systema naturae ed. XII.

[3]) l. c. S. 1071.

rumpatur, Myxine Cadavera ut liquescant . . . Der Name soll also eine
Uebersetzung der griechischen Bezeichnung des Regenwurmes (ἔντερον τῆς
γῆς) sein, er bezieht sich nicht auf den Entoparasitismus eines Theils dieser
Würmer. Von den beiden Nematodengattungen werden folgende Species
aufgeführt, Gordius aquaticus, argillaceus medinensis, marinus, lacustris;
Ascaris vermicularis und lumbricoides. Ueber die Lebensweise dieser Thiere
finden sich die sonderbarsten Angaben. Ascaris vermicularis soll in Sümpfen
an faulenden Wurzeln der Pflanzen vorkommen. Auch von Lumbricus terrestris wird eine Varietät intestinalis aus dem Dünndarm der Kinder angeführt. Linné ist offenbar im Rückschritt gegen die bessere Einsicht Tyson's und Redi's und er scheint die Nematoden aus eigener Anschauung
nur wenig gekannt zu haben. Allein der allgemeine Aufschwung, welchen die
Naturwissenschaften durch Linné's Einfluss nahmen, kam auch der Lehre von
den Eingeweidewürmern und zwar ganz besonders zu Statten. Die Eingeweidewürmer wurden in Deutschland und Dänemark, welche bisher überhaupt
wenig für die beschreibenden Naturwissenschaften geleistet hatten, eine
Lieblingsbeschäftigung der Gelehrten. Als Helminthologen dieser Zeit von
1770 — 1800 sind zu nennen: Otto Friedrich Müller, Pallas, Fa-
bricius, Zoëga, Abildgaard, Götze, Bloch, F. P. v. Schranck,
Leske, Werner, Fröhlich, Zeder, Rudolphi, ja sogar zwei vor-
nehme Liebhaber Graf von Borke und Herzog von Holstein-Beck.
Bereits Johannes Müller in seiner akademischen Gedächtnissrede auf
Rudolphi hat den merkwürdigen Umstand hervorgehoben und richtig er-
klärt, dass gerade in Deutschland dieser Zweig der Naturwissenschaft so
eifrig bearbeitet wurde [1]). Den grössten Einfluss auf diese Richtung hatten
Pallas und O. F. Müller, Pallas offenbar von grösserer Originalität,
Müller ausgezeichnet als unermüdlicher Beobachter.

Pallas gab schon in seiner Inauguraldissertation [2]) eine gute Uebersicht über die damalige Kenntniss der Eingeweidewürmer. Eigne Beob-

---

[1]) „Selten haben deutsche Forscher das Glück gehabt, in vaterländischen Unternehmen
die Naturkörper fremder Welttheile zu erforschen. Forster, Pallas, Lichtenstein,
Tilesius, Kuhl wurden in die Ferne geführt, indem sie sich Unternehmen des Aus-
landes anschlossen. Diese Beschränkung, in die wir durch unsre geographische Lage
versetzt sind, hat hinwieder unserm Geist eine bestimmte Richtung auf das Verborgne der
Gegenwart gegeben, uns um so grösser in der Erforschung einer Welt von Bewohnern
unsrer heimathlichen Geschöpfe . . . gemacht". Gedächtnissrede auf C. A. Rudolphi,
Abhandlungen d. Akademie d. W. z. Berlin physical. Classe 1835. Berlin 1837. S. XXVI.

[2]) De infestis viventibus intra viventia. Lugduni 1760.

achtungen von Werth sind darin zwar nicht enthalten, allein sie diente
dazu, das Interesse an dem Gegenstande neu zu beleben und alle richtige Ansichten wiederherzustellen, so z. B. über den grossen Unterschied des Regenwurm und Spulwurm. Auch über die Wohnorte der Eingeweidewürmer
verbreitete er bessere Ansichten, indem er erklärte[1], dass die Taenien
und Ascariden sich niemals frei im Wasser finden. Ihm folgte O. F.
Müller[2], den man überhaupt öfter in den Spuren von Pallas trifft.
O. F. Müller mag es auch wohl gewesen sein, der die Copenhagener Gesellschaft d. Wissenschaften 1780 zu jener bekannten Preisfrage veranlasste,
„Ob der Saamen der Intestinalwürmer: als der Bandwürmer, der Faden- oder
Drathwürmer (Gordius), der Spulwürmer, der Egelwürmer (Fasciola) u. s. w.
den Thieren angeboren sei oder von aussen hineinkomme? welches durch Erfahrung und andre Gründe zu beweisen und im letztern Fall Mittel dagegen
vorzuschlagen." Die Preisstellung hatte einen glänzenden Erfolg, indem drei
Abhandlungen eingingen, von Göze[3], Bloch[4] und Werner[5]. Hätte
Göze seine Schrift so zur Preisbewerbung vorgelegt, wie sie gedruckt
ist, so würde er wegen des Reichthums und der Genauigkeit der Beobachtungen, der Frucht einer langjährigen Thätigkeit, sicher den Preis davon getragen haben, er hatte jedoch nur den ersten Abschnitt seines
Werkes eingesandt. Werner zeigt am meisten Verständniss, Beharr-
lichkeit und Geschick für anatomische Untersuchungen. Indess Bloch
trug durch die gewandte und übersichtliche Darstellung, bei einer ebenfalls guten Kenntniss des Gegenstandes, den Sieg davon. Fast wun-
derbar muss es uns erscheinen, dass für eine tiefere Kenntniss der
Anatomie und Morphologie alle diese Untersuchungen von nur geringem
Erfolg waren. Man ist zu sehr geneigt, die neueren Fortschritte in der
Kenntniss dieser kleineren Wesen allein der Verbesserung der Mikroskope
zuzuschreiben, wenn man aber die Abbildungen dieser Autoren betrachtet,

---

[1] Miscellanea Zoologica, 1766 pag. 172.

[2] Vermium terrestrium et fluviatilium historia. Pars II. 1774. Helminthica pg. 6.

[3] Versuch einer Naturgeschichte der Eingeweidewürmer thierischer Körper. Mit 44
Kupfertafeln. Blankenburg 1782.

[4] Abhandlung von der Erzeugung der Eingeweidewürmer und den Mitteln wider
dieselben. Eine von der Kgl. dänischen Societät der Wissenschaften zu Copenhagen gekrönte Preisschrift. Mit 10 Kupfertafeln. Berlin 1782.

[5] Vermium intestinalium praesertim taeniae humanae brevis expositio c. Tabb. III.
Lipsiae 1782.

Schneider, Nematoden. 2.

so drängt sich die Ueberzeugung auf, dass schon damals mehr hätte erreicht werden können. Der wahre Grund liegt wohl darin, dass das Interesse der Forscher durch zuviel andre Dinge, so nur mit der Feststellung der Existenz, des Aufenthaltsortes, der Bewegungserscheinungen, des Geschlechtsunterschiedes hinreichend in Anspruch genommen war. Das was sie gefunden haben, scheint uns jetzt alltäglich und unbedeutend und hoffentlich werden auch unsre Forschungen einem späteren Geschlecht nicht anders erscheinen.

Wir müssen auf die Ansichten über die Entstehung der Eingeweidewürmer etwas näher eingehen. Tyson und Redi wären wohl am ersten befähigt gewesen sich darüber auszusprechen, allein Tyson, wie wir sahen, thut dies mit äusserster Vorsicht, Redi schweigt in seinem Hauptwerke ganz und spricht nur gelegentlich davon in der Entwicklungsgeschichte. der Insecten. Desto mehr wurde diese Frage ein Tummelplatz für die Unwissenden. Andry in dem seiner Zeit sehr berühmten Buche [1]) weist ausführlich, aber ohne die geringste Kenntniss des Gegenstandes, das Eindringen der Würmer durch einen überall verbreiteten Saamen nach. Es hat kein Interesse, die Ansichten der Schriftsteller aus dem Anfange des 18ten Jahrhunderts zu verfolgen, Linné war der Meinung, dass die Eingeweidewürmer zugleich frei leben könnten, und löste sich so das Räthsel ihrer Entstehung. O. F. Müller hingegen bestritt dies und theilte gewissermassen die Ansicht des oben erwähnten pseudohippocratischen Schriftstellers, dass die Eingeweidewürmer angeboren seien. Pallas war der Wahrheit am nächsten, indem er einerseits läugnete, dass die Eingeweidewürmer freilebend vorkommen, andrerseits behauptete, dass sie durch Uebertragung der Eier sich weiter verbreiteten, daneben glaubt er aber auch, dass durch den Nabelstrang die Eier von der Mutter auf das Kind übertragen werden könnten. Von den drei Preisbewerbern schliesst sich Werner vollkommen Pallas an. Göze und Bloch entschieden sich für Müller's Ansicht.

Diese Theorien hatten einen bestimmenden Einfluss auf die Systematik. Bei Linné sahen wir die Eingeweidewürmer unter die freilebenden Thiere eingeordnet, der Wohnort ist für ihn nur ein zufälliges Moment. Noch O. F. Müller[2]) folgt ihm darin. Göze erklärt aber zum ersten

---

[1]) Nicol. Andry de la génération des vers dans le corps de l'homme. Amsterdam 1701.
[2]) Prodromus Zoologiae danicae. 1776.

mal die Vermes intestinales für eine durchaus natürliche Ordnung, ja, wie es scheint, für ein besondres Reich, nur dazu geschaffen, die Eingeweide zu bewohnen, und die „klassische Ordnung" dieses Reiches ist für ihn ein Hauptgrund seines Satzes: „Sie sind angeboren" [1]. Die Wassergordien und die Vena medinensis, welche nach seiner Meinung nur zufällig von aussen eindringt, werden ausgeschlossen.

Sein System ist folgendes:

I. Rundliche Würmer.

1) unbewaffnete: *Ascaris, Trichocephalus, Gordius, Cucullanus.*
2) bewaffnete: *Strongylus, Pseudoechinorhynchus, Echinorhynchus.*

II. Platte Würmer.

Planaria, Fasciola, Taenia.

III. *Chaos intestinalis.*

Es entging ihm nicht, dass die rundlichen, in ihrer Organisation von den platten, sehr verschieden sind, doch hofft er, dass sich die Uebergänge [2] finden werden.

Auch Bloch schloss von den Vermes intestinales, die Vena medinensis und die Wassergordien aus. Sein System, welches dem Göze's sehr gleicht, ist folgendes:

Vermes intestinales.

I. lati: *Ligula, Fasciola, Taenia.*
II. teretes: *Vermis vesicularis, Echinorhynchus, Ascaris, Trichuris, Cariophyllus, Cuculanus, Chaos.*

Werner hat kein System aufgestellt.

1787 machte O. F. Müller [3] zuerst ein Verzeichniss aller bis dahin bekannten Eingeweidewürmer nebst Angabe der Wohnorte bekannt. Er unterscheidet 12 Genera, welche er in einer andern, aber weniger natürlichen Reihenfolge, als Göze ordnet. Indess erfuhr das System durch ihn insofern eine Verbesserung, als er die Bezeichnung Gordius auf die Wassergordien beschränkte und von der Gattung Gordius Göze diejenigen Species, welche ausserhalb des Darmes wohnen, zu der Gattung Filaria vereinigte, die andere zu Ascaris stellte. Zum erstenmal übersieht man hier, in wie

---

[1] l. c. S. 38.
[2] l. c. S. 168.
[3] Naturforscher 22. S. 33.

bedeutender Weise die Kenntniss der Species und ihrer Wohnorte sich durch die Helminthologie dieser Periode vermehrt hatte.

Einen weitern und sehr glücklichen Schritt in der Ausbildung des Systems that Zeder. Ein Schüler und Freund Göze's hatte er dessen nachgelassene Notizen über die Naturgeschichte der Eingeweidewürmer erhalten, welche er mit vielen eignen Bemerkungen und Verbesserungen herausgab [1]). In diesem Buch theilt er die Eingeweidewürmer in 5 Classen, Rundwürmer (Ascaris), Hakenwürmer (Echinorhynchus), Saugwürmer, Bandwürmer, Blasenwürmer (Cysticercus). Die Rundwürmer unterscheidet er in die Gattungen: Filaria, Tentacularia (Hamularia Treutler), Capsularia, Capillaria (Trichosoma R.), Mastigodes (Trichocephalus Göze), Fusaria (Ascaris Göze), Cucullanus, Strongylus, Goezia. Diese 5 Classen fanden jedoch nicht sofort Anerkennung, Rudolphi [2]) hielt eine Eintheilung der Eingeweidewürmer in grössere Gruppen zur Zeit für unmöglich und zog es vor, die Genera in der Weise, wie Göze gethan, der Reihe nach aufzuführen.

Trotz dieses Widerspruchs beharrte Zeder [3]) bei dieser Eintheilung, welche sich ja bis heute — wenn man die Blasenwürmer ausnimmt — glücklich bewährt hat. Das zweite Werk Zeder's enthält eine sehr verständige Zusammenstellung der damaligen Kenntnisse und Theorien über die Naturgeschichte der Eingeweidewürmer. Ihren vollständigen und letzten Abschluss erhielt die bisher betrachtete Periode in den Werken Rudolphi's. Neue Aufschlüsse enthalten dieselben nicht, weder eine erheblich neue Thatsache in der Anatomie, noch eine bedeutende neue Ansicht über Systematik. Auch in der Entwickelungsgeschichte kommt er über die alten Anschauungen und Beobachtungen nicht hinaus. Allein Rudolphi war der erste der vollständig ausgerüstet mit dem anatomisch-zoologischen und physiologischen Wissen seiner Zeit die Lehre von den Eingeweidewürmern

---

[1]) Erster Nachtrag zur Naturgeschichte der Eingeweidewürmer von J. A. E. Göze mit Zusätzen und Anmerkungen herausgegeben von D. J. G. H. Zeder. Leipzig 1800.

[2]) Beobachtungen über die Eingeweidewürmer von Dr. C. A. Rudolphi, Wiedemann's Archiv für Zoologie und Zootomie, II. Band, 1. Stück 1801. Fortsetzung II. Bd. 2. Stück 1802 und III. Bd. 1. Stück 1802. Diese Abhandlungen sind nach Rudolphi's Angabe Bearbeitungen seiner Inauguraldissertationen: Observationes circa Vermes intestinales, Gryphiae 1793 und Observationum circa Vermes intestinales p. II. ibid. 1795.

[3]) Anleitung zur Naturgeschichte der Eingeweidewürmer von Dr. J. G. Zeder (Physicus in Forchheim). Bamberg 1803.

behandelte. Sodann schrieb Rudolphi lateinisch und machte dadurch die Ergebnisse der bisherigen Forschungen, die fast alle in deutscher Sprache niedergelegt waren, dem Auslande zugängig. Ferner ist seine Darstellung durch Anordnung und Styl musterhaft. Endlich war er einer von den wenigen deutschen Naturforschern seiner Zeit, welche gegenüber der damals Alles beherrschenden Naturphilosophie festhielten an der einzig wahren Methode der Naturforschung.

Betrachten wir zunächst sein erstes Werk[1]). Obgleich Rudolphi in der oben erwähnten Abhandlung Zeder's System für unnöthig erklärt hatte, musste er es doch in der Historia naturalis annehmen und gab den einzelnen Classen oder, wie er besser sagte, Ordnungen die noch heute gebräuchlichen Namen Nematoidea, Acanthocephala, Trematoda, Cestoidea, Cystica. Rudolphi hat übrigens Zeder's Verdienste an vielen Stellen in der würdigsten Weise anerkannt.

Die Genera der Nematoden nebst den Diagnosen und der Zahl der Species sind folgende:

1. *Filaria* M. Corpus teres elasticum subaequale. Os orbiculare. (12 Sp.)
2. *Hamularia* Tr. Corpus teres elasticum subaequale. Oris tentacula duo filiformia. (3 Sp.)
3. *Trichocephalus* G. Corpus teres, parte antica capillari. Os orbiculare. (9 Sp.)
4. *Oxyuris* R. Corpus teres parte postica subulata. Os orbiculare. (1 Sp.)
5. *Cucullanus* M. Corpus teres postice attenuatum. Caput obtusum cucullo striato. (8 Sp.)
6. *Ophiostoma* R. Corpus teres postice attenuatum. Os bifidum labio superiore et inferiore. (4 Sp.)
7. *Ascaris* L. Corpus teres utrinque attenuatum. Caput trivalve. (55 Sp.)
8. *Strongylus* M. Corpus teres utrinque attenuatum. Os orbiculare vel angulatum. Caudae masculae apex bursa terminalus. (19 Sp.)
9. *Lyorhynchus* R. Corpus teres. Caput evalve, oris tabulo emissili laevi. (5 Sp.)

---

[1]) C. A. Rudolphi Entozoorum sive Vermium intestinalium historia naturalis Vol. 2. tab. VI. Amstelodami 1808 und 9.

Die wesentlichste Verbesserung dieses Systems gegen das Zeder's besteht in der Aufstellung der Gattung Oxyuris mit der einzigen Species Oxyuris curvula. Man hatte diese Species bisher für einen Trichocephalus gehalten, indem man den Schwanz für den Kopf ansah.

Um diese Zeit wurde die Kenntniss der Eingeweidewürmer in einer so grossartigen Weise gefördert, wie seitdem nicht wieder. Auf Anregung des Directors des K. K. Naturalienkabinets in Wien v. Schreibers wurde durch die Thätigkeit des Inspectors Joseph Natterer und seiner Söhne Joseph und Johannes eine umfassende Durchforschung der Thiere nach ihren Parasiten angestellt. Nicht bloss auf Wien, auch auf Oestreich, Ungarn, Italien und Brasilien wurde diese Sammlung ausgedehnt. Die Zahl der Thiere und der gefundenen Parasiten, die Art der Durchforschung und vieles andre Wissenswürdige findet sich in einer kleinen sehr leseuswerthen Schrift zusammengestellt [1]). In Bremser erhielt diese Sammlung einen ausgezeichneten Custos. Bremser stand in innigem freundschaftlichen Verkehr [2]) mit Rudolphi und theilte demselben die seiner Obhut anvertrauten Schätze freigebig mit. Hierdurch, sowie durch Sendungen eines trefflichen Helminthologen v. Olfers — damals preussischen Legationssecretärs in Brasilien — und durch eine eigne Reise nach Italien sammelte Rudolphi neues Material, so dass er 1819 wieder ein Werk über Entozoen veröffentlichen konnte.

In demselben [3]) erscheint das System der Nematoden in folgender vielfach verbesserter Gestalt.

1. *Filaria*. Corpus teres elasticum. Os orbiculare. Genitale masculum: spiculum simplex. (21 Sp.)
2. *Trichosoma*. (Capillaria Zeder.) Corpus teres elasticum tenuissimum retrorsum insensibili modo increscens. Os punctiforme. Genitale masculum: filum simplex vaginatum. (6 Sp.)
3. *Trichocephalus*. Corpus teres elasticum parte antica capillari subito in crassiorem transeunte. Os orbiculare. Genitale masculum: simplex vaginatum. (12 Sp.)

---

[1]) Notitia collectionis insignis Vermium intestinalium et exhortatio ad commercium litterarium . . . ab administratione reg. Caes. musei historiae naturalis viennensis. Viennae 1811. 31 p.

[2]) Davon geben die im Archiv des zoologischen Museums zu Berlin aufbewahrten Briefe Bremser's und die Widmung der Synopsis ein schönes Zeugniss.

[3]) C. A. Rudolphi, Entozoorum Synopsis. Berolini 1819.

4. *Oxyuris*. Corpus teres elasticum parte postica (feminae) subulata. Os orbiculare. Penis vaginatus. (3 Sp.)

5. *Cucullanus*. Corpus teres elasticum postice attenuatum. Capitis ore orbiculari cucullo striato. Genitale masculum: spiculum duplex. (19 Sp.)

6. *Spiroptera*. Corpus teres elasticum utrinque attenuatum. Os orbiculare. Penis inter alas caudae spiraliter devolutae laterales emergens. (25 Sp.)

7. *Physaloptera*. Corpus teres elasticum utrinque attenuatum. Os orbiculare. Cauda maris deflexa utrinque alata, vesicam inferam sistens. Penis tuberculo emissus. (9 Sp.)

8. *Strongylus*. Corpus teres elasticum utrinque attenuatum. Os orbiculare, vel angulatum. Apex caudae masculae terminatus bursa penem emittente. (28 Sp.)

9. *Ascaris*. Corpus teres elasticum utrinque attenuatum. Caput trivalve. Genitale masculum: spiculum duplex. (85 Sp.)

10. *Ophiostoma*. Corpus teres elasticum utrinque attenuatum. Caput bilabiatum, labio superiore et inferiore. (5 Sp.)

11. *Liorhynchus*. Corpus teres elasticum. Caput evalve, oris tubulo emissili laevi. (3 Sp.)

Die Capillaria Zeder. welche im ersten System nicht anerkannt, sondern mit Trichocephalus verbunden war, erscheint wieder als Trichosoma. Hamularia Zed. ist unterdrückt, weil Rudolphi sich überzeugt hatte, dass der Gattungscharacter auf einem groben Irrthum beruhe, indem die angeblichen Fühler des Kopfes nichts als die hervortretenden Spicula sind. Das neue Genus Spiroptera, aus älteren, früher meist zu Ascaris gestellten, Species gebildet, rührt eigentlich von Bremser her, welcher dasselbe als Acuaria in dem Catalog des Wiener Museums aufgestellt hatte.

Dieses System lässt in den anatomischen Characteren viel zu wünschen übrig, allein bei einem genauen Studium erkennt man, wie viel Fleiss, Nachdenken und glücklicher Tact darin verborgen ist. Die Genera sind wenigstens annähernd natürlich, weil neben der äussern Form auch der Aufenthaltsort in Betracht gezogen ist: Spiroptera enthält z. B. alle die Rundwürmer, welche sich in die Schleimhaut des Magens und Oesophagus eingraben und ist auch anatomisch eine sehr natürliche Gruppe. Nach den Beschreibungen Rudolphi's ist es unmöglich, die einzelnen Species zu erkennen, ausser auffallenden Unterschieden in den Körperdimensionen war auch bei deren Bestimmung der Wohnort immer der entscheidende Grund. Dennoch ist man oft überrascht, wie auch bei der Anordnung der einzelnen Species innerhalb des Genus die ähnlichen meist richtig zusammengestellt sind. Offenbar hatte Rudolphi viel mehr gesehen, als er in seine Beschreibungen aufnahm, seine Beobachtungen waren nicht hinreichend, um sich eine genaue Vorstellung von den Mundtheilen und andern complicirten Organen zu verschaffen, jedoch hinreichend, um die Aehnlichkeiten zu erkennen. Was er für die Species und Genera geleistet hat, ist auch von bleibendem Werthe.

Ueber die Stellung der Entozoen im System des Thierreichs hat Rudolphi seine Ansichten vielfach geändert. Im Anfang seiner Studien folgt er Linné und O. Fr. Müller und stellte den Satz auf [1] „die eigentlichen Eingeweidewürmer werden sehr richtig im System mit einigen andern ausserhalb der thierischen Körper lebenden Würmern in eine Ordnung (Intestina) gebracht." In der Historia naturalis [2] schliesst er sich Götze an und betrachtet die Eingeweidewürmer als eigne Classe, deren Character er so formulirt: „Entozoa branchiis nervisque destituta corporis partibus internis difformibus." Gordius blieb von den Entozoen ausgeschlossen, weil er in demselben einen Nerv gefunden zu haben glaubte. Als die Synopsis erschien, hatte Otto seine Beobachtung über das angebliche Nervensystem von Strongylus Gigas und Ascaris lumbricoides veröffentlicht [3] und Rudolphi glaubte sie bestätigen zu können. Da dies Nervensystem wenigstens bei Strongylus Gigas aus einem Schlundringe und einer Ganglienkette bestehen sollte, stellte er die Nematoidea als eine eigne Familie unter die Annulata [4]. „Reliqui," fährt er bei der Betrachtung dieses Gegenstandes fort [5] „Entozoorum ordines Radiatorum sive Zoophytorum regnum chaoticum intrant". Die Entozoa waren ihm nun keine Classe mehr, sondern nur die Fauna einer eigenthümlichen Region.

[1] Wiedemann's Archiv Bd. II. St. 1. S. 44.
[2] l. c. Vol. I. Cap. III.
[3] Magazin der Gesellschaft Naturf. Freunde Bd. VII. Berlin 1816.
[4] Rudolphi ist nur scheinbar zu einem Resultat gekommen, welches ich als eins der hauptsächlichsten betrachte, zu welchen erst meine Untersuchungen geführt haben. Rudolphi's einziger Grund für eine Vereinigung der Annulata und Nematoidea ist falsch, denn eine Ganglienkette existirt bei den Nematoden nicht.
[5] Synopsis pg. 572.

Die Stellung der Entozoen im System zu bestimmen, war damals unmöglich. Cuvier selbst musste in seiner Anatomie comparée [1]) gestehen, dass der grössere Theil der Entozoen nach seiner Organisation noch nicht hinreichend bekannt sei, um sie in das System einzureihen. Als er endlich die 4 Classen des Thierreichs aufstellte, erhielten die Entozoen ihren Platz unter den Zoophyten. Jedoch war diese Stellung nur eine scheinbare und allein deshalb möglich, weil die Charactere der Zoophyten selbst so überaus unbestimmt waren.

Wir treten nun in eine neue Periode der Zoologie ein, in der auch auf unserm Gebiet ein neuer Geist sich geltend macht. Wenden wir uns zunächst zu den anatomischen Untersuchungen. Mit Anwendung der Lupe und etwas später des verbesserten Mikroskop's beginnt man tiefer in die bis dahin noch wenig erforschte Organisation einzudringen. Wir haben bereits das angeblich von Otto entdeckte Nervensystem der Nematoden erwähnt. Der Wunsch nach einer nähern Prüfung und Erweiterung dieser Entdeckung mag wohl die Pariser Academie (Cuvier) veranlasst haben, im Jahre 1818 eine Preisaufgabe zu stellen über die Anatomie von Ascaris lumbricoides und Echinorhynchus Gigas, mit specieller Berücksichtigung der Nerven und Blutgefässe. Eine Abhandlung von J. Cloquet [2]), welche viele neue und wichtige Beobachtungen enthält, wurde mit dem Preise gekrönt. Zunächst wird darin der tiefe Unterschied der 4 Längslinien des Nematodenkörpers zum ersten mal richtig dargestellt. Aber besonders hervorzuheben ist die Beschreibung der von ihm für blutführend gehaltenen Gefässe in den Seitenlinien und ihre Anastomose in der Nähe des Kopfes. Die Anastomose hat Cloquet richtig abgebildet. Hätte er auch eine bessre Abbildung der Gefässe gegeben, würde seine Entdeckung nicht so vollständig in Vergessenheit gerathen sein, wie es leider geschah. Die Medianlinien werden als Nerven betrachtet, und sollen durch einen Ring am Munde mit einander in Verbindung stehen. Ebenso irrthümlich ist die Auffassung der Blasen und Stränge als Gefässe der Ernährung. In der Beschreibung der Geschlechtsorgane ist kein wesentlicher Fortschritt zu bemerken.

Noch vor dem Druck der eben erwähnten Preisschrift erschien ein Aufsatz von Bojanus [3]), welcher die Anatomie aller Eingeweidewürmer

---

[1]) Anatomie comparée Tome I. Tableau général.
[2]) J. Cloquet Anatomie des Vers intestinaux. 8 Tafeln. Paris 1824.
[3]) Bojanus Enthelminthica. Isis 1821. S. 162.

behandelt. Wegen der vielen gründlichen und neuen Beobachtungen, der
Kürze und Einfachheit der Darstellung kann derselbe als ein Muster für
alle Zeiten betrachtet werden. Der Unterschied der Median- und Seitenlinien, die Seitengefässe und deren Anastomose sind darin ganz wie bei
Cloquet richtig beschrieben. Allein er glaubt, dass bei Ascaris megalocephala weder die Rücken-, noch die Seitenlinien als Nervensystem zu
betrachten sind. Bojanus hat auch noch einiges mehr als Cloquet gefunden, so die merkwürdigen 4 büschelförmigen Körper auf den Seitenfeldern der Ascariden und die Längsreihe von Zellkernen, welche in der
Mitte des Seitenfeldes von Ascaris Acus liegt. Natürlich wusste Bojanus
nicht, dass es Zellkerne waren, er hält dieselben für Stigmata.

Unter den in den nächsten Jahren erscheinenden Arbeiten ist im
hohen Grad werthvoll die von Mehlis[1]). Aus den vielen neuen Beobachtungen will ich nur einige hervorheben. Den Bau der Mundkapsel von
Strongylus armatus, hypostomus und tetracanthus, die Blindsäcke des Oesophagus und Darm, sowie das eigenthümliche gefässhaltige Band bei Ascaris
spiculigera und den verwandten, die Scheiden der Spicula, ihre Mündung in
den Mastdarm, die Retractores spiculi, die Einmündungsstelle des Vas deferens
findet man hier zuerst erwähnt und meist erschöpfend beschrieben.

Im Jahre 1845 erschien seit 25 Jahren wieder ein Werk über die
gesammten Entozoen und zwar von Dujardin[2]). Obgleich dann gerade die
Nematoden mit besonderer Vorliebe und grossem Fleisse behandelt werden,
ist der Einfluss dieses Werkes nicht bedeutend gewesen. Der Verfasser hat
es nicht versucht, eine zusammenhängende Darstellung der Anatomie und
Morphologie zu geben, so stehen die vielen neuen Beobachtungen, welche
es enthält, bei der Beschreibung der einzelnen Species zerstreut und sind
meist unbeachtet geblieben. Diesem Bedürfniss nach einer nicht bloss com-
pilatorischen, sondern auf eigne Untersuchungen gestützten Uebersicht
unsrer Kenntniss der Eingeweidewürmer wurde durch v. Siebold[3]) in dem
betreffenden Abschnitt seiner vergleichenden Anatomie auf eine ausge-

---

[1]) Anzeige von „Creplin novae Observationes". Isis 1831. S. 74. Sowohl die Abhandlung von Mehlis als die von Bojanus lassen uns tief betrauern, dass beide hoch-
begabte Forscher so früh gestorben sind.

[2]) Dujardin Histoire naturelle des Helminthes. Paris 1845.

[3]) v. Siebold & Stannius Lehrbuch der vergleichenden Anatomie. 1ster Theil
wirbellose Thiere von v. Siebold. Berlin 1848. S. 111—160.

zeichnete Weise genügt. Man kann sie als die erste gute, bis dahin erschienene, Bearbeitung der Helminthen bezeichnen. Auch über Nematoden enthält dieselbe viele neue und wichtige Beobachtungen. v. Siebold war es auch vergönnt, durch seine scharfsinnigen Versuche über die Wanderung von Mermis[1]) die bis dahin ganz dunkle Entwicklungsgeschichte der Nematoden wenigstens in etwas aufzuhellen und hier wie auf andern Gebieten der Helminthologie der Untersuchung eine neue Bahn zu eröffnen.

Eine besondere Gunst des Schicksals für die von den Zoologen im Ganzen vernachlässigten Nematoden war der Umstand, dass der für die Zellenlehre so wichtige Furchungsprocess und die Ei- und Saamenbildung gerade hier der Beobachtung besonders zugänglich vorlag. Nachdem v. Siebold[2]) darauf aufmerksam gemacht, wurden sie der Gegenstand gründlicher histologischer Untersuchung von Reichert, Kölliker. Bischof und später vielen Andern. Auf das Resultat derselben werden wir bei Gelegenheit der Entwicklungsgeschichte zurückkommen.

Gehen wir nun zu den systematischen Untersuchungen über, so war, was schon Rudolphi ausgesprochen hatte, die Unmöglichkeit, die Classe der Entozoa aufrecht zu erhalten, immer klarer hervorgetreten. Allein wenn man auch dieselben wieder zu den Würmern stellte, so blieb doch ihre Stellung innerhalb der Würmer sehr unklar[3]). Ebenso genügte Rudolphi's System der Nematoden den Ansprüchen nicht mehr. Die Untersuchungen, auf welche er sich stützte, bestanden fast nur in der Betrachtung der äussern Form und des Wohnorts. So lange aber die Anatomie derselben nicht besser erforscht war, konnte man auch keine durchgreifende Verbesserung des Systems vornehmen. Dujardin sah dies vollkommen ein und betrachtete deshalb die neue Eintheilung, welche er vorschlug, nur als vorläufig[4]). Mit Recht stellte er die freilebenden Formen

---

[1]) Entomologische Zeitung zu Stettin 1848. S. 292 u. 1850. S. 329, Sieb. & Köll. Ztschrft f. w. Z. 1854. S. 201.

[2]) Bagge Dissertatio de evolutione Strongyli auricularis, Erlangen 1841 u. Vergleich. Anatomie. S. 151 u. 153.

[3]) „Die Anatomie hat hier zwar namentlich durch Mehlis grosse Fortschritte gemacht, aber sie hat uns nicht berechtigt, diese so verschiednen Thiere in schon vorhandne Abtheilungen der übrigen zu vertheilen." Joh. Müller Gedächtnissrede auf Rudolphi l. c. S. XXV.

[4]) l. c. S. 2.

3 *

mit den parasitischen zusammen. Diese Vereinigung lag allerdings gerade
bei den Nematoden sehr nahe und nur theoretische Vorurtheile hatten früher
den Blick so weit trüben können, um diese Formen zu trennen. In eine
Schilderung seiner Systematik will ich nicht eingehen. Er bemerkte mit
Recht, dass die Genera der Nematoden wohl unterschieden uns entgegen-
treten, allein diesen nur auf einem Instinct beruhenden Unterschied zu mo-
tiviren, war er ausser Stande.

Wenige Jahre nach Dujardin trat Diesing ebenfalls mit einem systematischen Werk über Entozoen hervor [1]). Als ein Sammelwerk ist dasselbe durch seine Genauigkeit und den ungewöhnlichen Fleiss von grosser
Bedeutung. Jedem Helminthologen wird es noch lange unentbehrlich sein.
Ebenso wenig als bei Dujardin hat er sein System auf neue und durchgreifende Grundlagen gestützt. In der systematischen Abtheilung werde
ich auf sein wie auch Dujardin's System wiederholt zurückkommen. Beide
Systeme sind ein sprechender Beweis dafür, dass die Systematik nicht der
Zweck sondern die Frucht zoologischer Untersuchungen sein muss.

Verglich man den grossen Fortschritt, welchen die Anatomie aller
übrigen Gruppen niedrer Thiere während der jetzt geschilderten Periode
gemacht hatte, so musste die Armuth unsrer Kenntniss über die Nematoden
sehr auffallen. Da erschien eine Arbeit von Georg Meissner „Beiträge
zur Anatomie und Physiologie von Mermis albicans" [2]). Seit langer Zeit
hatte kaum eine Arbeit im Gebiet der Zootomie ein solches Aufsehen
erregt. Ein den meisten bisher kaum dem Namen nach bekanntes Thier,
dessen Bau allen, die es kannten, ein vollkommnes Geheimniss geblieben
war, aus einer Thiergruppe, deren Untersuchung bisher kein erhebliches
Resultat geliefert hatte, lag nun auf einmal anatomisch, histologisch und
physiologisch aufgeschlossen vor. Die Resultate schienen so bedeutend,
dass man sich beeilte, dieselben auf allen Gebieten der Histologie zu ver-
werthen. In der That war diese Arbeit ein bedeutender Fortschritt. Es

---

[1]) Diesing Systema helminthum. 2 Bde. Wien 1850—51. Die „Revision der Nematoden" Sitzungsberichte d. k. Academie der Wissenschaften mathemat. naturwissensch.
Classe XLII Bd. S. 595 (1860) enthält eine neue Gestalt des Systems mit Hinzufügung
der inzwischen beschriebenen Species. Es gilt davon dasselbe, was ich von dem „Systema"
gesagt habe.

[2]) Zeitschrift für wissenschaftliche Zoologie Bd. V. S. 207 (1853). Eine zweite folgte
1855. G. Meissner Beiträge zur Anatomie und Physiologie der Gordiaceen (Ztschrft. f.
w. Z. Bd. VII. S. 1).

lässt sich freilich nicht läugnen, dass die Anerkennung weniger begeistert
gewesen wäre, wenn Meissner sich nur auf die Mittheilung des Sichern
beschränkt hätte. Nicht den wirklich guten Beobachtungen, sondern den
Fehlern verdankte diese Arbeit ihre Aufnahme, denn gerade diejenigen
Theile, welche vielleicht am meisten bewundert wurden, die Structur des
Nervensystems, der wunderbare Bau des Ernährungsapparats haben sich
als falsch erwiesen. Als den grössten Fehler der Arbeit kann man den
vollständigen Mangel aller Kenntniss der übrigen Nematoden bezeichnen. Die
Anatomie irgend einer Ascarisart hätte ihn vor vielen falschen Deutungen be-
wahren müssen, vor denen ihn selbst die Unterstützung eines so ausgezeichneten Helminthologen, wie v. Siebold, nicht schützen konnte. Allein
gerade diese Unkenntniss gab der ganzen Arbeit eine solche Sicherheit der
Deutung und eine Frische und Naivetät der Darstellung, welche wesentlich
dazu beitrugen, den Ruf derselben zu begründen. Da nun auf einmal ein
allgemeines Interesse für die Nematoden erwacht war, so wandten sich viele
dem Studium derselben zu. Es erschienen Arbeiten von Lieberkühn,
Wedl, Walter, Eberth, Leydig, Claus, Lubbok, und ich selbst bekenne, dass Meissner's Arbeiten mich zu den in diesem Buch niedergelegten Untersuchungen angeregt haben. Doch hier, glaube ich, ist es Zeit,
diese historische Uebersicht abzubrechen.

ERSTE ABTHEILUNG.

SYSTEM.

---

§. 1. Wichtige Charactere: Muskeln, Papillen des männlichen Schwanzes, deren Zählung. Minder wichtige und unwichtige Charactere.

Da ein System nur der Ausdruck unsrer jedesmaligen Kenntnisse der Organisation ist und so lange seine Berechtigung hat, als unsre Kenntnisse sich nicht ändern, so scheint mir eine Kritik älterer Systeme von einem neuen Standpunkt ungerecht, ja unmöglich. Um so mehr, als die Charactere, auf welche ein System zu gründen ist, sich nicht aus Vernunftgründen, sondern allein aus der Erfahrung ableiten lassen.

Ich werde deshalb damit beginnen, diejenigen Unterschiede im Bau der Nematoden, welche mir die wichtigsten scheinen und welche mich in der Aufstellung der Gruppen, Genera und Species geleitet haben, zu entwickeln. Die Irrthümer älterer Systeme werden sich dabei von selbst herausstellen. Obgleich meist von einem neuen Standpunkt ausgehend, bin ich doch oft zu denselben Resultaten wie früher gekommen. Eine solche Uebereinstimmung ist mir immer erfreulich gewesen, ich habe sie als die beste Bestätigung meiner Ansichten betrachtet. Es wird sich bei dieser Auseinandersetzung der Principien der Systematik auch die Gelegenheit geben, einige derjenigen Kunstausdrücke zu erklären, welche ich bei der Beschreibung aller Nematoden angewandt habe. Die, welche nur bei einzelnen Gattungen vorkommen, wird man dort erklärt finden. Für die genauere Beschreibung der anatomischen Verhältnisse, welche hier zur Sprache kommen, muss ich auf den zweiten und dritten Abschnitt verweisen.

Der wesentlichste Unterschied der Nematoden liegt in dem Bau ihres Muskelsystems. Danach habe ich 3 Gruppen unterschieden: Holomyarii, Meromyarii, Polymyarii. Bei den Holomyarii ist die Leibesmuskulatur entweder vollkommen ungetheilt, oder nur durch Längslinien. Bei den Meromyarii bilden die Muskeln 8 Streifen, welche durch schiefe von der Rücken- und Bauchlinie rückwärts verlaufende Linien in einzelne Abtheilungen — Muskelzellen — getheilt sind. Bei den Polymyarii bestehen die Muskeln aus vielen — mehr als 8 — neben- und hintereinander liegenden Zellen. Kein andres Organsystem bietet einen so leicht fasslichen und für eine grössre Zahl von Gattungen constanten Unterschied dar.

Der nächstwesentliche Unterschied besteht in der Gestalt des männlichen Schwanzendes. Dasselbe ist immer als ein Begattungsorgan ausgebildet. Es ist entweder mit Papillen — Tastwerkzeugen — besetzt, oder ohne solche, dann sind aber Greiforgane, Fortsätze des gesammten Hautschlauches, vorhanden. Damit können combinirt sein Saugwarzen oder Stacheln, spitze Fortsätze der Cuticula. Wo Papillen vorhanden sind, hat sich herausgestellt, dass die Zahl und Stellung derselben für eine grössere auch sonst in sich ähnliche Gruppe ein bestimmtes Gesetz befolgt. Entweder ist die Gesammtzahl derselben constant, oder es ist nur eine gewisse Zahl constant, so ist vorzugsweise die Zahl der vor dem After stehenden — präanalen — Papillen constant, während die Zahl und Stellung der postanalen am meisten variirt.

Die Papillen zähle ich von hinten nach vorn, jede Papille bezeichne ich mit der ihrer Stelle entsprechenden Ziffer. 1 ist also die hinterste Papille, 2 die nächst vordere u. s. w. Auf den Abstand der Papillen von der Bauchlinie nehme ich dabei keine Rücksicht. Ich fange bei der Zählung deshalb nicht von vorn an, weil es bei den Gattungen Oxysoma, Enoplus und Ascaris leichter ist, die hinterste Papille festzustellen als die vorderste.

In gleicher Linie steht an Wichtigkeit die Zahl und das Grössenverhältniss der Spicula [1]). Sie können fehlen, oder es ist nur eins vorhanden oder zwei. Diese zwei können gleich sein, oder ungleich. Hierbei hat es sich als unwesentlich herausgestellt, ob diese Ungleichheit sich auf die Länge oder auf die Gestalt erstreckt.

---

[1]) Ich sage Spiculum, der Stachel, nicht Spicula, die Aehre, wie man dies Organ in neurer Zeit oft genannt hat. Mit einer Spicula hat es keine Aehnlichkeit.

Hat man die Nematoden nach dem Muskelsystem, so wie nach dem Auftreten und Fehlen der Seitenfelder und Medianlinien, worin bei den Holomyarii sich grosse Unterschiede zeigen, geordnet, so ergeben sich die Genera aus der Gestalt des männlichen Schwanzendes.

Die Unterscheidung der Species ist sehr leicht, sobald die Mundwerkzeuge gross und reicher entwickelt sind. Ist dies nicht der Fall, so bietet die Haut mit ihren Rippen und Stacheln oft gute Charactere dar. Wo auch dies nicht der Fall ist, lassen sich die Species an der Zahl und Stellung der Papillen des männlichen Schwanzendes erkennen. Es ist allerdings immer wünschenswerth einen Character zu finden, welcher beiden Geschlechtern gemein ist, in vielen Fällen ist es mir jedoch nicht geglückt. Bei der Gattung Trichocephalus ist weder das männliche Schwanzende, noch der Mund durch irgend etwas ausgezeichnet, hier habe ich die Gestalt der Spitze des Spiculum einzig als Speciescharacter benutzen müssen.

Von diesen beiden Charactern, der Zahl und Stellung der Papillen einerseits, und dem Bau der Mundtheile andrerseits, würde zwar zur Feststellung der Species bei einer grössern Vollkommenheit der Untersuchung wohl immer einer ausreichen, allein zur Controlle ist es gut, beide zu berücksichtigen. Wo die Zahl der Papillen constant ist, z. B. bei Physaloptera und Strongylus, können die im männlichen Schwanzende liegenden Unterschiede äusserst gering sein, während die Mundtheile auffallend verschieden sind. Mitunter aber machen grosse Unterschiede in der Bursa auf kleine sonst kaum bemerkbare Unterschiede in den Mundtheilen aufmerksam.

Die Stellung und Zahl der Papillen, auch die Gestalt der Pulpa muss mit der grössten Sorgfalt gezeichnet werden. Die Anwendung des Zeichenprisma ist dabei unentbehrlich. Am besten wählt man dazu junge Exemplare, die Alten sind gewöhnlich undurchsichtiger und durch Krümmungen und Contractionen verunstaltet. Die genauere Aufzeichnung dieser Papillen bildet den schwierigsten Theil der folgenden systematischen Untersuchungen, sie hat aber auch allein die vielen merkwürdigen Gesetze ihrer Stellung zu Tage gefördert. Trotzdem ich meiner Sorgfalt in diesem Punkte mir bewusst bin, zweifle ich doch nicht, dass sich manche Fehler finden werden. Indess darf ich wohl jeden, der sich solchen Untersuchungen widmen will, bitten, sich in der Zählung und Aufsuchung dieser Papillen einige Uebung zu erwerben, ehe er an eine Verbesserung meiner Angaben geht. Obgleich ich die Speciesunterschiede ungleich schärfer als meine Vorgänger aufgestellt zu haben glaube, so weiss ich doch selbst, dass hier noch viel zu thun übrig ist. Nur zu oft ist man ungerecht in der Beurtheilung mangelhafter Diagnosen und vergisst, dass die Speciesaufstellung, wie jede Wissenschaft, nur allmählig fortschreitet.

Es bleibt mir noch übrig diejenigen Charaktere zu nennen, welche für die Systematik nur scheinbar wichtig sind. Die älteren Systeme haben auf den Wohnort mit Unrecht einen grossen Werth gelegt. Zunächst kann der Umstand, ob die Thiere freilebend, ob sie parasitisch sind, die systematische Stellung nicht beeinflussen. Freilebende und parasitische finden sich unter jeder der 3 grossen Gruppen. Die meisten Gattungen sind zwar ausschliesslich freilebend oder parasitisch, aber es giebt auch eine Gattung Leptodera, welche parasitische und freilebende Species enthält. Ferner ist keine Gattung in ihrem Wohnort auf eine bestimmte Thierclasse angewiesen. Mitunter kommt nun zwar der grösste Theil aller Species eines Genus nur in einer bestimmten Thierclasse vor, allein immer finden sich auch einzelne, die in andern wohnen. Die Species der Gattung Heterakis bewohnen z. B. vorzugsweise den Darm der Vögel, aber es finden sich auch einige in Säugethieren, Fischen und Amphibien. Selbst aus dem Aufenthalt in einem bestimmten Organ darf nicht auf die systematische Stellung geschlossen werden. Viele Filarien leben z. B. in der Bauchhöhle, Filaria globiceps R. lebt nun zwar auch in der Bauchhöhle der Fische, sie ist aber von den Filarien sehr verschieden und mit Recht von Diesing in eine neue Gattung Ichthyonema gestellt worden. Die Bestimmung der Eingeweidewürmer geschieht sehr häufig in der Weise, dass nur die Ordnung bestimmt und dann aus dem Wohnort auf Gattung und Species geschlossen wird. Dies Verfahren, welches bewusst oder unbewusst nur zu häufig geübt worden, verschuldet am meisten den unvollkommenen Zustand der Systematik der Entozoen. Dass die Organisation den Aufenthalt und die Lebensweise bedingt, ist unbestreitbar, allein der Rückschluss aus der Lebensweise auf die Organisation, wenn er auch mitunter richtig ausfällt, ist bei dem jetzigen Stand unserer Kenntnisse vollkommen unzulässig. In andern Zweigen der Zoologie hat man schon längst nicht mehr den Wohnort als systematischen Character betrachtet, nur bei den Eingeweidewürmern war man in Ermanglung bessrer dazu gezwungen. Dass aber hinreichende specifische Charactere auch bei den Entozoen und speciell bei den Nematoden vorhanden sind, werde ich im Folgenden, wie ich glaube, beweisen.

Gehen wir nun zu den anatomischen Characteren über, welche ich systematisch von geringer Bedeutung halte. Nach Diesing zerfallen die Nematoden zunächst in Aprocta und Proctucha, solche ohne und solche mit After. Ich habe diesen Unterschied deshalb nicht angenommen, weil die Aprocta allein die Gattungen Gordius und Mermis enthalten und ihnen alle übrigen Nematoden als Proctucha gegenüber gestellt sind. Dieser Gegensatz besteht in der Natur in keiner Weise. Die Proctucha müsste man, um eine Uebersicht zu gewinnen, noch weiter theilen und dann würde sich ergeben, dass ein Theil der Proctucha mit den Aprocta näher verwandt sei. Das eben wird erreicht, wenn man das Muskelsystem zum Hauptcharacter des Systems macht. Diesing theilt die Proctucha weiter in Hypophalli und Acrophalli, solche deren männliche Geschlechtsöffnung vor, oder in der Schwanzspitze liegt. Zu den Acrophalli gehört allein die Gattung Strongylus in dem Umfange, in welchem sie Rudolphi nahm. Nun kann allerdings bei manchen Strongylusarten die Körperstelle welche die männliche Oeffnung enthält, spitz hervorgestreckt werden, allein sie entspricht darum nicht der Schwanzspitze, diese ist vielmehr in der Mitte des hintern Randes der Bursa zu suchen.

Unwesentlich ist ferner für grössere Gruppen, ob das Ovarium einfach, zwei-, drei- oder viertheilig ist, ferner ob die Aeste parallel oder entgegengesetzt verlaufen, diese Charactere sind nur für die Species brauchbar.

Die Gestalt der Spicula bietet grosse Mannichfaltigkeit dar. Bis jetzt habe ich dieselbe jedoch selbst innerhalb der Gattungen sehr schwankend und wiederum die gleiche Gestalt bei sehr verschiedenen Gattungen wiederkehrend gefunden. Es wäre sehr wünschenswerth, wenn spätere Forscher diesem Gegenstand noch eine grössere Aufmerksamkeit schenkten, als ich.

Die Gattungen unterscheiden sich durch die Mundtheile zwar sehr bestimmt, allein in den grössern Gattungen kommen meist mehrere Arten von Mundtheilen vor, ohne dass andere Veränderungen der Organisation damit parallel gingen. Ich habe die Mundtheile deshalb in den Character der Gattung nicht aufgenommen.

Einer Rechtfertigung bedarf es, warum ich nur diejenigen Species aufgeführt habe, welche ich selbst gesehen. Nach langer Ueberlegung habe ich mich dazu entschliessen müssen. Mein System hätte im andern Fall äusserlich an Vollständigkeit gewonnen, endlose Missgriffe, lange Reflexionen ohne sicheres Resultat wären jedoch die Folge gewesen. Ich bin weit entfernt zu behaupten, dass Dujardin, Diesing, Eberth, auch Molin

nicht einzelne gute Speciesbeschreibungen geliefert hätten, allein im Allgemeinen wird man aus dem Folgenden ersehen, dass die bisher angewandten
Charactere nicht hinreichend zur Speciesbestimmung sind.

§. 2. Nematodensammlung des Berliner Museum und andere Materialien der Untersuchung.

Das Material zu diesem System hat die Sammlung des Kgl. zoologischen Museum der Universität Berlin gegeben. Diese Nematodensammlung
umfasst 1027 Gläser. Sie besteht ausser einzelnen Erwerbungen durch die Hrn.
Peters, Jagor, v. Martens, Gollmer, Deppe u. A. aus der Sammlung Rudolphi's, einer kleinen Sammlung Klug's und aus den reichen von den Hrn.
v. Olfers und Sello in Brasilien und Hrn. Hemprich und Ehrenberg in
Aegypten, Nubien, Arabien und Syrien gemachten Sammlungen. Die beiden
letzten Theile, welche im Jahre 1861 noch grösstentheils unberührt in den
Originalverpackungen standen, habe ich aufgestellt und geordnet. Dieses grosse
Material eignet sich freilich nicht durchweg zur systematischen Bestimmung.
Wohlerhalten und brauchbar sind fast alle Objecte, allein bei der grossen
Schwierigkeit, welche die Untersuchung der Nematoden darbietet, wurden
zunächst nur diejenigen Flaschen bestimmt, welche eine hinreichend grosse
Anzahl von Individuen enthielten[1]). Ausgeschlossen von der systematischen
Bestimmung blieben ferner diejenigen Flaschen, bei welchen die Bezeichnung des Wirthes fehlte, so wie natürlich alle geschlechtslosen Thiere,
deren namentlich die Rudolphi'sche Sammlung eine grosse Menge enthält. Es sind in Folge dieser Einschränkungen 380 Gläser erster Classe
übrig geblieben, welche nach meinem System aufgestellt und über welche
ich einen systematischen Catalog verfasst habe.

Was den Reichthum des Materials betrifft, so hätte mir nächst dem
Wiener Museum eine so günstige Gelegenheit nirgends zu Gebote gestanden.
Die Benutzung der Rudolphi'schen Originalexemplare darf ich aber wohl
als zweite, werthvollste Unterstützung, ja als Lebensbedingung meiner
Arbeit betrachten. Möchten auch die übrigen Theile der unschätzbaren
Sammlung Rudolphi's bald einer den Fortschritten der Zoologie ent-
sprechenden Revision unterworfen werden, ehe es vielleicht zu spät ist.
Nächstdem war mir eine grosse Hülfe die Benutzung der Sammlung der

---

[1]) Sammler von Nematoden möchte ich bei dieser Gelegenheit auffordern, immer
möglichst viele Exemplare aufzubewahren.

Kgl. Thierarzneischule, welche mir deren Director Hr. Geh. R. Gurlt mit grösster Liberalität in fast unbeschränkter Weise gestattete.

Ausser diesen Sammlungen habe ich natürlich möglichst viele Species lebend beobachtet. Auch hierzu bot mir das Berliner Museum reichliche Gelegenheit, indem ich alle dahin frisch abgelieferten Thiere, einheimische sowohl, wie die aus dem zoologischen Garten kommenden, während 5 Jahren untersuchte und die gefundenen Entozoen in dem Museum aufstellte. Einen längeren Aufenthalt am mittelländischen Meere und in Helgoland habe ich ebenfalls zur Untersuchung der in den Seefischen und auf dem Grunde des Meeres lebenden Nematoden verwendet. Leider sind die Seefische für Nematoden wenig gastfreie Wirthe, sie beherbergen immer nur wenige Individuen. Wie ich mir die freilebenden Species verschaffte, kann man bei den Gattungsbeschreibungen finden.

Das Aufsuchen lebender Nematoden aus Thieren bleibt immer eine höchst zeitraubende Beschäftigung, besonders wenn man eingehende Untersuchungen macht und dazu sehr vieler Individuen bedarf. Es ist deshalb wichtig, diejenigen Species zu kennen, welche am leichtesten und in grosser Menge zu haben sind. In dieser Beziehung stehen obenan die freilebenden Species der Gattung Leptodera und Pelodera. Man kann sich dieselben mit Leichtigkeit in jeder beliebigen Menge verschaffen, indem man etwas Erde in ein Gefäss bringt, befeuchtet und ein Stück faulender thierischer Substanz hineinlegt. Nach einigen Tagen wird sich die faulende Masse mit Nematoden füllen. Wegen ihrer Durchsichtigkeit bieten diese Species überhaupt die anziehendsten Objecte mikroskopischer Untersuchung dar. Andere leicht zugängliche Objecte sind Oxyuris ambigua, Oxysoma ornatum und acuminatum, Cucullanus elegans, Filaria papillosa, Ascaris megalocephala. Letztere erhält man in Berlin aus den Rossschlächtereien jederzeit in grossen Mengen.

§. 3. Uebersicht der Gattungen.

A. **Polymyarii.** Muskeln des Körpers aus vielen neben und hinter einander liegenden Zellen gebildet.

I. **Ascaris.** R. 2 gleiche Spicula. 20 und mehr präanale Papillen.

II. **Eustrongylus.** Dies. Ein Spiculm (?) Bursa napfförmig.

III. **Enoplus.** Duj. 2 gleiche Spicula. Körper des ♂ und ♀ mit vielen Papillen bedeckt, die Papillen des männlichen Schwanzes gehen in die Körperpapillen über.

IV. **Physaloptera.** R. 2 ungleiche Spicula. Bursa geschlossen, herzförmig, umfasst die Schwanzspitze, eine unpare Papille vor dem After, 10 Papillen, alle constant.

V. **Heterakis.** Duj. 2 ungleiche Spicula. ♂ mit einem Saugnapfe vor dem After, 3 grössere präanale Papillen constant.

VI. **Filaria.** M. 2 ungleiche Spicula. 4 präanale Papillen.

VII. **Ancyracanthus.** Dies. 2 ungleiche Spicula. 15, 16 oder 20 präanale Papillen einfach oder paarweise in einer linearen Reihe gestellt.

VIII. **Hedruris.** Nitsch. 2 gleiche Spicula. 2 präanale Papillen.

IX. **Ceratospira.** Sch. 2 ungleiche Spicula. 11 (?) präanale Papillen.

X. **Cucullanus.** M. 2 gleiche Spicula. 7 präanale Papillen.

B. **Meromyarii.** Muskeln des Körpers aus 8 Längsreihen hinter einander liegender Zellen gebildet.

XI. **Nematoxys.** Sch. 2 gleiche Spicula. ♂ und ♀ mit vielen Papillen über den ganzen Körper. Die Schwanzpapillen des ♂ gehen in die Körperpapillen über. Vagina mit Ringmuskeln.

XII. **Oxysoma.** Sch. 2 gleiche Spicula. 3 grössere präanale Papillen constant. Vagina mit Ringmuskeln.

XIII. **Oxyuris.** R. Ein Spiculum. Bursa vorhanden oder fehlend. Vagina mit Ringmuskeln.

XIV. **Labiduris.** Sch. 2 gleiche Spicula. Schwanzpapillen des ♂ zangenartig verlängert.

XV. **Dermatoxys.** Sch. Kein Spiculum. Bursa breit.

XVI. **Atractis.** Duj. 2 ungleiche Spicula. 3 präanale Papillen.

XVII. **Spiroxis.** Sch. ?.

XVIII. **Strongylus.** R. 2 gleiche Spicula. Bursa rings geschlossen, einen Trichter bildend. Papillen alle mit rippenförmiger Pulpa. Die 6 vordern Papillen constant, die 1ste einfach, zwei oder drei Aeste bildend. 2 — 7 einfach. Vagina nur mit Längsmuskelbelag.

XIX. **Pelodera.** Sch. 2 gleiche Spicula. Bursa immer vorhanden umfasst die Schwanzspitze. 4 oder 5 präanale Papillen.

XX· **Leptodera.** Duj. 2 gleiche Spicula. Bursa fehlt oder umfasst nicht die Schwanzspitze. 3 präanale Papillen.

C. **Holomyarii.** Muskeln des Körpers nicht oder nur in der Längsrichtung getheilt.

XXI. Anguillula. Seitenfelder, Hauptmedianlinien. 2 gleiche Spicula.
Bursa verbreitert, vorn mit rundem Rand, hinten spitz.

XXII. Trichina. Ow. Seitenfelder, Hauptmedianlinien, kein Spiculum.
Bursa zweiästig.

XXIII. Trichosoma. R. Seitenfelder und Hauptmedianlinien (secundäre?).
1 Spiculum. Scheide des Spiculum vorzustülpen. Bursa.

XXIV. Trichocephalus. Göze. Seitenfelder fehlen, Hauptmedianlinien.
1 Spiculum, Scheide des Spiculum vorzustülpen. Keine Bursa.

XXV. Pseudalius. Duj. Seitenfelder, alle haupt- und theilweise auch
secundären Medianlinien. 2 gleiche Spicula. Bursa zweigablig,
löffelförmig oder fehlend, mehrere Papillen.

XXVI. Ichthyonema. Dies. Seitenfelder, Hauptmedianlinien, kein After.
2 ungleiche Spicula. Schwanzende des ♂ abgestumpft.

XXVII. Mermis. Duj. Seitenfelder, Hauptmedianlinien, secundäre Rückenlinien, kein After. 2 gleiche Spicula. Bursa verbreitert, 3 oder
4 Reihen Papillen vor und hinter dem After.

XXVIII. Gordius. M. Keine Seitenfelder, Bauchlinie, kein After, kein Mund
(?), kein Spiculum. Bursa zweigablich.
Sphaerularia.

§. 4. Beschreibung der Gattungen und Arten.

I. Ascaris. R.

Die Gattung Ascaris umfasst bei Rudolphi (Synopsis) alle dreilippigen Nematoden. Obgleich ein grosser Theil seiner Species in der That
den Stamm eines guten Genus bildet, ist doch auch ein nicht geringer
Theil sehr verschiedner Natur. Schon Bremser[1] trennte zwei Species
davon ab und stellte sie mit Recht zu Oxyuris, nämlich Ascaris vermicularis und obvelata R. Eine weitere Trennung nahm Dujardin vor, indem
er Ascaris vesicularis, dispar, acuminata und brevicandata zu dem Genus
Heterakis vereinigte. Wenn auch diese 4 Species nicht zu dem Stamm von
Ascaris gehören, kann man sie doch nicht zu einer Gattung vereinigen.

Ich scheide zunächst aus Ascaris R. alle Meromyarier, sodann alle
Polymyarier mit Saugnapf am männlichen Schwanzende, welche in nicht

---

[1] Rudolphi Synopsis, S. 19.

geringer Zahl darin enthalten sind, die letzterwähnten stelle ich zu Heterakis, welche Gattung bei mir nicht ganz identisch ist mit Heterakis Duj. Einige andre Species sind bei Rudolphi nur wegen mangelhafter Untersuchung zu Ascaris gekommen. Der Rest bildet eine gut begränzte Gattung, welcher der Namen Ascaris verbleibt.

Alle Species besitzen 3 Lippen. Die Lippen haben im Ganzen 4- oder 6eckige Umrisse, durch Contractionen kann ihre Gestalt jedoch ziemlich wechseln. Den einen Rand nenne ich den vordern, zwei andre die Seitenränder, den vierten in die Körperhaut übergehenden die Basis. Die eine Fläche nenne ich die äussere, die andre die innere. Die Basen der Lippen bilden zusammen ein Dreieck, welches dieselbe Lage hat wie das Oesophagus-Dreieck. Die auf dem Rücken liegende Lippe heisst die Oberlippe, die beiden andern Unterlippen. Die Rückenlinie stösst auf die Mitte der Oberlippe, die Bauchlinie auf den Raum zwischen den Unterlippen, die Seitenlinien auf die Mitten der Unterlippen. Die Lippen bestehen aus einer Cuticularschicht und einer subcutanen Schicht, welche wir Pulpa nennen wollen. Die Pulpa zerfällt in mehrere Theile. Zunächst unterscheiden wir eine grössere Masse — Pulpa im engern Sinne — sie sitzt dem vordern Rand des Oesophagus auf. Nach vorn zerfällt sie meist in 2 Zipfel — Lobi — welche durch einen mehr oder weniger deutlichen Einschnitt in der Mitte — Sattel — getrennt sind. Die Lobi können wieder in 2 Lobuli getrennt sein. Die Trennung in 2 Lobuli ist entweder nur oberflächlich oder sehr tief, so z. B. bei A. mystax, wo der eine Lobulus nach aussen, der andre nach innen liegt und beide eine sehr verschiedne Gestalt besitzen. In einigen Fällen ist der eine Lobulus nach vorn und der Mitte der Lippe, der andre nach hinten und den Seitenrand gerichtet, z. B. bei A. holoptera (Taf. I, Fig. 12), in anderen z. B. bei A. ensicaudata und depressa (Taf. I, Fig. 6 und 7) sind 3 Lobuli vorhanden, deren 2 nach vorn, einer nach hinten gerichtet ist, und in noch andern z. B. A. rubicanda und radiosa (Taf. I, Fig. 8 und 9) zerfällt der Lobus in sehr viele Strahlen, welche einen Halbkreis bilden, dessen beide äussersten Strahlen nach vorn und hinten gerichtet sind, so dass dieser Fall als eine Abart des vorigen betrachtet werden kann. Ganz fehlen die Lobi vielleicht nie, mitunter z. B. bei A. quadrangularis und sulcata (Taf. I. Fig. 9 und 10) sind sie aber sehr undeutlich. Nach innen von der Pulpa unmittelbar über dem Vorderende des Oesophagus liegt ein unpaarer Lappen — Lobus impar — (besonders deutlich Taf. II, Fig. 6). Vermisst habe ich denselben nur bei einigen, so mit Bestimmtheit bei Ascaris megalocephala.

Die Basis der Lippen liegt immer auf der äussern Seite tiefer als auf der innern. Weder auf der innern, noch auf der äussern Seite stossen die Basen der drei Lippen dicht an einander. Die Räume zwischen den Lippen, Interlabialräume, welche den Mundraum vervollständigen, werden von einem eignen Hautsaume gebildet. Mitunter heben sich die Interlabialräume in dreieckigen nach vorn spitz auslaufenden Zipfeln — Zwischenlippen. Die Zwischenlippen können entweder nur bis an den Mundrand reichen, oder von gleicher Länge mit den Hauptlippen sein.

Die innere Fläche der Lippen erhebt sich in der Mitte immer zu einer mehr oder weniger scharfen Kante, der Querschnitt einer Lippe ist demnach dreieckig, mit einer äussern bogenförmig gekrümmten Seite und zwei innern geraden Seiten (Taf. II. Fig. 7). Die innere Längskante ist in dieser einfachen Gestalt mir nur bei A. megalocephala, lumbricoides und transfuga bekannt, bei allen übrigen ist die Kante von einer tiefen Rinne mit oft schneidenden Rändern gespalten.

Der vordere und Seitenrand der Lippen ist bei vielen von einer dünnen Hautleiste umzogen, welche in feine Zähnchen zerfällt. Nur bei A. ferox ist dieser Zahnsaum streckenweise unterbrochen und zerfällt in einzelne Kämme. Von diesem Zahnsaum ist zu unterscheiden der einzelne stärkere Zahn, welcher bei A. sulcata am hintern Ende des Zahnsaums sich erhebt und der eigenthümliche Kamm, welcher bei A. ferox die äussere und innere Lippenbasis begleitet, die nähere Beschreibung desselben findet sich bei dieser Species.

Alle Species, welchen der Zahnsaum fehlt, sind dadurch ausgezeichnet, dass die vorderen Ecken der Lippen verdickt und etwas ausgezogen sind. Die dadurch entstehenden Bildungen werde ich als auriculae bezeichnen. Die Aurikeln sind immer mit Zwischenlippen combinirt. Man kann zwei Formen der Aurikeln unterscheiden. Entweder geht die Rinne bogenförmig in den Vorderrand der Lippe über, biegt sich dann an der Ecke scharf nach hinten um, verläuft in einen nach der Mitte der Lippe convexen Bogen rückwärts und geht dann in den nach innen scharf vorspringenden Rand der Zwischenlippe über (Taf. I, Fig. 13 — 15). Die Vorderecke der Lippe bildet spitz zahnartig vorspringend einen Eckzahn. Bei A. granulosa, deren Lippen sich dieser Form sonst nähern, sind kaum Aurikeln vorhanden, sie bilden gewissermassen den Uebergang zu denen, welche keine Aurikeln

besitzen. Die andre Form der Aurikeln entsteht dadurch, dass die Vorder-
ecken verdickt und verlängert, aber auch auf der Innenseite rinnenförmig
ausgeschnitten sind. Man kann dieselbe Löffel nennen. Die Löffel sind
schief nach hinten und der Mitte der Lippe gerichtet (Taf. II, Fig. 3, 8, 11, 14).
Die drei Lippen sind in ihren Umrissen unter sich nie ganz gleich.
Die Oberlippe ist immer in sich symmetrisch, d. h. ein durch die Rückenlinie gelegter Schnitt theilt sie in zwei symmetrische Hälften, die Unterlippen sind nicht in sich, wohl aber unter sich symmetrisch; ein durch die
Seitenlinie geführter Schnitt theilt sie in zwei assymmetrische Hälften, eine
laterale und eine dorsale. Die laterale Hälfte der einen Unterlippe ist symmetrisch mit der lateralen der andern, und ebenso die ventrale der einen mit
der ventralen der andern. Spuren dieses Gesetzes finden sich wohl bei
jeder Species, es ist nicht immer leicht zu constatiren, da es schwer hält, die
Lippen bei der Präparation in die natürliche Lage zu bringen. Bei den
Species mit Löffeln ist diese Asymmetrie der einzelnen Unterlippen und die
Symmetrie beider am auffallendsten, die ventrale Hälfte der Unterlippen ist
dort mitunter bedeutend nach vorn ausgezogen (Taf. II, Fig. 11).

Auf der Aussenfläche jeder Lippe sind 2, im ganzen Umfang des
Kopfes also 6 Papillen. Dieselben vertheilen sich so, dass 4, die submedianen, in demselben auf die Längsaxe des Thieres senkrechten Querschnitt liegen und gleich gebildet sind, 2 laterale ebenfalls in einem Querschnitt liegen, und zwar weiter nach vorn als die submedianen. Beide Arten
von Papillen sind in sich gleich, aber meist von einander verschieden gebildet.
Die submedianen sind immer warzenförmig, während bei den lateralen der
Nerv meist einfach an die Oberfläche der Haut tritt, z. B. A. megalocephala, lumbricoides, mystax (Taf. II, 4, 5). Die Papille ist dann nicht
leicht zu finden[1]) Doch kann auch die Lateral-Papille warzenförmig sein,
z. B. die von A. ferox (Taf. II, 2). Bei den grösseren Species, A. mego-

---

[1]) Wedl (über die Mundwerkzeuge der Nematoden, Sitzungsberichte d. Wiener Academie, math. naturw. Classe, Bd. XIX. S. 33. 1856) giebt in seiner sonst verdienstlichen
Arbeit eine unrichtige Beschreibung und Abbildung der Papillen von A. mystax. Danach
stehen auf jeder Lippe 2 warzenförmige Papillen in gleicher Höhe. Dies ist jedoch nur
auf der Oberlippe der Fall, die Unterlippen haben nur auf ihrer ventralen Hälfte warzenförmige Papillen, auf den lateralen Hälften platte, weiter nach vorn liegende. Wedl
hat offenbar das Bild der Oberlippe auf die Unterlippen ohne weiteres übertragen. Dujardin (Hist. nat. d. H.) ist noch weiter von der Wahrheit entfernt, indem derselbe bei
A. megalocephala, lumbricoides und mystax jeder Lippe eine Papille zuschreibt.

Schneider, Nematoden. 5

clocephala, lumbricoides, mystax lässt sich erkennen, dass alle 6 Papillen eigentlich Doppelpapillen sind. Die Spitze der Pulpa und der Nerv theilen sich nämlich in 2 Aeste, bei den submedianen ist der der Seite nächste Ast viel dicker (Taf. II, Fig. 4, 5 u. 7). Für die Enden beider Aeste ist jedoch nur eine Warze vorhanden. Die Pulpa der lateralen Papillen besteht aus 2 dünnen Aesten, wahrscheinlich den Nervenenden. In der Stellung der Papillen spricht sich somit dasselbe Gesetz aus, welches wir für die Gestalt der Lippen aufgestellt haben. Die Oberlippe hat 2 symmetrisch stehende Papillen, jede Unterlippe für sich betrachtet, 2 assymmetrisch stehende, aber die lateralen Papillen beider stehen unter sich symmetrisch und ebenso die submedianen, welche ja den ventralen Hälften der Unterlippen entsprechen.

Die Papillen des männlichen Schwanzes sind Warzen zweierlei Art, kleinere, welche nur eine Spitze der Pulpa enthalten, oder grössere, Doppelpapillen, mit zwei Spitzen. Einige von den Doppelpapillen und dies sind nur postanale, haben eine constante Stellung, andere, und wie es scheint immer präanale, können sich auch in zwei getrennte auflösen. Die Zahl und Stellung der präanalen Papillen des Schwanzes ist bei den verschiedenen Species sehr verschieden, auch sind dieselben grossen individuellen Schwankungen unterworfen. Ihre Zahl ist auch nie auf beiden Seiten gleich. Ich habe deshalb nur bei einigen Species die präanalen Papillen ganz gezählt. Der Speciescharacter ist durch die postanalen Papillen vollkommen gesichert. Bei den Ascariden der Fische spottet die Brüchigkeit des Körpers allen Versuchen die Papillen zu bestimmen. Um die Schwanzpapillen zu zeichnen und zu zählen genügt es bei den kleineren Species den Schwanz so zu legen, dass die Bauchseite nach oben kommt und nöthigenfalls das Präparat durch dünne Kalilauge aufzuhellen. Bei den grösseren Species muss man die ganze Bauchfläche des Schwanzes isoliren, indem man längs der Seitenlinien den Körper aufschneidet, und durch Kochen in Essigsäure die Muskelschicht entfernt; die übrigbleibende Haut rollt sich dabei zwar vollkommen zusammen, indess kann man dieselbe mittelst eines Pinsels leicht auf dem Objectglase ausbreiten, nachdem man die Flüssigkeit hat etwas verdunsten lassen.

Die Spicula kommen in zwei Formen vor. Einmal bei A. megalocephala und lumbricoides (vielleicht auch transfuga) als cylindrische dicke Röhren, dann bei allen übrigen als dünne Röhren, welche beiderseits eine Lamelle tragen. Die Vagina ist mit Ringmuskeln besetzt, die Ovarien sind

immer doppelt, nur bei A. rubicunda und
quadrangularis vierfach[1]). Viele Species besitzen divertikelartige Verlängerungen des
Darmes, welche nach vorn, und des Oesophagus, welche nach hinten verlaufen. Allgemein scheinen dieselben vorhanden bei den
Species mit Zwischenlippen, und zwar kommt
bei denjenigen, welche zugleich Aurikel oder
Löffel haben, ein Diverticulum des Darm's
und eins des Oesophagus vor, bei denjenigen
mit Zahnleisten nur ein Diverticulum des
Darmes. A. ferox besitzt zwei Divertikel
des Darmes. Da die Ausbildung der Diver-
ticula individuellen Schwankungen unterliegt,
da es mir auch wegen Mangel des Materials
nicht möglich war, diese Verhältnisse bei allen
Species genauer zu untersuchen, so mögen
dieselben weiterer Aufmerksamkeit empfohlen
werden. Der Darm ist immer aus vielen
polyedrischen Zellen zusammengesetzt.

A. Lippen mit Zahnleiste, keine
Zwischenlippen.

1. **Ascaris megalocephala.**
Cloquet. (Taf. I, Fig. 1. Taf. II, Fig. 12.)

Ascaris lumbricoides. R. ex parte.[2])

♀ 370ᵐᵐ, ♂ 270, Dicke des ♀ 8ᵐᵐ.

Lippen nahezu gleich, herzförmig, die
Spitze nach vorn gekehrt. Der Einschnitt
der Lobuli bogenförmig, flach. Unpaarer Lobus nicht zu erkennen. Die beiden Seitenränder sind in der Mitte tief ein-

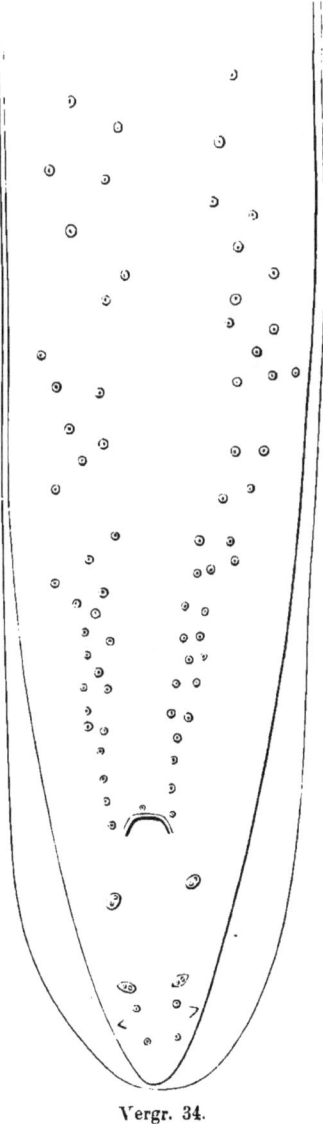

Vergr. 34.

[1]) Valenciennes (Dujardin histoire nat. d. Helm. S. 221) hat bereits die 4fachen
Ovarien bei A. anoura Duj. gesehen und Dujardin hat deshalb vorgeschlagen, diese Species
in ein Subgenus Polydelphis zu stellen.
[2]) Die Zahlen hinter ♀ und ♂ bezeichnen die Maxima der Länge.

geschnitten von einer Bucht, welche nach der Mitte sich erweitert. Die
Zahnleiste begleitet im Allgemeinen den Rand der Lippe. In dem Einschnitt tritt sie etwas mehr auf die äussere Fläche der Lippe, sie begleitet
auch den Hinterrand und hört nahe an der Basis mit einer kurzen Umbiegung nach vorn auf. Im hintern Theil ist die Zahnleiste ungetheilt. Vulva
50""" vom Kopfende. Schwanz des ♂ auf der Bauchseite flach, auf dem
Rücken spitz. Die Haut bildet in der Gegend des Afters eine Bursa. 79—105
Papillen jederseits. Davon sind 1—7 hinter dem After. 2 mit kegelförmiger Pulpa, 4, 5 und 6, 7 zu Doppelpapillen vereinigt. 8—11 stehen
hinter einander in einer Reihe, die folgenden stehen zuerst zu 2 und 3
neben einander, bis sie etwa von 40 an eine Reihe bilden. Spiculum ein
einfaches Rohr, dessen freie Spitze abgeschnitten endigt. Eine unpaare Papille am vordern Afterrande.

Equus Caballus. Bos Taurus. Dünndarm.

Im Pferd oft in grossen Mengen, bis zu 1000 Stück vorhanden. Das Berliner Museum besitzt nur ein Exemplar, ♀, einer Ascaris aus der Kuh, welches
vom Museum zu Alfort an Rudolphi geschenkt wurde. Nach den Lippen zu
urtheilen gehört es zu A. megalocephala. Das Wiener Museum besitzt Ascariden
aus Bos Taurus, welche Diesing (Syst. helm.) für A. lumbricoides hält. Die
Ascariden der Kälber, deren Abbildung Vallisneri giebt, scheinen eine noch nicht
benannte Species zu bilden, welche in Italien offenbar nicht selten ist. Eine genaue
Beschreibung derselben wäre zu wünschen. In Norddeutschland kommen Ascariden
des Rindviehs kaum vor, wenigstens hat Herr Gurlt bei seiner langjährigen Erfahrung sie nie gefunden.

2. Ascaris lumbricoides. Cloquet. (Taf. I, Fig. 2. Taf. II, Fig. 4—7.)

Ascaris lumbricoides. Linné. ex parte.
-      - R. ex parte.
- Suilla. Duj.
♀ 150""", ♂ 150""".

Lippen fast gleich, ihre Gestalt wechselnd, halbkreisförmig bis viereckig. Zähnchen sehr fein. Die Loben ungetheilt. Der unpaare Lobus
mit abgerundeter Spitze reicht mit seinem Vorderende bis vor den Sattel.
Hautringel längsgerippt. Vulva 40—65""" vom Kopfende. Vagina 11"""
lang. Schwanz des ♂ auf der Bauchseite flach. Nur hinter dem After
ist die Haut zu einer Bursa verbreitert. 69—75 Papillen jederseits. 1—7
stehen vor dem After. 2 steht der Bauchlinie näher als 1 und 3. 4, 5
und 6, 7 zu Doppelpapillen vereinigt. Die folgenden stehen zuerst in einer

Reihe, dann zu mehreren neben einander und bilden schliesslich wieder eine Reihe, im Ganzen sehr unregelmässig. Unpaare Papille vor dem After. Spiculum ein einfaches Rohr mit vorn abgeschnittner etwas unregelmässiger Spitze.

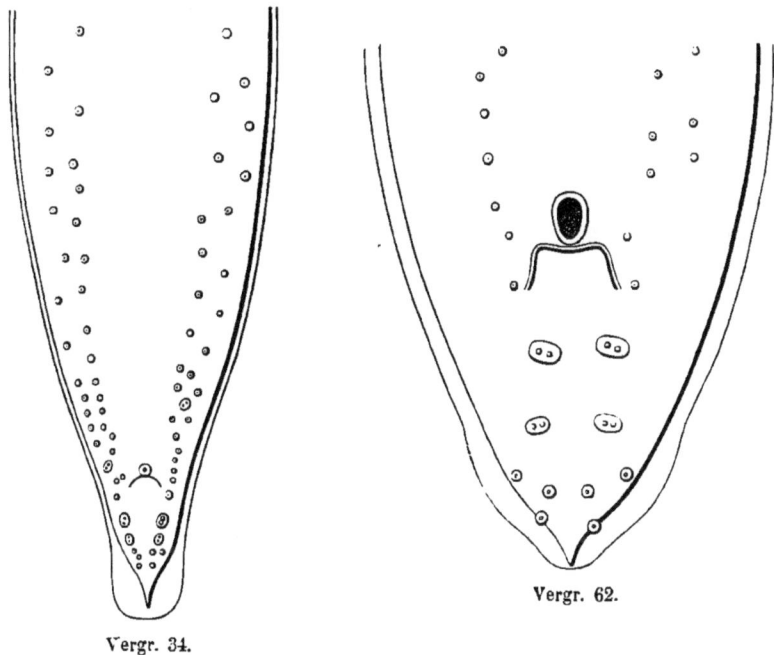

Vergr. 34.

Vergr. 62.

Homo. Sus Scrofa. Dünndarm, dringt mitunter in die Gallengänge, Magen, Oesophagus, Nase und die Lungen.

Rudolphi hat eine Species A. lumbricoides, welche die Ascariden des Menschen, Schweins, Pferdes und der Kuh umfasst. Cloquet trennte davon Ascaris megalocephala, die Ascaris des Pferdes, ab. Er hielt also die Ascaris des Schweines und des Menschen für identisch. Dujardin stellte die Ascaris des Schweines als A. Suilla auf. Diesing ist ihm darin nicht gefolgt. Ich habe die Ascaris des Menschen und Schweines mit grösster Sorgfalt untersucht und in allen Theilen verglichen. Es ist mir nicht gelungen, einen specifischen Unterschied zu ermitteln. Allerdings sind die Ascariden des Menschen immer dicker und grösser, auch sind die Lippen immer stärker entwickelt. Allein es scheint, dass man beim Schwein immer nur jüngere Exemplare findet, da A. lumbricoides sich vielleicht weniger lang darin aufhalten kann. Man behauptet auch, dass dieselbe in den Schweinen ziemlich selten vorkommt. Ich muss auf diesen kaum eine Varietät begründenden Unterschied aufmerksam machen, da vielleicht jemand, der weniger mit den Gränzen bekannt ist, innerhalb welcher eine Species bei den Nematoden variiren kann, leicht geneigt sein kann, specifische Unterschiede zwischen den beiden Varietäten zu finden. Spicula, Form und Stellung der Papillen, Gestalt der Lippen, der Loben, der Zahnleisten, Gestalt und Grösse der Eier, Entfernung der Vagina vom Mund stimmen soweit überein, als man es nur innerhalb einer Nematodenspecies findet, von der man grosse Mengen von Individuen vergleichen kann. Dujardin führt als Unterschied an, dass bei Ascaris Suilla die Windungen der Ovarien auch die Vagina umfassen sollen. Ich habe Exemplare verglichen und die Ausbildung der Ovarien so verschieden gefunden, dass man unmöglich darauf Werth legen kann.

3. Ascaris transfuga. R. (Taf. I, Fig. 3.)

♀ 115ᵐᵐ.

Lippen ungleich, Oberlippe breiter, Unterlippen unsymmetrisch. Die Loben am Vorderrande breit und ungetheilt, aber auf der Innenseite eine tiefe Furche, welche die Theilung andeutet. Der unpaare Lobus reicht bis vor den Sattel. Von dem Rande desselben laufen auf der Innenfläche der Lippe strahlenartig Streifen aus. Zahnleiste begleitet den Lippenrand. Seitenmembran schmal, vom Kopf ab 4ᵐᵐ lang. ♂ fehlt.

Ursus Arctus. Darm.

Aus Ursus maritimus ist eine Ascaris vorhanden, aber nur in einem Exemplar; ich kann deshalb keine Beschreibung geben.

4. Ascaris mystax. Zed. (Taf. I, Fig. 4.)

Ascaris triquetra. Schrank.
- *marginata.* R.
- *leptoptera.* R. ex parte.
- *microptera.* R. vielleicht.
- *brachyoptera.* R. vielleicht.

♀ 200ᵐᵐ, ♂ 90ᵐᵐ.

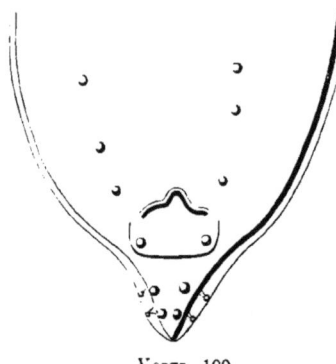

Vergr. 100.

Lippen fast gleich, von wechselnder Form, 3eckig bis 6eckig. Die Loben zerfallen in zwei ganz getrennte Lobuli, deren Trennung bis fast an den Sattel reicht. Die äusseren Lobuli sind fingerförmig, die inneren am Vorderende sehr zugespitzt, die Spitzen wenden sich nach der Mitte. Der unpaare Lobus fingerförmig. Seitenmembran 2,5ᵐᵐ vom Kopf an. Die Gestalt und Länge der Seiten-

membran ist ungleich, je nach den Contractionen. Vulva 36^{mm} vom Kopfende. Die Windungen der Ovarien liegen noch vor der Vulva. Eier
dickschaalig. Chorion regelmässig mit runden Vertiefungen besetzt. Schwanz
des ♂ am Rand nur wenig verdickt. 26 Papillen jederseits, 1—5 vor
dem After. 1, 2 und 3, 4 stehen nebeneinander, die nach aussen
stehenden mit kegelförmiger Pulpa. 5 steht auf einem Hautwulst, welcher
den beiden Seiten gemeinschaftlich ist. 5 ist durch Grösse und eine dieselbe umgebende Hautverdickung vor allen Papillen ausgezeichnet.

Canis Vulpes, familiaris. Felis domestica, Leo (Berlin.
Zoologischer Garten), Lynx, concolor (Brasilien, v. Olfers und
Sello). Dünndarm.

Aus Canis Lupus und Viverra Genetta, also die Rudolphi'schen A. microptera und brachyoptera sind zu wenig Exemplare vorhanden, ich habe sie deshalb nicht näher untersucht, doch halte ich ihre Identität mit A. mystax nob. für
sehr wahrscheinlich. Auch hier ist das ungleiche Alter der verschiedenen Individuen sehr störend im Vergleich. Die Rinne in der Mitte der Lippen ist bei den
älteren Individuen sehr abgenutzt und kaum sichtbar.

Ueber die verschiedenen Wirthe und die geographische Verbreitung dieser
Species war ich selbst überrascht, ich habe deshalb ausser den Exemplaren des
zoologischen Museums noch eine grosse Zahl Exemplare aus dem Hund, der Katze,
dem Löwen verglichen, welche Herr Gurlt selbst gesammelt hatte. Ich muss aber
wiederholt daran erinnern, dass möglicherweise in diesen Thieren noch andre
Species von Ascaris vorkommen.

5. Ascaris leptoptera. R. (Taf. I, Fig. 5.)

Ascaris leptoptera. R. ex parte.

♀ 65^{mm}, ♂ 46^{mm}.

Lippen gleich, fingerförmig, Vorderende zugespitzt.
Basis breit. Zahnleiste schwach entwickelt und undeutlich,
nur am Seitenrande gezähnelt. Loben lang, ungetheilt. Seitenmembran vom Kopfende 4^{mm} lang, nach hinten mit abgerundetem Rand. Der Kopf ist immer, schon bei den jüngsten
Individuen, tief zwischen die sich hervorstülpende Haut ein- Vergr. 100.
gezogen. Vulva 25^{mm} vom Kopfende. Eischaalen dick, glatt, nur mit
unregelmässigen, faltenartigen Leisten. Schwanz des Männchen lanzettförmig, verbreitert, mit flacher Bauchseite. 35 Papillen. 1—6 vor dem
After. 1 und 2 mit kegelförmiger Pulpa. Die übrigen erheben sich mit
einer zipfelartigen Spitze. Alle stehen in einer Reihe.

Felis Leo. Oesophagus und Magen.

Diese Species war von Rudolphi als Ascaris leptoptera bezeichnet, und habe ich für sie den Namen beibehalten, obgleich die Species, auf welche ursprünglich Rudolphi's Ascaris leptoptera sich gründet, die A. mystax ist.

Der Löwe war in London geboren und starb 19 Monate alt in Berlin. Es fanden sich einige hundert Exemplare von sehr verschiedner Grösse.

6. Ascaris ferox. H. und Ehrbg. (Taf. II, Fig. 1 und 2.)

Crossophorus collaris. H. und Ehrbg. Symbolae physicae Mamm. (Hyrax).

♀ 90ᵐᵐ, ♂ 46ᵐᵐ.

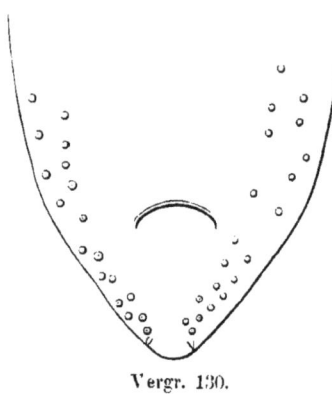

Vergr. 130.

Lippen fast gleich, halbkreisförmig mit wellenförmig gebogenem Rand. Rinne tief. Zahnleiste unterbrochen, bildet am Aussenrand der Lippe jederseits 5 Kämme mit Stacheln. Ein andrer ununterbrochner Kranz von Stacheln zieht sich um die Lippen, zunächst geht er bogenförmig an der Innenfläche der Basis der Lippe, dann biegt er um und überzieht die äussere. Basis der Lippe und läuft bis an die Mitte derselben, dann biegt er bogenförmig um, geht auf der Leibeshaut zurück, parallel dem Hinterrand der Lippe und wieder bis zur Mitte der äussern Basis der anstossenden Lippe. Die Stacheln sind platt, ihre Basen gehen bogenförmig in einander über, vorn sind sie meist zweimal dichotomisch gespalten. Der Darm setzt sich in 2 Blindsäcken neben dem Oesophagus fort. Schwanz des ♂ jederseits mit einer Doppelreihe von Papillen besetzt. 1 steht ganz seitlich.

Hyrax syriacus. Darm. Küste des rothen Meeres. Hemprich und Ehrbrg. Scheint häufig zu sein.

Ehrenberg hat den äussern Theil des Stachelkranzes bereits richtig beschrieben.

B. Lippen mit Zahnleisten und Zwischenlippen.

7. Ascaris depressa. R. (Taf. I, Fig. 6.)

♀ 30—112ᵐᵐ, ♂ 30—85ᵐᵐ.

Lippen 6eckig. Die Basis und der Vorderrand bilden die beiden kürzesten Seiten. Vorderrand concav, ebenso die beiden vorderen Seiten-

ränder. Zahnleiste reicht nach hinten bis zu den seitlichen Ecken, die Zähnchen sind nicht spitz, sondern
breit. Die Loben in 2 Lobuli getheilt, deren Trennung
bis auf den Sattel reicht, der äussere Lobulus fingerförmig, der mittlere spitz, die Spitze nach der Mitte
der Lippe kehrend. Unpaarer Lobus kegelförmig bis
an den Vorderrand der Lobuli reichend. Vulva 37^{mm}
vom Kopfende bei einer Totallänge von 97^{mm}. Die
reifsten Eier haben eine doppelte Schaale, äussere
Schaale fein punktirt. Schwanz des ♂ ohne Bursa.
6 Papillen hinter dem After, vor dem After jederseits eine Reihe. Papillenzahl? 1, 2 und 3, 4 stehen

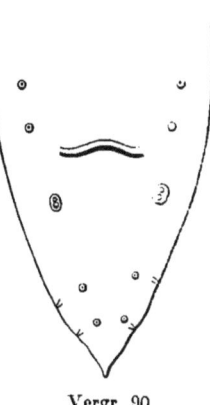

Vergr. 90.

neben einander, die äusseren mit kegelförmig verlängerter Pulpa. 5, 6 bilden
eine Doppelpapille. Es ist ungewiss, ob zwischen 4 und 5 noch Papillen
vorhanden sind.

Vultur fulvus. Darm. Wien.

Die kleinen Exemplare finden sich fast immer mit den grossen gemischt,
sind jedoch auch geschlechtsreif.

Das Berliner Museum besitzt zwar noch Ascariden aus verschiednen Falken
und Eulen, doch war nur aus dem oben angeführten Wirthe eine hinreichend grosse
Zahl vorhanden, um danach die Beschreibung zu entwerfen.

8 Ascaris ensicaudata Zed. (Taf. I, Fig. 7.)

♀ 50^{mm}, Dicke 1^{mm}, ♂ 32^{mm}.

Lippen 4eckig, fast gleich. Loben am Vorderrand concav ausgeschnitten, senden ausserdem einen
Zweig nach aussen und hinten. Unpaarer Lobus
vorhanden. Zahnleiste mit spitzen Zähnen. Seitenmembran. Vulva? Schwanz des ♂ ohne deutliche
Bursa. Papillen sehr klein. 1, 2, 3 hinter dem
After, 1 kegelförmig an der Schwanzspitze, 2,
3 zu einer Doppelpapille vereinigt, neben dem After.
Zwischen 2, 3 und 4, sowie zwischen 4 und 5
der Abstand grösser als zwischen den folgenden Papillen. Die Papillen vor dem After stehen alle
in einer Reihe.

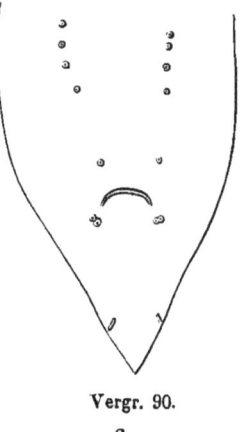

Vergr. 90.

Turdus pilaris. Darm. Berlin.

Die obige Beschreibung der A. cusicaudata ist nicht nach Exemplaren des Rudolphi. Rudolphi hat seine A. ensicaudata nur in Turdus merula und iliacus gefunden. Die davon vorhandnen Exemplare eignen sich jedoch nicht zur Beschreibung.

9. Ascaris rubicunda. n. sp. (Taf. I, Fig. 8.)

Polydelphis. Duj.
♀ 100ᵐᵐ, ♂ 100ᵐᵐ.

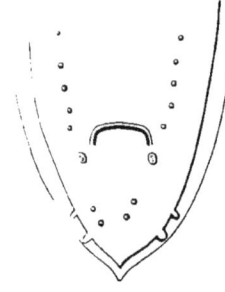

Vergr. 62.

Im Leben röthlich. Lippen viereckig, Vorderrand breiter als die Basis, in der Mitte etwas ausgeschnitten. Ecken abgerundet, Rinne tief. Zahnleiste am Lippenrand hört am Mundsaum auf. Pulpa ungetheilt. Loben vielstrahlig, 3 stärkere Strahlen, 2 nach vorn und innen, 1 nach hinten und aussen, die übrigen linienförmig. Unpaarer Lobus nicht sichtbar. Vulva 30ᵐᵐ vom Kopfende. Eier elliptisch. Chorion mit zerstreuten Eindrücken. Schwanz des ♂ rund mit verdickter Haut. 6 Papillen hinter dem After, 1 und 2 mit conischer Pulpa, dick, 5 und 6 zu einer Doppelpapille vereinigt. Vor dem After zuerst eine Reihe Papillen, dann eine Doppelreihe (und wahrscheinlich wieder eine einfache). Spitze des Spiculum stumpf abgerundet.

Python molurus. Oesophagus und Magen, theils frei, theils in Gängen der Wandung. Berlin, zoologischer Garten. (Bengalen?) Lebend beobachtet.

10. Ascaris radiosa. n. sp. (Taf. I, Fig. 9.)

♀ 270ᵐᵐ, (Dicke höchstens 1,5ᵐᵐ), ♂ 160ᵐᵐ.

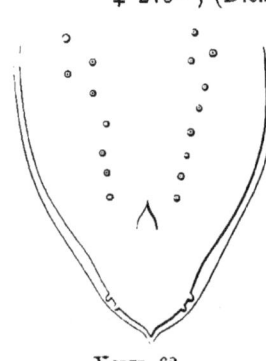

Vergr. 62.

Lippen 4eckig, ungleich. Zahnleiste verläuft in einiger Entfernung vom Lippenrand und endigt am Mundsaum. Loben vielstrahlig. Schwanz des ♂ hinter dem After mit einer schwachen Bursa, 1, 2 hinter dem After, nahe an der Schwanzspitze und fast am Seitenrande, 3—7 in einer Reihe, dann bilden die Papillen 2 Reihen (wahrscheinlich wieder eine einfache).

Echidna Rhinocerotis. Schlgl. Magen. W. Peters. Mossambique.

11. Ascaris quadrangularis. n. sp. (Taf. I, Fig. 10.)

Polydelphis. Duj.

♀ 150ᵐᵐ, (Dicke 2ᵐᵐ), ♂ 67ᵐᵐ.

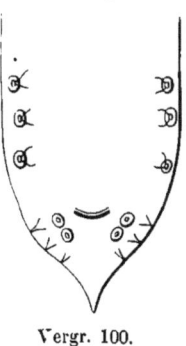

Lippen 4eckig. Basis ein wenig breiter als der Vorderrand, Ecken abgerundet. Zahnleiste randständig. Rinne tief. Pulpa ungetheilt, Ausstrahlungen derselben scheinen vorhanden, aber undeutlich. Zwischenlippen niedrig. Vulva? Schwanz des ♂ mit 5 Papillen vor dem After, 1, 2, 4 conisch verlängert. Vor dem After eine Reihe Papillen. Die Pulpen derselben zeichnen sich durch ihre conische Form aus.

Vergr. 100.

Crotalus. spec.? Magen. Brasilien, v. Olfers und Sello..

12. Ascaris sulcata. R. (Taf. I, Fig. 11.)

♂ und ♀ 100ᵐᵐ.

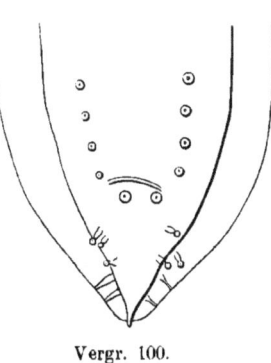

Lippen fast sechsseitig, die eine Seite die Basis bildend. An den seitlichen Ecken ein zipfelförmiger Fortsatz. Zahnleiste reicht bis an die Zipfel. Loben nur undeutlich, unpaarer Lobus, bei älteren Exemplaren vorn schwach ausgeschnitten. Zwischenlippen nur wenig über den Mundsaum hervorragend. Bursa des ♂ breit. 6 Papillen, hinter dem After 1—5 kegelförmig verlängert, 2 mündet auf der Rückseite. 6 unmittelbar hinter dem Afterrande. Vor dem After eine Reihe Papillen. (64 gezählt.)

Vergr. 100.

Chelonia Mydas. Chelonia spec.? (Carracas). Magen. Das Nervensystem zeichnet sich durch grosse Ganglien aus.

13. Ascaris holoptera. R. (Taf. I, Fig. 12.)

♀ 142ᵐᵐ, (Dicke 1,5ᵐᵐ), ♂ 100ᵐᵐ.

Lippen 4eckig. Rinne tief. Zahnleiste in einiger Entfernung vom Lippenrande, hört am Mund auf. Loben in 2·stärkeren Strahlen, einer

6 *

nach innen und oben, einer nach hinten und aussen gehend. Unpaarer Lobus nicht sichtbar. Schwanz des ♂ 6 Papillen hinter dem After, 1 und 2 mit kegelförmiger Pulpa, 5 und 6 nahe bei einander, dicht vor dem Afterrand. Vor dem After eine Reihe Papillen. Testudo gracca. Darm. Wien. Bremser.

C. Lippen ohne Zahnleiste mit Aurikeln und Zwischenlippen.

Vergr. 62.   **14 Ascaris osculata.** R. (Taf. I, Fig. 13.)

♀ 50ᵐᵐ, ♂ 40ᵐᵐ.

Eckzahn klein und stumpf, hinterer Rand der Aurikeln beginnt mit einem convexen Bogen. Rinne tief. An der Basis der Lippen und Zwischenlippen unter der Haut läuft rings herum ein carminrother Pigmentstreif. Schwanz des ♂ 8 Papillen hinter dem After, 1 und 2 mit kegelförmiger Pulpa, 7 und 8 bilden eine Doppelpapille, dann folgen vor dem After 20 und mehr Papillen unregelmässig zu 2, 3 und 4, und zuletzt eine Reihe Papillen. Im Ganzen 70 gezählt.

Phoca groenlandica. Darm.

15. Ascaris lobulata. n. sp.

Vergr. 90.   ♂ und ♀ 40ᵐᵐ.

Rinne tief. Die Spitze des Eckzahns bildet einen rechten Winkel. Die Loben reichen in die Auriculae. Vulva? Schwanz des ♂ leicht gekrümmt, auf der Bauchseite glatt. 12 Papillen hinter dem After, eine an unregelmässiger Stelle mit conisch verlängerter Pulpa seitlich. 1, 2, 3 hinter einander nahe an der Spitze, 4—12

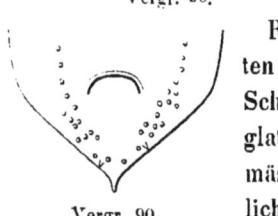

Vergr. 90.   unregelmässig zu 2 und 3 neben einander, vor dem After eine Reihe Papillen.

Delphinus gangeticus. Crassum.

16. Ascaris spiculigera. R. (Taf. I, Fig. 14.)

Ascaris spiculigera. R. ex parte.

♀ 45ᵐᵐ, ♂ 46ᵐᵐ.

Spitze der Zwischenlippen breit mit einer Einkerbung in der Mitte. Lippen verhältnissmässig klein. Rinne tief. Eckzahn spitzwinklig, die vordere Seite des Winkels steht horizontal (senkrecht zur Längsaxe). Der hintere Rand der Aurikeln geht fast gerad von vorn nach hinten. Der unpaare Lippenrand reicht fast bis zum Vorderrand der Lippe. Die unmittelbar auf den Kopf folgenden Ringel besitzen einen schneidenden Rand. Schwanz des

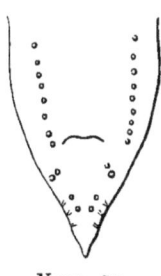

Vergr. 90.
Sehr junges Exempl.

♂ spiral gerollt. 7 Papillen hinter dem After, 1, 3, 4 seitlich mit kegelförmig verlängerter Pulpa, 6 und 7 dicht hinter dem After ganz nahe bei einander. Die Papillen vor dem After bilden eine Reihe. Bei 3 Exemplaren im Ganzen 41, 52 und 56 gefunden.

Pelecanus Onocrotalus. Carbo Cormoranus. Halieus brasiliensis. Ventriculus und Oesophagus, immer in grossen Mengen. Aus Nubien durch Hemprich und Ehrenberg in P. O. und C. C. Brasilien. v. Olfers aus H. br. Aus der Ostsee durch Rudolphi aus C. C.

Diese Species ist merkwürdig durch ihre grosse geographische Verbreitung. Rudolphi fasste unter derselben alle Ascaris-Arten aus den Pelecaniden zusammen. Ich habe sie in 3 Species unterschieden und der am meisten verbreiteten den Namen A. sp. gelassen.

17. Ascaris nasuta. n. sp. (Taf. I, Fig. 15.)

Ascaris spiculigera. R. ex parte.

♂ und ♀ 40ᵐᵐ.

Lippen klein, Aurikeln deutlich, nahezu mit rechtwinkliger Spitze. Die obere Seite des Winkels steht schief zur Längsaxe. Die Ringel hinter dem Kopf mit schneidendem Rande. Am Schwanz des ♂ eine conisch verlängerte Papille nicht gesehen. 1—4 stehen in einer Reihe hinter dem After. 15 oder 16 in 2 Reihen vor und hinter dem After.

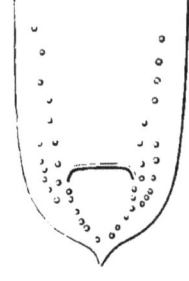

Vergr. 90.

Pelecanus Onocrotalus. Oesophagus. Ostsee.

Ist äusserlich und im Bau der Lippen sehr nahe verwandt mit A. spiculigera. Doch sind sie durch die Gestalt des Eckzahns scharf zu unterscheiden. Auch die Papillen der Bursa sind ganz verschieden. Die Zahl und Stellung der letztern an einem jungen Exemplar noch genauer anzugeben, wäre wünschenswerth.

18. Ascaris auriculata. R.

♂ und ♀ 20ᵐᵐ.

Spitze der Zwischenlippen breit mit einer Schneide in der Mitte. Eckzahn klein und spitzwinklig, die vordere Seite desselben fast senkrecht zur Längsaxe. Der Hinterrand der Aurikeln schief, stark nach innen gehend. Unpaarer Lobus nicht gesehen. Die Kopfringel mit schneidendem Rand. ♂?

Coluber No. 20. Darm. Brasilien. Natterer.

Trotz dieser unvollkommnen Beschreibung habe ich diese Species aufgenommen, um zu zeigen, dass auch in Schlangen Ascariden mit Aurikeln vorkommen.

19. Ascaris granulosa. n. sp. (Taf. I. Fig. 16.)

Ascaris spiculigera. R. ex parte.

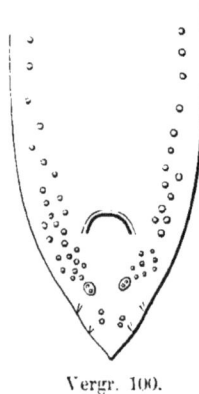
Vergr. 100.

Lippen sehr klein. Rinne sehr breit. Die Ringe hinter dem Kopf mit schneidendem Rande. Die Loben in 2 abgerundete Spitzen getheilt. Unpaarer Lobus mit abgerundeter Spitze. Schwanz des ♂ leicht gekrümmt. 1 und 4 seitlich mit kegelförmiger Pulpa, 5 und 6 zu einer Doppelpapille vereinigt. Die folgenden bis 24 oder 25 stehen unregelmässig paarweise 3- oder 4fach neben einander, vor und hinter dem After. Dann folgt eine Reihe Papillen.

Tachypetes aquilus. Oesophagus und Ventriculus. Natterer. Brasilien.

D. Lippen ohne Zahnleisten mit Löffeln und Zwischenlippen.

20. A. mucronata. Schrank. (Taf. II, Fig. 10.)

♂ und ♀ 52ᵐᵐ, Körperdicke 0,75ᵐᵐ.

Schwanz dicker als der Hals. Seitenmembran breit am Kopfe beginnend verschwindet am Hals. Unterlippen fast symmetrisch. Grösste Breite der Oberlippe doppelt so gross als ihre Länge. Basis breiter als Vorderrand, Seitenrand zerfällt in 2 Theile, einen vordern geraden, von der äussern Leiste des Löffels gebildeten und einen hintern bogenförmigen. Der vordere Schenkel des Bogens bildet mit dem geraden Theile fast einen rechten Winkel.

Gadus Lota. Esox lucius. Darm. Berlin.

Während der Wintermonate bis Anfang April ist diese Species nicht im geschlechtsreifen Zustand, sie lebt zwar auch im Darm, aber als Larven.

21. A. acus. R. (Taf. II, Fig. 8.)

♀ und ♂ 40^{mm}, Körperdicke 0,5^{mm}.

Seitenmembran schwach. Unterlippen unsymmetrisch. Grösste Breite und Länge der Oberlippe gleich. Basis so breit als der Vorderrand. Der Seitenrand zerfällt in 2 Theile, einen vordern geraden, von der äussern Leiste des Löffels gebildet, und einen hintern bogenförmigen. Der vordere Schenkel des Bogens bildet mit dem geraden Theile einen stumpfen Winkel.

Esox lucius. Darm. Greifswald. Rudolphi.

Diese Species scheint nur im Seehecht zu leben. Im Flusshecht kommt in Berlin nur A. mucronata vor.

22. A. labiata. R. (Taf. II, Fig. 15.)

♀ und ♂ 28^{mm}.

Schwanz dicker als Kopf, Seitenmembran breit am Kopf beginnend nimmt nach hinten ab, lässt sich bis zum Schwanz verfolgen. Unterlippen fast symmetrisch. Grösste Breite und Länge der Oberlippe fast gleich. Basis so breit als der Vorderrand. Der Seitenrand zerfällt in 2 Theile, einen vordern geraden, von der äussern Leiste des Löffels gebildet, und einen hintern bogenförmigen. Der vordere Schenkel des Bogens bildet mit dem geraden Theile nahezu einen rechten Winkel.

Anguilla vulgaris. Darm. Berlin.

Rudolphi's Exemplare sind unkenntlich, die Beschreibung ist nach andern.

23. . Aaucta. R. (Taf. II, Fig. 8.)

♀ 65^{mm}, ♂ 40^{mm}, Dicke des Körpers 0,75^{mm}.

Schwanz dicker als Hals. Schwanzspitze bestachelt. Oesophagus mit 2 Anschwellungen. Unterlippen unsymmetrisch. Grösste Breite der Oberlippe grösser als die Länge. Basis so breit als der Vorderrand. Der

Seitenrand zerfällt in 2 Theile, einen vordern geraden, von der äussern Leiste des Löffels gebildeten, und einen hintern bogenförmigen. Der vordere Schenkel des Bogens bildet mit dem geraden Theile einen stumpfen Winkel, und ist länger als der hintere Schenkel.

Blennius viviparus. Darm. Ostsee.

24. A. adunca. R. (Taf. II, Fig. 9.)

♀ und ♂ 30^{mm}, Dicke des Körpers 0,5^{mm}.

Seitenmembran schwach, am Kopfe beginnend, verschwindet nach hinten. Unterlippen fast symmetrisch. Grösste Breite und Länge der Oberlippe gleich. Seitenrand einfach bogenförmig.

Clupea Alosa. Magen. Rimini. April.

Rudolphi führt dieselbe Species auch aus Clupea Alosa der Ostsee an, die Exemplare sind jedoch zu schlecht erhalten, um über die Identität ein Urtheil zu fällen.

25. A. rigida. R. (Taf. II, Fig. 3.)

♀ und ♂ 60^{mm}, Dicke des Körpers 1^{mm}.

Schwanz dicker als Hals. Schwanzspitze undeutlich bestachelt. Seitenmembran schwach, etwas hinter dem Kopfe beginnend. Lippen fast symmetrisch, die Unterlippen etwas länger. Aeussere Basis schmal, stielförmig, die Hinterecken frei, nach hinten über die Basis ausgezogen. Der Hinterrand geht in die Basis in einem spitzen Bogen über.

Lophius piscatorius. Darm. Ost- und Nordsee.

26. A. incurva. R. (Taf. II, Fig. 11 a und b.)

♀ und ♂ 90^{mm}, Dicke des Körpers 0,75^{mm}.

Schwanz dicker als Hals. Seitenmembran nach hinten verschwindend. Lippen sehr ungleich. Löffel tief, die ventralen Löffel nach vorn ausgezogen. Vorderrand bogenförmig ausgeschnitten. Basis schmal stielförmig, die Hinterecken frei. Der Hinterrand mit der Basis einen spitzen Winkel bildend. Schwanz des ♀ spitz und lang, setzt sich vom After an plötzlich gegen den Körper ab.

Xiphias gladius. Oesophagus und Magen. Ostsee.

Ob die von Spedalieri (Rudolphi Syn. S. 292) in Xiphias gladius und zwar in Knoten des Magens gefundenen Nematoden mit dieser Species identisch sind, liess sich nicht ermitteln, da von denselben nur Bruchstücke vorhanden sind.

II. **Eustrongylus.** Dies.

Diese kleine Gattung hat Diesing mit Recht von der Gattung Strongylus abgezweigt, von welcher sie jedoch noch weiter entfernt steht, als Diesing, wie es scheint, annimmt. Die Exemplare sind alle verhältnissmässig selten und vermag ich deshalb nur eine unvollkommne Beschreibung zu geben.

Die beiden mir zugänglichen Species E. Gigas und tubifex besitzen beide keine Lippen. Der Mund ist bei E. Gigas dreieckig, bei E. tubifex rund. Um den Mund stehen 6 Papillen, 2 laterale und 4 submediane, welche vollkommen gleich gebildet sind. Bei E. Gigas sind sie mehr warzenförmig, bei der andern Species lang, kegelförmig.

Eine merkwürdige Eigenthümlichkeit dieser Gattung besteht in dem Bau des Oesophagus, welchen ich in dem betreffenden Paragraphen der anatomischen Abtheilung beschrieben habe.

E. Gigas besitzt sehr deutlich die submedianen Linien und ist dadurch unter allen Polymyarien ausgezeichnet; ob sie auch E. tubifex zukommen, konnte ich nicht ermitteln.

Das Schwanzende des ♂ hat die Gestalt eines Napfes, in dessen Grund die Geschlechts–Afteröffnung mündet. Den Bau dieser Bursa kann ich nicht genauer beschreiben, da ich die wenigen Exemplare nicht zergliedern konnte, soviel ist aber gewiss, dass derselbe von dem bei Strongylus (mihi) wesentlich abweicht, sie ist nicht bloss ein Cuticulargebilde, sondern wird von der subcutanen Schicht erfüllt und wahrscheinlich auch von Muskeln. Rippenförmige Papillen, wie bei Strongylus, besitzt diese Bursa nicht. Es schien mir fast, als ob ihre innere Fläche ganz mit Papillen bedeckt sei. Doch vermochte ich darüber keine Sicherheit zu erhalten.

Bei E. Gigas habe ich nur ein Spiculum gesehen. Den Uterus fand ich einfach.

Diesing zieht zu dieser Gattung auch noch den Strongylus papillosus R. Die davon erhaltenen Exemplare der Rudolphischen Sammlung sind zu schlecht erhalten, ich habe daher diese Species nicht beschrieben.

1. Eustrongylus Gigas. Dies.

Strongylus gigas. R.

♀ 360 — 640^{mm}, ♂ 310^{mm}.

Körperfarbe im Leben roth, Schwanzende dicker als der Hals. Mundöffnung dreieckig, 6 gleiche warzenförmige Papillen. Afteröffnung des ♀ ein breiter Spalt, welcher nahe an der Schwanzspitze steht. Vulva 70^{mm} vom Kopf (an den grössten Exemplaren gemessen). Eier 0,06^{mm} lang, braun, elliptisch, an den Polen etwas abgeplattet. Eischaale dick mit runden Vertiefungen. Schwanzende des ♂ von der Gestalt des Kelches einer Eichel.

Canis familiaris, Canis lupus, Lutra vulgaris. Nieren.

Dies sind die Fundorte, von welchen das berliner Museum Exemplare besitzt. Ausserdem werden als Wirthe derselben von Diesing angegeben Canis Azarae und jubatus, Mustela Martes, lutreola, Foina und Vison, Lutra solitaria, Phoca vitulina, Equus caballus, Bos taurus und Homo. Das Vorkommen dieses Nematoden beim Menschen scheint mir unzweifelhaft, das einzige aufbewahrte Exemplar aus dem Menschen befindet sich im Museum des College of surgeons in London. Es ist wahrscheinlich, dass der Eustrongylus Gigas durch den Genuss roher Fische in den Körper gelangt.

2. Eustrongylus tubifex. Nitsch. (Taf. XIII, Fig. 10.)

Strongylus tubifex. Nitsch.

♀ 90^{mm}.

Körper des ♀ 2^{mm} dick. Kopf rund, Mundöffnung rund. 6 kegelförmig hervorstehende Papillen. Schwanz des ♀ stumpf abgerundet. Bursa des ♂ 0,5^{mm} im Durchmesser.

Colymbus minor. Oesophagus. Greifswalde.

Die vorstehende Beschreibung ist nach einigen Exemplaren des berliner Museums, welche als Strongylus tubifex Nitsch ohne Angabe des Wohnorts etc. bezeichnet waren. Sie stimmen jedoch mit dem von Rudolphi selbst bezeichneten Exemplar des St. tubifex aus Colymbus minor, ein ♀, welches freilich nur in einem sehr zerrissenen Zustande vorhanden ist.

III. Enoplus. Duj.

Amblyura, Ehrenberg, Symbolae physicae p. 1.

Enchilidium, Ehrenberg, Die Acalephen des rothen Meeres und der Ostsee. 1837. p. 219.

Phanoglene, Nordmann, Lamark, Histoire naturelle des animaux sans restèbre. II. Ed. p. 64.

Dorylaemus, Duj., Hist. natur. d. helm. p. 230.

Oncholaimus, Duj., Hist. natur. d. helm. p. 235.

Hemipsilus, Quatrefages, Ann. d. scienc. nat. III. S. Tome VI. 1846. p. 131.

Pontonema, Leidy, Proceedings Acad. Philad. VIII. (1856) 49.

Potamonema, Leidy, l. c.

Nema, Leidy, l. c.

Diplogaster, Schulze, V. Carus Icon. zootom. Tab. VIII. 1.

Urolabes, Carter, Annal. of nat. Hist. 1859. p. 28 u. 98.

Cirrhostomea, Dies. (Revision d. Nematod.)

Anguillulidea, Dies. (Rev. d. Nemat.) ex parte.

Die Gattung Enoplus in dem Sinne, in welchem sie hier aufgefasst wird, entspricht im Wesentlichen der von Dujardin aufgestellten Section der Enopliens. Von den 11 Gattungen, welche Dujardin dahin zählt: Dorylaimus, Passalurus, Atractis, Enoplus, Oncholaimus, Rhabditis, Amblyura, Phanoglene, Enchilidium, Anguillula, scheide ich zunächst die Meromyarier aus, nämlich Passalurus, Atractis und Rhabditis. Passalurus (Oxyuris ambigua R.) ist eine unzweifelhafte Oxyuris, Atractis bildet ein Genus, welches aber hierher nicht im mindesten gehört, Rhabditis fällt grösstentheils mit Dujardin's eigner Gattung Leptodera zusammen. Rhabditis tritici Duj. gehört bei mir zu dem Genus Anguillula, welches, wie ich glaube, seine Stelle bei den Holomyarii findet, und jedenfalls mit den übrigen Species von Rhabditis nicht im mindesten verwandt ist. Den Rest bilden lauter Polymyarii mit dem oben angeführten Character. Der Character, welchen Dujardin seinen Enopliens beilegt, „Mund mit einem oder mehreren getrennten Stücken bewaffnet," ist ohne alle Bedeutung. Eberth, dem wir eine ausführliche und fleissige Monographie der Urolaben [1]) verdanken, nimmt 2 Familien an, Anguillulae und Urolaben, ohne jedoch anzugeben, wie sich dieselben von allen übrigen Nematoden unterscheiden, und welche Species zu den Anguillulae gehören. Ohne eine vollständige Reform des Systems war dies auch unmöglich.

---

[1]) Untersuchungen über Nematoden. Leipzig 1863. pag. 1—54 u. Taf. I—V. Soviel interessante Details diese Arbeit enthält, lässt doch ins besondre die Speciesbeschreibung viel zu wünschen übrig. Es werden im Ganzen 24 Species aufgezählt, davon sind 2 nach unvollständiger Beschreibung Carter's aufgenommen, 6 sind ohne das ♂ beschrieben, 8 ♂ sind beschrieben, ohne dass über Zahl und Stellung der Papillen etwas angegeben ist.

Die Zahl der Species dieser Gattung ist wahrscheinlich eine sehr grosse. Leider vermag ich nur wenige in diesem Werke zu beschreiben. Es gehören dahin zunächst Arten, welche auf dem Grunde des Meeres leben. Von den zahlreichen im Mittelmeer vorkommenden Formen giebt uns die angeführte Monographie Eberth's eine Vorstellung. In Helgoland kommen nur 2 Species häufig vor, die 3te von mir angeführte ist schon selten. Die Zahl der dort lebenden Species, wenn sie auch die des Mittelmeeres weit hinter sich zurücklässt, dürfte noch etwas höher sein, ich habe noch 5 — 6 andre Species gefunden, aber immer nur in einzelnen Exemplaren, dass ich ihre Beschreibung unterlassen habe. Diese marinen Species leben im geschlechtsreifen Zustande wenigstens bei Helgoland in 2 — 3 Faden Tiefe. Als ein sehr guter Fundort daselbst ist die Seehundsklippe zu empfehlen, welche bei tiefster Ebbe frei liegt. Dieselbe ist ein kleiner, mit einer dichten Vegetation von Corallina bedeckter Kreidefels, von welchen man sich leicht kleinere Platten behufs der Untersuchung ablösen kann. Ein andrer reicher Fundort der Geschlechtsreifen ist an dem Ankerplatz der Schaluppen. Dort liegen in 2 — 3 Faden Tiefe zahlreiche beim Ausladen verschüttete Torfstücke. Dieselben sind oder waren wenigstens im August 1861 mit einem Ueberzug von Zonaria bedeckt, unter welchen sich die Thiere zahlreich finden [1]. In Sand, Schlamm, auf kahlen Felsen, auf Laminarien und Fucus habe ich sie nie gefunden. Ich schliesse daraus, dass die Geschlechtsreifen einen Aufenthalt von 2—3 Faden Tiefe zwischen dichter Vegetation lieben. Die Larven findet man in geringeren Tiefen bis an die Oberfläche auf allen Tangarten kriechend. Es sind also diese Thiere beim Uebergang aus dem Embryo in den Larvenzustand und beim Uebergang aus diesem in den geschlechtsreifen einer Wanderung unterworfen. Bereits Berlin [2] hatte bei Triest beobachtet, dass man in geringeren Tiefen „jüngere Formen" und nur in grossen Tiefen auf algenbewachsenen Steinen ältere findet, ohne sich den Zusammenhang dieser Erscheinung klar zu machen. Eberth erwähnt nur, dass die Urolaben „auf Pflanzen, Gestein, in Schwämmen, auf Sertularien, auf und im Innern von Corallen" leben, der Unterschied im Aufenthalt der Larven und Geschlechtsreifen ist ihm nicht aufgefallen.

---

[1] Die Angabe dieses letztern Fundorts verdanke ich meinem verehrten Freunde Hrn. N. Pringsheim, mit dem ich damals angenehme Tage in Helgoland verlebte.

[2] Ueber einen Wurm aus der Gruppe der Anguillulae Enoplus quadridentatus. Müller's Archiv 1853. S. 431.

Weiter gehören in diese Gattung eine Reihe von Formen, welche im süssen Wasser leben und die, man gewöhnlich unter dem Namen Anguillulae zusammenfasste. Sie sind bisher mit den Nematoden zusammengestellt worden, welche sich in faulenden Substanzen und in feuchter Erde finden. Davon sind sie jedoch wesentlich verschieden. Durch die Gestalt des männlichen Schwanzes, den Besitz von Augen, die eigenthümliche Gestalt des Oesophagus und die Papillen der Haut schliessen sie sich den Enoplus des Meeres an. Ich habe Species gesehen, welche am Schwanz des ♀ dieselben langen fadenartigen Papillen trugen, wie Enoplus. Schon Dujardin hat einige Borsten (Papillen) tragende Süsswasserformen mit richtigem Tact zu den marinen Enoplus gestellt[1]. Leider habe ich von diesen Formen, deren Zahl gewiss eine sehr grosse ist, nicht eine beschreiben können. Ich habe zwar viele beobachtet, allein die Resultate waren nur ungenügend. Bis zur letzten Stunde habe ich gehofft, eine Stelle zu entdecken, wo sie sich unter ähnlichen Bedingungen, wie ihre marinen Verwandten, in grössrer Menge finden würden, allein vergeblich und ohne reiches Material würde eine Beschäftigung mit denselben derzeit zu wenig lohnen. Wenn man Lemna oder etwas Schlamm in Gefässen mit Wasser eine Zeit stehen lässt, steigen sie sich schlängelnd auf und nieder, und lassen sich mit der Pipette herausholen. Allein diese Methode ist zu wenig ergiebig. Eine dritte hierher gehörende Gruppe bilden diejenigen, welche Dujardin als Dorylaimus beschrieben hat. Sie zeichnen sich durch einen Mundstachel aus und sind theils Meeres- theils Süsswasserbewohner. Die Süsswasserbewohner, welche ich allein beobachtet habe, leben im Schlamm und können nicht schwimmen. Zahlreich fand ich sie zuerst hier in Berlin in einem Behälter des kleinen botanischen Gartens, welcher zur Cultur von Cicuta virosa eingerichtet war. Aus dieser Gruppe habe ich 3 Species beobachtet, jedoch nur eine in das System aufgenommen, da ich die andern nur einmal beobachten konnte.

Ein hervorragender Character dieser Gattung besteht darin, dass die

---

[1] Während ich diese Anguillulae (Ehrb.) zu den Polymyariern stelle, behauptet Mecznikow (Reichert und Dubois, Archiv f. Anatomie 1863. pag. 503), dass Diplogaster tridentatus, eine wahrscheinlich zu Enoplus gehörige Species, gar keine Muskeln habe. Aus dem ganzen Aufsatz geht jedoch hervor, dass Mecznikow die Nematoden nur wenig kennt und wahrscheinlich nicht gewusst hat, wie die Muskeln derselben aussehen.

Haut mit zahlreichen über die gesammte Oberfläche zerstreuten Papillen besetzt ist. Dieselben sind wie alle Papillen röhrenförmige, die Haut durch-
setzende Löcher, an welche ich sogar bei E. globicaudatus glaube den Nerv
herantreten zu sehen. Entweder ist die Haut über der Papille glatt, oder
sie erhebt sich als lange Borsten. Letztere kommen bei vielen marinen
und Süsswasser-Formen vor, die glatten Papillen finden sich bei E. liratus
und den verwandten (Dorylaimus Duj.). Nach Eberth kommen bei
einigen marinen beiderlei Papillen vor. Ich betrachte diese Gebilde schon
deshalb als Tastorgane, weil sie bei manchen Species, z. B. E. cochlaeformis und denticaudatus, so vollkommen in die eigenthümlichen Tastpapillen
des männlichen Schwanzes übergehen, dass man sie nicht von einander
unterscheiden kann. Diese zerstreuten Papillen der Haut kommen unter den
Nematoden nur noch bei Oxysoma vor. In dieser Gattung, welche unter
den Meromyariern gewissermassen Enoplus entspricht, findet dieser Uebergang zwischen den Schwanzpapillen des ♂ und den zerstreuten Papillen der
Haut ebenfalls statt. Die vordersten den Mund umgebenden Borsten stehen
nach einem bestimmten Gesetz. Je eine steht lateral, 8 immer paarweise,
stehen submedian. Die folgenden scheinen unregelmässig zerstreut zu sein.

Die Haut zeigt bei E. liratus und den Verwandten erhabne Längsleisten, deren im Maximum etwa 30 auf den Umfang kommen.

Die Mundöffnung bei E. cochlaeformis und globicaudatus ist dreieckig, bei cochlaeformis mit deutlichen obgleich kleinen Hautvorsprüngen —
Lippen — umsäumt. Hinter denselben stehen 6 Papillen, 2 laterale, 4 submediane, in der gewöhnlichen Ordnung. Bei E. ornatus sind dieselben
stachelartig und nähern sich schon den allgemeinen Papillen der Haut. Dann
folgen jene Borsten, von welchen wir bereits gesprochen haben. Zwischen
den Borsten und den gewöhnlichen Kopfpapillen zieht sich bei E. ornatus
und denticaudatus ein etwas erhabner Hautsaum — Kopfkrause — rings um
den Kopf. Derselbe lässt sich beschreiben als ein Kreis, welcher an 6
Stellen, nämlich seitlich und submedian, nach vorn eine Schlinge bildet.
Die seitlichen Schlingen sind grösser. An die Mundöffnung schliesst sich
bei vielen ein horniges Rohr an, welches noch nicht hinreichend untersucht
ist, ich weiss nicht, ob es ein Vestibulum oder eine Mundkapsel ist. In
dasselbe ragen von hinten Zähne, bei E. cochleatus sind 3 vorhanden,
welche in den Mitten der Seiten des Oesophagusdreiecks stehen. Es sind
längliche Platten, vorn durch einen winkligen Einschnitt in 2 Spitzen ge-

theilt, hinten abgerundet, und theilweise in das Gewebe des Oesophagus ein-
gesenkt. Einige wie (Dorylaimus Duj.) E. liratus stecken aus der Mundöffnung einen Stachel. Derselbe ist ein Röhrchen, dessen freies Ende schief
abgeschnitten ist und sehr an Schreibfedern, wie sie aus Gänsekielen geschnitten werden, erinnert. Der Stachel ist nur kurz [1]), nach hinten geht
derselbe, wenigstens scheinbar, in den Oesophaguskanal über, vorn ist er
durch das enge Vestibulum hindurchgesteckt und füllt dasselbe wenigstens
scheinbar vollkommen aus, sodass jede Aufnahme von Nahrung durch den
Stachel geschehen müsste, allein das wahre Verhalten lässt sich wegen der
geringen Grösse nicht mit Sicherheit ermitteln [2]). Der Gebrauch dieses
Werkzeugs ist mir ebenfalls unbekannt geblieben. Ich vermuthete, das
Thier werde mit demselben die Wurzeln der Wasserpflanzen vielleicht an-
bohren und aussaugen, es gelang mir aber nicht, diese Vermuthung durch
Versuche zu bestätigen.

Eigenthümlich ist für eine grosse Zahl hierher gehöriger Species der
Besitz eigenthümlicher Spinndrüsen. Sie bestehen aus länglichen, birn-
förmigen Schläuchen, welche je nach dem Grad ihrer zufälligen Ausbildung
bis zum After und noch weiter nach vorn sich erstrecken und hinten in
den gemeinsamen Ausführungsgang münden, welcher dann die Haut durchbohrend nicht genau in der Schwanzspitze, sondern etwas auf der Bauchseite nach aussen sich öffnet. Eine zusammengesetzte Structur dieser Drüsen
habe ich nicht ermittelt. Bereits Leydig, der Entdecker derselben [3]), bemerkte einigemal, dass sich aus der Oeffnung eine helle klebrige Substanz
hervorspann, mittelst welcher das Thier im Stande ist, sich zu fixiren.
Eberth hat keine neuen Beobachtungen über diesen Vorgang gemacht.
Ich glaube darüber einen näheren Aufschluss geben zu können. Sobald das Thier seinen Schwanz auf der Unterlage, z. B. dem Objectglase, fixirt hat, bewegt es sich weiter und zieht nun das Secret als einen
oft mehrere Millimeter langen glashellen Faden nach sich. Das eine Ende
des Fadens klebt fest und am andern schwebt das Thier frei im Wasser.
Diese Organe erinnern lebhaft an die Spinn- und Byssusdrüsen der Ara-

---

[1]) Dujardin bildet die Schreibfederform des Stachels richtig ab, giebt aber die
Länge desselben wahrscheinlich zu gross an.

[2]) Ueber den jungen Stachel, welcher sich an Larven vor ihrer Häutung im Innern
des Oesophagus findet, soll bei der Entwicklungsgeschichte die Rede sein.

[3]) Müller's Archiv für Anatomie etc. 1854. S. 294.

neen und Acephalen. Bisher sind diese Spinndrüsen nur bei den marinen Enoplus gefunden, allein vielleicht kommen sie auch bei einigen Süsswasserbewohnern vor. Ich glaube wenigstens am Schwanz derselben mitunter eine Oeffnung für die Spinndrüsen bemerkt zu haben.

Der Schwanz des ♂ unterscheidet sich in seiner äussern Form in allen mir bekannten Fällen nicht von dem des ♀. Bei vielen marinen Formen findet sich vor dem After in der Mittellinie des Bauches ein eigenthümliches Organ. Dasselbe besteht aus einem hornigen nach aussen sich öffnenden Rohre [1]). Will man diese Organe mit etwas vergleichen, so erinnern sie am ersten an die Haftorgane von Oxysoma ornatum. Allein dieser Vergleich lehrt nicht viel, da bei den einen wie bei den andern die Function aus der Organisation nicht hervorgeht. Ich möchte in beiden Fällen vermuthen, dass diese Organe eine Art Saugwarzen, analog den, allerdings deutlich ausgesprochnen, Saugwarzen von Heterakis sind. Die Papillen bilden immer jederseits eine einfache Reihe. Entweder sind es Warzen oder Borsten. Ihre Zahl ist innerhalb der Species schwankend, da sie namentlich vorn in die Papillen der Haut übergehen, wie schon bemerkt. Bei einigen Süsswasserformen fehlen die Papillen scheinbar ganz. Indess sind sie gewiss nur klein, und bei längerer Beschäftigung wird man sie finden.

Die Spicula sind oft von sehr complicirter Gestalt und oft von 2 accessorischen Stücken begleitet. Der Hoden ist, wie immer bei den Nematoden, ein einfacher, blindendigender Schlauch. Eberth schreibt einigen Enoplus 2 Hoden mit solcher Bestimmtheit zu [2]), dass ich sehr wünsche, die Sache noch von einem Dritten untersucht zu sehen. Die Eierstöcke sind immer doppelt und gehen in allen mir bekannten Formen symmetrisch nach vorn und hinten. Die Vulva ist im Innern stark verdickt und mit Leisten versehen, über deren Lage ich mir jedoch keine genaue Rechenschaft zu geben vermochte. Das durch diese Bildung hervorgerufene eigenthümliche Aussehen der Vulva ist für die ganze Gattung eigenthümlich.

---

[1]) Eberth hat noch eine andre Form dieses Organs bei E. ornatus abgebildet, (l. c. Taf. V. Fig. 5.), in welcher es aus zwei nach vorn und hinten verlaufenden, mit ihren Enden an der Haut zusammenstossenden Chitinstücken bestehen soll. Es wäre möglich, dass sich diese zweite Form auch auf die erste reduciren lässt. Der Raum, welcher am Vereinigungspunkt der beiden Chitinstücke liegt, enthält wahrscheinlich einen Hohlraum, welcher nach aussen mündet. Merkwürdig ist an dieser Species, dass dies Organ zweimal hinter einander vorhanden ist.

[2]) l. c. S. 13.

Die Enoplus sind die einzigen Nematoden, welche Augen besitzen. Zwar sind nicht alle Species damit versehen, allein ich habe darin keinen Grund finden können, die Gattung zu spalten. Die Augen sind immer doppelt vorhanden und bestehen aus einem braunen oder bläulichen Pigmentfleck, in welchen eine mehr oder weniger deutliche kugelförmige Linse eingebettet ist. Dieselben stehen auf dem Oesophagus, etwas vor dem Centralringe des Nervensystems, entweder seitlich oder so nahe an einander gerückt, dass die Pigmentflecke verschmelzen und die Linsen dicht bei einander liegen. Nach Eberth soll in diesem Falle der Augenfleck auf der Bauchseite liegen.

Der Darm ist aus vielen polyedrischen Zellen zusammengesetzt, welche oft ein braunes oder blaues Pigment enthalten.

1. Enoplus cochleatus. n. sp. (Taf. IV, Fig. 9—13.)

♀ 6—7^{mm}, ♂ 5—6^{mm}.

Mund 3eckig, im Innern 3 längsgerichtete, vorn zweispitzige, platte Chitinstücke, in den Dreiecksmitten stehend. Hinter demselben 6 Papillen. darauf 10 borstenartige Papillen, lateral eine, submedian zwei. 2 Augen. Haut unregelmässig mit Borsten-Papillen bedeckt. Schwanz lang ausgezogen, Spitze ein wenig verdickt, worin die Oeffnung der Spinndrüse. Gefässporus ¼ der Oesophaguslänge vom Kopfende entfernt. Vulva kurz hinter der Mitte der Körperlänge. Papillen des ♂ borstenförmig. 1, 2 unmittelbar hinter dem After dicht an einander stehend. 3—15 oder 18 vor dem After in ungleichen Abständen eine Reihe bildend, von hinten nach vorn etwas grösser werdend. Bei 18 auf der Bauchlinie das Haftorgan, plattgedrückt, vom Bauch gesehen schmal röhrenförmig, die Mündung ein querer Spalt. Von der Seite gesehen dreieckig, mit der Spitze auf der Mündung aufsitzend. Spiculum ein Rohr, stark gekrümmt, hinten spitz, auf der Bauchseite mit 5 quer- und aufrecht gestellten halbkreisförmigen Plättchen, seitlich dünne Lamellen, das Ganze wie ein Schiff gestaltet, dessen Kiel das Rohr ist. 2 accessorische Stücke, jedes aus einem dünnen Rohre bestehend, dem eine dreieckige Lamelle aufsitzt. Die abgerundete Spitze des accessorischen Stücks ist nach der Geschlechtsöffnung gerichtet. Der eine nach Innen etwas umgebogne Rand der Lamelle liegt dem dorsalen Rand des Spiculum an.

Helgoland. Im Meer, 2½—3 Faden Tiefe, zwischen Algen.

Berlin hat diese Species wahrscheinlich auch bei Triest beobachtet, indess ist seine Beschreibung unbrauchbar, da er zwei, wenn nicht mehr, Species zusammengeworfen hat. Auch unter den von Eberth beschriebenen Species ist keine mit Sicherheit auf die unsre zu beziehen. Am ersten würde damit stimmen E. macrophthalmus Eb., allein davon ist kein ♂ beschrieben.

2. Enoplus globicaudatus. n. sp. (Taf. IV, Fig. 14.)

♀ 6—10ᵐᵐ, ♂ 7ᵐᵐ.

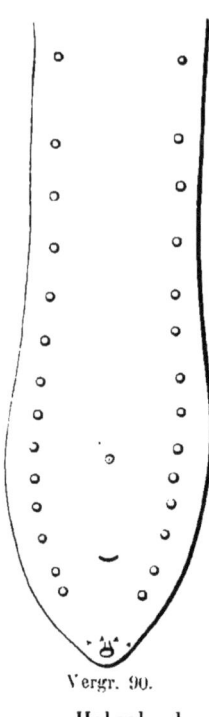

Vergr. 90.

Kopf dünner als Schwanz. Mund dreieckig, dahinter 6 spitze niedrige Papillen, in einiger Entfernung ein Hautsaum, den Körper umkreisend, lateral und submedian nach vorn eine Schlinge bildend, die Lateral-Schlingen am breitesten, hinter demselben 10 borstenförmige Papillen, lateral eine, submedian zwei stehend. Die Papillen der Haut stachelartig, niedriger. 2 Augen mit sehr deutlichen Linsen. Schwanz des ♀ stumpf abgerundet endend, Oeffnung der Spinndrüse rund, kurz davor steht ein Kranz von 8 niedrigen Höckern. (Zähne oder Papillen?) Vulva kurz hinter der Mitte. Eier gross, dickschaalig, mit undurchsichtigem Dotter. Schwanz des ♂ etwas spitzer, löffelartig verbreitert. Papillen warzenförmig, eine Reihe bildend, 13—14 jederseits. 1 und 2 hinter dem After. Zwischen 5 und 6 das Haftorgan mit runder Mündung, cylindrisch klein, überragt nach Innen kaum die Muskelschicht. Die Bauchseite des ♂ etwa doppelt so weit nach vorn, als die Papillen reichen, rauh chagrinirt, 2 accessorische Stücke.

Helgoland. Grund des Meeres, 2½ Faden Tiefe, zwischen Algen.

Diese Species ist von Berlin wahrscheinlich ebenfalls beschrieben, wie die vorige, und mit derselben für eine gehalten worden. Von der Eberth'schen Species könnte am ersten E. coronatus Eb. mit der unsern übereinstimmen, allein die Abbildung des ♂ Schwanzes stimmt nicht, bei Eberth sind hinter dem Saugnapf keine Papillen vorhanden.

3. Enoplus denticaudatus. n. sp.

♂ 6,5ᵐᵐ.

Kopf mit 6 Papillen. Hautsaum wie bei E. globicaudatus, 10 niedrige Borsten-Papillen am Kopf wie bei derselben Species. 2 Augen. Das

Pigment verbreitet sich auch nach hinten. Schwanz des ♂ endigt ohne Spitze abgerundet. Vor der Oeffnung der Spinndrüse eine zahnartige Verdickung der Haut. Körper vor und hinter dem After löffelartig verbreitert. 17 Papillen, 1—14 borstenförmig, 15—17 warzenförmig, 1—5 hinter dem After, 1—4 dreimal länger als die übrigen. 2 accessorische Stücke. Helgoland. Grund des Meeres, Seehundsklippe.

4. **Enoplus liratus.** n. sp. (Taf. IV, Fig. 15 u. 16.)
  Dorylaimus. Dujardin.
  Länge 4'''.
Körperfarbe braungelb. An den Mund schliesst sich ein Vectibulum, durch welches ein offnes stachelartig zugespitztes Rohr heraussicht. Körperoberfläche mit erhabnen Längsleisten, Zahl derselben in der Mitte etwa 30. Körperpapillen nicht hervorstehend. Vulva in der Mitte. Hermaphrodit.
  Berlin. Im schlammigen Grund stehender Gewässer Mai bis September.

E. denticaudatus. Vergr. 90.

Es sind mir noch 2 stacheltragende E. vorgekommen, jedoch selten und der eine in früherer Zeit, als ich mit der rechten Beschreibung der Nematoden noch wenig vertraut war. Beide hatten stumpf abgerundete Schwänze und von beiden habe ich die ♂ beobachtet. Von dieser Species habe ich hunderte von Exemplaren beobachtet, aber niemals ein ♂ gefunden.

Obgleich diese Species nicht selten ist, muss man sie doch in einer ziemlich mühsamen Weise aufsuchen. Man nimmt Schlamm vom Grunde eines stehenden Gewässers, thut kleine Portionen in eine flache Glasschaale und schlämmt dieselben vorsichtig ab. Hat sich Alles auf dem Boden fein vertheilt, so erkennt man auf einer weissen Unterlage die gelben Würmchen recht gut.

Die Abbildung ist nach einer Larve, welche im Kopf und Schwanz den Geschlechtsreifen vollkommen gleicht. Im Oesophagus trägt sie einen Stachel, welcher wahrscheinlich bestimmt ist, den bei der Häutung abgeworfnen zu ersetzen.

IV. **Physaloptera.** R.

Physaloptera ist eine der besten Gattungen Rudolphi's, obgleich er in der Historia naturalis geneigt war, dieselbe für künstlich zu halten. Dujardin hat diese Gattung wieder zu Spiroptera R. gezogen, aber mit

8 *

Unrecht, denn dieselbe trennt sich so scharf von allen übrigen ab, wie kaum eine andre.

Alle bis jetzt bekannte Species besitzen 2 gleiche lateral stehende Lippen, welche den Kopf vollständig einnehmen. Dieselben haben ungefähr die Gestalt eines Halbkreises, dessen Durchmesser die Basis bildet. Die Aussenfläche ist abgerundet, die Innenfläche ist mehr eben, erhebt sich aber in der Mitte und bildet eine Kante. Die Lippe besteht aus einer Cuticular-schicht und einer Pulpa, welche vollkommen ungetheilt ist. Jede Lippe trägt auf ihrer Aussenseite 3 Papillen, eine laterale, flache, mehr nach vorn stehende und 2 submediane, warzenförmige, mehr nach hinten stehende. Im Ganzen sind also 6 Mundpapillen vorhanden. Auf der Spitze der Lippe steht eine zahnartige Hautverdickung, welche ich Aussenzahn nenne. Derselbe ist gewöhnlich von conischer Form, nur bei P. truncata hat er einen breiten schneidenden Rand. Nach Innen von diesem Zahn erhebt sich die Haut nochmals in Gestalt einer festen Lamelle, welche durch Ausschnitte in 3 gleiche Zähne zerfällt. Ich nenne dieselben Innenzähne. Die Innenzähne fehlen nur bei P. spiralis. Ausser den Zähnen befinden sich auf der Innenfläche der Lippen bei P. spiralis und retusa dem Lippencontur folgende Dornen.

Die Mundöffnung ist elliptisch, dorsoventral gestellt. Der Uebergang in den dreieckigen Oesophagus-Canal geschieht unmittelbar. In Folge dessen hat das Oesophagus-Dreieck zuerst eine ganz veränderte Lage, 2 Spitzen desselben zeigen nach Rücken und Bauch, die 3te nach der Seite, weiter nach hinten steht das Dreieck wie gewöhnlich. Der Oesophagus zerfällt immer in 2 Theile, einen vordern hellen, und einen hintern undurchsichtigeren Theil. Der Darm ist aus vielen polyedrischen Zellen zusammengesetzt.

Die Lippen sind wohl bei allen Species in einer röhrenförmigen Hautduplicatur verborgen. Bei den jüngsten umgiebt dieselbe die Basis der Lippen wie ein Kragen, der senkrecht zur Längsaxe des Körpers steht. Dann richtet sich der Kragen auf (Taf. III, Fig. 9) und wächst immer höher, bis er die Lippen an Länge etwas übertrifft. Lebend habe ich Physaloptera nie beobachtet. Rudolphi, welcher P. clausa lebend beobachtete (Syn. 643), sah, dass der Mund in der Ruhe kreisrund sei, aber bewegt zweilippig erscheine und in der Art eines Rüssels aus- und eingezogen werde.

Der Schwanz des ♂ ist lanzettförmig verbreitert, beckenartig vertieft und mit einem rings herumgehenden, hervorstehenden Hautrande umgeben.

Die verschiednen Umrisse der Bursa, wie sie die folgenden Abbildungen zeigen, sind systematisch ohne Bedeutung, da dieselben individuell sehr wechseln. Zahl und Gestalt der Papillen ist vollkommen constant. Wenn ich auch die volle Papillenzahl nicht immer gesehen und deshalb auch nicht abgebildet habe, so war doch in allen diesen Fällen wahrscheinlich nur die Undurchsichtigkeit des betreffenden Objects daran schuld und zweifle ich nicht, dass die Papillen doch existirten. Selbst die Stellung der Papillen kann bei sonst wohl unterschiednen Species fast vollkommen gleich sein.

Es sind wahrscheinlich jederseits immer 10 Papillen vorhanden und eine unpaare am vordern Afterrand stehende. Man kann unter denselben 2 Formen unterscheiden, äussere oder Rippen und innere; wir werden beide Arten von Papillen besonders zählen. Die äussern stehen immer in der Nähe des Afters, 2 oder 3 davon sind präanal. Ihre Pulpa ist lang und gekrümmt, von der Gestalt, die man bei den Nematoden als Rippen bezeichnet. Die innern stehen der Bauchlinie genähert; 1, 2, 3 stehen hinter dem After, 4 und 5 dicht am hintern Afterrand. Letztere sind meist klein und leicht zu übersehen, und können durch Contractionen des Afters ganz verdeckt werden. 6 steht hinter dem After.

1. Physaloptera digitata. n. sp. (Taf. III, Fig. 1.)

♀ 27ᵐᵐ, ♂ 20ᵐᵐ.

Zahn klein. Innenzähne länger als der Aussenzahn. Die Spitzen derselben abgerundet. Die Einschnitte gehen nicht bis auf den Grund. Vulva 4ᵐᵐ vom Kopfende. Bei den innern Papillen stehen 1, 2, 3 ungefähr im gleichen Abstand von der Bauchlinie. Der Abstand zwischen 1 und 2 ist kleiner als zwischen 2 und 3. Der Abstand zwischen 1 und der Schwanzspitze ist ungefähr gleich dem Abstand zwischen 1 und 3. 6 steht in gleicher Linie mit der 3ten Rippenpapille. Der Zwischenraum zwischen der 3ten und 4ten Rippenpapille ist grösser als der zwischen den andern.

Felis Concolor. Magen. Brasilien.
v. Olfers und Sello.

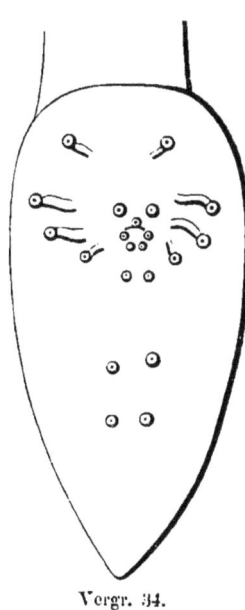

Vergr. ³⁴.

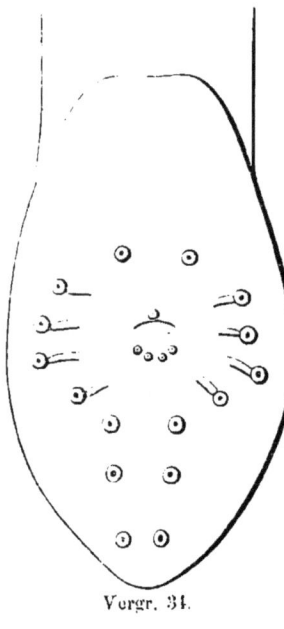

Vergr. 34.

2. Physaloptera clausa. R.

(Taf. III, Fig. 4.)

♀ 32ᵐᵐ, ♂ 20ᵐᵐ.

Innenzähne kürzer als der Aussenzahn. Am Grund derselben 3 dreiecksförmige Zeichnungen (ob Vertiefungen oder nur die Basis der Zähnchen?). Seitenmembran. Vulva 9ᵐᵐ vom Kopfende. Von den innern Papillen 1, 2, 3 in gleichen Abständen, 4 vor der 4ten Rippe.

Erinaceus europaeus. Magen. Wien und Berlin.

3. Physaloptera turgida. R. (Taf. III, Fig. 2.)

♀ 30ᵐᵐ, ♂ 25ᵐᵐ.

Innenzähne herzförmig, der mittlere kürzer als der Aussenzahn, die beiden andern von gleicher Länge mit demselben. Vulva 5ᵐᵐ vom Kopfende. Von den innern Papillen stehen 1 und 2 dicht hinter einander, 1 näher der Bauchlinie als 2. 3 nahe am After, 4 in gleicher Breite mit der 4ten Rippe.

Didelphis, verschiedne Species. Magen. Brasilien.

Nur wenig Exemplare waren zur Beschreibung zu benutzen. Die Angabe der Lage der Vulva ist unsicher. Die Papillenstellung nähert sich sehr der von Ph. subalata, aber durch die Gestalt der Innenzähne sind die beiden Species hinreichend unterschieden.

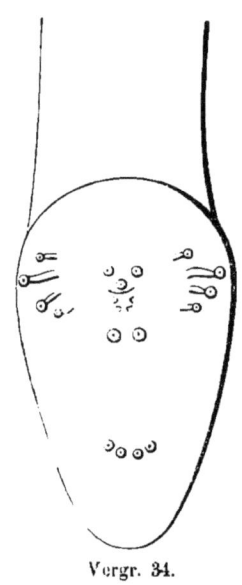

Vergr. 34.

4. Physaloptera alata. R.

♀ 19ᵐᵐ, ♂ 17ᵐᵐ.

Gestalt der Zähne unbekannt. Vulva 7ᵐᵐ vom
Kopfende. Von den innern Papillen hat 2 eine rippenförmige Pulpa. Der Abstand zwischen 1 und der
Schwanzspitze gleich dem Abstand zwischen 1 und 3.
4 steht mehr nach aussen als 1 und 2.
Falco nisus. Magen. Wien.
NB. Es sind nur zwei Exemplare, ♂ und ♀, vorhanden. Deshalb ist die Beschreibung mangelhaft. Wahrscheinlich steht noch vor dem After ein Papillenpaar.

Vergr. 34.

5. Physaloptera subalata. n. sp.

(Taf. III, Fig. 7.)

Physaloptera alata. R. ex parte.

♀? ♂ 32ᵐᵐ.

Spitzen der Lippen stark hervortretend. Aussenzahn länger als die Innenzähne. Die Ränder der Zähnchen fast parallel, am freien Ende zugespitzt. Bei den
innern Papillen 1 und 2 nahe hinter einander. 1 der
Mittellinie mehr genähert als 2, 4 kurz vor dem After.
Falco. spec.? Magen. Brasilien. v. Olfers.

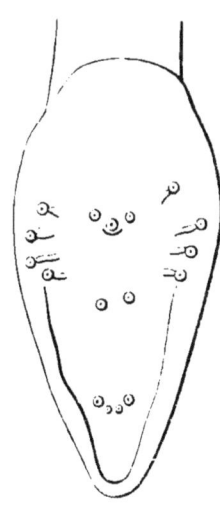

Vergr. 34.

6. Physaloptera truncata. n. sp. (Taf. III, Fig. 3.)

♂ 25ᵐᵐ, ♀ 33ᵐᵐ.

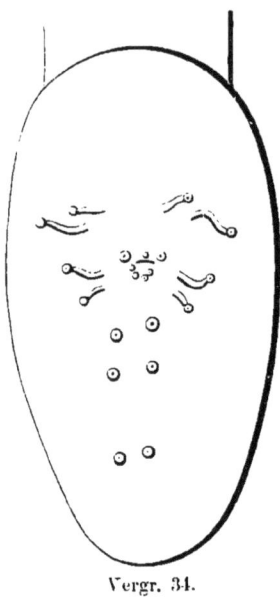

Der Aussenzahn knopförmig verdickt, mit beilartiger Schneide. Innenzähne herzförmig. Vulva 17ᵐᵐ vom Kopfende. Von den innern Papillen ist der Abstand zwischen der Schwanzspitze und 1 gleich dem Abstande von 1 und 2. 2 und 3 stehen sich etwas näher. 4 steht unmittelbar vor dem After, in gleicher Breite mit der unpaaren Papille. Von den Aussenpapillen ist der Abstand zwischen 2 und 3 etwas grösser als zwischen 1 und 2 sowie zwischen 3 und 4.

Phasianus Gallus. Magen. Brasilien. v. Olfers und Sello.

Vergr. 34.

7. Physaloptera spiralis. n. sp. (Taf. III, Fig. 5.)

♂ 14—22ᵐᵐ, ♀ 29—67ᵐᵐ.

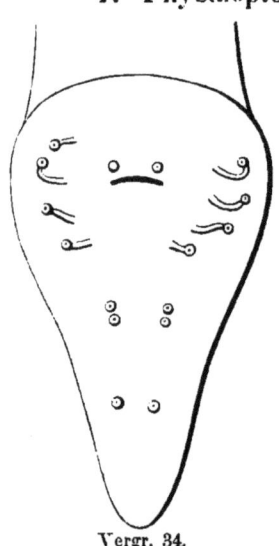

Aussenzahn spitz, Innenzähne fehlen. Innenseite der Lippe mit Dornen besetzt. Ein paar derselben steht hinter dem Zahn in der Mitte der Lippe. Jederseits davon, dem Rand der Lippe genähert, wieder ein Paar. Am dorsalen und ventralen Theile der Basis eine Reihe von etwa 5. Vulva 10ᵐᵐ (an den grössten Exemplaren) vom Kopfende. Schwanzspitze des ♀ vom After ab leicht nach der Rückseite gebogen. Das Schwanzende ist in einer Länge bis 20ᵐᵐ in mehreren Windungen spiralig zusammengedreht. Schwanz des ♂ gestreckt. Von den innern Papillen ist der Abstand zwischen 1 und der Schwanzspitze gleich dem Abstande von 1 und 2. 2 und 3 nahe bei einander. 6 unmittelbar hinter der unpaaren Papille.

Vergr. 34.

Amphisbaena. spec.? Ventriculus. Brasilien. v. Olfers u. Sello.

Nahe verwandt mit P. abbreviata, unterscheiden sich nur dadurch, dass bei letzterer die innern Papillen der Bursa weiter von der Medianlinie entfernt stehend und die Dornen eine ununterbrochene Reihe am Lippenrand bilden.

8. Physaloptera abbreviata. R.

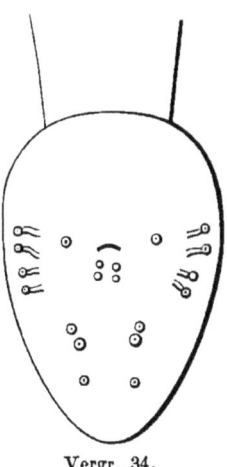

Ascaris fallax. R.

♀ 20ᵐᵐ, ♂ 9ᵐᵐ.

Lippen am ganzen innern Rand gezähnt. Halspapillen mit langem Stachel. Vulva 5ᵐᵐ vom Kopfende. Uterus 4ästig bei den innern Papillen. Abstand zwischen 1 und der Schwanzspitze gleich dem zwischen 1 und 3; 2, 3 nahe bei einander. 2 der Bauchlinie etwas näher.

Lacerta margaritacea u. viridis. Magen.

Ascaris fallax R. aus Lacerta viridis besteht nur aus P. abbreviata.

Vergr. 34.

9. Physaloptera retusa. R. (Taf. III, Fig. 6, 8, 9.)

♀ 7—65ᵐᵐ, ♂ 7—30ᵐᵐ.

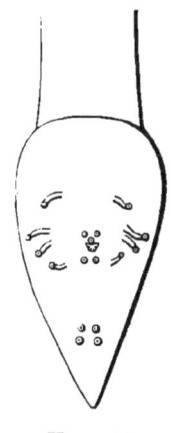

Innenzähne sind länger als der Aussenzahn. Die Einschnitte zwischen denselben gehen nicht auf den Grund. Auf der Innenfläche der Lippe stehen kurze dornförmige Fortsätze; je 2 am dorsalen und ventralen Rande der Basis. 2 ungefähr in der Mitte zwischen letztern und der Spitze der Lippe. Vulva (bei den grössten Exemplaren) 15ᵐᵐ vom Kopfende. Uterus zweitheilig. Beide Aeste gehen weit nach hinten. Von den innern Papillen stehen 1, 2 dicht hinter einander, 2 etwas mehr nach der Bauchlinie. Der Raum zwischen 2 und 3 grösser und ebenso gross als der Abstand zwischen 2 und der Schwanzspitze.

Podinema Teguixin. Darm. Brasilien. v. Olfers und Sello.

Vergr. 34.
Sehr junges Exempl.

Schneider, Nematoden.   9

Der Unterschied der Grösse ist bedeutend. Es scheint, dass bei 7ᵐᵐ die Häutung stattfindet, ich habe wenigstens ein in der Häutung begriffenes Exemplar von dieser Länge beobachtet. Reife Eier findet man erst bei einer Länge von 30ᵐᵐ.

V. Heterakis. Duj.

Dujardin, der Gründer dieser Gattung, stellte in dieselbe [1]) vier Species Rudolphi's: nämlich A. vesicularis, dispar, acuminata und brevicaudata. Dass diese Zusammenstellung nicht natürlich, dass die beiden letzten dieser vier Species vielmehr ein eignes Genus bilden, bemerkte Dujardin schon selbst, wenn er auch einen bestimmten Grund nicht angeben konnte. In der That sind sie sowohl durch den Bau der Muskeln als auch der männlichen Begattungsorgane durchaus verschieden. Trennt man dieselben ab, so passen A. vesicularis und dispar sehr gut zusammen. Diesing hatte in seinem „Systema" die Gattung Heterakis nicht gebilligt, Molin [2]) nahm sie jedoch an, und darauf auch Diesing in seiner „Revision etc."

Zu dieser Gattung gehören noch eine gute Zahl Species, welche bisher in andren Gattungen gestanden haben, hauptsächlich in der Gattung Ascaris R., dann aber gehören dazu alle Species von Cucullanus R. mit Ausnahme von Cucullanus elegans und melanocephalus, und aus der Gattung Ophiostoma die Species O. sphaerocephalum. Bereits Dujardin hat diese Species von Cucullanus und Ophiostoma abgesondert und daraus die Gattung Dacnitis gebildet. Ich glaube jedoch besonders nach der Uebereinstimmung der männlichen Geschlechtsorgane die Gattung Dacnitis Duj. mit Heterakis vereinigen zu müssen. Die Gattung Ophiostoma R. löst sich vollständig auf. Von den beiden Species, aus welchen sie überhaupt nur besteht, ist die eine, O. sphaerocephalum, wie erwähnt, eine Heterakis, die andre, O. mucronatum, ist in der Rudolphischen Sammlung bruchstückweise erhalten und nicht zu beschreiben. Auch von H. sphaerocephalum habe ich wegen schlechter Erhaltung der vorhandnen Exemplare keine Beschreibung gegeben. Die Mundtheile sind in dieser Gattung sehr verschieden. Grössten Theils ist die Mundöffnung dreieckig und mit drei Lippen versehen. Bei H. distans stellen die Lippen nur drei die Mundöffnung begleitende Hautsäume dar,

[1]) Dujardin, Hist. naturelle des helminthes p. 222.
[2]) Sitzungsberichte d. Wiener Akademie mathem. naturw. Classe 1858, Bd. XXX. S. 152 und desselben Prodromus faunae helminthologicae venetae, Wien 1861. S. 130.

bei andern sind die Lippen wohl grösser, aber dennoch zu klein, um eine
genauere Beschreibung zu erlauben.

Diejenigen Lippen, auf welche wir näher eingehen können, haben
im Ganzen einen vier- bis sechseckigen Umriss, die eine, meist grössere,
Seite des Sechsecks bildet die Basis. Die eine auf der Rückseite liegende
Lippe heisst die Oberlippe, die beiden andern die Unterlippen. Ihre
Lage ist ganz wie in der Gattung Ascaris. Sie bestehen aus einer Cu-
ticular- und einer subcutanen Schicht der „Pulpa". Die Pulpa bildet eine
ungetheilte Masse, nur bei einigen, H. maculosa und truncata, habe ich in
der Mitte der Innenseite, vor dem Vorderende des Oesophagus, einen kleinen
Fortsatz bemerkt — lobus impar — analog dem gleichnamigen Gebilde bei
Ascaris. Die innere Seite der Lippe wird von 2 Flächen gebildet, welche
sich längs der Mittellinie in einer stumpfen Kante vereinigen. Auf den
Flächen erheben sich Hautsäume, deren scharf schneidende Ränder nach
aussen gerichtet sind. Dieselben beschreiben Curven, welche nach vorn geschlossen, nach hinten offen sind. Die auf diese Weise begränzten Räume
werde ich als Zahnplatten bezeichnen, ein Name, welcher dem Eindrucke
entspricht, den diese Gebilde machen. Die Zahnplatten wiederholen sich,
wenigstens bei den Oberlippen, nach Gestalt und Zahl auf jeder Seite der
Innenfläche symmetrisch. Es sind ihrer jederseits höchstens 3 — auf jeder
Lippe also 6 — vorhanden, vordere am Vorderrande der Lippe, mittlere
hinter den vordern und an der Mittellinie der Lippe, hintere nach hinten
und am Aussenrande gelegene. Alle 3 Zahnplatten kommen vor bei H.
inflexa und flexuosa; zwei, die vordere und mittlere, bei lineata und
serrata; eine, die vordere, bei H. truncata und compressa. Die Vorderränder der vordern Zahnplatten beider Seiten können sich vereinigen, so
bei H. lineata und compressa, sie können ferner vereinigt und ausserdem
sägenartig in kleinere Zähne zertheilt sein, wie bei H. serrata und flexuosa.

Die drei Lippen sind unter sich nie ganz gleich. Die Oberlippe ist
in sich symmetrisch. Die Unterlippen sind als einzelnes Gebilde betrachtet
unsymmetrisch, wohl aber sind beide Unterlippen unter sich symmetrisch,
und zwar so dass, wenn man jede Unterlippe längs der Mittellinie durch
einen Schnitt theilt, sich die ventralen und die lateralen Hälften entsprechen.
Ferner ist bei den Unterlippen der Aussenrand der lateralen Hälfte immer
der Mittellinie der Lippe etwas mehr genähert, also kleiner, als der Aussenrand der ventralen Hälfte. Auch gehen die Ränder der vordern und hintern

9 *

Zahnplatte — wo sie vorhanden sind — am Aussenrand der lateralen Hälfte in einander über. Die Symmetrie und Assymmetrie der Lippen befolgt also ein ganz ähnliches Gesetz wie bei Ascaris.

Die Aussenfläche der Lippen ist mit Papillen besetzt und zwar sind im Ganzen 6 vorhanden; 4 submediane, welche warzenartig sich erheben und alle auf einem Querschnitt stehen, zwei auf der Oberlippe, je eine auf der ventralen Hälfte der Unterlippe; 2 laterale kleinere, oft kaum sichtbare, die keinen Vorsprung bilden, sie stehen ebenfalls auf einem Querschnitte etwas weiter nach vorn, auf den lateralen Hälften der Unterlippen. Die Stellung der Mundpapillen gleicht demnach vollkommen der bei Ascaris. Bei II. fasciata (Taf. III, Fig. 18—20), welche mit 3 kleinen Lippen versehen ist, findet sich am Hals eine jener Bildungen welche wir als Krausen (fasciae) bezeichnen. Rings um den Körper verläuft ein in die Haut eingegrabener offener Kanal mit kreisförmigem Querschnitt, welcher an 6 Stellen, nämlich hinter den Mitten der Lippen und hinter den Interlabialräumen, schlingenförmig nach vorn ausgezogen ist. Die 3 hinter den Mitten der Lippen liegenden Schlingen sind weiter nach vorn ausgezogen als die andern. Von den 3 hinter den Interlabialräumen liegenden Schlingen läuft gerade nach vorn je ein Kanal in den Interlabialraum.

Ganz ohne Lippen und eigenthümlich gestaltet ist der Mund von H. foveolata (Dacnitis Duj.). Die Mundöffnung ist länglich elliptisch, dorsoventral (sagittal) gestellt. Die Mundfläche steht nicht senkrecht zur Längsaxe des Körpers, sondern neigt sich so, dass die ventrale Seite etwas vorsteht. Nach aussen umgiebt die Mundöffnung ein Hautwulst, nach innen legt sich die Auskleidung des Oesophagus unmittelbar an die Mundöffnung an und bildet eine Zahnbewaffnung. Der Querschnitt des Oesophagus hat vorn eine elliptische der Mundöffnung entsprechende Gestalt und geht erst allmählig in die dreieckige über. Der Kopf und der Oesophagus selbst schwellen vorn an der ventralen Seite kugelförmig an. Hinter der Mundöffnung stehen 6 Papillen, von welchen die submedianen warzenförmig sich erheben.

Der männliche Schwanz ist immer durch einen grossen präanalen in der Bauchlinie gelegnen Saugnapf ausgezeichnet. Derselbe besteht entweder aus einer einfachen elliptischen Vertiefung der Körperwandung, so bei H. distans, forciparia und foveolata, oder er besteht aus einer kreisrunden beckenartig vertieften, hornigen Verdickung der Haut. Der hornige Ring hat immer an seiner hintern ventralen Stelle einen kleinen runden Einschnitt, in welchen, wie es fast scheint, eine Papille hineinragt. Das Princip, nach welchem dieser Saugnapf wirkt, unterscheidet sich von dem bei den Hirudineen, Trematoden und Cestoden angewandten. Bei den letztern ist der Saugnapf aus Circular- und Radialfasern zusammengesetzt, hier aber strahlen dem Boden des Saugnapfes radienförmig Muskelstränge nach dem Rande des Seitenfeldes aus. Sie können wahrscheinlich, denn unmittelbar beobachten liess sich dieser Vorgang nicht, den Boden des Saugnapfes von dem Rande desselben entfernen und so einen leeren zur Anheftung dienenden Raum herstellen. Sobald die Contraction der Muskeln aufhört, wird durch die Bewegung des Thieres allmählig wieder Flüssigkeit in den Saugnapf eindringen und auf diese Weise die Anheftung gelockert werden.

Der männliche Schwanz ist bei allen Species mit nur wenigen Ausnahmen, wie bei H. foveolata, subulata, turgida und fasciata, mit einer Bursa versehen. Entweder ist sie nur eine schmale, seitliche Verdickung der Haut, oder sie ist stark wallartig entwickelt, die beiden seitlichen Ränder der Bursa sind dann durch einen quer über den Bauch ziehenden Wall mit einander verbunden (Taf. IV, Fig. 2). Nach vorn geht dieser querlaufende Theil der Bursa, auf welchem auch der Saugnapf liegt, allmählig in das gewöhnliche Niveau der Körperoberfläche über, nach hinten ist dieser Uebergang plötzlich und markirt sich die Kante des Walls als eine deutliche Querlinie. Die Hautverdickung der Bursa ist hohl und bei einigen Species von einer Längsscheidewand durchsetzt, wie bei H. vesicularis (Taf. IV, Fig. 3).

Die Stellung der Papillen in ein einfaches Gesetz zusammenzufassen, wollte mir nicht gelingen. Die Zahl der pränanalen Papillen beträgt wenigstens 3, doch kommen auch 4—6 pränanale vor. Meist aber scheint es, wie man aus einem Ueberblick der folgenden Abbildungen sehen kann, dass die drei vordersten Papillen eine bestimmte, durch gleiche Stellung und Gestalt der Pulpa verbundne Gruppe bilden. Die übrigen Papillen stehen mehr oder weniger nach dem Seitenrande, und bieten in Folge dessen bei der Ansicht vom Bauche her entweder die Umrisse der warzenförmigen Papillen, oder die der kegel- und rippenförmigen Pulpen dar. Die Pulpen sind an ältern Exemplaren gewöhnlich viel dicker und undurchsichtiger als an jungen. Die Papillen stehen auf beiden Seiten meist vollständig symmetrisch. Bei einigen Species, jedoch nie bei allen Individuen, habe ich überzählige Papillen beobachtet, welche einseitig auftreten, so bei H. foveolata und vesicularis (Taf. IV, Fig. 2, m.), maculosa u. a.

Die Spicula sind ungleich, nach Eberth[1]) soll das grössere immer rechts liegen. Der Oesophagus trägt in seinem Bulbus häufig einen dreieckigen Zahnapparat, so bei H. vesicularis und den Verwandten. Der Darm ist aus vielen polyedrischen Zellen zusammengesetzt.

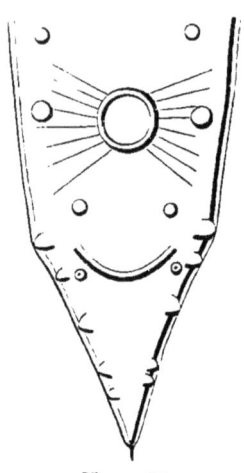

Vergr. 50.

1. Heterakis inflexa. R. (Taf. III, Fig. 12.)

Ascaris inflexa R.
Ascaris Perspicillum R.
♀ 92ᵐᵐ, ♂ 60ᵐᵐ.

Mund dreilippig. Oberlippe auffallend grösser. Unterlippen ungleichseitig. 3 Zahnplattten, hintere viereckig, mittlere und vordere rund, sowie von gleicher Breite, an den Unterlippen verschmelzen die Vorderränder der vordern und hintern Zahnplatte an der lateralen Hälfte. Bursa schwach entwickelt. 9 Papillen jederseits.

Gallus domesticus. Meleagris Gallopavo. Darm. Berlin.

Von Ascaris Perspicillum R. sind nur 2 Exemplare (1 ♂ 1 ♀) vorhanden. Die Lippen konnte ich nicht untersuchen. Eine genaue Zeichnung der Papillen war jedoch ausführbar. Ihre Stellung und Zahl stimmt völlig mit der von H. inflexa. Allerdings stand mir von H. inflexa auch nur ein ♂ zu Gebote. Da die Stellung der Papillen in verschiednen Species sehr ähnlich sein kann, so wäre eine Untersuchung der Mundtheile der Species aus Meleagris Gallopavo (A. Perspicillum R.) nothwendig. Indess da ich keinen positiven Grund für die Unterscheidung der Species fand, habe ich sie vorläufig zusammengezogen.

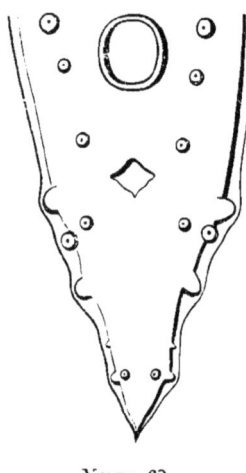

Vergr. 62.

2. Heterakis lineata n. sp. (Taf. III, Fig. 15.)

♀ 95ᵐᵐ, ♂ 68ᵐᵐ.

Körper geblich, Seitenfeld als weisse Linie durchschimmernd. Mund dreilippig. Lippen nahezu gleich. Nur vordere und mittlere Zahnplatte vorhanden. Vorderrand der vordern Zahnplatten ver-

[1]) Eberth zur Organisation von Heterakis vesicularis. Würzb. naturw. Zeitsch. Bd. I, S. 53.

schmolzen, wellenförmig ausgeschnitten.   Mittlere Zahnplatte sehr klein.
Bursa gering entwickelt.   11 Papillen.

G a l l u s   s p e c.   Darm.   Brasilien.   v. O l f e r s   und S e l l o.

3. Heterakis compressa. n. sp.   (Taf. III, Fig. 14.)

♂ 53^{mm}, ♀ 85^{mm}.

Mund dreilippig.   Lippen ungleich.   Nur die vordere Zahnplatte vorhanden.   Vorderrand der beiden Zahnplatten verschmolzen, mit wellenförmigem Rande.   Bei den Unterlippen fehlt an der lateralen Hälfte der
Aussenrand der Zahnplatte, der Vorderrand der Zahnplatte geht unmittelbar
in den Lippenrand über.

G a l l u s   d o m e s t i c u s.   Darm.   Adelaide, Südaustralien.   S c h o m b u r g.

Es ist nur ein ♂ vorhanden, so dass ich eine Zeichnung der Papillen
nicht ausgeführt habe.

4. Heterakis truncata. (Taf. III, Fig. 13.)

Ascaris truncata. R.

♂ 29^{mm}, ♀ 35^{mm}.

Kopf mit drei Lippen.   Lippen fast gleich.
Nur die vordern Zahnplatten vorhanden, welche
die Gestalt eines ungleichseitigen Parallelo-
gramms besitzen.   Eine Seitenmembran vorhanden.   Schwanz mässig spitz.   Bursa tief,
11 Papillen.

P s i t t a c u s   M a c a o.   Darm.   Brasilien.
v. O l f e r s   und S e l l o.

Es ist möglich, dass noch verwandte Species in anderen Psittacusarten vorkommen. Die obige

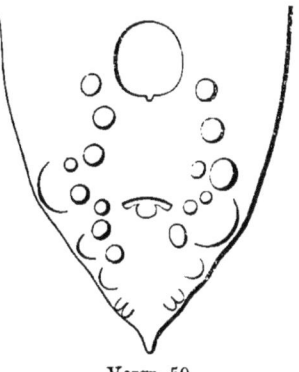

Vergr. 50.

Beschreibung ist nicht nach den Originalen R u d o l p h i's.   Dieselben sind zwar
noch vorhanden.   M. Brl. No. 403 (Psittacus sp.? Brasilien), No. 404 (Psittacus
leucopholus Brasilien int.), beide immer nur 1 ♂ enthaltend.   No. 403 scheint mir
identisch mit der von uns beschriebnen.   No. 404 scheint eine andre Species.
Doch unterlasse ich eine Beschreibung.   Die von D u j a r d i n S. 214 beschriebene
Ascaris truncata ist aus Psittacus pulverulentus (Brasilien).   Es lässt sich trotz
der recht genauen Beschreibung nicht entscheiden, ob unsre Species identisch sind.
Die Grössenangaben weichen sehr ab, nach Duj. ♀ 63^{mm}, ♂ 52^{mm}.

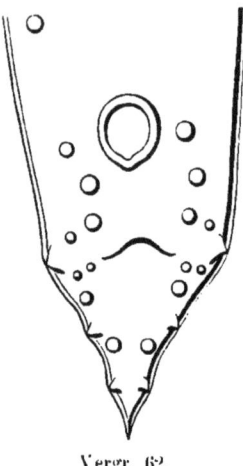

Vergr. 62.

5. **Heterakis maculosa.** R. (Taf. III, Fig. 11.)

Ascaris maculosa. R.

♂ 16ᵐᵐ, ♀ 20ᵐᵐ.

Kopf dreilippig. Lippen fast gleich. Nur vordere Zahnplatten vorhanden, welche durch einen breiten Zwischenraum getrennt. Seitenmembran nach hinten sich verlierend, der Leib kann durch Eier stark ausgedehnt werden. Der Schwanz bleibt in der ursprünglichen Grösse. Der Leib setzt sich dann auffallend gegen den Schwanz ab. Schwanz des ♂ mit 10 Papillen.

Columba domestica. Darm. Berlin.

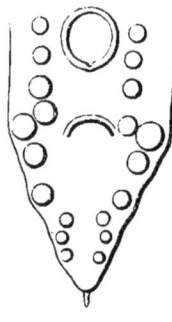

Vergr. 34.

6. **Heterakis serrata.** n. sp. (Taf. III, Fig. 16.)

♀ 58ᵐᵐ, ♂ 41ᵐᵐ.

Kopf dreilippig. Lippen ungleich, Oberlippe breiter. Vordere und hintere Zahnplatten vorhanden. Die vordern bestehen aus einer Reihe von etwa 8 getrennten Zähnchen. Die mittlern sind von ovaler Gestalt, in der Mitte vereinigen sich die Umgränzungslinien der Platten, so dass der gesammte freie Rand eine Wellenlinie bildet. Schwanz lang konisch, mit einer besondern feinen Spitze. Vulva 30ᵐᵐ vom Schwanzende. Schwanz des ♂ jederseits 10 Papillen.

Penelope humeralis. Darm. Brasilien. v. Olfers und Sello.

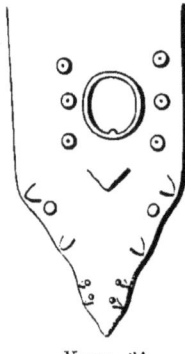

Vergr. 34.

7. **Heterakis flexuosa.** n. sp. (Taf. III, Fig. 17.)

♂ 40ᵐᵐ, ♀ 56ᵐᵐ.

Mund dreilippig. Lippen ungleich ausgebildet, an Grösse gleich. Alle 3 Zahnplatten vorhanden, die vordere aus etwa 6 getrennten Zähnchen bestehend, die hintere und mittlere oval, zwischen der hintern und mittlern ein Zwischenraum. An den lateralen Hälften der Unterlippe gehen die Ränder der hintern und mittlern Zahnplatten in einander über. Bursa sehr wenig entwickelt, 10 Papillen jederseits.

Crotalus. (spec.?) Darm. Brasilien. v. Olfers und Sello.

8. Heterakis retusa. R.

Ascaris retusa. R.

♂ 5ᵐⁱⁿ, ♀ 10ᵐᵐ.

Kopf breit. Mund ohne Lippen. Seitenmembran welche bis zum After deutlich erkennbar ist. Vulva 3ᵐᵐ von der Kopfspitze. Schwanz des ♂ mit kleiner Bursa. 8 Papillen.

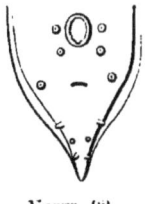

Dasypus novemcinctus. Dickdarm auf der Darmfläche und in Knoten desselben lebend, Coecum. Brasilien. Natterer; v. Olfers und Sello.

Vergr. 92.

Die Angaben über Zahl und Stellung namentlich der vordern der Papillen ist nicht sicher, da dieselben bei allen Exemplaren überaus undeutlich waren.

9. Heterakis uncinata. R.

Ascaris uncinata. R.

♀ 16ᵐᵐ, ♂ 13ᵐᵐ.

Kopf dreilippig. Seitenmembran beginnt erst bei ¼ der Länge. Schwanz des ♂ ohne Bursa. Papillen (?) scheinen der vorigen Species ähnlich gestellt.

Cavia aperea und Pacca. Coecum. Brasilien. Natterer; v. Olfers und Sello.

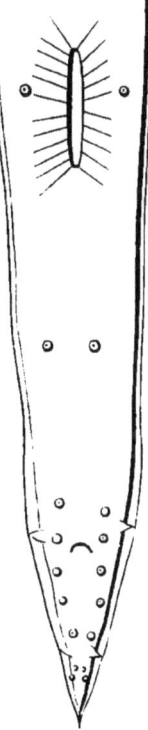

Nur wenig und schlecht erhaltne Exemplare vorhanden; daher die Beschreibung mangelhaft. Indess führe ich sie an, da sie genügt, die systematische Stellung der Ascaris uncinata R. zu bestimmen und die weitere Verbreitung der Gattung Heterakis in Säugethieren zu beweisen.

10. Heterakis distans. R. (Taf. III, Fig. 10.)

Ascaris distans. R.

♂ 25ᵐᵐ.

Kopf breit abgerundet mit verdickter Haut. Mundöffnung dreieckig, führt unmittelbar in den Oesophagus. Ränder derselben mit einem schmalen Hautsaum besetzt.

Schneider, Nematoden.

10

Submedian-Papillen deutlich. Schwanz des ♂ leicht gebogen, Bursa schwach.
11 Papillen. Saugnapf elliptisch, ohne festen Hornring.

Simia Sabaea. Coccum, Crassum. Rudolphi. Berlin?

Es sind nur ♂ vorhanden. Die lateralen Mund-Papillen sind wahrscheinlich sehr klein und deshalb von mir übersehen worden.

11. Heterakis foveolata. R. (Taf. IV. Fig. 1.)

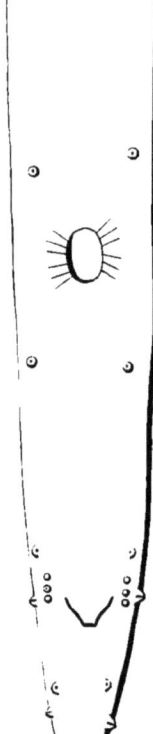

Cucullanus foveolatus, R.
—   minutus, R.
—   heterochrons, R.
—   abbreviatus, R.?
—   alatus, R.?
Dacnitis esuriens, Duj.

♂ 20ᵐᵐ, ♀ 15ᵐᵐ.

Kopf rund, kugelförmig, dicker als der Leib. Mund
elliptisch, dorsoventral gestellt, von einer Wulst umgeben.
Submedian-Papillen warzenförmig. Die Ränder der Mundöffnung sind fest und fein gezähnelt. Mundfläche schief.
Vulva ungefähr in der Mitte. Schwanz des ♂ ohne deutliche Bursa. 10 Papillen. Saugnapf ohne hornigen Rand,
tief, mit kräftiger Muskulatur.

Pleuronectes maximus, P. Flesus, P. Passer,
Blennius Phycis (Phycis mediterraneus, La Roche).
Darm und Bauchhöhle. Nord- und Ostsee, Mittelmeer,
adriatisches Meer.

Es ist mir nicht möglich gewesen, zwischen den verschiednen hier vereinigten Species einen Unterschied zu finden,
obgleich ich viele Mühe auf die Vergleichung der Originalexemplare Rudolphi's verwandt, auch selbst am Mittelmeer
und an der Nordsee viele Exemplare lebend beobachtet habe.
In der Grösse und Dicke des Leibes findet man sehr grosse
Unterschiede. Cucullanus minutus R. ist auf Exemplare gegründet von nur 2ᵐᵐ Grösse, welche zwar geschlechtsreif sind,
aber noch keine reifen Eier enthalten.

Vergr. 92.   H. foveolata kann sich, wie erwähnt, in der Schleimhaut
festbeissen. Es ist mir nicht unwahrscheinlich, dass dabei die Darmhaut durchbohrt wird. Man findet nämlich die Thiere nicht selten in der Bauchhöhle, und
ich vermuthe, dass sie auf dem eben beschriebenen Wege dahin gelangt sind.
Sollte dies vielleicht eine für die Entwicklung der Eier nothwendige Wanderung sein?

12. Heterakis forciparia. Sch.

Ascaris forciparia. R.

  \- *strongylina.* R.

♀ 25ᵐᵐ, ♂ 13ᵐᵐ.

Mundöffnung rund, 4 Papillen. Mund führt in ein kurzes Vestibulum, an dessen Grund drei Zähne stehen. Seitenmembran. Vulva kurz vor der Mitte. Schwanz des ♂ 10 Papillen. Der Saugnapf elliptisch, schwach entwickelt, ohne hornigen Rand. Schwanz des Männchen umgebogen. Dicholophus cristatus, Caprimulgus Urutau, C. Nacandua, Cuculus seniculus, C. Tingazu, C. Nävius; Tetrao Uru, Bucco spec. Dünndarm. Coecum. Brasilien. Natterer, v. Olfers und Sello. Caprimulgus ruficollis. Darm. Algesiras. Spanien. Bremser.

Das Vorkommen einer Species in einer so grossen Zahl verschiedner Species und Gattungen von Vögeln, ja sogar in zwei Erdtheilen hat mich bedenklich gemacht, ob nicht in der That mehrere Species zu unterscheiden sind, allein ich habe keinen Unterschied finden können. In der Grösse variiren die Individuen der H. forciparia sehr.

Vergr. 92.

13. Heterakis dispar. Zed.

Ascaris dispar. Zed.

♀ 16ᵐᵐ, ♂ 11ᵐᵐ.

Lippen dreilippig, sehr klein. Seitenmembran am Hals sehr breit, nach hinten schmal. Vulva 7ᵐᵐ vom Schwanzende. Vor und hinter der Vulva polsterartige Verdickungen der Haut. Bursa vorn durch einen scharfen Rand begränzt. 10 Papillen. An den seitlichen Enden der Afterspalte zwei rundliche Lappen, vielleicht Papillen.

Anas Tadorna. Coecum. Berlin, (zoologischer Garten).

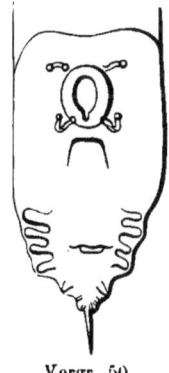

Vergr. 50.

10 *

14. Heterakis vesicularis. R. (Taf. IV, Fig. 2.)

Ascaris vesicularis. R.
  - *dispar.* Zed. (?)

♀ 10ᵐᵐ, ♂ 7ᵐᵐ.

Kopf dreilippig. Lippen klein, ohne Zähne. Seitenmembran. Vulva vor der Mitte. Schwanz sehr spitz. Schwanz des ♂ spitz. Bursa tief. 12 Papillen.

Pavo cristatus. Gallus domesticus. Chenopsis atrata (zoologischer Garten, Berlin). Coecum. Europa. Oft in grosser Menge vorkommend.

Chenopsis atrata lebte schon längere Zeit im zoologischen Garten, so dass ein Vorkommen der H. vesicularis in Neuholland daraus nicht folgt.

Vergr. 93.

15. Heterakis valvata. n. sp.

♀ 15ᵐᵐ, ♂ 10ᵐᵐ.

Kopf dreilippig. Lippen klein. Seitenmembran. Bursa sehr tief. 11 Papillen. Vorderer Rand der After-öffnung des ♂ besitzt in der Mitte einen dreieckigen an der Spitze abgeschnittenen klappenartigen Fortsatz.

Crypturus cupreus. Coecum. Brasilien. v. Ol-fers und Sello.

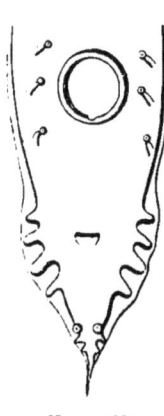

Vergr. 62.

16. Heterakis alata. n. sp.

♀ 25ᵐᵐ, ♂ 17ᵐᵐ.

Kopf dreilippig. Lippen klein. Seitenmembran breit und stark, so dass der Halstheil schon für das blosse Auge merklich verbreitert erscheint, nach hinten verliert sich die Seitenmembran. Schwanz des ♂ mit 9 Papillen. Die Ränder der Bursa berühren sich über dem Saugnapf und bedecken denselben.

Tinamus spec.? Wohnort? Brasilien. v. Ol-fers und Sello.

Nach der Etikette soll es in der Bauchhöhle gefunden sein. Aber ich vermuthe, dass der Darm durch die Schrot-körner zerrissen und die Thiere dann in die Bauchhöhle ge-kommen sind.

17. Heterakis arquata. n. sp.

♀ 31ᵐᵐ, ♂ 22ᵐᵐ.

Kopf dreilippig. Lippen sehr klein, ohne alle
Zähne. Seitenmembran. Schwanz des ♂ 12 Papillen.
Bursa tief.

Crypturus cupreus. Dünndarm. Brasilien.
v. Olfers und Sello.

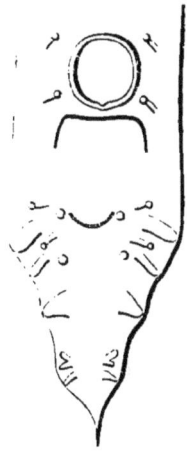

18. Heterakis spumosa. n. sp.

♀ 9ᵐᵐ, ♂ 7ᵐᵐ.

Kopf dreilippig. Lippen sehr klein. Seitenmembran beginnt in einem kleinen Abstand vom Kopf,
läuft zuerst breit, dann schmäler werdend bis zum
Schwanz. Vulva in der Körpermitte. Bursa des ♂
dreimal blasig aufgetrieben. 9 Papillen.
Mus decumanus. Coecum. Berlin.

Diese Species ist von Herrn Gurlt gefunden und
mir zur Beschreibung gütig mitgetheilt.

Vergr. 90.

Vergr. 62.

19. Heterakis turgida. n. sp.

♀ 10ᵐᵐ, ♂ 7ᵐᵐ.

Mund dreilippig. Lippen klein. Seitenmembran.
Vulva in der Mitte etwas vorspringend. Schwanz des
♂ ohne Bursa. 8 Papillen. Die postanalen Papillen
stehen nicht vollkommen symmetrisch.

Ameiva Teguixin. Coecum. Brasilien. v. Olfers und Sello.

Scheint häufig vorzukommen.

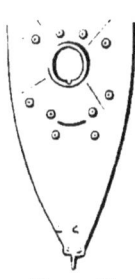

Vergr. 62.

20. Heterakis fasciata. n. sp. (Taf. III, Fig. 18 — 20.)

♀ 10^{mm}, ♂ 7^{mm}.

Kopf dreilippig. Hinter den Lippen eine Krause, aus einem kreisrunden, nach aussen offnen Kanal bestehend, der in 6 Schlingen ausgezogen ist. Die Schlingen hinten in einem Querschnitt liegend, vorn reichen drei derselben, die hinter den Mitten der Lippen liegen, weiter nach vorn. Von jedem Interlabialraum geht ein Kanal gerad nach hinten und vereinigt sich mit der Mitte der hinter ihm liegenden Schlinge. Seitenmembran hinter den Krausen beginnend. Vulva etwas vor der Mitte. Schwanz des ♂ ohne Bursa, leicht um die Längsaxe gedreht. 30 Papillen, paarweise in gleichen Abständen hinter einander stehend.

Dasypus novemcinctus. Coecum. Brasilien. v. Olfers und Sello.

Vergr. 92.

Fand sich zusammen mit H. retusa.

VI. Filaria. Müller.

Filaria. R.

Spiroptera. R.

Lyorhynchus. R.

Die Gattung Filaria, nach der von mir aufgestellten Diagnose, umfasst hauptsächlich 2 Gattungen Rudolphi's, Filaria und Spiroptera. Sie hat fast denselben Umfang wie die zweite Section Dujardin's [1]), die „Filariens", nur ist in der letztern auch die Gattung Physaloptera R. enthalten. Filaria und Spiroptera gränzen sich gut gegen die andern Gattungen der Nematoden ab, Spiroptera R. enthält auch wenig fremde Beimischung. Nur 3 Species, Sp. stercura, contorta und cystidicola habe ich aus verschiednen Gründen ausscheiden müssen. Grösser ist die Zahl der nicht dahin gehörenden Species in der Gattung Filaria. Es sind von Rudolphi namentlich eine grosse Zahl von Larven aus der Bauchhöhle der Fische und Insecten als Filarien aufgeführt worden, welche natürlich alle als selbstständige Species gestrichen werden müssen. Filaria globiceps ist zwar

---

[1]) Dujardin, histoire naturelle d. helminthes p. 42.

geschlechtsreif, muss aber wegen gänzlich verschiedner Organisation in ein andres Genus Ichthyonema Dies. gestellt werden.

Dujardin theilt seine Section der Filariens in die 4 Gattungen Filaria, Dispharagus, Spiroptera und Proleptus. Die letzte Gattung ist mir aus eigner Anschauung nicht bekannt, ich gehe daher nicht weiter darauf ein. Die Gattung Dispharagus ist nur ein Zweig von Spiroptera R., darauf gegründet, dass ein sehr langes Vestibulum vorhanden ist. Dieser Unterschied ist jedoch kein durchgreifender, denn auch viele andre Spiropteren besitzen ein längeres oder kürzeres Vestibulum, beide Genera würden deshalb ohne Gränze in einander übergehen.

Obgleich die beiden Gattungen Rudolphi's rücksichtlich ihrer Lebensweise sehr verschieden sind, denn die Filarien leben alle ausserhalb der eigentlichen Eingeweide in den serösen Säcken und im Bindegewebe unter der Körperhaut, während die Spiropteren im Oesophagus, Magen und Darm, und zwar vorzugsweise in Knoten derselben leben, so habe ich doch keinen Unterschied ihrer Organisation finden können. Im Gegentheil haben beide Gattungen an den vier präanalen Papillen des ♂ einen so durchgreifenden gemeinsamen Character, dass ich sie habe vereinigen müssen.

Aus andern Gattungen habe ich zunächst hierher ziehen müssen Strongylus leptocephalus R., welche Rudolphi nur deshalb zu Strongylus stellte, weil er keine guten Exemplare untersuchen konnte, ferner Lyorhynchus denticulatus R. Die Gattung Lyorhynchus löst sich dadurch vollständig auf, indem die beiden von Rudolphi ausserdem aufgeführten Species truncatus und gracilescens in den Originalexemplaren nicht mehr vorhanden sind und schon bei Abfassung der Synopsis nicht mehr vorhanden waren. Es erfüllt sich damit gewissermassen Rudolphi's eigner Wunsch, denn er bemerkt bei der Gattung Lyorhynchus selbst „genus valde ambiguum" [1]) und bei der Species L. denticulatus „an Spiroptera."

Die Gestalt der Muskelzellen der Körperwand ist in dieser Gattung sehr verschieden, bei einigen, z. B. F. obtusa, ist der fibrilläre Theil fast ganz flach und liegt der Leibeswand an, bei andern ist der fibrilläre Theil rinnenförmig. Die äussere Umgränzung seines Querschnitts ist im letztern Falle immer länglich viereckig, während die innere Umgränzung verschieden sein kann, entweder spitzwinklig, die Spitze nach aussen gekehrt, und dies

---

[1]) Synopsis S. 307.

ist besonders bei den im Magen lebenden Species der Fall, oder spaltförmig. Diese Unterschiede bieten jedoch keinen Grund zu weiterer Trennung der Gattung dar, dergleichen finden sich auch in andern und zwar
sehr scharf umgränzten Gattungen, wie z. B. Strongylus.

Die Mundtheile sind von einer Mannichfaltigkeit, die nur bei Strongylus wieder vorkommt. Sechs deutliche grosse Lippen, aus Pulpa und
Hautschicht bestehend, kommen vor bei F. obtusa (Taf. V, Fig. 4). Zwei
derselben sind grösser und stehen je eine lateral, ihre Längsränder sind
gerade und parallel, der vordere Rand, senkrecht auf dem Längsrande
stehend, bildet eine unregelmässig gezackte Schneide, von deren beiden
Ecken auf der Innenfläche der Lippe je eine scharfe Kante nach hinten
und der Mittellinie der Lippe verläuft. Dorsal und ventral stehen symmetrisch je zwei Lippen, auch ihre Längsränder sind parallel, ihr Vorderrand steht aber nicht senkrecht auf dem Längsrande, sondern schief, und
zwar so gerichtet, dass derselbe mit dem Vorderrand der lateralen Lippen in eine Linie fällt. Auch der Vorderrand dieser Lippen ist schneidend und gezackt, von den Ecken desselben laufen Kanten auf der Innenfläche der Lippen, wie bei den lateralen Lippen. Die Mundöffnung selbst
ist dorsoventral, elliptisch.

Sechs Lippen, aber kleiner und undeutlicher, kommen noch vor bei
F. laticaudata, tulostoma (?), guttata und attenuata. Die Lippen der letztgenannten Species (Taf. V, Fig. 16) sind so einfach, dass sie nur aus Knötchen bestehen, welche zu je drei seitlich in einiger Entfernung von der
Mundöffnung gestellt sind. Auf der dorsalen und ventralen Seite sind die
Lippen durch einen breiten freien Raum getrennt. Die drei Lippen jeder
Seite berühren sich so innig, dass es mir fast scheint, als ob sie gar nicht
getrennt wären, sondern als ob bloss die Hautschicht eine Scheidewand für
je zwei an einander stossende Lippen bilde.

Bei andern Species kommen zwei Lippen vor. Dieselben stehen
entweder dorsal und ventral oder lateral. Zwei grosse laterale Lippen,
aus Pulpa und Hautschicht bestehend, besitzt F. radula (Taf. VI, Fig. 9).
Sie haben die Gestalt eines Trapezes, die längere der parallelen Seiten
bildet die Basis. Weniger ausgebildet, nur Hautlappen, sind die lateralen
Lippen bei F. leptoptera (Taf. V, Fig. 2) und microstoma (Taf. V, Fig. 3).
Die Basis derselben ist schmäler als der vordere freie Rand, indem zugleich
die Seitenränder convex ausgeschnitten sind, erhalten sie die Gestalt eines

Beiles. Zwei dorsoventrale Lippen finden sich bei F. megastoma. Sie erheben sich nur wenig aus der Stirnfläche heraus, so dass man sich sehr schwer von ihrer Gestalt eine Vorstellung verschaffen kann. Mit einer breiten Basis aufsitzend wird ihr freier Rand von einem flachen Bogen gebildet. Die elliptisch quer gestellte Mundöffnung wird von dem Rand der Lippen kaum erreicht. Seitlich bleibt zwischen den Lippen ein breiter Zwischenraum. Derselbe erhebt sich wulstig ebenso hoch als der Vorderrand der Lippen, so dass man ihn selbst als Lippe betrachten könnte und F. megastoma vier Lippen zuschreiben. Um so mehr dürfte man dazu berechtigt sein, als die Wülste in ihrem Innern eine Pulpa enthalten. Die Lippen und die Wülste liegen so dicht an einander, dass sie einen Raum umfassen, welcher mit einer Mundkapsel grosse Aehnlichkeit hat. Nach hinten sind Lippen und Wülste durch eine Einschnürung vom Körper getrennt. Mehr lappenähnlich und ausgearbeitet sind die dorsoventralen Lippen von F. leptoptera (Taf. V, Fig. 8 und Erklärung der Tafeln). Auch hier ist seitlich ein Wulst zwischen den Lippen, welcher jedoch niedriger bleibt als bei F. megastoma [1]).

Wir gehen jetzt zu den Species mit Mundkapseln. Am meisten ausgebildet ist dieselbe bei F. leptocephala (Taf. V, Fig. 6 und 7 und Erklärung der Tafeln). Sie hat hier die Gestalt eines Kugelabschnitts, der wenig grösser als eine Halbkugel ist. Die vordere Oeffnung ist sechsseitig, die Seiten den sechs Körperflächen entsprechend. Die Innenwand der Kapsel ist von dreierlei Zähnen besetzt. Zuerst kurz hinter der Mundöffnung zieht sich ringsherum eine ununterbrochene Reihe Zähnchen. Hinter derselben entspringt von der Wand dorsal und ventral eine nach vorn und innen hervorspringende, breite, trapezförmige Platte. Der Vorderrand wird von der kleinern der parallelen Seiten gebildet, er ist an seinen Ecken noch mit einem besondren kleinen Zähnchen versehen. Andre Zahnplatten, je eine lateral, erheben sich mit breiter und dicker, die hintere Oeffnung der Mundkapsel umfassender Basis. Ihr freier Rand ist schneidend und wie ein Wellenberg gestaltet. Aehnlich, nur viel kleiner, ist die Mundkapsel von F. nitidulans (Taf. V, Fig. 10). Ihre vordere Oeffnung ist sechsseitig, doch springen die Seiten als runde Hautlappen vor und die Ecken sind rundlich

---

[1]) In letzter Zeit sind mir Zweifel aufgestiegen, ob die 2 Lippen von F. megastoma und leptoptera nicht vielleicht auch lateral stehen wie bei den übrigen Filarien. Leider fehlt es mir an Material zu einer erneuten Untersuchung.

ausgeschnitten. Dorsal und ventral steht je ein kleiner Zahn mit abgerundetem freien Rand nach innen vor. Die Mundkapsel von F. sanguinolenta hat ebenfalls eine sechseckige vordere Oeffnung, von da ab läuft die Mundkapsel nach ihrer hintern kleinern runden Oeffnung trichterförmig zu. Auf ihrer Innenfläche stehen etwas nach hinten. den Mitten der sechs Seiten entsprechend. kleine Zähne.

Alle übrigen Filarien sind ohne Lippen und Mundkapseln. Bei vielen wird allerdings der Mund von einer elliptischen oder runden Hautverdickung gebildet. welche seitlich oft zu einem eigenthümlich geformten Zahn verdickt ist. Man kann diesen Hornring wohl mit einer Mundkapsel vergleichen. Die Kopf- oder Mundpapillen werden wohl immer mindestens in der Sechszahl vorhanden sein, allein da dieselben oft überaus klein sind, so vermisst man sie entweder ganz oder findet nur die Submedian-Papillen. Häufig tritt in dieser Gattung der Fall ein, dass die Submedian-Papillen verdoppelt, im Ganzen also 10 Papillen vorhanden sind (Taf. V, Fig. 16 und 17). Die Submedian-Papillen sind unter sich immer gleich gebildet und stehen symmetrisch. ebenso die lateralen. Wo Lippen vorhanden sind, stehen die Papillen entweder auf denselben, wie die submedianen bei F. radula und megastoma, oder hinter denselben. wie die submedianen bei F. obtusa und simplex.

Hinter den Mundpapillen treten in dieser Gattung auch Krausen auf. Es sind davon zwei Arten vorhanden. Die eine findet sich nur bei F. laticaudata (Taf. V. Fig. 12), und ich verweise wegen der Beschreibung derselben auf die betreffende Species. Die andre findet sich bei einer grössern Zahl von Species. Diese Krausen werden von einer Rinne gebildet, welche mit ihrer untern Seite auf der Haut aufsitzt. Entweder steht die Rinne vollständig über der Hautfläche (Taf. VI, Fig. 8), oder sie ist in dieselbe tief eingelassen und besteht aus drei parallelen Hautspalten, wie bei F. depressa und Anthuris. Die Krause umgiebt meistens den Hals in einer geschlossnen Linie, deren Verlauf sich in folgender Weise beschreiben lässt. Dorsal

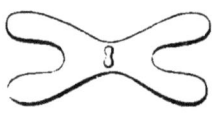

Schema des Verlaufs einer Krause, wenn man den Körper längs der Medianlinien bis zum Mund aufschneidet und die Lappen ausbreitet.

und ventral am Mundrande liegt je eine vordre Schlinge, von welchen je zwei auf der Rückseite und Bauchfläche — im Ganzen also vier — Bänder der Krause nach rückwärts verlaufen. Je zwei derselben verbinden sich durch eine quere, über die Seitenfläche verlaufende Commissur. Diese seitliche Commissur kann nun ausserdem noch in eine laterale Schlinge nach vorn ausgezogen sein. Bei F. Anthuris fehlt die hintere Commissur gänzlich. Gewöhnlich liegt die Mitte der hintern Commissur genau lateral; bei F. spinifera ist dieselbe stark auf die Rückseite verschoben.

Die Haut ist bei der grössten Zahl von Species glatt, bei einigen, wie F. guttata, insignis, dehiscens, stehen darauf viele runde, warzenförmige Knötchen, dergleichen man sonst nirgends unter den Nematoden findet. bei andern, wie F. denticulata und radula, sind die Hinterenden der Hautringel rings herum und über den ganzen Körper stachelförmig verlängert. Eigenthümlich, nicht durch ihren Bau, aber durch ihre Stellung, verhalten sich die Stacheln bei zwei Species, F. spinifera und uncinata. Sie bilden vom Schwanz bis zur Halsgegend vier Reihen, welche symmetrisch je eine am Rande der Seitenflächen stehen. In der Halsgegend vereinigen sich bei F. uncinata je zwei Reihen bogenförmig in den Seitenlinien (Taf. VI. Fig. 6), bei spinifera treten aber alle vier Reihen allmählig auf die Bauchseite und vereinigen sich nahe am Kopf zwischen den Kräusen (Taf. VI. Fig. 4), welche, wie bereits erwähnt, bei dieser Species auch eine ungewöhnliche Lage besitzen, indem sie sammt ihrer Commissur nach dem Rücken verschoben sind. Es bietet also diese Species ein auffallendes Beispiel dorsoventraler Asymmetrie dar.

Die Seitenmembranen zeigen bei F. tulostoma, semimembranosa und strongylina eine ausgesprochne, laterale Asymmetrie, indem dieselben auf der einen Seite ungleich breiter und dicker sind, als auf der andern. Ob diese laterale Asymmetrie bei diesen Species sich auch auf die Seitenfelder selbst erstreckt, weiss ich nicht. Bei F. obtusa (Spiroptera obtusa R.), welche keine Seitenmembran hat, ist das eine Seitenfeld immer dicker als das andre.

Der Schwanz des ♀ zeichnet sich bei einigen Species, wie F. gracilis, terebra und papillosa, durch ein kegelförmiges Hervorragen der Schwanzpapillen aus. Die beiden letztgenannten haben noch das Eigenthümliche, dass die Schwanzspitze in mehrere kleine Spitzen zerfällt. Viele Species tragen an ihrer Schwanzspitze eine kittähnlich erhärtete Masse. Es erregt dieser Umstand den Gedanken, ob der Schwanz eine Oeffnung und Drüse besitzt, wie sie in der Gattung Enoplus vorkommt. In einigen Fällen habe ich beides zu sehen geglaubt, ohne dass ich darüber zur Gewissheit kommen konnte.

11 *

Der Schwanz des ♂ wohl aller Species, an lebenden wie an Spiritus-Exemplaren, ist schraubenförmig gewunden. Dieser Umstand macht die Untersuchung desselben zu einer höchst mühsamen Arbeit. Will man den Schwanz unversehrt aufrollen, so bedeckt man das Thier mit einem schmalen und langen Deckglas und lässt den Vordertheil soweit hervorragen, dass man ihn mit einer Nadel durch Druck festhalten kann. Nun dreht man das Thier, so dass es die Bauchseite nach oben wendet, eine Stellung, die sich leicht finden lässt, da die Bauchfläche immer auf der innern Seite der Windung liegt. Indem man nun das Vorderende festhält, schiebt man unter einem gewissen Druck das Deckgläschen nach hinten, so wird es leicht aufgerollt werden. Die Seitenränder des Schwanzes sind entweder platt, oder zu einer Bursa verdickt. Seine innere Fläche ist oft rauh, entweder chagrinirt, oder durch regelmässige Längs- und Querfurchen in Felder getheilt.

Die Zahl der präanalen Papillen beträgt immer vier. Bei F. obtusa kommt noch eine unpaare, am vordern Afterrand stehende Papille vor. Bei F. labiata, horrida und, wie ich nachträglich bemerkt habe, bei F. microstoma stehen am vordern Afterrand 2 Papillen. Dadurch würden die Species, streng genommen, aus der Gattung ausscheiden müssen. Allein ich bin geneigt anzunehmen, dass es Papillen ganz eigner Art sind. Sie sind immer sehr gering ausgebildet, stehen ebenfalls dicht am Afterrand, und so mögen sie wohl Analoga der unpaaren Afterpapille sein und wahrscheinlich, wie ich es auch von dieser vermuthe, ihren Nerv aus dem Ventralstrange erhalten. Bursa und Papillen sind bei einer grossen Zahl von Species asymmetrisch gebildet und gestellt. Die eine Seite der Bursa ist länger und breiter, zugleich rücken die auf derselben stehenden Papillen weiter nach vorn und auseinander. Die Spicula sind immer ungleich und bei den verschiednen Species von sehr verschiedner Gestalt.

Zwischen dem Mund und dem muskulösen Oesophagus befindet sich sehr häufig ein Vestibulum. Einige Species haben dasselbe in ungewöhnlicher Länge; sie sind von Dujardin in einer eignen Gattung Dispharagus vereinigt worden. Der Oesophagus zerfällt fast immer in einen vordern, durchsichtigen Theil, welcher viele Fibrillen besitzt, und einen hintern, undurchsichtigern, reich an Kernen und dunkeln, fettglänzenden Körnern.

Die weiblichen Geschlechtsorgane sind in allen von mir beobachteten Fällen zweitheilig.

1. Filaria medinensis. Gm.

♀ 500—4000mm.

Mundöffnung klein, ohne Lippen, mit Papillen umstellt. Vulva wahrscheinlich im Kopfende. Lebendig gebärend.

Homo. Im Zellgewebe unter der Haut und zwischen den Muskeln. In tropischen Ländern Afrika's, Asiens, in Amerika bis jetzt einheimisch nur auf Curaçao (Jaquin).

Die zoologische Kenntniss dieser Species lässt trotz der genauen Untersuchungen von Bastian (Transact. Linnean Society Vol. XXIV. Bd. II. S. 101. 1863) noch manches zu wünschen übrig. Wir kennen weder mit Sicherheit den Bau des Kopfes, noch die Gestalt des ♂ und seines Schwanzes. Es lässt sich deshalb auch nicht entscheiden, ob dieselbe, wie Davaine annimmt, im Hunde vorkommt. Sie gehört mit Sicherheit zu den Polymyariern und die übrigen bis jetzt bekannten Details des Baues widersprechen nicht der Annahme, dass sie zu Filaria zu stellen ist. Wahrscheinlich schliesst sie sich in ihren Characteren am nächsten an F. quadrispina an. Auch über ihre Entwicklung und Wanderung wissen wir nur wenig. Nachdem sie in den Körper eingewandert ist, wächst sie heran, wird geschlechtsreif und bewegt sich zwischen den Muskeln und unter der Haut. Sobald das ♀ ganz mit reifen Embryonen erfüllt ist, begiebt es sich unter die Haut, und es entsteht über demselben ein Furunkel. Derselbe öffnet sich und in der Oeffnung tritt das Kopfende hervor. Nun werden die Embryonen entfernt und gelangen ins Freie. Sie können nach Forbes (cit. bei Davaine) 15—20 Tage in feuchter Erde leben und nach M'Clelland (cit. ebd.) eintrocknen und wieder aufleben. Das Zerreissen des Thieres soll heftige und gefährliche Entzündungen hervorbringen. Den Grund kennt man nicht. Nach dem neusten, mir bekannten Fall (ein Fall von Filaria medinensis, mitgetheilt von Dr. G. Lang in Pesth, Wiener mediz. Wochenschrift 1864 No. 50—52) scheinen diese Folgen nicht immer einzutreten. Der Patient, ein Tartar aus Kungrat, am südlichen Ufer des Aralsee's, hatte zwei Würmer bei sich, einen an der Kniekehle, den andern am Lendenbug. Beide zerrissen, als sie herausgezogen werden sollten und doch heilten die Wunden ohne bedeutende Erkrankung und ohne Folgen für die Gesundheit zurückzulassen. Die Zeit von der ersten Einwanderung bis zum Aufbrechen des Furunkels scheint sehr verschieden zu sein; sie kann bis 15 Monate dauern, nach Kämpfer sogar 3 Jahre, wenn diese letzte Angabe nicht auf einem Irrthum beruht.

2. Filaria quadrispina. Dies. (Taf. V, Fig. 9.)

♂ 73mm, ♀ 190mm.

Mundöffnung rund und klein. Vulva fast auf der Stirnfläche. Die Kopf-Papillen des ♀ sind verschoben, die Submedian—Papillen stehen auf der Bauchseite dem Mund etwas näher als auf dem Rücken. Schwanzende

des ♂ spiral gedrehl. Bursa breit. 9 Papillen. 6 stehen hinter dem After. 1. 2 und 3, 4 stehen paarweise neben einander. 5 und 6 der Bauchlinie näher. 2 ungleiche Spicula. Das grössere Spiculum ein Rohr mit breiten Flügeln, welche regelmässig quergestreift sind. Ein kürzeres, dulenförmiges.

Mustela Martes. Diesing. Hystrix cristata (R. Hartmann. Sennaar). Unter der Haut. NB. Ich habe nur 3 Papillen vor dem After gefunden. Ich möchte vermuthen, dass noch eine 4te existirt. Gewissheit konnte ich nicht erhalten, da die Papillen sehr zart sind. Sollte die 4te präanale Papille nach Untersuchung an frischen Exemplaren wirklich fehlen, so müsste F. quadrispina vielleicht mit F. medinensis zusammen eine

Vergr. 93.

eigne Gattung bilden. Hr. R. Hartmann hatte die Güte, mir die Exemplare aus Hystrix cristata zur Benutzung zu überlassen. Hrn. Diesing selbst verdankt das Berliner Museum Originalexemplare dieser Species aus Mustela Martes.

3. Filaria terebra. Dies. (Taf. V, Fig. 18.)

Filaria cervina. Duj.

♀ 55ᵐᵐ, ♂ 40ᵐᵐ.

Kopf spitz. Mund mit hornigem Rand, seitlich je einen starken Zahn bildend. Papillen?. Schwanz spiral gedreht. After entfernt von der Spitze. Die äusserste Schwanzspitze zerfällt in mehrere stumpfe Zähnchen. Schwanzpapillen kegelförmig hervorragend. unmittelbar vor der Schwanzspitze stehend. Längs der Seitenlinie ist die Haut nach innen leistenförmig verdickt. Schwanz des ♂ spitz, lang und schraubenförmig, ohne die Zähnchen an

Vergr. 93. der Schwanzspitze. 8 Schwanzpapillen. 1—4 hinter dem After.

Cervus sp.? Peritoneum. Brasilien. v. Olfers und Sello.

Nach Diesing kommt diese Species zugleich in unserm Cervus Elaphus und in mehreren brasilianischen Hirscharten vor. Die eigenthümliche Gestalt der Schwanzspitze des ♀ ist bereits von Dujardin richtig beschrieben worden.

4. Filaria papillosa. R. (Taf. V, Fig. 13 und 14.)

♀ 110ᵐᵐ, ♂ 70ᵐᵐ.

Kopf breit. Mundöffnung länglich elliptisch, dorsoventral gestellt. von einem festen Hornringe umfasst, welcher jederseits einen starken Zahn

bildet. Submedian-Papillen als feste Spitzen hervorragend.
Querstreifen der Haut sehr nahe. Längs der Seitenlinie
verläuft auf der Innenfläche eine dunkelgefärbte, leistenförmige Verdickung der Cutis. Schwanz spitz, schraubenförmig. Die Schwanzpapillen, welche nahe an der Spitze
stehen, ungewöhnlich stark und hervorragend. In der
Schwanzspitze ist (?) eine Oeffnung für Schwanzdrüsen. Das
Sekret derselben klebt meist in Stücken an der Oeffnung.
Vulva nahe am Kopf. Schwanzspitze des ♂ von fast gleicher Gestalt, wie
beim ♀. Bauchfläche breit, platt gedrückt. Ränder nur wenig verdickt.
Bauchfläche chagrinirt. 8 Papillen, nicht ganz symmetrisch. 1 — 4 hinter
dem After, 1 und 3 etwas kleiner, 5 — 8 von gleicher Grösse vor dem
After. Das längere Spiculum mit breiten Flügeln, welche ganz bis an die
freie Spitze gehen.

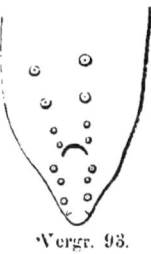

Vergr. 93.

Equus Caballus. Peritoneum. Häufig.

5. Filaria gracilis. R. (Taf. V, Fig. 15.)

♀ 210ᵐᵐ, ♂ 89ᵐᵐ.

Kopf spitz, Stirn lateral epaulettenartig verbreitert. 6 Pa-
pillen. Mundöffnung von einem hornigen Ringe umgeben, keine
Zähne. Schwanz schraubenförmig, Schwanzspitze lang. Schwanz-
Papillen hervorragend, sehr nahe an der Spitze. Vulva 1ᵐᵐ vom
Kopfende. Schwanz des ♂ gleicht dem des ♀, nur sind die
Schwanzpapillen kaum sichtbar. 4 Papillen vor dem After.

Affen der alten und neuen Welt. Peritoneum.

Die geographische Verbreitung ist merkwürdig gross.

Vergr. 90.

6. Filaria immitis. Leydy.

Filaria immitis, Leydy. (Proceedings of the academy
of natural science of Philadelphia 1856, p. 55.)
Filaria papillosa haematica, Gruby et Delafond (?)
(Comptes rendus 1856, p. 11.)

♀ 260ᵐᵐ, ♂ 130ᵐᵐ, Dicke 1ᵐᵐ.

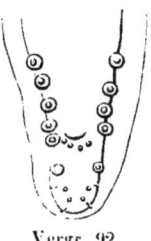

Kopf dicker als Schwanz, abgerundet. Mundöffnung sehr klein. 6 Papillen, klein und undeutlich, die
lateralen näher der Mundöffnung. Schwanz des ♀ kurz,
stumpf. After fast in der Schwanzspitze. ebenso die Schwanzpapillen.

Vergr. 92.

Vulva? Vivipar. Schwanz des ♂ mehrfach spiral gerollt. Bauchseite in der Nähe des Schwanzendes mit scharfen parallelen Kanten besetzt, welche vorn genau in der Längsrichtung, nach hinten schief verlaufen. 10 Papillen. 1, 2, 3, 4, 6, 7 kleiner, 2 und 3 etwas näher als 1 und 4 an der Bauchlinie, 6 und 7 fast neben einander, dicht hinter dem After. 1 anormale Papille präanal.

Canis familiaris. Herz, rechte Kammer und Vorhof. Sinkawang, Borneo. E. v. Martens.

Davaine (Traité des Entozoaires S. 336 u. ff.) hat die Fälle des Vorkommens unsrer oder wenigstens einer nah verwandten Species gesammelt. Danach ist sie viermal in Nordamerika, einmal in Hongkong, einmal in Montpellier und einmal in Paris beobachtet worden. Alle Beobachtungen stimmen darin überein, dass diese Würmer nur in der rechten Hälfte des Herzens vorkommen und auch bis in die Lungencapillaren vordringen. Da mir nur das ausgeschnittne Herz vorlag, konnte ich den letztern Punkt nicht feststellen. Gleichzeitig mit den erwachsenen Würmern kommen nach den Beobachtungen von Jones, Gruby und Delafond zahlreiche Embryonen im Blute vor, welche mit demselben frei circuliren, da ihr Durchmesser kleiner als der der Capillaren ist. Gruby und Delafond fanden Embryonen im Blute der Hunde häufig (von 480 Individuen im 20sten bis 25sten), aber nur einmal die Filarien. Es mögen deshalb diese Embryonen auch andern Species angehört haben.

Fraglich bleibt es, ob nicht noch eine andre Species von Nematoden im Herzen des Hundes vorkommt. Davaine (a. a. O.) erwähnt zwei Fälle, in welchen die Würmer resp. die Länge von einem Finger und 15ᵐᵐ hatten. Auch Baillet (Journal d. veter. du Midi 1862, T. V, p. 49—58; das Original ist mir nicht zugänglich, nur der Auszug in Leukart's Jahresbericht über die wissenschaftlichen Leistungen in der Naturg. d. niederen Thiere in den Jahren 1861 u. 62) fand mehrere Mal solche kleinere, geschlechtsreife Würmer im rechten Herzen, welche er freilich für Strongylus erklärt, aber, wie ich glaube, ohne Grund. Sind es nur unausgewachsene Exemplare unsrer Filarie oder gehören sie zu einer neuen Species?

Welches die pathologischen Wirkungen dieses Parasiten sind, lässt sich noch nicht genügend feststellen. In 2 Fällen waren die Hunde mager, sehr gefrässig und sehr lebhaft in ihren Bewegungen, in einem dritten frass der Hund nicht, war schwach und traurig. In einem Fall starb der Hund, der rechte Vorhof war zerrissen, ebenso das Pericardium. In einem andern tödtlich verlaufenden Fall war keine Zerreissung vorhanden, aber eine Erweiterung des rechten Ventrikel; in diesem Fall waren jedoch die Würmer nur 15ᵐᵐ gross, sie können demnach auch von einer andern Species gewesen sein.

7. Filaria attenuata. R. (Taf. V, Fig. 16.)

♀ 330ᵐᵐ, ♂ 115ᵐᵐ.

Kopf breit. Mund von 6 kleinen Lippen umgeben, deren je 3 lateral stehen. Dorsal und ventral bleibt ein freier Raum. Lateral-Papillen, 8
Submedian - Papillen. Schwanz stumpf abgerundet.
Vulva 2.5ᵐᵐ vom Kopfende. Schwanz des ♂ löffelförmig verbreitert. 7 Papillen jederseits. Davon 1,
2, 3 hinter dem After, 4, 5, 6, 7 vor demselben.
2 ungleiche Spicula. Das längere ein Rohr mit breiten, dicht nach der Bauchseite umgerollten Flügeln,

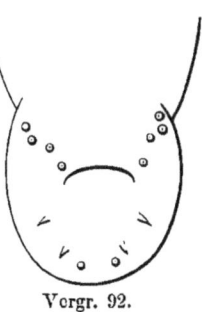

Vergr. 92.

deren Membran sehr deutlich und regelmässig quergestreift ist. Das kürzere
von der Gestalt eines Bootes, welches auf der äussern Fläche mit parallelen, schief verlaufenden Leisten versehen ist.

Falco peregrinus. In den Cellae pneumaticae. Häufig.

Die Filarien aus Strix und Corvus glandarius, welche von Rudolphi ebenfalls als F. attenuata bezeichnet werden, sind andre Species. Doch ist eine Beschreibung unmöglich, da von beiden nur Fragmente vorhanden sind.

8. Filaria horrida. Dies.

♀ 1360ᵐᵐ, ♂ 130ᵐᵐ.

Kopf breit. Mund elliptisch dorso-ventral, mit einem
hornigen Rand, jederseits einen Zahn bildend. Lateral-Papillen, 8 Submedian-Papillen. Vulva 2ᵐᵐ vom Kopfende.
Uterus zweitheilig. Die Ovarien, verhältnissmässig dünn,
füllen den Leib wenig aus. Eier dickschalig. Bursa löffelförmig verbreitert. 10 Papillen. 1, 2, 3 sehr klein an der
Schwanzspitze, die übrigen von gleicher Grösse. 6 sehr
klein, dicht am vordern Afterrande.

Rhea americana. Brusthöhle.

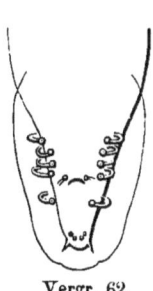

Vergr. 62.

Ueber die kleinen Papillen am vordern Afterrande habe ich in der allgemeinen Beschreibung der Gattung gesprochen.

9. Filaria labiata. Creplin.

♀ 730ᵐᵐ, ♂ 110ᵐᵐ.

Mundöffnung länglich, seitlich mit 2 Zähnen besetzt. Darm gewunden, im Leben roth (mit Blut gefüllt). Uterus viertheilig. 9 Papillen.

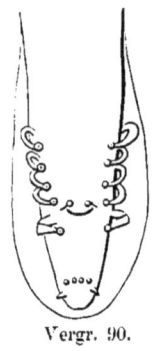

Vergr. 90.

1, 2, 3 sehr klein, nahe an der Schwanzspitze, die übrigen von gleicher Grösse. 6 sehr klein, dicht am vordern Afterrande. **Ciconia nigra.** Brusthöhle. Posen. Schweizer. Diese Species stimmt mit F. horrida in den äussern Characteren, namentlich in der Stellung der Schwanzpapillen, so vollkommen überein, dass ich beide Species für identisch gehalten hätte, wenn nicht der Uterus der F. horrida zweitheilig wäre. Eine genaue Bestimmung der Schwanzpapillen nach frischen Exemplaren würde sehr wünschenswerth sein. Obgleich ich von F. horrida nur 1 ♂ beobachten konnte und von F. labiata eine grössere Zahl, möchte ich doch eher für die Richtigkeit der Papillenangabe von F. horrida bürgen.

10. Filaria foveata. n. sp.

♀ 65ᵐᵐ, ♂ 21ᵐᵐ.

Vergr. 90.

Kopf breit. Mund jederseits mit einem zweispitzigen Zahn bewaffnet. Schwanz abgerundet, dünner als der Kopf. Vulva 1ᵐᵐ vom Kopfende. An der Bursa des ♂ zieht sich auf der Bauchseite nahe dem Rande eine längliche Grube, welche vorn und hinten eine abgerundete Begränzung hat. 4 Papillen, hinter dem After keine (?).

Strix brachyotus. Brasilien. v. Olfers und Sello.

11. Filaria calamiformis. n. sp.

♀ 25ᵐᵐ, ♂ 10—25ᵐᵐ.

Vergr. 90.

Mund klein, Papillen undeutlich. Vulva nahe am Kopfende. Schwanz des ♂ schraubenförmig, verbreitert. Die Verdickung der Cutis reicht weit nach vorn. Die Gestalt des Schwanzendes erinnert entfernt an eine Schreibfeder. 7 Papillen jederseits, 1—3 hinter dem After. 1 nahe an der Schwanzspitze. 2 und 3 stehen immer unsymmetrisch. 4—7 vor dem After.

Psittacus aestivus. Unter der Haut, an den Sehnen des Fusses. Brasilien. v. Olfers und Sello.

12. Filaria nodulosa. R.

Rudolphi, Horae physicae Berolinenses 13.

♂ 27ᵐᵐ, ♀ fehlt.

Kopf breit. Lateral-Papillen. 8 Submedian-Papillen. Schwanz des ♂ löffelartig verbreitert. 5 Papillen. Eine hinter dem After, 4 vor dem After eine schiefe Reihe bildend. Lanius collurio. Unter der Haut des Schädels. Die Beschreibung ist unvollständig, da nur ein ♀ zerstückelt und unvollständig erhalten ist. Es schliesst sich diese Species sehr an F. dehiscens und insignis an. Von denselben unterscheidet sie sich aber schon dadurch, dass die Haut hier nicht mit Knötchen oder Papillen besetzt ist, sondern glatt. Sämmtliche Exemplare tragen am Körper mehrere Verdickungen von etwa 0,5ᵐᵐ Durchmesser. Dieselben sind aus zierlichen concentrischen Schichten gebildet, weiss, bestehen aber nicht aus kohlensaurem Kalk.

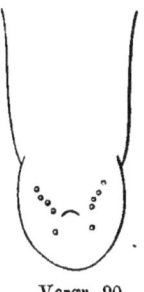

Vergr. 90.

13. Filaria dehiscens. n. sp.

♀ 83ᵐᵐ, ♂ 30ᵐᵐ.

Kopf breit abgerundet. Mundöffnung elliptisch dorsoventral gestellt, mit hornigem Rande, der jederseits einen Zahn bildet. Lateral-Papillen, 8 Submedian-Papillen. Körper mit vielen durchsichtigen, rundlichen Knötchen besetzt. Vulva nahe am Kopf. Schwanzende des ♂ nur wenig verbreitert. 8 Papillen. 1—4 hinter dem After. 1 nahe der Schwanzspitze, 2 etwas weiter von der Bauchlinie entfernt als 1, 3 und 4. 2—5 vor dem After bilden eine vom Afterrande nach aussen und vorn schief verlaufende Reihe.

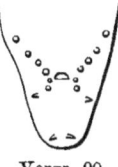

Vergr. 90.

Strix striata (ohne Angabe des Organs). Dongola. Ehrenberg und Hemprich.

14. Filaria insignis. n. sp.

♀ 65—115ᵐᵐ, ♂ 27ᵐᵐ.

Kopf breit abgerundet. Mundöffnung oval, jederseits ein Zahn. Lateral-Papillen. 8 Submedian-Papillen. Alles sehr deutlich. Haut mit kleinen Knötchen bedeckt. Vulva nahe am Kopf. Schwanz des ♂ sehr ähnlich dem des ♀. Rand nur wenig verdickt. 6 Papillen. 1 und 2 hinter dem After nahe am Schwanzende, sehr deutlich. 2 näher am After. 3—5 vor

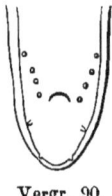

Vergr. 90.

12 *

dem After, stehen in einer schief vom Afterrand nach vorn und aussen laufenden Linie.

Picus? Unter der Haut am Halse. Brasilien. v. Olfers u. Sello.

15. Filaria guttata. n. sp.

♀ 183ᵐᵐ, ♂ 73ᵐᵐ.

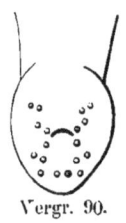

Vergr. 90.

Kopf abgerundet breit. Mundöffnung länglich elliptisch führt in eine kurze Mundkapsel. 6 Lippen, je 3 lateral stehend, dorsal und ventral durch einen grossen Zwischenraum getrennt, wenig hervorragend. Lateral-Papillen. 8 Submedian-Papillen. Darm dunkelbraun gefärbt, scheint durch die Leibeswand durch. Die Hautoberfläche mit durchsichtigen, kleinen, regelmässigen, rundlichen Knoten besetzt, welche das Ansehen von Thautropfen haben. Schwanz des ♀ abgerundet. Vulva nahe am Kopf. Eier dickschalig, enthalten einen Embryo. Bursa des ♂ löffelartig verbreitert. 9 Papillen jederseits. 1—5 hinter dem After. 1 und 2 in einer Breite, 1 der Bauchlinie sehr nahe. 4 steht etwas weiter von der Bauchlinie als 3 und 5. 6—9 vor dem After. 6 und 8 der Bauchlinie mehr genähert.

Falco horigera (ohne Angabe des Eingeweides, wahrscheinlich Cellae pneumaticae). Australien, Adelaide. O. Schomburg.

Eigenthümlich ist die Dehnbarkeit der Eischalen. Solange der Embryo noch unausgebildet ist, sind dieselben dick, sobald er fertig ist, hat die Eischale an Umfang bedeutend zugenommen und sich verdünnt.

16. Filaria pungens. n. sp. (Taf. VI, Fig. 2.)

♀ 78ᵐᵐ, ♂ 32ᵐᵐ.

Körper schlank. Kopf spitzer als Schwanz. Mundöffnung länglich rund. 6 Mundpapillen. Im Oesophagus liegen zwei hornige Körper von Gestalt einer dreieckigen Gabel mit kurzem Griff. Das freie Ende des Griffs ragt lateral am Rande der Mundöffnung zahnartig nach Aussen. Vulva mit wulstigen Rändern, 1,5ᵐᵐ vom Kopfende. Schwanz des ♂ schaufelartig verbreitert. 3 (?) Papillen hinter dem After stehen am Rande des Hinterendes. 4 Papillen vor dem After.

Turdus cyaneus (ohne nähere Angabe des Organs, wahrscheinlich Leibeshöhle). Argo. Hemprich u. Ehrenb.

Diese Species ist möglicher Weise identisch mit F. obtusa R. und F. obtusa Duj. Die Originalexemplare Rudolphi's aus Hirundo rustica sind noch vorhanden und zeigen ebenfalls den Dreizack, sind aber im Uebrigen nicht hinreichend gut erhalten, um hier beschrieben zu werden. Dieser eigenthümliche Apparat ist auch bereits von Dujardin (Hist. natur. d. Helm. S. 53, Taf. 3, Fig. 7) an seiner F. obtusa beschrieben und abgebildet worden. Doch ist seine Beschreibung vielleicht nicht ganz richtig. Die hintern Enden der beiden Dreizacke hängen wenigstens bei unserer Species als auch bei der F. obtusa R. nicht mit einander zusammen, wie Dujardin dies abbildet.

17. Filaria alata. R. (Taf. VI, Fig. 5.)

Spiroptera alata. R.

♀ 9ᵐᵐ, ♂ 7ᵐᵐ.

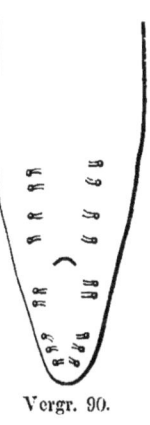

Kopf mit zwei kleinen seitlichen Lippen, deren jede einen Zahn trägt. Krause lang. Commissur mit Schlinge, welche bis zur halben Länge der Krause reicht. Vestibulum reicht nicht ganz bis zum Gipfel der Schlinge. Seitenmembran niedrig. Vulva sehr nahe am After. Eier dickschalig. Ränder der Bursa dick. Bursa wahrscheinlich von einer blasenförmigen Erhebung gebildet. 9 Papillen. 1, 2, 3 in gleichen Abständen, zwischen 3, 4 ist der Abstand grösser. Zwischen 3, 4 ist der Abstand gleich dem zwischen 1, 2, 3. Abstand zwischen 5, 6 wieder grösser.

Vergr. 90.

Ciconia nigra. Schleimhaut des Magens. Bremser.

18. Filaria quadriloba. R. (Taf. VI, Fig. 7.)

Spiroptera quadriloba. R.

♀ 9ᵐᵐ, ♂ fehlt.

Krause mässig stark, mit Schlinge, welche bis nahe an das Kopfende reicht.

Picus viridis. Oesophagus.

19. Filaria laticeps. R. (Taf. VI, Fig. 3.)

Spiroptera laticeps. R.

♀ 12ᵐᵐ, ♂ 10ᵐᵐ.

Krause sehr deutlich, 0,75ᵐᵐ lang. Gipfel der seitlichen Schlinge. etwa 0,3ᵐᵐ vom Kopf. Nackenpapillen kurz hinter der Schlinge wie

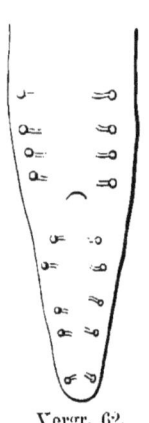

ein dreifingriges Händchen gestaltet. Eier dickschalig. Bursa mit dicken Rändern, blasenartig. 9 Papillen jederseits. 1 nahe an der Schwanzspitze. Abstand zwischen 2, 3 und zwischen 4, 5 gleich und kleiner als zwischen 1, 2 und 3, 4 und 5, 6.

Falco lagopus. Magen und Oesophagus.

20. Filaria nasuta. R.

Spiroptera nasuta. R.

♀ 5—7^{mm}, ♂ 5^{mm}.

Krausen stark entwickelt. Gipfel der seitlichen Schlingen liegt in der Mitte der Länge der Krause. Eier dickschalig. Das ♂ ist viel dünner als das ♀ und in vielen Windungen zusammengekrümmt.

Vergr. 62.

Fringilla domestica. Magen. Bremser.

NB. Es war nicht möglich, das ♂ aufzurollen. Daher die ungenügende Beschreibung.

21. Filaria elongata. R.

Spiroptera elongata. R.

♀ 24—38^{mm}, ♂ fehlt.

Die beiden Mundknoten stark entwickelt. Krausen kurz, nur wenig länger als die halbe Dicke des Leibes, keine seitlichen vordern Schlingen. Hinter der Krause beginnt die Seitenmembran. Vulva nicht gefunden.

Sterna nigra. Häute des Magens.

22. Filaria uncinata. R. (Taf. VI, Fig. 4.)

Spiroptera uncinata. R.

♀ 15^{mm}, ♂ 9^{mm}.

Körper 1^{mm} dick. Mund mit 6 Papillen. 2 Zähne. Krausen stark entwickelt, die freien Ränder derselben sind gezähnt, die hintere Commissur einfach. In der Seitenfläche läuft jederseits eine zweifache Reihe von Stacheln, die sich nach hinten bis fast an die Schwanzspitze erstreckt. Vorn wenden sich beide Reihen nach der Rückseite, treten zwischen die Krausen zu beiden Seiten der Rückenlinie und verlaufen bis nahe an den Mund. Die Krausen stehen mehr nach der Bauchseite. Vulva 1^{mm} von

der Schwanzspitze. Die Vagina geht zuerst nach hinten.
Eier dickschalig. Die Ränder der Bursa erheben sich blasenartig über der Cutis. 8 Papillen jederseits. 1—4 hinter
dem After. 5, 6 stehen neben einander, ebenso 7, 8. Das
längere Spiculum dünn, Rohr mit Flügeln, die freie Spitze
desselben ist kelchartig erweitert.
Anser domesticus. In Knoten des Oesophagus.
Klug im September (Berlin).

23. Filaria spinifera. R. (Taf. VI, Fig. 6.)

Spiroptera horrida. R.

Strongylus horridus. R.

♀ 7^{mm}, ♂ fehlt.

Krausen deutlich hervorstehend. Commissur ohne
Schlinge, dicht hinter derselben läuft eine Hautfalte. Seitenmembran. Zu
jeder Seite derselben eine Reihe Stacheln (im Ganzen also 4 Reihen),
welche am Schwanz beginnen und bis an die Commissur verlaufen. Hinter
der Commissur vereinigen sich immer je 2 Reihen einer Seite bogenförmig.
Vulva sehr nahe am After. Eier dickschalig.
Scolopax Gallinula. Oesophagus.

24. Filaria depressa. n. sp.

♀ 22^{mm}.

Ränder der Krausen ganz in der Haut liegend. Vulva
in der Mitte, Ränder derselben vorspringend. Schwanz des
♂ breit. Ränder der Bursa stark entwickelt. Streifen der
Scheidewände sehr deutlich. 9 Papillen jederseits. 1—5
vor dem After. Abstand zwischen 1 und 2 und 3 und 4
gleich und kleiner als zwischen den andern. Die Spicula
fast gleich gross, kurz und dick.
Corvus Cornix. Aegypten. Hemprich und
Ehrenberg.

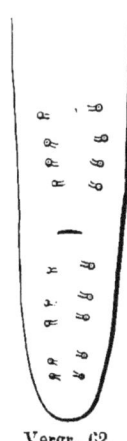

Vergr. 93.

Vergr. 62.

25. Filaria Anthuris.

Spiroptera Anthuris. R. ex parte.

♀ 23^{mm}, ♂ 10^{mm}.

Die seitlichen Knoten am Mund stark. Krausen vereinigen sich am Mundrand, reichen (bei ♀) 8—9^{mm} nach hinten. Eine Ueberbrückung am Hinterende fehlt. Die Ränder liegen in der Haut. Vulva 10^{mm} vom Kopfende. Eier dickschalig, elliptisch. 10 Papillen in einer Reihe.

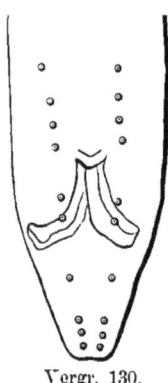

1—6 hinter dem After, 7—10 vor demselben. Der Abstand zwischen 4, 5 und 6 ist auf beiden Seiten nicht immer gleich. 7 und 9 sind mitunter undeutlich. Die blasenartige Verdickung der Cutis, welche die Bursa bildet, wird noch einmal durch eine Längsscheidewand getheilt, welche quer gestreift ist.

Corvus glandarius. In der Schleimhaut des Magens. Bremser. Zahlreiche Exemplare.

NB. Ob Spiroptera Anthuris (M. B. No. 170) aus der Schleimhaut des Magens von Oriolus galbula hierher gehört, ist mir zweifelhaft geblieben. Es sind nur zwei (♀ und ♂) Exemplare vorhanden, welche ausserdem schlecht erhalten sind.

Vergr. 130.

26. Filaria capitellata. n. sp. (Taf. V, Fig. 2.)

Spiroptera Anthuris. R. ex parte.

♂ 10^{mm}.

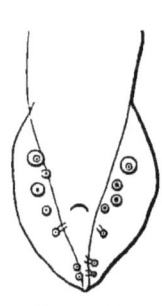

Kopf mit zwei seitlichen Lippen, der freie Rand derselben bogenförmig ausgeschnitten, nur wenig breiter als die Basis. Submedian-Papillen, auf Wulsten stark hervorstehend. Vulva nahe am After. Eier dickschalig, in der Vagina enthalten sie den Embryo. Bursa blattförmig, nicht ganz gleichseitig. 7 Papillen jederseits. 1 und 2 nahe bei einander am Schwanz stehend, 3 folgt in einem grössern Abstand, 4 zur Seite des Afters.

Coracias garrula. In den Häuten des Magens. Bremser.

Vergr. 90.

27. Filaria leptoptera. R. (Taf. V, Fig. 8.)

Spiroptera leptoptera. R.

♀ 11ᵐᵐ, ♂ 7ᵐᵐ.

Kopf mit zwei dorsoventralen Lippen. Ihre Basis läuft in einen scharfen Kamm aus, der auf der Stirnfläche in dorsoventraler Richtung bis zur Mundöffnung geht. 4 Papillen auf den Lippen stehend. Der Interlabialraum wulstartig vortretend. Vestibulum. Seitenmembran beginnt unmittelbar am Kopfe. Oesophagus sehr lang, im Hinterende einen dreieckigen Zahnapparat. Vulva 4ᵐᵐ vom Schwanzende. Eier dickschalig, elliptisch. Schwanz des ♂ spiral gekrümmt. Papillen? Falco? Magen.

28. Filaria obtusa. R. (Taf. V, Fig. 4.)

Spiroptera obtusa. R.

♀ 40ᵐᵐ, ♂ 28ᵐᵐ.

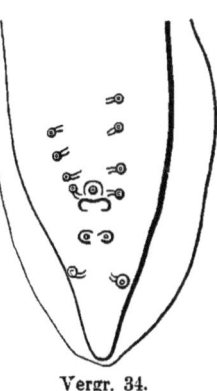

Kopf mit sechs Lippen besetzt, zwei laterale grössere, mit einem vordern breiten, nach Art eines Beiles geformten Rande, die vier andern sind kleiner. Hinter den Lippen 4 Papillen. Mundöffnung rund, führt in ein Vestibulum. Vulva 16ᵐᵐ vom Kopfe. Eier dickschalig, enthalten schon den Embryo. Schwanz des ♂ spiral gekrümmt. Breite Bursa mit ungleich entwickelten Rändern. Die innere Fläche der Bursa mit Längsreihen erhabner viereckiger Feldchen besetzt. Jederseits 6 Papillen. 1 und 2 stehen hinter dem After, 1 etwas mehr nach aussen. 3—6 stehen auf der längern Seite der Bursa, in grössern Abständen. Am vordern Afterrande eine unpaare Papille. Die Länge der Spicula verhält sich wie 3 : 4.

Vergr. 34.

Mus musculus. Magen. Nicht selten in grossen Mengen zu finden.

29. Filaria nitidulans. n. sp. (Taf. V, Fig. 10 und 11.)

♀ 32ᵐᵐ, ♂ 20ᵐᵐ.

Mundrand sechseckig, mit abgerundeten Ecken und rund vorspringenden Seiten, führt in eine kurze Mundkapsel, in welcher median zwei breite, abgerundete Zähne stehen. Darauf folgt ein Vestibulum. Hinter

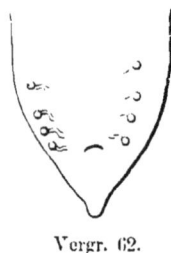

Vergr. 62.

dem Kopfe beginnt eine sehr dicke Seitenmembran, welche jederseits von einer niedrigern Hautverdickung begleitet wird. Vulva nahe am After. Vagina sehr lang. Bursa mit nach der Bauchseite umgebognen Rändern. 4 Papillen jederseits vor dem After.

Tapirus americanus. In Knoten der Magenwandung, bildet Gänge. Brasilien.

30. Filaria microstoma. n. sp. (Taf. V, Fig. 3.)

Spiroptera megastoma. R. ex parte?

♀ 22^{mm}, ♂ 11—22^{mm}.

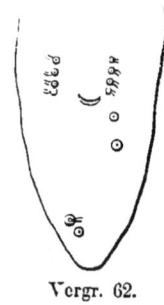

Kopf mit zwei seitlich stehenden Lippen von beilförmiger Gestalt, deren Basis schmäler ist, als die freie Seite. Mund nahezu vierseitig, am Rande desselben dorsal und ventral ein stark vorspringender Zahn. Schwanz des ♂ 6 Papillen jederseits. 1 und 2 hinter dem After äusserst unsymmetrisch angeordnet, indem die der einen Seite fast am Schwanze, die der andern nahe am After stehen.

Equus Caballus. Magen. Berlin. Gurlt.

Vergr. 62.

Die Exemplare dieser Species wurden mir von Hrn. Gurlt mitgetheilt. Sie sind bisher für eine grössere Varietät der Sp. megastoma gehalten worden.

31. Filaria radula. n. sp. (Taf. VI, Fig. 9a und b.)

♂ 12^{mm}, ♂ 10^{mm}.

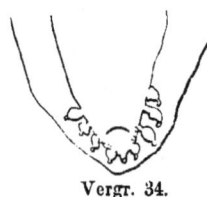

Kopf durch eine Abschnürung vom Körper getrennt. Die hintere Körperhälfte bei ♀ und ♂ bis zu 2^{mm} dick, die vordere dünner. Zwei laterale Lippen, auf deren jeder 2 Papillen. Mundöffnung rund. Haut mit rückwärts gerichteten Stacheln besetzt. Bis

Vergr. 34.

zur Abschnürung des Kopfes sind die Stacheln einfache, kegelförmige Spitzen, von da ab breite Lamellen, welche in drei Spitzen enden. Die mittlere Spitze ist doppelt so lang, als die beiden andern. Nach dem Schwanze zu verschwinden die Stacheln. An verschiednen Stellen des Leibes ist das Corium sehr verdickt. Vulva? Eier elliptisch, mit feinen Grübchen besetzt. An dem einen Pol ist die Schale etwas verdickt. Schwanz des ♂ mit breiter Bursa. 6 Papillen, deren Pulpa in der Mitte rundlich angeschwollen ist, 1 und 2 hinter dem After.

Paradoxurus philippinensis. Magen, in Gängen, welche bis tief in die Muskelhaut dringen. Philippinen. Jagor.

Es könnte zweifelhaft sein, ob diese Species der Stellung der Papillen nach zu Filaria gehört. Die vordersten 2 Papillen (6, 7) sind sicher präanal. Die nächstfolgende 5 steht scheinbar hinter dem After, allein dass auch sie präanal ist, lässt sich leicht dadurch entscheiden, dass ihre Pulpa präanal entspringt. 4 steht nahe am After wie bei F. papillosa, gracilis und vielen andern.

F. radula erinnert durch ihre 2 Lippen und die Hautstacheln sehr an Cheiracanthus robustus Dies., welcher ebenfalls in der Schleimhaut des Magens und zwar bei Felis Catus (Wien), F. Concolor (Brasilien), F. Tigris (London) gefunden wurde. Aus der Beschreibung Diesing's (Annal. d. Wien. Mus. II. 222. Taf. XIV, Fig. 1—7 und Taf. XVI, Fig. 1—24) lässt sich die Identität noch nicht sicher feststellen, es würde sonst diese Species ein merkwürdiges Beispiel geographischer Verbreitung darbieten.

32. Filaria megastoma. R. (Taf. V, Fig. 5.)

Spiroptera megastoma. R.

♀ 12mm, ♂ 9mm.

Mund von vier dicken, hornigen Lippen umgeben. Zwei kleinere laterale und zwei grössere dorsoventrale. Durch eine Abschnürung sind dieselben vom Hals getrennt. Die Lippen legen sich mit ihren Rändern fest an einander und bilden so scheinbar eine Mundkapsel. Seitenmembran niedrig, braungefärbt, besteht aus 2 Leisten, die nach Aussen ver-

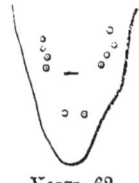

Vergr. 62.

schmolzen, nach Innen getrennt mit abgerundetem Profil vorspringen. Vulva 4mm vom Kopfende. Vagina lang, gekrümmt. Uterusäste gehen in entgegengesetzter Richtung aus einander. Eier dickschalig. Schwanz des ♂ spiral gekrümmt, Unterseite mit scharfen Längsleisten besetzt. 5 Papillen. 1 hinter dem After.

Equus Caballus. In Knoten des Magens.

Wegen der Mundtheile möge man die Gattungsbeschreibung nachsehen.

33. Filaria sanguinolenta. R. (Taf. V, Fig. 1.)

Spiroptera sanguinolenta. R.

♀ 70ᵐᵐ, ♂ 40ᵐᵐ.

Mund sechseckig, führt in eine kurze Mundkapsel, welche, zuerst sechseckig, trichterförmig in die hintere runde Oeffnung führt. In der Mund-

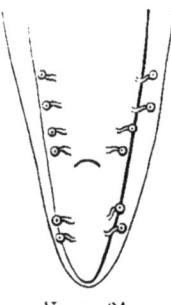

kapsel 6 Zähne in der Mitte der Sechsecksseiten. Vor der Mundöffnung 6 Papillen. Vestibulum kurz. Vulva 5ᵐᵐ vom Kopfende. Vagina rückwärts laufend bildet ein Diverticulum. Eier elliptisch, dickschalig. Bursa ungleichseitig. 6 Papillen. 1 und 2 hinter dem After stehen dicht hinter einander, in der Mitte zwischen After und Schwanzspitze. Die Bauchseite durch Längs- und Querfurchen in Feldchen getheilt, deren Vorderränder nach vorn schneidend vorstehen.

Vergr. 34.

Canis Lupus, C. familiaris. Magen. In Knoten der Schleimhaut, welche von Gängen durchsetzt sind.

34. Filaria leptocephala. R. (Taf. VI, Fig. 6 und 7.)

Strongylus leptocephalus. R.

Leiuris leptocephalus. Leukart. (Wiegmann's Arch. 1850. Bd. 1. S. 9.)

♀ 37ᵐᵐ, ♂ 20ᵐᵐ.

Kopf mit 4 Papillen. Mundöffnung sechseckig, führt in eine grosse runde Mundkapsel. In derselben steht kurz hinter dem Eingange ein Kranz von Zähnchen. Weiter nach hinten dorsal und ventral zwei plattenförmige Zähne mit vorderm geradlinigen Rand, welcher an den Ecken zwei kleinere Zähnchen trägt. Lateral weiter nach hinten zwei andre plattenförmige Zähne. Sie entspringen mit breiter Basis an der hintern Oeffnung der Mundkapsel, ihr freier Rand ist halbkreisförmig. Vulva nahezu in der Mitte. Vagina nach hinten gerichtet. Bursa von sehr dicker Haut gebildet. Zahl der Papillen liess sich nicht bestimmen.

Bradypus. spec.? Crassum und Coecum. Brasilien.

35. Filaria strongylina. R.

Spiroptera strongylina. R.

♀ 18ᵐᵐ, ♂ 12ᵐᵐ.

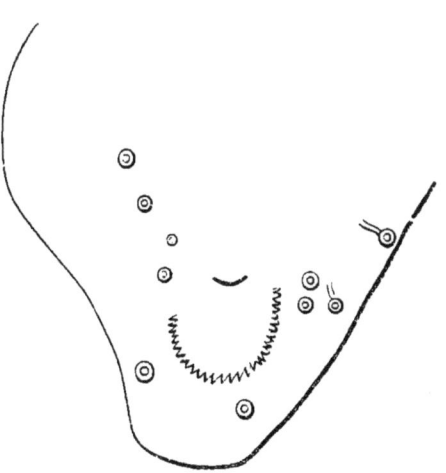

Mund rund, ohne Lippen, führt in ein Vestibulum. Seitenmembran nur an einer Seite vorhanden. Eier dickschalig, elliptisch. Bursa blattförmig, Ränder derselben stark hervortretend; sehr ungleichseitig ausgebildet. Papillen jederseits 6. 1 und 2 hinter dem After, 3 — 6 neben und vor dem After ungleich vertheilt. Die Geschlechtsöffnung nach hinten von einem Kranz von Zähnen besetzt.

Sus Scrofa (fera). Magen. Bremser.

36. Filaria obtusocaudata. n. sp.

♀ 14ᵐᵐ, ♂ 7ᵐᵐ.

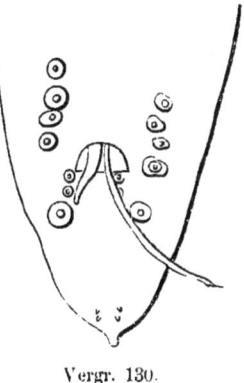

Körper nach dem Kopf zu verdickt. Mund sehr klein. Mundöffnung rund führt in ein kurzes Vestibulum. In der Mundöffnung stehen lateral und dorsoventral vier sehr kleine Lappen. 6 Papillen um den Mund, undeutlich. Seitenmembran nur auf einer Seite entwickelt. Bauchseite des ♂ mit Längsrippen bedeckt. 9 Papillen jederseits. 1 und 2 sehr klein, stehen nahe an der Schwanzspitze, 3, 6 — 9 sind von gleicher Grösse und stehen in einer Reihe, 4 und 5 sind kleiner als die letzteren, aber grösser als 1, sie stehen mehr nach der Mitte. Spicula sehr ungleich.

Vergr. 130.

Falco subbuteo. Magen. Vaterland unbekannt, wahrscheinlich Berlin.

37. Filaria tulostoma. Hempr. und Ehrbg.

Spiroptera tulostoma. Hempr. und Ehrbg. Msc.

♀ 21ᵐⁱⁿ, ♂ 17ᵐⁱⁿ.

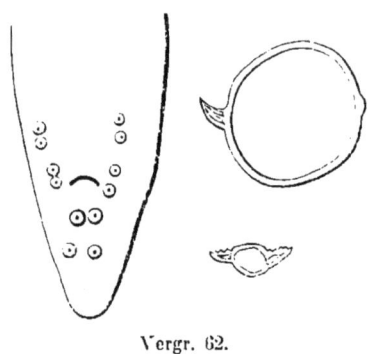

Mund mit (6?) Lippen. Seitenmembran ungleich entwickelt, auf der einen Seite sehr breit, hervorragend, auf der andern nur angedeutet, schliesst in ihrer Substanz zwei neben einander liegende, durch etwas dunklere Färbung ausgezeichnete Stränge ein. Bursa sehr lang, auf der Bauchseite mit Längsrippen., 6 Papillen. 3 neben dem After, 2 steht der Mitte etwas näher als die übrigen. 3 und 4 sowie 5 und 6 stehen ganz

Vergr. 62.

nahe hinter einander. Spicula sehr ungleich.

Vultur Percnopterus. Tor. Hemprich und Ehrenberg.

38. Filaria denticulata. R. (Taf. VI, Fig. 1.)

Lyorhynchus denticulatus. R.

♀ 13—19ᵐᵐ, ♂ 10ᵐᵐ.

Mund ohne bemerkbare Papillen. Die Hinterränder der Querringel zu kräftigen, spitzen Stacheln ausgezogen. Am Kopfe stehen die Stacheln am dichtesten, am vordersten Ringe etwa 56. Vom 12ten Ringe an treten die Stacheln weiter aus einander. Das äusserste Kopfende ist ohne Stachel und kann, wie es scheint, zurückgezogen werden, so dass die Stacheln auf den vordern freien Rand zu stehen kommen. Vulva kurz vor dem After. Vagina geht nach vorn. Uterus zweiästig. Eier klein, dickschalig, elliptisch. Ränder der Bursa schmal. 9 Papillen in einer Reihe. Bei der 5ten steht der After.

Vergr. 62.

Muraena Anguilla. Magen. Dringt in die Schleimhaut und befestigt sich darin.

Das Aus- und Einstülpen des Kopfes habe ich nicht beobachtet, da man aber auch an den Weingeistexemplaren das Kopfende mehr oder minder eingezogen findet, so halte ich die rüsselartige Bewegung des Kopfes (der Name „Lyorhynchus" ist von Rudolphi danach gebildet) für sehr wahrscheinlich.

39. Filaria strumosa. R.

Spiroptera strumosa. R.

♀ 29ᵐᵐ, ♂ 12—20ᵐᵐ.

Mundöffnung länglich, dorsoventral gestellt mit einem festen Ringe umgeben, welcher lateral etwas nach innen vorspringt, führt in ein Vestibulum. Oesophagus sehr lang. 6 Papillen, 2 laterale grösser. Das Vorderende ist bei 2ᵐᵐ vom Kopfende immer rechtwinklig umgeknickt. An der Innenseite des Winkels befindet sich eine Verdickung des Coriums, welche die Bauchhälfte einnimmt (ob der Gefässporus). Vulva etwas hinter der Mitte. Vagina gewunden. Eier dickschalig, elliptisch. 6 Papillen jederseits. 1 und 2 hinter dem After, fast symmetrisch. 3 — 6 vor dem After unsymmetrisch.

Vergr. 62.

Talpa europaea. Magen (April). Rudolphi.

40. Filaria laticaudata. R. (Taf. V, Fig. 12.)

Spiroptera laticaudata. R.

♀ 22ᵐᵐ, ♂ 11ᵐᵐ.

Kopf mit 3 kleinen Lippen, die Seitenlippen etwas grösser. 4 Papillen. Dahinter steht ein Kranz langer breiter Stacheln, welche zweigablig enden. Hinter diesem folgt eine Anschwellung der Haut, welche längslaufende, rippenartige Erhabenheiten trägt. Vulva 1,3ᵐᵐ vom Kopfende. Eier dickschalig, elliptisch. Bursa breit. 6 Papillen stehen in gleichen Abständen vom Schwanzende an. 2 Spicula, dünn röhrenförmig, das längere 8ᵐᵐ lang.

Vergr. 62.

Otis tetrax. Häute des Magens. Bremser.

VII. Ancyracanthus. Dies.

Diesing, Annalen des Wiener Museums II. 227.

Diese Gattung wurde von Diesing auf eine Species A. pinnatifidus (aus dem Magen und Darm von Podocnemis Tracaxa) gegründet, welche durch eine merkwürdige Kopfbildung ausgezeichnet ist. Sie besitzt nämlich

vier kreuzweis um den Mund stehende lange Hautlappen, welche am Rande
fiederspaltig sind. Obgleich mir diese Species aus eigner Ansicht nicht
bekannt ist, scheint mir doch die Mundbildung so ähnlich mit der bei unsern
Species, A. longicornis und bidens vorkommenden, dass ich dieselben zu
Ancyracanthus Dies. stellen muss. Da ich jedoch die Mundbildung nicht
als einen entscheidenden Gattungscharacter betrachte, so ziehe ich auch
einige andre Species, welche zwar diese Mundbildung nicht besitzen, aber
sonst verwandt sind, in diese Gattung. Bereits die Hrn. Hemprich und
Ehrenberg haben in der unten erwähnten von ihnen gesammelten Species
diese merkwürdige Kopfbildung richtig erkannt und in Folge dessen eine
Gattung Tetracanthus gegründet, wie ich aus dem mir von Hrn. Ehrenberg
gütigst mitgetheilten Manuscript ihres Reisetagebuchs ersehe. Wäre dieser
Name publicirt worden, so würde er die Priorität haben.

Der Mund ist bei allen mir bekannten Species klein, bei A. cystidicola und impar bietet er nichts Erwähnenswerthes dar. Bei A. longicornis ist er von 4 Hautlappen umgeben, Fortsätze der Cuticularschicht,
welche je zwei dorsal und ventral gestellt sind. An den Medianlinien
gehen die Begränzungen der an einander liegenden Lappen spitzwinklich in
einander über. Lateral bilden die Begränzungen der benachbarten Lappen
ebenfalls eine aber geradlinige Commissur. Nur so weit die Lappen unter
sich getrennt sind, stehen sie von der Haut ab, sonst sind sie mit ihr verschmolzen. Aehnlich, nur sehr klein, sind diese 4 Lappen bei A. bidens.

Das männliche Schwanzende zeichnet sich durch die grosse Zahl in
einer geraden Linie aufgestellter präanaler Papillen aus. Entweder stehen
die Papillen einzeln oder paarweis. Dass die hier aufgeführten Species in
ein Genus gehören, scheint mir gewiss. ob aber der Genuscharakter richtig
gewählt. ob Ancyracanthus nicht vielleicht besser mit Ceratospira zu vereinigen ist, wird sich erst herausstellen, wenn eine grössere Zahl hierher
gehöriger Species gefunden ist.

1. Ancyracanthus longicornis. Hempr. u. Ehrbg. (Taf. VI, Fig. 10a. u. b.)

$♀$ 8—20^{mm}, $♂$ 5—10^{mm}.

Mundöffnung trägt lateral je ein Zähnchen. Um denselben stehen
vier rücken- und bauchständige Zipfel, welche nach aussen und hinten
weit vorstehen. Die Mundöffnung führt in ein Vestibulum, welches ungefähr doppelt so lang ist, als die Entfernung der Commissur von der Kopf-

spitze. Oesophagus aus zwei Abtheilungen bestehend. Vulva um ein Drittel der gesammten Körperlänge von der Schwanzspitze entfernt. Vagina führt nach rückwärts. Eier glatt, dickschalig, elliptisch. Bursa des ♂ mit dicken aufgetriebnen Rändern. 24 Papillen. 4 hinter dem After, 20 vor demselben, alle in einer Reihe. Zwei sehr ungleiche Spicula, ein ganz kurzes und dickes, und ein langes, von etwa doppelter Länge des Raumes, welchen die Papillen einnehmen.

Numenius arquatus. Tringa variabilis. Totanus Glottis. Zwischen den Häuten des Magens. Tor, Aegypten. Hemprich und Ehrenberg.

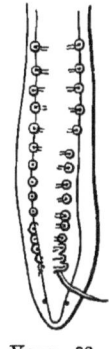

Vergr. 62.

Merkwürdig ist die grosse Verschiedenheit der Länge. Auch die Länge der Kopfzipfel wechselt bedeutend, sie stehen an den grossen Exemplaren doppelt so weit vom Kopf ab, als bei den kleinern. Ich habe deshalb anfangs auch geglaubt zwei Species unterscheiden zu müssen, wie dies bereits Hemprich und Ehrenberg in ihren handschriftlichen Mittheilungen gethan. Allein nach sorgfältiger Vergleichung der Männchen, welche ebenfalls in der Länge der Kopfzipfel stark wechseln, habe ich diesen Unterschied aufgegeben.

2. Ancyracanthus bidens. R.

Spiroptera bidens. R.

♀ 15ᵐⁱⁿ, ♂ 7ᵐⁱⁿ.

Körper dünn, Kopf mit vier kleinen Läppchen besetzt. Vestibulum. Haut dick, mit stark hervortretenden Ringeln. Vulva 6ᵐⁿ vom Hinterende. Eischalen dünn. Vivipar. Bursa wahrscheinlich eine blasenförmige Verdickung. 16 Papillen vor, 1 hinter dem After. Ob zwischen 1 und 2 noch Papillen, blieb ungewiss.

Merops Apiaster. Schleimhaut des Magens. Bremser.

Vergr. 93.

3. Ancyracanthus cystidicola. R.

Spiroptera cystidicola. R.

Dispharagus cystidicola. Duj.

♀ 11—34ᵐⁿ, ♂ 10ᵐⁿ.

Mundöffnung rund (mit 2 Zähnen?) führt in ein Vestibulum. Vulva kurz hinter der Mitte gelegen. Vagina nach vorn gerichtet. Eier dick-

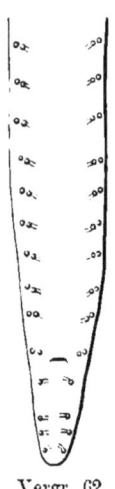

schalig, elliptisch. Bursa aus einer jederseits verlaufenden Verdickung von halbkreisförmigem Querschnitt bestehend. 4 Papillen hinter dem After. 1 nahe an der Schwanzspitze, Abstand zwischen 1, 2 und 2, 3 gleich, zwischen 3, 4 etwas grösser. Vor dem After jederseits 10 Doppelpapillen. Die Einzelpapillen stehen neben einander, die eine mehr nach der Mitte, die andre mehr nach der Seite. Ob 9 und 10 doppelt oder nur einfach, blieb ungewiss. Zwei ungleiche Spicula, das kürzere dicker und stumpfer endend.

Salmo Fario. Schwimmblase. Breslau. Wien. Salmo Thymallus. Schwimmblase. Greifswalde.

Bemerkenswerth ist, dass die Exemplare von 11ᵐᵐ auch schon mit reifen Eiern gefüllt waren.

Vergr. 62.

4. Ancyracanthus impar. n. sp.

♀ 31ᵐᵐ. ♂ 15ᵐᵐ.

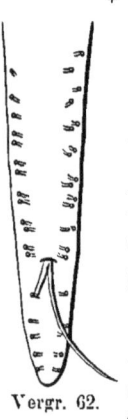

Mund ohne Lippen und Zähne. Vestibulum. Vulva 11ᵐᵐ vom Kopfende, Vagina nach rückwärts. Eier dickschalig. Die Zahl und Stellung der Papillen scheint vor der Afteröffnung nicht symmetrisch zu sein. Es stehen vor der Afteröffnung auf der einen Seite 16 Papillen, welche paarweise verbunden sind. Nur die 13te—16te stehen fast hinter einander. Auf der andern Seite habe ich meist 12—13 Papillen gezählt, die auch paarweise verbunden sind. Die Anordnung der Papillen zu den Paaren ist ebenfalls unsymmetrisch. Bald stehen die Papillen eines Paares hinter einander, während auf der entgegengesetzten Seite die Papillen des entsprechenden Paares neben einander stehen. Hinter der Afteröffnung sind die Papillen

Vergr. 62.

symmetrisch, 5 auf jeder Seite.

Osmerus Eperlanus. Schwimmblase. Zahlreich.

NB. Die Anordnung der Papillen ist schwierig zu erkennen, obgleich ich eine grössere Anzahl Exemplare verglichen habe, bin ich nicht völlig sicher; es wäre deshalb eine Beschreibung nach frischen Exemplaren wünschenswerth.

VIII. Hedruris. Creplin.

Ascaris, Nitsch. (Ersch und Gruber Encyclopädie VI. 48.)
Hedruris, Creplin. (Ersch und Gruber Encyclopädie XXXII. 281.)

H. androphora ist zuerst von Nitsch und zwar sehr gut beschrieben worden, wurde aber, wie ich mich überzeugt habe, schon früher von Rudolphi gefunden, jedoch für Ascaris acuminata gehalten. Nitsch rechnete diese Species auch zu Ascaris und erst Creplin erkannte, dass sie ein neues Genus bilde. Obgleich sich Hedruris an Filaria nahe anschliesst, habe ich sie doch nicht damit vereinigt, weil sie zwei gleiche Spicula und nur eine pränanale Papille besitzt.

Die Beschreibung der einzigen Species kann zugleich als Gattungsbeschreibung dienen.

1. Hedruris androphora. Nitsch. (Taf. IV, Fig. 8.)

♀ 10ᵐᵐ (mit eingezogenem Schwanze), ♂ 8ᵐᵐ.

Kopf mit vier Lippen. Zwei lateral stehende schmälere, am freien Rande abgerundet, auf jeder stehen zwei spitz hervorragende Papillen. Zwei mediane Lippen, dünner als die vorigen, nur hautartig, von der Gestalt eines gleichschenkligen Dreiecks, dessen Spitze quer abgeschnitten und dessen zwei Seiten concav ausgeschnitten sind. Die Basis derselben ist nur in der Mitte mit dem Körper in Verbindung und steht sonst frei, sie ist so gross, dass die beiden seitlichen Lippen davon fast ganz verdeckt werden. Hinter den Lippen bildet das Corium acht kammartige Wülste. Das ♀ ist am Hinterende dicker als am Vorderende. Vulva nahe am After. Das ♀ besitzt am Hinterende eine Art Saugnapf, in dessen Grunde ein langer Stachel liegt. Dieser Saugnapf entsteht dadurch, dass der Schwanz weit eingestülpt wird, nur die Schwanzspitze bleibt uneingestülpt und steht als Stachel im Grunde der Einstülpung. Mittelst dieses Saugnapfes sitzen die ♀ auf der Schleimhaut des Magens fest. Die Schleimhaut wuchert und bildet um die Anheftungsstelle einen Wall. Die Eier, elliptisch, besitzen an beiden spitzen Polen umgränzte Stellen, welche deckelartig abspringen. An zwei stumpfen Polen sind buckelförmige Verdickungen. Die Eier enthalten schon den ausge-

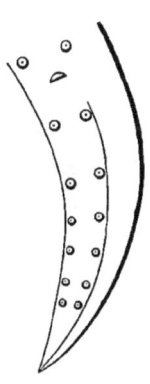

14*

bildeten Embryo. Die Vagina bildet ein kleines Diverticulum. Das ♂ ist
immer spiral um das ♀ gewunden. Das Schwanzende ist seitlich stark
zusammengedrückt. 7 Papillen. 1—6 hinter dem After, 7 unmittelbar vor
dem After. Zwei gleiche, ziemlich kurze Spicula, welche verwachsen zu
sein scheinen.

Triton cristatus. Magen.

IX. Ceratospira. Sch.

Diese Gattung, welche vorläufig nur eine Species enthält, wird wahr-
scheinlich bald eine grössere Ausdehnung erhalten. Es werden von den
Autoren häufig Nematoden angeführt, die in der Augenhöhle, unter dem
Augenlied, in der Nasenhöhle und dem äussern Ohre vorkommen. Man
hat daraus entweder eigne Species gemacht, wie z. B. Spiroptera stereura
R., Filaria lacrymalis Gurlt, oder hat sie mit den Filarien und Spiropteren identificirt, die in andern Organen der betreffenden Wirthe vorkommen.
So führt Diesing an Spiroptera Anthuris R. aus dem Magen verschiedner
Corvus, zugleich aber auch aus der Augenhöhle von Corvus frugilegus;
ferner Filaria attenuata aus der Bauchhöhle vieler Arten von Falco und
Corvus, zugleich aber auch aus Nase und Ohr von Falco cyaneus und aus
der Augenhöhle von Falco Swainsonii. Ich will nicht alle Beispiele auf-
führen, denn diese sind ziemlich zahlreich. Es sind nun gewiss die äussern
Lebensbedingungen im Ohr, der Nase und unter dem Augenlied äusserst
verschieden von denjenigen, welche sich in der Bauchhöhle finden und es
ist nicht wahrscheinlich, dass dieselben Species zugleich unter so verschiednen Verhältnissen leben können, vielmehr ist zu vermuthen, dass diese
Species ganz verschieden sind, ja viele derselben in eine ganz andre Gattung
und wahrscheinlich zu Ceratospira, gehören. Sicher weiss ich ferner, dass
Spiroptera stereura R. (aus der Augenhöhle von Falco naevius) und Filaria
lacrymalis Gurlt aus der Thränendrüse des Pferdes nicht zu meiner Gattung Filaria gehören; sie haben mehr als vier präanale Papillen. Leider
habe ich diese Species nur unvollkommen beobachten können, so dass ich
sie im System habe übergehen müssen, ich vermuthe jedoch gleichfalls,
dass sie zu Ceratospira zu stellen sind. Der Wohnort kann allerdings nie
einen entscheidenden Grund für die systematische Bestimmung geben, er
ist jedoch immer ein guter Fingerzeig. Erst wenn zahlreichere Species-

beschreibungen der Nematoden aus Nase, Ohr und Augenhöhle vorliegen, wird sich der Character dieser Gattung sicherer feststellen lassen. Ich halte es auch nicht für unmöglich, dass Ceratospira später mit Ancyracanthus verschmolzen werden kann.

Die Beschreibung der einzigen Species enthält zugleich die Gattungsbeschreibung.

1. Ceratospira vesiculosa. n. sp.

♀ ?, ♂ 20ᵐᵐ.

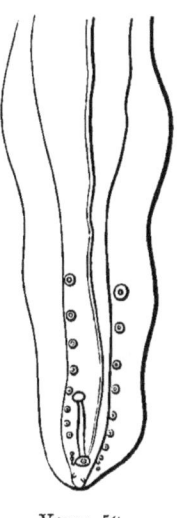

Kopf rund, mit (?) Papillen. Mund führt in eine kurze Mundkapsel. Querringel der Haut weit abstehend, mit scharfen vorstehenden Rändern. Vulva am Oesophagusende. Vagina nach rückwärts laufend. Vivipar. Schwanzende abgerundet. Schwanz des ♂ spiralig gedreht. Ränder der Bursa blasenförmig, dick. Papillen unsymmetrisch, 11 auf einer, 12 auf der andern Seite. 1 vor dem After, nahe am Schwanz, 2, 3, 4 bilden eine Gruppe zur Seite des Afters. 5—11 resp. 12 in ungleichen Abständen von dem After. 2 sehr ungleiche Spicula. Das eine sehr kurz, dütenförmig, das andre sehr dünn, über 3ᵐᵐ lang.

Psittacus sinensis. Augenhöhle. Berlin, zoologischer Garten.

Das ♀ ist unvollständig erhalten.

Vergr. 50.

X. Cucullanus. Müller.

Die Gattung Cucullanus, welche bei Rudolphi neun Species enthält, hat schon Dujardin wesentlich beschränkt, indem er alle Species mit Ausnahme von dreien abtrennte und zu einer neuen Gattung Dacnitis erhob. Ich bin ihm darin gefolgt, nur habe ich die Gattung Dacnitis mit Heterakis vereinigt. Von den drei Species Dujardin's kenne ich aus eigner Anschauung nur zwei, und kenne überhaupt nur diese beiden. Der Umfang der Gattung ist daher bei mir fast derselbe, wie bei Dujardin. Dujardin stellte Cucullanus zusammen mit seinen Gattungen in eine Section der Sclerostomiens: Sclerostoma, Syngamus, Angiostoma, Stenodes und Stenurus umfassend, welche durch einen grossen Mund und eine hornige „armure pharyngienne" ausgezeichnet sein soll. Diese Zusammenstellung ist jedoch sicher unnatürlich. Einmal werden dadurch Sclerostoma und Syngamus von der Gattung Strongylus abgetrennt, zu der sie in jeder Beziehung durch die Bursa und in allen anatomischen Einzelheiten gehören. Dann ist der Unterschied von Cucullanus und Strongylus (Sclerostoma und Syngamus) in den Muskeln, dem Bau der Geschlechtsorgane, der Bursa schon so gross, dass eine Aehnlichkeit der Mundtheile nicht zur Zusammenstellung genügen könnte. Aber auch diese Aehnlichkeit ist, wie sich zeigen wird, nicht im mindesten vorhanden. Die übrigen Gattungen der Sclerostomiens finden ebenfalls anderwärts eine natürlichere Stellung als bei Cucullanus. Angiostoma ist Meromyarier, Stenurus ist Holomyarier, Stenodes ist unvollkommen und ohne Angabe des Wohnorts beschrieben.

Der Mund bei Cucullanus ist ein die ganze Breite des Kopfes einnehmender, von Seite zu Seite verlaufender Spalt, er führt in eine dicke, zuerst elliptische, nach hinten runde und mit einer kreisrunden Oeffnung in den Oesophagus sich öffnende Mundkapsel. Auf der innern Fläche derselben verlaufen zahlreiche parallele, scharfe Längsrippen, welche am Mundrande als eine Reihe von Zähnchen enden. Die Wand der Kapsel ist nicht gleichmässig dick, im vordern Theil werden die Seitenränder nur von einer dünnen Membran gebildet. Es erscheint deshalb, da die dicken, braun gefärbten Rücken- und Bauchtheile am meisten in's Auge fallen, als ob die Mundkapsel aus einer zweiklappigen Schale gebildet ist. Nach hinten geht jederseits eine dreizackige Gabel, welche aus derselben Substanz wie die Mundkapsel gebildet ist und in unmittelbarem Zusammenhang mit derselben steht. Dieser Fortsatz ist morphologisch und wahrscheinlich auch functionell durchaus verschieden von dem dreizackigen Apparat bei Filaria pungens, mit welchem er eine gewisse Aehnlichkeit hat. Der Dreizack von Cucullanus liegt nicht im Oesophagus, sondern ausserhalb desselben. Das ♂ habe ich nur von elegans beobachten können. Der Schwanz ist stark verbreitert zu einer Bursa und hat jederseits 7 präanale Papillen.

Der Oesophagus besteht bei C. elegans aus zwei scharf getrennten Abtheilungen, einer vordern hellen, deren innere Wandungen dick sind und einer hintern dunkleren, mit dünnern Innenwänden.

Eigenthümlich ist die Schwanzspitze des ♀ von C. elegans. Von den drei Spitzen, in welche dieselbe ausläuft, ist, wie die Entwicklungsgeschichte lehrt, eine die eigentliche Schwanzspitze, die beiden andern die Schwanzpapillen, welche hervorragen und ungewöhnlich nahe an die Schwanzspitze herantreten.

1. Cucullanus elegans. Zed. (Taf. IV, Fig. 6 und 7.)

♀ 13^{mm}, ♂ 8^{mm}.

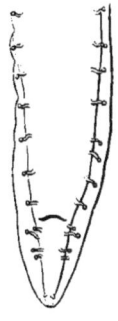

Farbe gelbbraun, 6 Papillen um den Mund. Gabel aus drei gleichen, etwas nach innen gekrümmten spitzen Zinken gebildet. Vulva 7^{mm} vom Kopfende, auf einer Hautwulst sitzend. Uterus nach vorn und hinten gleich lang, nur das Vorderende besitzt ein Ovarium. Vivipar. Schwanzspitze des ♀ aus drei kleinern Spitzen bestehend. Schwanz des ♂ gekrümmt, Bursa mit 12 Papillen. 1—5 hinter dem After, 6—12 vor dem After. Eine Papille anormal. Alle Papillen, ausser 1, mit rippenförmiger Pulpa.

Vergr. 92.

Perca fluviatilis, P. Lucioperca, Anguilla fluviatilis, Darm, besonders Appendices pyloricae.

Ist in P. fluviatilis hier in Berlin regelmässig zu finden. Die ♀ beissen sich nach der Begattung in den Appendices pyloricae fest und saugen Blut. Die ♂ leben im Darm.

2. Cucullanus melanocephalus. R. (Taf. IV, Fig. 4 und 5.)

♂ 13^{mm}.

Die Gabel besteht aus einem mittlern Griff, von welchem platte, sehr ungleiche Zinken entspringen. Die äussern Zinken sind lang, der mittlere kurz.

Scomber Rochei. Darm. Neapel. Rudolphi.

Es ist nur ein Exemplar vorhanden, daher die Beschreibung noch mangelhaft.

XI. Nematoxys. Sch.

Diese neue Gattung umfasst zwei Species aus dem Darmkanal unsrer heimischen Batrachier. Es kommen dort im ganzen drei, dem äussern Habitus nach sich sehr ähnliche Nematoden vor. Sie sind schon längst bekannt, aber noch nie hinreichend beschrieben, unterschieden und in ihrer systematischen Stellung richtig aufgefasst worden. Ich werde mich nicht darauf einlassen, die zahlreichen Angaben der verschiednen Schriftsteller zu untersuchen und festzustellen, wie weit ihre Species mit meinen zusammenfallen. Es würde dies eine sehr grosse und völlig unnütze Mühe sein. Selbst Dujardin, der diese Species zuerst annähernd richtig beschrieben hat, ist nicht frei von mannichfaltigen Unklarheiten.

Der Mund ist dreieckig, von drei Lippen umgeben, welche jedoch wegen ihrer geringen Grösse sich nicht näher beschreiben lassen. Die Haut ist auf ihrer ganzen Oberfläche mit vielen regellos zerstreuten Papillen durchsetzt, welche in die Papillen des männlichen Schwanzes allmählig übergehen. Der Schwanz des ♂ gleicht dem des ♀ in seinen äussern Umrissen, nur treten die allgemeinen Körperpapillen an der Bauchseite zahlreicher und grösser auf, die Zahl der eigentlichen männlichen Papillen lässt sich deshalb nicht feststellen. Es wiederholt sich also hier dasselbe Verhältniss, welches sich unter den Polymyariern bei Enoplus findet. Ueber die eigenthümlichen Organe des männlichen Schwanzes von N. ornatus ist das Nähere in der Speciesbeschreibung zu finden.

Der Oesophagus schwillt an seinem Hinterende zu einem kräftigen Bulbus an, in welchem ein dreieckiger Zahnapparat liegt. Der Darm ist aus vielen polyedrisch an einander liegenden Zellen zusammengesetzt.

Diese Gattung hat die complicirteste Anordnung der Muskelzellen, welche bei den Meromyariern vorkommt, und bildet den Uebergang zu den Polymyariern. Die beiden Species verhalten sich in Bezug auf die Stellung der Muskelzellen etwas verschieden, worüber in dem betreffenden Capitel des anatomischen Theils das Nähere zu finden ist.

So verschieden schon auf den ersten Anblick die ♂ sind, so vollständig gleichen sich die ♀. Ich habe nicht den geringsten Unterschied in der äussern Körpergestalt, dem Oesophagus und den Geschlechtsorganen auffinden können. Nur durch Untersuchung der Muskelzellen kann man sie unterscheiden.

1. Nematoxys ornatus. Duj. (Taf. XII, Fig. 5. Taf. XVIII, Fig. 4.)

Oxyuris ornata. Duj.

♀ 6ᵐᵐ, ♂ 2ᵐᵐ.

Mund dreilippig. Seitenmembran, etwas hinter dem Kopf beginnend, geht bis hinter den After. Vulva in der Mitte des Körpers. ♂ schlank, die Schwanzspitze in Folge der Begattung nach der Bauchseite umgebogen.

auf der Bauchseite vor dem After jederseits fünf eigenthümliche Organe
(Saugnäpfe?). Zwei kleine Spicula. Ein accessorisches Stück von kegelförmiger Gestalt, welches hohl, an seinem hintern Ende sehr spitz und
etwas gekrümmt, an seinem Vorderende ausgeschnitten ist. Die Seitenmembran hört beim ♂ schon vor dem After auf.

Rana temporaria und esculenta. Bufo cinereus. Triton
cristatus. Mastdarm, zu jeder Jahreszeit.

Die eigenthümlichen Organe des ♂ lassen sich schwer beschreiben. Sie
scheinen in der Mitte eine kleine, nach aussen sich öffnende Höhle zu besitzen,
von welcher unter der Haut eine kleine, hornige Leiste in etwas geneigter Richtung
nach vorn und hinten abgeht. Dieselbe ist schmal, dunkel gefärbt und ihr freies
Ende spaltet sich strahlenförmig. Ich finde bei keinem Nematoden eine ganz ähnliche Bildung wieder, nur die eigenthümlichen Organe des männlichen Schwanzes
der marinen Enoplusarten scheinen mir damit verglichen werden zu können. Leider
habe ich die Begattung nie beobachtet, es würde sich dann entscheiden lassen, ob
ihnen, wie ich vermuthe, die Function von Saugnäpfen zukommt. Sowohl Dujardin als Walter geben ihre Zahl und Stellung falsch an.

Das grosse, unpaare, accessorische Stück wird von Dujardin und Walter
als Spiculum betrachtet, die beiden kleinen, allerdings sehr zarten, Spicula sind
von ihnen übersehen worden. Die ausführliche Monographie, welche Walter
(Siebold u. Kölliker, Zeitschrift f. w. Z. VIII. S. 163 u. IX. S. 485) über dieses
Thier geschrieben hat, ist trotz des unverkennbar darauf verwandten Fleisses so
voller falscher Angaben, dass ich sie völlig unberücksichtigt lassen muss. .

2. Nematoxys commutatus. R. (Taf. XII, Fig. 2. Taf. XVIII, Fig. 3.)

Ascaris commutata. R.?

Ascaris commutata, Claparède de la formation et de la fécondation
chez les vers Nématodes, Genève 1859 S. 44. Taf. VII. Fig. 8.

♀ 6ᵐᵐ, ♂ 2ᵐᵐ.

Kopf dreilippig. Seitenmembran etwas hinter dem Kopf beginnend,
läuft bis hinter den After. ♂ fast so dick als das ♀. Zwei lange Spicula. Hinter dem After an der Schwanzspitze jederseits 6—7 Papillen,
welche knotenartig vorstehen.

Rana temporaria und esculenta. Bufo cinereus. Darm, in
jeder Jahreszeit.

Claparède (a. a. O.) giebt eine gute Abbildung des männlichen Schwanzes
und beschäftigt sich mit der Schwierigkeit, die in den Batrachiern vorkommenden
Species nach den Angaben der Autoren zu bestimmen.

XII. Oxysoma. Schd.

In dieser kleinen, aber sehr natürlichen, Gattung vereinige ich einige von Rudolphi zu Ascaris gestellte Species. Die Mundtheile bestehen entweder aus drei oder aus vielen Lippen. Bei den dreilippigen O. brevicaudatum und tentaculatum kann man eine Oberlippe und zwei Unterlippen unterscheiden, welche sich in ganz ähnlicher Weise verhalten, wie dies bei allen genauer bekannten Dreilippigen der Fall ist. Die Oberlippe ist ein symmetrisches Gebilde, die Unterlippen unsymmetrische Gebilde, aber beide Unterlippen sind unter sich symmetrisch. Viele kleine Lippen besitzt O. lepturum, deren nähere Beschreibung bei dieser Species nachzusehen ist. Bei O. lepturum und tentaculatum sind 6, bei brevicaudatum sind 10 Mundpapillen vorhanden. Bei O. tentaculatum sind die Submedian-Papillen warzenförmig, zwei stehen auf der Oberlippe und je eine auf den ventralen Hälften der Unterlippe, die lateralen treten nicht auf der Haut hervor. Bei brevicaudatum stehen die Papillen ebenso, nur sind die submedianen verdoppelt. Bei O. lepturum stehen die 6 Papillen symmetrisch auf den Lippen vertheilt

Der männliche Schwanz ist nur bei O. tentaculatum mit einer Bursa versehen, sonst gleicht er in seiner Form dem weiblichen, bei O. lepturum besitzt er auf der Bauchlinie einen Saugnapf. Von den Papillen sind drei durch Grösse ausgezeichnete und in gleichen Abständen stehende constant präanal. Eine andre Gruppe von drei kleinern Papillen ist ebenfalls constant, aber in ihrem Platz wechselnd, bald steht dieselbe vor dem After, bald zur Seite desselben. Bei O. tentaculatum und lepturum ist ein grosses accessorisches Stück vorhanden.

Der Oesophagus ist immer mit einem hintren Bulbus, welcher einen dreieckigen Zahnapparat enthält, versehen. Der Darm ist aus vielen polyedrischen Zellen zusammengesetzt.

1. Oxysoma brevicaudatum. Zed. (Taf. XI, Fig. 1 und 2.)

Ascaris brevicaudata. Zed.
Heterakis brevicaudata. Duj.

♀ 5,5ᵐᵐ, ♂ 3ᵐᵐ.

Kopf dreilippig. Lippen von der Mundöffnung etwas nach aussen gewandt. 10 Mundpapillen. Die submedianen sind doppelt vorhanden, die den medianen Linien näheren sind kleiner. Oesophagus 1^{mm} lang. Vulva 3^{mm} vom Kopf. Schwanz des ♂ ohne Bursa. 10 Papillen. Die Gruppe der 3 kleinern Papillen steht neben dem After. 1—4 hinter dem After. 1, 2 und 4 stehen mehr nach aussen, 3 steht neben 2 nach innen. 1 und 2 dicht hinter einander in der Nähe der Schwanzspitze, 4 in einem grössern Abstande. Spicula lang, am Ende gekrümmt und mit zarten Flügeln.

Rana temporaria. Darm.

Ich habe diese Species nur einmal gefunden, die Exemplare waren nicht geschlechtsreif. Die ♂ hatten sich bereits gehäutet, aber befanden sich noch in der alten Haut. Die ♀ waren noch in der Häutung begriffen. Es gelten deshalb die Maasse nicht von ausgewachsenen Exemplaren. Diese Species habe ich mit H. brevicaudata Duj. identificirt, obgleich die Abbildung Dujardin's (H. nat. d. Helm. Taf. 5. E.) nicht vollständig stimmt. Allein die Angabe der Papillen ist bei Dujardin nie ganz richtig. Das accessorische Stück, welches Duj. angiebt, habe ich wahrscheinlich übersehen, vielleicht, weil es bei so jungen Exemplaren noch undeutlich ist.

2. **Oxysoma tentaculatum.** R. (Taf. VII, Fig. 13. Taf. XII, Fig. 1.)

Ascaris tentaculata. R.

♀ 12—16^{mm}, ♂ 8—14^{mm}.

Kopf mit drei Lippen besetzt, 6 Papillen auf denselben. Die 2 Papillen der Oberlippe sehr niedrig. Die submedianen Papillen der Unterlippe stehen weit hervor, so dass die Unterlippen zipfelförmig verlängert scheinen. Haut in weiten Abständen mit Stacheln besetzt. Vulva (bei 16^{mm} Totallänge) 7^{mm} vom Kopfende. Zwei lange Spicula, ein spitzes, dutenförmiges, zweischenkliges, accessorisches Stück. 12 Papillen jederseits. 1 steht kurz vor der Schwanzspitze, 2, 3 und 5, 6 hinter dem After neben einander, 4 steht nach der Bauchseite zwischen 2 und 5. 7, 8, 9, die Gruppe der 3 kleineren Papillen steht neben dem After. Kurz vor und hinter dem After bildet eine kurze Hautfalte die Bursa.

Didelphys. Darm. Brasilien.

3. **Oxysoma lepturum.** R. (Taf. VII, Fig. 14 u. Taf. XII, Fig. 3.)

Ascaris leptura. R.

♀ 16^{mm}, ♂ 13^{mm}.

Mundöffnung mit vielen Lippen besetzt, drei davon am freien Ende verbreitert, dazwischen je drei oder vier andre, spitz endende. 6 Papillen.

15*

Vestibulum. Schwanz sehr lang und spitz. Vulva 9''''' vom Kopfende. Vagina läuft nach vorn, die beiden Aeste des Uterus gehen symmetrisch nach entgegengesetzter Seite, dann biegt der vordere Ast nach hinten, mit vielen Eiern gefüllt. Eischale glatt und dünn. Schwanz des ♂ gleicht dem des ♀, die Spitze hinter dem After stark umgebogen. Jederseits 10 Papillen. 1—4 hinter dem After. 1, 2 dicht hinter einander beim Beginn der Schwanzspitze. 3 in einem grösseren Abstande. 3, 4 dicht hinter einander. 5, 6, 7, die Gruppe der 3 kleineren Papillen vor dem After. Neben 10 auf der Bauchlinie ein grosser Saugnapf. Ein starkes accessorisches Stück, vorn in zwei Armen auseinander gehend, hinten ambosartig verbreitert.

Testudo Mydas. Darm.

XIII. Oxyuris. R.

Ascaris. R. ex parte.

Passalurus. Duj.

Ozolaimus. Duj.

Ptychocephalus. Dies.

Zur Gattung Oxyuris zählte Rudolphi nur drei Species: O. curvula, alata und ambigua, obgleich ihn schon Bremser mit Recht, aber vergeblich darauf aufmerksam gemacht hatte, dass auch Ascaris vermicularis R. und A. obvelata R. nothwendig dahin gestellt werden müsse. Dujardin nahm die Verbesserung Bremser's an, trennte aber O. ambigua ohne hinlänglichen Grund ab und erhob sie zu einer eignen Gattung Passalurus. Dujardin irrte sich ferner noch darin, dass er Nematoxys ornata (mihi) zu Oxyuris stellte, dadurch verführt, dass er das unpaare Stück für ein Spiculum hielt und die beiden wahren Spicula übersah. Diesing im „System" hat Bremser's Verbesserung ebenfalls nicht angenommen, aber diesen Fehler in der „Revision" wieder gut gemacht. Die Zahl der Species hat sich gegenwärtig vermehrt, ich habe dazu rechnen müssen Ascaris megatyphlon R., für welche Dujardin ein eignes, allerdings neben Oxyuris gestelltes Genus Ozolaimus gegründet hatte, und einen Theil der zu Ascaris dactylura von Rudolphi gestellten Nematoden. Dujardin hatte Oxyuris mit Ascaris und einigen andern Gattungen zur Section der „Ascaridiens" vereinigt. Allein sobald man den tiefgehenden Unterschied im Bau der

Musculatur zwischen Oxyuris und Ascaris berücksichtigt, ergiebt sich diese Zusammenstellung von selbst als unnatürlich.

Die Mundtheile sind bei einem Theil der Species so klein, dass eine genauere Beschreibung derselben mir nicht gelungen ist. Nur soviel lässt sich dann erkennen, dass sie entweder eine Spur von drei Lippen haben, wie O. vermicularis, oder lippenlos sind, wie O. spirotheca und ambigua. Bei andern sind die Mundtheile sehr gross. Die Mundöffnung ist sechseckig bei O. curvula (Taf. VII, Fig. 1), dreieckig bei O. flagellum, rund bei O. obesa (Taf. VII, Fig. 2) und corollata (Taf. VII, Fig. 3). Bei O. curvula und obesa stehen hinter der Mundöffnung im Innern derselben sechs flach abgerundete Hautlappen, den sechs Körperflächen entsprechend. Bei O. corollata ist die Mundöffnung ebenfalls von sechs, aber am Aussenrand sitzenden, Hautlappen umgeben. Sie haben eine blattförmige Gestalt und stehen entsprechend den Begränzungslinien der sechs Körperflächen. Bei O. flagellum und obesa sind sechs Mundpapillen vorhanden, davon haben die submedianen bei der erstgenannten eine sehr eigenthümliche Gestalt (Taf. VII, Fig. 1). Die Beschreibung der merkwürdigen Bildungen, die sich im Innern des Oesophagus von O. curvula und obesa finden, möge man in dem Paragraphen über den Oesophagus nachsehen.

Die ♂ der vier grössern Species sind unbekannt, nur bei O. curvula ist es von Mehlis gefunden worden, ohne dass eine genauere Beschreibung und Abbildung desselben veröffentlicht worden wäre. Ich habe es gleichfalls nicht gesehen. Der Grund dieser auffallenden Seltenheit der ♂ kann ein zweifacher sein. Einmal sind die ♂ bedeutend kleiner, dass sie gegenüber den relativ bedeutend grossen ♀ beim Sammeln leicht übersehen werden. Bei O. curvula z. B. ist das ♂ 9—16""", das ♀ bis 45""" lang. Dann aber scheint es auch, dass die Lebensdauer der ♂ eine bedeutend kürzere ist und zwar vermuthe ich dies aus folgenden Gründen. Die Copulation findet nur zu einer Zeit statt, wo die ♀ ebenfalls sehr klein sind. Denn bei O. obesa sind die kleinsten weiblichen Exemplare von 9""" Länge, — die Länge der ausgewachsenen beträgt 30""", — an der Vulva immer mit einem bräunlichen Kitt, dem Zeichen einer vor kurzem stattgehabten Begattung, versehen. Die ausgewachsenen Exemplare aller dieser grossen Species haben diesen Kitt niemals, es lässt sich also annehmen, dass eine Begattung dann nicht mehr stattfindet und dass deshalb auch die Lebensdauer der ♂ kürzer sein kann.

Der männliche Schwanz der kleinern Species ist immer, ausser bei
O. spirotheca, mit einer Bursa versehen. Die Zahl der präanalen Papillen
scheint constant zwei zu sein, davon die eine meist zur Seite der Afterspalte steht. Da diese Thiere sehr zart sind, bietet die Untersuchung meist
grosse Schwierigkeit dar und mögen meine Angaben der Papillen deshalb
wohl der Verbesserung bedürftig sein.

In dieser Gattung kommt häufig eine eigenthümliche Insertion der
Vagina in den Uterus vor. Die zwei Röhren der Ovarien stossen nämlich
am Hinterende des Thieres unter einem spitzen, nach vorn geöffneten
Winkel zusammen, und in die Spitze dieses Winkels inserirt sich, von
vorn kommend, die Vagina. Diese Insertion habe ich beobachtet bei
O. obvelata, curvula und corollata. Die Eier haben eine dünne, aber
äusserst feste Schale, welche an ihren Polen meist noch durch eigenthümliche
Bildungen ausgezeichnet ist.

Der Oesophagus hat stets einen Bulbus am Hinterende, in welchem
ein Zahnapparat liegt. Der Darm ist aus vielen polyedrischen Zellen zusammengesetzt.

1. Oxyuris vermicularis. R.

Ascaris vermicularis. R.

♀ 10^{mm}, ♂ 2,5^{mm}.

Mund dreilippig, Haut hinter dem Kopf blasig aufgetrieben. Seitenmembran. Oesophagus 1^{mm} lang, ein Bulbus
am Hinterende mit Zahnapparat. Vulva 1,8^{mm} vom Kopfe.
Vagina läuft nach rückwärts. Schwanz des ♂ abgerundet,
verbreitert, mit einer Bursa. 3 Papillen. 1 und 2 dicht
hinter einander, 2 in der Breite des Afters, 3 in einem
grössern Abstande nach hinten.

Vergr. 130.

Homo.   Rectum.

2. Oxyuris minuta. n. sp.

Ascaris vermicularis. R. ex parte.

♀ 8,5^{mm}, ♂ 3^{mm}.

Vier deutliche Papillen am Kopfe. Seitenmembran. Vulva
kurz hinter dem Oesophagusende. Vagina läuft rückwärts, dann
spaltet sich der Uterus in zwei Zweige, welche vor- und rück-

Vergr. 130.

wärts laufen. Eischale punktirt. Schwanz des Männchens spiralig gerollt. Das Hinterende stumpf abgerundet, in der Mitte der Abrundung eine kurze. fadenartige Spitze. 2 Papillen. 1 in der Breite des Afters. Mycetes Seniculus. Ateles Paniscus. Coecum. Brasilien. Unterscheidet sich von O. vermicularis, ausser durch die Gestalt der Bursa, durch die Länge des Oesophagus (bei O. minuta 1,7ᵐᵐ, bei O. vermicularis 1ᵐᵐ) und durch die Gestalt des Querschnitts der Seitenlinie. Während sonst die ♂ immer selten sind, finden sich in einer Masse dieser Oxyuris aus einer nicht näher bezeichneten Affenspecies mehr ♂ als ♀.

3. Oxyuris ambigua. R. (Taf. VII, Fig. 12.)

Passalurus ambiguus. Duj.

♀ 11ᵐᵐ, ♂ 5ᵐᵐ.

Mundöffnung rund. 6 Papillen. Seitenmembran am freien Rande verbreitert, so dass der Querschnitt T förmig. Nach hinten verschwindet die Seitenmembran fast ganz. Vor und hinter dem Bulbus oesophagi ist die Seitenmembran durch einen Ausschnitt unterbrochen. Vulva 1,75ᵐᵐ vom Kopf. Vagina sehr lang, geht bis zum After zurück. Der Schwanz des ♂ nach der Bauchseite umgebogen. Eine kurze Strecke vor dem After sind auf der Bauchseite die Querringel leistenartig verdickt. Bursa, hinter welcher der Schwanz noch eine lange, dünne Spitze bildet. 3 Papillen. 1 am Hinterende der Bursa, 2 dicht neben dem After, 3 gross, fast seitlich stehend.

Lepus timidus und L. cuniculus. Dickdarm und Coecum.

4. Oxyuris spirotheca. Györy. (Taf. VII, Fig. 10 u. 11.)

Györy, Sitzungsberichte der kais. Akad. Wien. XXI. (1856.) 2—8.
Ptychocephalus spirotheca. Dies. (Revis.)

♀ 4ᵐᵐ, ♂ 2ᵐᵐ.

Mundöffnung rund mit 6 sehr kleinen Papillen. Haut um den Mund schirmartig aufgewulstet. Oesophagus mit einem Bulbus, darin der Zahnapparat. ♂ Vulva fast in der Mitte. Die Vagina läuft nach rückwärts. Die Uterusäste gehen symmetrisch nach vorn und hinten. Eier durch eigenthümliches Chorion, welches in Form einer Spiralfeder das Ei umgiebt, ausgezeichnet. Schwanz hat ein hornartiges Ansehen. Keine Bursa. 3 Schwanzpapillen nahe an der Schwanzspitze. 2 am After. 3 in gleichem Abstande von 2. wie 1 von 2.

Hydrophilus piceus. Darm. Zwischen Sand und Leptothrix.

Das Schwanzende des ♂ ändert während des Wachsthum's seine Gestalt erheblich, indem es vom After an nach vorn viel dicker wird, während das Stück hinter dem After dünn bleibt. Taf. V 11, Fig. 10. 11 zeigt die beiden Formen der jüngern und ältern Exemplare.

Györy, der Entdecker dieses Wurmes, hat denselben (a. a. O.) kurz aber sehr gut beschrieben. Nur in einem Punkte möchte ich ihm widersprechen, er hält nämlich den After und die Mündung der männlichen Geschlechtsorgane für zwei getrennte Oeffnungen.

5. Oxyuris longicollis. n. sp. (Taf. VII, Fig. 8.)

Ascaris dactylura. R. ex parte.

♀ 4,5^{mm}, ♂ 2^{mm}.

Kopf mit undeutlichen Lippen. Oesophagus fast von halber Körperlänge mit einem Bulbus. Gefässporus deutlich, liegt am Bulbus. Vulva am hintern Drittheile des Körpers. Vagina läuft nach vorn. Eischale glatt und dünn. Bursa quer abgeschnitten. 3 Papillen. 1 an der Hinterecke der Bursa, 2 am Afterrand, 3 kurz vor dem After. In der Mitte des Hinterrandes der Afteröffnung ein spitzes festes Stück (Papille?)

Testudo graeca. Dickdarm. In grosser Menge.

Kommt, wie es scheint, immer zusammen mit Atractis brevicollis vor, worüber dort nachzusehen ist.

6. Oxyuris megatyphlon. R. (Taf. VII, Fig. 9.)

Ascaris megatyphlon. R.

Ozolaimus megatyphlon. Duj.

♀ 3,5^{mm}, ♂ 2,3^{mm}.

Mund mit (?) Lippen. Oesophagus mit einem Bulbus, darin ein Zahnapparat. Bursa wie ein Fingernagel gestaltet. Afterende kegelförmig weit nach hinten vorragend. Spiculum sehr lang. Papillen?

Iguana tuberculata. Coecum.

Die Würmer sind schlecht erhalten, aber doch lassen sich die vorstehenden, allerdings mangelhaften, Angaben mit Sicherheit feststellen.

7. **Oxyuris curvula.** R. (Taf. VII. Fig. 1 u. 2.)

♀ 45ᵐᵐ.

6 Mundpapillen. Submedianpapillen warzenförmig dick. Ihre Oberfläche mit einem Kranz zarter erhabener Leistchen bedeckt, welche radienförmig nach der Mitte convergiren. Lateral-Papillen niedrig, näher am
Munde. Länge des Oesophagus 3ᵐᵐ. Am hintern Ende schwillt er zu
einem Bulbus an, darin ein Zahnapparat. Vulva 10ᵐᵐ vom Kopf. Eier
elliptisch dickschalig, am einen Pol ist die Schale von einem Loche durchbohrt, welches wieder mit einem Pfropfen verschlossen ist.
Equus Caballus. Coecum.

8. **Oxyuris obesa.** Dies. (Taf. VII. Fig. 3—6.)

Diesing, Denkschriften d. k. k. Acad. zu Wien, mathem. naturw. Klasse.
Bd. XIII. 1857. S. 12 u. Taf. I, Fig. 1—6.

♀ 30ᵐᵐ.

Kopf mit 6 vorstehenden Papillen. Die Submedianpapillen mit einem
Knöpfchen an der Spitze. Mund kreisförmig, dahinter 6 Hautlappen mit
bogenförmigem Rand. Am Hinterende bildet der Oesophagus einen Bulbus
mit Zahnapparat. Der After 16ᵐᵐ von der Schwanzspitze. Vulva 8ᵐᵐ vom
Kopf. Eier dickschalig elliptisch, ohne Depression.
Hydrochoerus Capybara. Coecum. Brasilien.

Die Individuen sind von sehr verschiedener Grösse. Schon die kleinsten
von 7ᵐᵐ Länge besitzen ausgebildete Geschlechtstheile und sind bereits befruchtet,
denn die Vulva trägt einen bräunlichen Sattel von Kitt. An den ausgewachsenen
fehlt der Sattel.

9. **Oxyuris flagellum.** Hemprich u. Ehrenberg.

Hemprich u. Ehrenberg, Symbolae physicae. Mammalia. (Hyrax.)

♀ 25ᵐᵐ.

Mundöffnung dreieckig, führt unmittelbar in den Oesophagus. Oesophagus nur 0,7ᵐᵐ lang, besteht aus zwei fast gleich langen Stücken, das
vordere cylindrisch, das hintere kugelförmig, darin dreieckiger Zahnapparat.
After von der Schwanzspitze 7ᵐᵐ. Vulva, ein breiter Spalt mit wulstigem
Rande, 4ᵐᵐ vom Kopf. Kurz vor der Vulva ein freies Feld auf der

Schneider, Nematoden. **16**

Bauchlinie, darin der Gefässporus. Eier sehr eigenthümlich gestaltet, ein etwas zusammengedrücktes Ellipsoid, dessen eine Kante ausgeschnitten ist. Hyrax syriacus. Syrien u. Arabien. Hemprich u. Ehrenberg. Geschlechtsreife Exemplare, jedoch noch ohne reife Eier, fand ich von 12^{mm} Länge.

10. Oxyuris corollatus. Sch. (Taf. VII, Fig. 7.)

♀ 10,5^{mm}.

Kopf rund mit 2 deutlichen Lateralpapillen. Mundöffnung von sechs blattförmigen, hervorstehenden, Hautlappen umgeben, welche den Begränzungslinien der Körperflächen entsprechend gestellt sind. Oesophagus sehr lang (2,5^{mm}), bildet hinter dem Mund zwei kugelförmige Erweiterungen, deren vordere etwas kleiner ist, als die dahinter liegende. Am Hinterende ein Bulbus mit Zahnapparat. Haut mit Stacheln besetzt. Hinter der Mundöffnung folgt zuerst ein Hautringel ohne Stacheln, dessen Begränzungslinie an den Seiten etwas unterbrochen ist, der nächste Hautringel mit 8 dicht neben einander liegenden Stacheln versehen, nach hinten mit zunehmenden Durchmesser rücken die Stacheln weiter aus einander, kleiner werdend und stehen in 22 Längsreihen. Bei 2^{mm} vom Kopfende hören sie ganz auf. Sobald die Stacheln aufhören, beginnt die Seitenmembran. Der Gefässporus liegt fast in gleicher Breite mit dem Beginn der Seitenmembran, dicht hinter demselben die Vulva. Eier länglich spindelförmig. Entfernung des Afters von der Schwanzspitze 2,5^{mm}.

Galeopithecus philippinensis. Darm. Luzon. Jagor. In grosser Menge.

XIV. Labiduris. Sch.

Die Aufstellung dieser Gattung lässt sich gewiss durch die merkwürdigen Formen der einzigen davon bekannten Species rechtfertigen. Die Gestalt der Lippen und des männlichen Schwanzes sind so verwickelt, dass es mir nicht gelungen ist, einen guten sprachlichen Ausdruck dafür zu finden. Die Speciesbeschreibung vertritt die Stelle der Gattungsbeschreibung.

1. Labiduris gulosa. R. (Taf. VII, Fig. 15—17.)

Ascaris gulosa. R.

♀ u. ♂ 8ᵐᵐ.

Mundöffnung mit drei Lippen besetzt, deren Basen verwachsen sind. Auf der Bauchseite sind dieselben bis auf die Mundöffnung getrennt, auf der Rückseite durch kleine spitz bogenförmige Ausschnitte von ein Drittel der Gesammtlänge der Lippen. Die Oberlippe ist in der Rückenlinie zahnartig verdickt. Die beiden Unterlippen bilden am freien Rand einen Bogen, gleich dem Kiemendeckel eines Fisches; sie decken sich mit dem Rande, der an seinem hintern Theile mit langen Haaren besetzt ist. Von der Oberlippe entspringt nach Innen eine Klappe, welche den vordern Eingang ganz verschliesst. Der Mund führt in ein Vestibulum. Oesophagus mit grossem Bulbus am Hinterende, darin ein dreieckiger Zahnapparat. Schwanz lang und spitz. Vulva in der Nähe des Afters. Zahl der Uterusäste nicht ermittelt. Sie enthalten weit entwickelte, lange Embryonen. Beim ♂ steht zur Seite des Afters jederseits ein langer, hornförmiger, bauchwärts gekrümmter Fortsatz (Papille), an der Basis desselben und dem Rücken mehr genähert steht ein kürzerer, dickerer, kegelförmiger Fortsatz (Papille), hinter demselben verbreitert sich der Körper zu einer Art von Bursa, welche an ihrem Hinterende querabgeschnitten endet, und jederseits an den Ecken eine Papille trägt. Die Bauchseite bildet hinter dem After einen Wulst, dessen Begränzungslinie bogenförmig in die langen gekrümmten Fortsätze übergeht, dann in der Mitte der Bursa sich verbreitert und 3 kleine Papillen trägt. Nach hinten verengert sich der Wulst und geht in die lange dünne Schwanzspitze aus, welche ganz wie beim ♀ gestaltet ist. Vor dem After stehen jederseits 4 kleine Papillen. 2 gleiche Spicula.

Testudo tabulata. Coecum und Colon. Berlin.

XV. Dermatoxys. Sch.

Ascaris. R.

Die Beschreibung der einzigen Species vertritt die Genusbeschreibung.

1. Dermatoxys veligera. (Taf. XII, Fig. 4.)

Ascaris veligera.

♀ 16ᵐᵐ, ♂ 8ᵐᵐ.

Mundöffnung drei von der Mitte des Kopfes radiär gehende Spalten. Seitenmembran breit und dick, läuft bis 1,2ᵐᵐ hinter dem Kopf. Vulva

16 *

6mm vom Kopf, durch einen braunröthlichen Kitt bezeichnet. Bursa stark entwickelt. Die Randmembran dick und nach der Bauchseite umgebogen. Hinter dem After 1 Papille. Der After mündet in der Mitte eines herzförmigen Feldes, einer polsterartigen Verdickung des Corium. Darin liegen zu beiden Seiten des Afters 2 Papillen. Am hintern Afterende stehen noch sehr kleine Papillen. Vor der Bursa stehen auf der Bauchlinie zehn zahnartige Verdickungen der Ränder der Leibesringe. Die Ränder der Bursa sind karminroth gefärbt. Ein Spiculum fehlt.

Lepus brasiliensis. Coecum.

Unter einer grössern Zahl fanden sich nur 2 ♂, deren Section ich mir natürlich nicht erlauben konnte. Ich muss deshalb dahin gestellt sein lassen, ob nicht dennoch ein Spiculum existirt.

Der Bau des Chorions ist sehr merkwürdig.

XVI. Atractis. Duj.

Dieses von Dujardin aufgestellte Genus habe ich beibehalten, es ist das einzige unter den Meromyariern, welches 2 ungleiche Spicula besitzt. Die Beschreibung der einzigen bekannten Species vertritt die Stelle der Gattungsbeschreibung.

1. Atractis dactylura. Duj. (Taf. XI, Fig. 2 a, b, c.)

Ascaris dactylura. R. ex parte.

♀ u. ♂ 6,5mm.

Kopf mit undeutlichen Lippen. Oesophagus etwa ein Neuntel der Körperlänge, mit einem Bulbus am Hinterende. Vulva unmittelbar vor dem After. Vivipar. Uterus zweiästig, mit wenigen aber sehr entwickelten Jungen gefüllt. Schwanz des ♂ spitz. Zwei ungleiche Spicula, ausserdem tritt noch ein drittes festes Stück aus der Geschlechtsöffnung hervor, ein dutenförmiges Rohr. Das hintere Ende, welches heraustritt, ist spitz und hat eine Oeffnung, als ob es abgeschnitten wäre, das vordere Ende ist ebenfalls offen und etwas erweitert. 9 Papillen. 1—6 hinter dem After. 1, 4 und 6 am Seitenrande, 2, 3, 5 der Bauchlinie genähert. 7, 8, 9 auf der Bauchfläche stehend, aber 7, 8 der Bauchlinie näher.

Testudo graeca. Dickdarm. In grossen Mengen.

Die Bedeutung des dutenförmigen Stückes ist unklar, ein hervortretendes umgestülptes Rohr ist es nicht, vielleicht ist es ein accessorisches Stück.

Diese Species kommt, wie es scheint, regelmässig zugleich mit Oxyuris longicollis (mihi) vor. Das Museum besitzt zwei Gläser (eins davon aus der Wiener Sammlung, geschenkt von Bremser), als Ascaris dactylura bezeichnet, welche zahlreiche Exemplare der zwei Species enthalten. Bei oberflächlicher Betrachtung sind die ♀ beider Species allerdings nicht zu unterscheiden. Erst durch die ♂ wurde ich auf die Unterschiede der ♀ aufmerksam.

XVII. Spiroxys. Sch.

Die einzige bekannte Species dieser Gattung muss als Meromyarier aus Spiroptera R. (Filaria mihi), zu welcher sie wegen der Aehnlichkeit des Wohnorts gestellt war, ausgeschieden werden. Die eigenthümliche Anordnung der Muskelzellen, über welche ich in dem betreffenden Paragraphen des anatomischen Theiles nachzusehen bitte, wird es rechtfertigen, dass ich dieselbe als Repräsentanten eines eigenen Genus betrachte, so wie dass ich sie überhaupt trotz der Unvollkommenheit der Beschreibung im System aufführe.

Die Speciesbeschreibung vertritt die Stelle der Genusbeschreibung.

1. Spiroxys contorta. R.

Spiroptera contorta. R.

♀ u. ♂ 7^{mm}.

Körper immer gekrümmt nach der Bauchseite. Mund mit zwei Lippen (von der Gestalt der Kartenfigur Treffle). Vulva nahezu in der Mitte. Vagina mit Ringfasern. Die beiden Aeste des Uterus gehen in entgegengesetzter Richtung. Bursa mit breiten und starken Rändern. Papillen vorhanden, ihre Zahl nicht bestimmbar. Zwei gleiche sehr starke Spicula. Rohr mit Flügeln.

Emys europaea. Schw. In knotigen Anschwellungen der Magenhaut. Rom.

Die Exemplare des Berliner Museum sind in geringer Zahl vorhanden und schlecht erhalten, doch dürfte die Species nicht selten sein. Einige Exemplare habe ich selbst in Testudo graeca (Triest) gefunden, sie lebten nicht in Knoten des Magens, hatten sich aber festgebissen in die Magenhaut, ähnlich wie Cucullanus. Diese Species scheint jedoch nicht identisch zu sein mit Cucullanus microcephalus Duj., welche im Darm von Emys europaea gefunden worden ist.

XVIII. Strongylus. R.

Die Gattung Strongylus R. ist vorzüglich durch die den Schwanz trichterförmig umgebende Bursa characterisirt. Rudolphi theilte sie in drei Abtheilungen. A) Mund kreisförmig bestachelt, Sclerostomata. B) Mund kreisförmig mit Papillen besetzt. C) Mund nackt. Die Veränderungen, welche Dujardin mit dem Genus vornahm, sind nicht durchweg als Verbesserungen zu bezeichnen. Zunächst trennte er die Sclerostomata, welche er. als Sclerostomiens mit Cucullanus, wegen Aehnlichkeit der Mundbildung, vereinigte. Allein diese Vereinigung ist unstatthaft, einmal weil die Cucullanus Polymyarier, die Sclerostomata Meromyarier sind, dann weil die Form der Bursa eine überaus verschiedene ist. Auch die Mundbildung der Cucullanus und Sclerostomata ist nur scheinbar dieselbe. Sodann vereinigte er einen Theil der Abtheilung C. Rudolphi's: Strongylus criniformis, trigonocephalus, tubaeformis, als neue Gattung Dochmius mit Dacnitis und Ophiostoma R., wegen einer oberflächlichen Aehnlichkeit der Mundbildung, zur Section 7 der Dacnidiens. Auch diese Vereinigung ist unstatthaft. Dacnitis und Ophiostoma sind, wie bereits erwähnt, nothwendig zu Heterakis zu stellen, einer Gattung, welche zu den Polymyariern gehört, während die Dochmius wie alle Strongylus Meromyarier sind. Den Rest stellte. Dujardin in seiner 3ten Section der Strongyliens als Gattung Strongylus, nachdem er den Strongylus inflexus als Pseudalius n. gen., P. filum abgetrennt hatte. Diese letzte Trennung allein ist glücklich. Indess hätte Pseudalius ganz aus der Section der Strongyliens gestossen werden müssen. Von den noch in die Section aufgenommenen Geschlechtern ist Eucamptus vielleicht eher zu Filaria zu stellen, Dicelis und Leptodera stehen nicht unpassend, sie schliessen sich wenigstens nahe an Strongylus an. Diesing bildet aus der gesammten Gattung Strongylus R. eine Familie Strongylidea, welche wieder in verschiedene Gattungen zerfällt. Uebereinstimmend mit Dujardin stellt er St. inflexus R. in ein eignes Genus: Prosthecosacter Diesing. Ferner erhebt er mit vollkommnem Recht Strongylus tubifex, papillosus und Gigas R. R. zu einer besondern Gattung: Eustrongylus. Allein beide Gattungen hätten, wenn die Trennung ganz richtig sein soll, aus der Familie der Strongylidea ausgeschlossen werden müssen, die Prosthecosacter (Pseudalius Duj.) weil sie Holomoyarier, die Eustrongylus weil sie Polomyarier sind. Die vielen Genera, in welche Diesing die Gattung Strongylus spaltet, kann ich ebenso wenig billigen, als die noch grössere Zahl von Gattungen, welche Molin*) daraus gemacht hat.

Trennt man die Gattungen Pseudalius Duj., Eustrongylus Dies. und Strongylus leptocephalus R. ab, so bildet der Rest von Strongylus R. eine wohlbegränzte Gattung, welche ich nicht weiter zu theilen wüsste.

Die Mundtheile in dieser Gattung sind durch Mannichfaltigkeit und Reichthum der Ausbildung sehr ausgezeichnet. Entweder ist eine Mundkapsel vorhanden oder Lippen, oder die Mundtheile sind zu klein, um näher analysirt zu werden.

Unter den Mundkapseln lassen sich folgende Formen unterscheiden:

1) Mundöffnung rund, Mundfläche entweder senkrecht gegen die Körperaxe oder sich nach der Bauchseite senkend.

2) Mundöffnung rund, Mundfläche sich nach der Rückseite senkend.

3) Mundöffnung länglich, dorsoventral gestellt, Mundfläche entweder senkrecht gegen die Körperaxe, oder schief sich nach der Bauchseite senkend.

Die erste Form und zwar mit gerader Mundfläche kommt vor bei St. armatus, tetracanthus und cohaerens, mit schiefer Mundfläche bei St. hypostomus. Trotz dieser verschiedenen Neigung der Mundfläche ist die Mundkapsel aller 4 Species nach demselben Typus gebaut und die Mundkapsel von St. hypostomus unterscheidet sich wesentlich von der der zweiten Form. Auf der Innenfläche der Kapsel läuft bei St. armatus, hypostomus und cohaerens dorsal in der Längsrichtung eine Rinne, deren Ränder sich von der Kapselwandung erheben. Diese Rinne endigt bei St. armatus (vielleicht auch cohaerens) vorn nahe am Mundrande, bei St. hypostomus mündet sie in eine zweite Rinne, welche kurz hinter der Mundöffnung um den ganzen Mundrand läuft. (Taf. VIII, Fig. 10.) Bei allen ist der Vorderrand der Kapsel von einer Reihe platter zugespitzter Stacheln umfasst.

---

*) Atti de l' I. R. Instituto lombardo veneto 1863.

Die hintere Oeffnung der Kapsel ist bei St. armatus höchst complicirt gebaut und zeigt grosse individuelle Verschiedenheiten. Wir wollen zunächst diejenige Form beschreiben, an welcher alle dort möglichen Bildungen vollständig auftreten. In die hintere Kapselöffnung ist eine spaltförmige Rinne eingeschlossen, welche auf ihrer innern Fläche in gleichen Abständen längliche Gruben besitzt, so dass sie, von oben gesehen, regelmässig quergestreift erscheint. Diese Rinne steht mit der dorsalen Längsrinne in Verbindung, wie sich auch die Gruben in der letztern mehr oder weniger deutlich zeigen. An der Stelle, wo sie in letztere einmündet, erhebt sie sich beiderseits zu einem kegelförmigen, hohlen, längs der Innenseite aufgeschlitzten Fortsatze, dessen Gestalt an eine Ohrmuschel erinnert. Die beiden ohrförmigen Fortsätze berühren sich in natürlicher Lage mit ihrer aufgeschlitzten Seite. Auch sie zeigen auf der Innenseite die Querstreifung. (Taf. VIII, Fig. 4.) Zwei ganz gleiche Gebilde erheben sich je einer an den Stellen der Rinne, welche den Mitten des Oesophagusdreiecks entsprechen. (Taf. VIII, Fig. 6.) Constant ist von allen diesen Bildungen nur die Rinne um die hintere Oeffnung, bei vielen Individuen fehlen die zwei ohrförmigen Fortsätze, welche den Dreiecksmitten entsprechen, und es sind nur die beiden dorsalstehenden vorhanden. (Taf. VIII, Fig. 1.) Gleichzeitig können aber auch diese und somit alle ohrförmigen Fortsätze fehlen. An den Dreiecksmitten sind mitunter nur kurze Fortsätze der Rinne vorhanden, welche sich nicht von der Kapselwandung erheben. (Taf. VIII, Fig. 3.) Bei St. tetracanthus ist die hintere Kapselöffnung von einer Reihe viereckiger Grübchen umgeben, welche denjenigen der Rinne von St. armatus ähnlich sind, doch kann ich wegen der Kleinheit des Gegenstandes nichts Näheres darüber berichten.

Die zweite Form der Mundkapsel findet sich bei St. trigonocephalus, radiatus, criniformis, duodenalis, cernuus und tubaeformis. Hinter der vordern Kapselöffnung erheben sich hier immer jederseits zwei Zähne, deren Schneide nach Innen gerichtet ist. Die Zähne sind symmetrisch, aber der ventrale jeder Seite und der mehr dorsal stehende sind verschieden. Bei St. duodenalis ist der ventrale Zahn kräftig und endigt in zwei scharfe krallenförmige Spitzen. Bei St. radiatus und cernuus sind die Zähne dünn und glatt. (Taf. IX, Fig. 3 u. 5—7.) An der hintern Kapselöffnung steht bei St. cernuus — vielleicht bei allen diesen Species — dorsal ein spitz kegelförmiger, schief nach vorn, fast bis zur Mundöffnung reichender Zahn.

Ausser demselben kommen noch andre kleinere Zähne im Umkreis der
hintern Oeffnung vor, die ich nicht näher beschreiben kann, wie ich überhaupt gerade bei diesen Species weniger tief in die Details eingehen werde,
da mir nur wenige Exemplare zu Gebote standen.

Die dritte Form der Mundkapsel, nämlich mit länglicher dorsoventral
gestellter Mündung, kommt vor, und zwar mit gerader Mundfläche, bei
St. costatus und dimidiatus, mit schiefer Mundfläche bei St. galeatus. Da
die Mundkapseln dieser Form im Uebrigen sehr verschieden gebildet sind,
so verweise ich auf die Speciesbeschreibungen.

Lippen habe ich nur bei St. paradoxus (Taf. IX, Fig. 13.) und zwar
sechs sehr kleine gefunden.

Unter den mit kleinen Mundtheilen kann man eine Gruppe absondern,
deren Kopf- und Halstheil durch eine eigenthümliche Bildung ausgezeichnet
ist. Bei St. dentatus, venulosus und inflatus wird die Mundöffnung von
einem harten Hornring gebildet, während die Haut ringsum wulstartig
sich erhebt. Dieser Wulst wird durch eine Abschnürung vom Körper getrennt, hinter welcher die Haut sich zu einer eiförmigen, ziemlich langen, Anschwellung verdickt, die nach hinten vom Körper scharf abgegränzt ist. (Taf. IX, Fig. 1, 2.) Auf der Bauchseite liegt an der Gränze
dieser Anschwellung ein die ganze Breite des Bauches einnehmender Spalt,
dessen Bau und Bedeutung mir nicht vollkommen klar geworden ist, ich
vermuthe, dass derselbe den Gefässporus enthält.

Ueberall, wo nicht die Kleinheit des Kopfes der Beobachtung hin-
derlich ist, stehen 6 deutliche Papillen um die Mundöffnung, von denen
gewöhnlich die submedianen warzen- oder kegelförmig hervorragen.

Die Haut keiner mir bekannten Species ist mit Stacheln versehen,
dagegen bei vielen mit zahlreichen Längskanten. Es sind dies lauter solche
Species, deren Mundtheile sehr klein sind, nämlich St. ventricosus, subventricosus, striatus, filicollis, filaria, contortus, auricularis und invaginatus. Ueber
die Zahl und Vertheilung dieser Längskanten wird man das Nähere in den
Speciesbeschreibungen finden.

Das männliche Schwanzende wird von einer vorn und hinten geschlossnen
Bursa umgeben. Eine Schwanzspitze ist nicht mehr zu unterscheiden, sie
geht vollkommen in die Bursa auf. Da die Ränder der Bursa, wenigstens
in den meisten Fällen, auch vor der Geschlechtsöffnung verwachsen und
dabei lang bleiben, so verhält sich die Geschlechtsöffnung zur Bursa wie die

Oeffnung zu einem Trichter. Die Papillen verlängern sich in die Haut der Bursa rippenförmig. Um die Gestalt der Bursa und die Zahl und Stellung der Rippen zu untersuchen und bei den verschiednen Species zu vergleichen, habe ich es am zweckmässigsten gefunden, die Bursa dicht vor der Geschlechtsöffnung abzuschneiden und den Mantel des Trichters durch ein starkes Deckglas in die Fläche auszubreiten. Selbst wenn der Mantel zerreisst, bleibt das Präparat noch immer lehrreich.

Die Zahl und Stellung der Rippen unterliegt in der ganzen Gattung einem durchgreifenden Gesetze. Beginnen wir von der hintern Spitze der Bursa, wobei wir die Rippen nur in Bezug auf ihre freien Enden zählen, ohne zu berücksichtigen, ob sie Zweige eines gemeinsamen Stammes sind, so können wir der Reihe nach folgende Rippen unterscheiden.

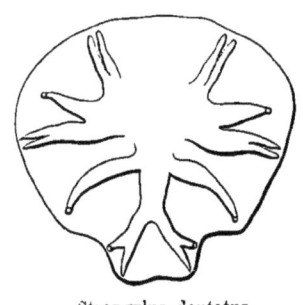

Strongylus deutatus.
Vergr. 93.

1) Hinterrippen (costae posteriores) enden am Rande und auf der Innenseite der Bursa. In nebenstehender Figur sind deren zwei vorhanden.

2) Hintere Aussenrippe (costa posterior externa). Es ist, wie auch in unserm Falle, immer nur eine vorhanden, sie endigt etwas entfernt vom Rande auf der Aussenseite der Bursa.

3) Mittelrippen (costae mediae). Sie endigen am Rande und auf der Innenseite der Bursa, es sind in unserm Falle zwei vorhanden.

4) Vordere Aussenrippe (costa anterior externa). Es ist immer, so auch hier, nur eine vorhanden, sie endigt etwas entfernt vom Rande auf der Aussenseite der Bursa.

5) Vorderrippen (costae anteriores). Sie endigen am Rande und auf der Innenseite der Bursa, es sind immer zwei vorhanden.

Man kann also zwei Arten von Rippen unterscheiden. Aussenrippen (No. 2 u. 4) und Innenrippen (No. 1, 3 u. 5). Die Aussenrippen sind an der ausgebreiteten Bursa sofort zu erkennen, indem ihr Ende stets weiter vom Rande der Bursa entfernt ist, als bei den Innenrippen. Geht man sämmtliche Figuren durch, so wird dieser Unterschied stets in die Augen springen. Taf. IX, Fig. 10 zeigt das Ende oder die Mündung einer Aussenrippe, p' ist die Costa anterior externa.

Die Unterschiede der Species zeigen sich am auffallendsten in den
Umrissen der Bursa. Auffallende Unterschiede der Rippen finden sich nur
bei den Innenrippen und auch da oft nur in so geringem Grade, dass man
sie nicht immer in der Sprache leicht ausdrücken kann. Die hauptsächlichsten Modificationen sind folgende. Die Hinterrippen sind entweder einfach, so bei St. retortaeformis und nodularis, oder doppelt, so bei St. dimidiatus,
inflatus, dentatus, venulosus u. a., oder dreifach, so bei St. armatus, tetracanthus, costatus u. a. Die Hinterrippen sind zwar immer Aeste eines gemeinsamen Stammes, aber die Länge der Aeste im Verhältniss zu der des Stammes ist sehr verschieden. Im äussersten Fall sind die Aeste nur durch seichte
Furchen begränzt, wie bei St. filaria und striatus, oder das Ende des Stammes erscheint undeutlich zerfasert, z. B. bei St. auricularis und criniformis. Mitunter kommen an den Hinterrippen kleinere Ausläufer (vergl.
den folgenden Holzschnitt) vor, welche nicht zu den eigentlichen Rippen
zählen, da sie bei derselben Species fehlen können, so bei St. ventricosus, tetracanthus und dimidiatus. Auch der Winkel, welchen die einzelnen
Hinterrippen mit einander machen, so wie die Tiefe seines Einschnittes, ist
individuell schwankend, daher für die Speciesbestimmung ohne Werth. Ein
auffallendes Beispiel bietet z. B. St. dimidiatus, von welchem hier die
Hinterrippen nach drei Exem-
plaren abgebildet sind. Auch
durch das Wachsthum scheint
die Länge der Hinterrippen
sich verändern zu können, wie
die Abbildungen der Bursa von
zwei Exemplaren des St. ar-

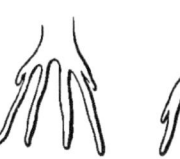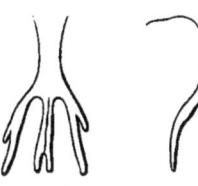

Strongylus dimidiatus.
Vergr. 90.

matus, eines frischgehäuteten und eines erwachsenen, welche wir bei der
Speciesbeschreibung gegeben haben, zeigen.

Die Mittelrippen sind nur in der Zweizahl vorhanden. Wie die
Hinterrippen können sie sich von dem gemeinsamen Stamme, welchem sie
entspringen, mehr oder weniger lang abzweigen und sogar z. B. bei St.
filaria nur durch eine an der Spitze eines gemeinsamen Stammes einge-
schnittne Furche bezeichnet sein. Sonst ist der bemerkenswertheste Unterschied, welcher bei ihnen vorkommt, der, dass sie entweder dicht an einander
liegen, wie bei St. hypostomus, auricularis, inflatus u. a. oder durch einen
Zwischenraum getrennt sind, wie bei St. armatus, tetracanthus, tubaeformis u. a.

17 *

Die Hinterrippen zeigen ebenfalls keine weitren Modificationen als dass sie entweder dicht an einander liegen, wie bei St. armatus, tetracanthus, hypostomus, oder dass sie durch einen Zwischenraum getrennt sind, wie bei St. nodularis, contortus, ventricosus u. a.

Ausser den rippenförmigen Papillen besitzen die ♂ noch eine seitliche Papille, welche in einiger Entfernung vor der Bursa steht. (Taf. IX, Fig. 10 p.) Nur bei St. monostichus nimmt sie eine andre Stellung ein, indem sie noch mit auf die Bursa tritt und als eine kurze vorderste Rippe betrachtet werden kann. Die Rippen stehen in allen Fällen auf beiden Seiten der Bursa symmetrisch, mit Ausnahme von St. cernuus und radiatus, wo die Hinterrippen und die hintern Aussenrippen unsymmetrisch gestellt sind. In der Gestalt der Bursa herrscht entweder die Längendimension oder die Breitendimension vor. Der Rand ist theils ungetheilt oder durch Einschnitte, welche zwischen der Hinterrippe und der hintern Aussenrippe liegen, getheilt. Auch die hinterste Spitze der Bursa kann ausgeschnitten sein. Bei St. contortus bildet der die Hinterrippen enthaltende Theil der Bursa einen eigenen von der übrigen Bursa ganz getrennten Lappen.

Die Geschlechtsöffnung des ♂ kann nach Belieben und bei den verschiednen Species in verschiednem Grade vorgestreckt werden. Oft, vielleicht immer, ist dieselbe mit Papillen und Erhabenheiten besetzt (Taf. IX, Fig. 12), denen ich leider keine besondre Aufmerksamkeit geschenkt habe. Ein eigenthümliches, einzig dastehendes Gebilde findet sich bei St. invaginatus, nämlich ein nach hinten gebogener, langer, vor der Geschechtsöffnung entspringender Haken, welchen ich wegen der geringen Zahl der vorhandnen Exemplare leider nicht näher untersuchen konnte.

Die Vagina ist ein Chitinrohr ohne Ringmuskeln, wohl aber setzen sich daran Längsmuskeln, welche dieselbe weit hervorstülpen können. Es geschieht dies nicht bei allen Species, sondern nur bei denjenigen, deren Vagina eine gewisse Länge hat. Wahrscheinlich für den Gebrauch der Vulva und den Begattungsact nothwendig, ist bei mehreren Species, z. B. St. hypostomus und invaginatus, die Erscheinung, dass das weibliche Schwanzende vollständig zurückgestülpt werden kann. Die Schwanzspitze kommt dadurch in den Grund eines Trichters zu liegen und die Vulva entweder in den Trichter selbst oder auf dessen Rand.

Der Oesophagus enthält, meines Wissens, in seinem hintern Bulbus nie einen Zahnapparat. Der Darm ist entweder aus zwei Reihen sechseckiger oder aus vielen polyedrischen Zellen gebildet.

1. **Strongylus armatus.** R. (Taf. VIII, Fig. 1—6. Taf. IX, Fig. 9.)

Sclerostoma equinum. Duj.
Sclerostoma armatum. Dies.

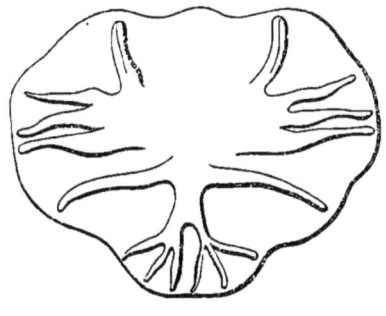

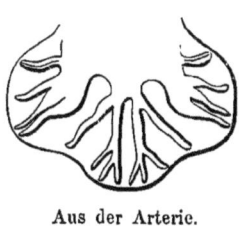

Aus der Arterie.
Vergr. 32.

Aus dem Darm.
Vergr. 32.

♀ 23—46ᵐᵐ, ♂ 20—30ᵐᵐ.

Farbe braunroth, Mundöffnung kreisrund, Submedianpapillen zipfelförmig, Lateralpapillen niedrig. Mund führt in eine nach hinten kugelförmig abgerundete Mundkapsel, der Eingang ringsum mit einer Reihe langer, steifer Wimpern besetzt, hinter welchen die Kapsel nach innen wulstig verdickt ist. Die hintre Oeffnung der Kapsel rund, viel kleiner als die vordre, von derselben steigt dorsal an der Wand der Kapsel, eine Rinne mit vorspringenden Rändern auf, am Grund derselben stehen beiderseits ein ohrförmiger Zahn, den Mitten der Seiten des Oesophagusdreiecks entsprechend zwei gleiche Zähne. Die Zahnhöhlen münden in eine Rinne, welche den Grund der hintern Oeffnung der Mundkapsel umfasst. Das ganze Rinnensystem ist auf der Innenseite mit Zähnchen (?) besetzt. Auf den vordern freien Flächen des Oesophagus stehen zwei (? oder drei) sehr kleine Zähne. Oesophagus am hintern Ende schwach kolbenförmig angeschwollen. Vulva 11ᵐᵐ (bei einer Totallänge von 43ᵐᵐ) vor der Schwanzspitze. Bursa breiter als lang. Drei Hinterrippen, Mittelrippen getrennt, Hinterrippen an einander liegend.

Equus Caballus. Besonders im Dick- und Blinddarm, zu jeder Jahreszeit. Auch in Brasilien vorkommend.

Ausgewachsen findet sich St. armatus nur im Darm. In den Aneurysmen der Darmarterien kommen aber Entwicklungsstufen vor: Larven von 11ᵐᵐ, welche 6 Papillen, einen festen Ring um den Mund, aber keine Kapsel besitzen; Geschlechtsreife, aber noch unausgewachsene Individuen von 19ᵐᵐ, welche in allen Stücken den ausgewachsenen gleichen, aber noch in der abgestreiften Haut der geschlechtslosen stecken. Man bemerke ausserdem den bedeutenden Unterschied in der Grösse der geschlechtsreifen Thiere.

Die beiden Holzschnitte zeigen, wie sich die Stellung der Rippen durch das Wachsthum verändert.

2. Strongylus tetracanthus. Mehlis. (Taf. VIII, Fig. 7 u. 8.)

Strongylus armatus. R. ex part. Proles.
Strongylus tetracanthus. Mehlis.
Sclerostoma quadridentatum. Duj.

♀ u. ♂ 16ᵐᵐ.

Mundöffnung rund, von einem hohen Hautwulst umgeben. 6 Papillen, die submedianen kegelförmig hervorstehend, führen in eine kurze Mundkapsel, deren vorderer Rand mit platten Borsten besetzt ist. Nackenpapillen vor dem Oesophagusende weit hervorstehend. Zwischen denselben liegt der sehr deutliche Gefässporus. After stark hervorgewölbt. Vulva kurz vor dem After. Bursa länglich. Drei Hinterrippen, die erste hat an ihrer Basis einen Ausläufer, der nicht constant ist. Mittelrippen getrennt. Hinterrippen dicht neben einander.

Equus Caballus, Duodenum und Coecum.

Diese Species wurde von Rudolphi für junge Individuen des Strongylus armatus gehalten. Kommt in sehr verschiedner Grösse geschlechtsreif vor,

3. Strongylus hypostomus. R. (Taf. VIII, Fig. 9 u. 10. Taf. IX, Fig. 12.)

♀ 22,5ᵐᵐ.

Mundöffnung rund, schief gestellt, senkt sich nach der Bauchseite. 6 Papillen. Mund führt in eine Mundkapsel. Kurz hinter dem Eingang ein Kranz von dreieckigen Wimpern. Die Innenfläche mit erhabnen Längskanten besetzt, die besonders nach hinten stark hervor-

Vergr. 34.

treten. Die hintere Oeffnung kreisförmig, ohne Zähne, nur rauh durch unregelmässige kleine Erhebungen. Auf der dorsalen Linie der Kapsel steigt von der hintern Oeffnung eine Rinne auf, welche sich kurz vor der Mundöffnung in zwei Arme theilt, die ebenfalls als Rinnen auf der Kapselfläche einen geschlossnen Ring bilden. Oesophagus am Hinterende schwach angeschwollen. Vulva kurz vor der Afteröffnung. Schwanz spitz und in das Innere zurückgezogen, so dass das Hinterende dick und abgerundet scheint. Spicula mit queren Streifen. Bursa rundlich. Zwei Hinterrippen, Mittelrippen an einander liegend, Hinterrippen nur wenig getrennt.

Capra Hircus. Ovis Aries. Dünndarm und Dickdarm, zu jeder Jahreszeit.

4. Strongylus cohaerens. n. sp.

♀ 9mm, ♂ 4,5mm.

6 Papillen, die Lateralpapillen sind grösser. Mundöffnung rund, mit platten Borsten besetzt, führt in eine kugelförmige Mundkapsel, auf der dorsalen Wand derselben eine Rinne. Vulva nahe dem After. Gestalt der Bursa und Zahl der Rippen war nicht zu erkennen, da nur Exemplare in der Copulation vorhanden sind und der Kitt so fest ist, dass das Thier eher zerreisst, als dass man das Paar trennen könnte.

Dasyprocta Aguti. Darm. Brasilien. v. Olfers.

5. Strongylus galeatus. R. (Taf. VIII, Fig. 11—13. Taf. IX, Fig. 8.)

Diaphanocephalus strongyloides. Dies.

♀ 9mm, ♂ 5mm.

Stirnfläche geneigt, nach der Bauchseite abfallend. Mundöffnung länglich elliptisch, von einem runden Wulst umgeben, führt in eine starke, hornige, braune Mundkapsel von elliptischem Querschnitt. In den Innenflächen der Kapsel jederseits eine eiförmige Vertiefung, deren Zeichnung von aussen sehr auffällt. 6 Papillen, deren Substanz in Vertiefungen der Kapselwand

Vergr. 75.

liegt. Oesophagusöffnung der Kapsel eng elliptisch, bedeckt von einer herzförmigen Klappe, welche mit dem schmalen Theile an der Rückseite entspringt. Oesophagus kurz und dick. Vulva kurz vor dem After. Bursa umgiebt den Schwanz wie ein schmaler Kragen. Drei Hinterrippen. Mittel- und

Vorderrippen getrennt. Die Geschlechtsöffnung liegt auf einer weit aus der Bursa hervorragenden Spitze. Die Rückseite des Körpers ist vor der Bursa kuglich angeschwollen. Zahl der Rippen unbekannt.

Podinema Teguixin, Coluber spec.? Darm. Brasilien. Die Mundkapsel dieser Species erregte in besondrer Weise Rudolphi's Aufmerksamkeit. (Synopsis S. 648.) „Ipse duorum dierum horas subsecivas huic speciei examinandae impendi, interior tamen capitis fabrica me fugit; rotundatum est, ala membranacea transversa, brevi et lata, nuchae imposita, galeam Mambrini, qua incomparabilis Heros Don Quixote caput tribus Anticyris insanabile tegere solitus fuit, in memoriam revocante.

6. Strongylus dimidiatus. R. (Taf. VIII, Fig. 14 u. 15.)

Deletrocephalus dimidiatus. Dies.

♀ 22^{mm}, ♂ 18^{mm}.

Vergr. 50.

Kopf von den Seiten her zusammengedrückt, kurz hinter der Mundöffnung an der dorsalen und ventralen Seite anschwellend, dann wieder sich verengernd. Mundöffnung elliptisch, dorsoventral gestellt, wird nach hinten sogleich sechsseitig, an jeder Seite ein vorspringender, radial gestreifter Hautlappen mit abgerundetem freien Rande; führt in eine derbe, ebenfalls elliptische Mundkapsel, die nach hinten sich verengert. Die innere Fläche der Kapsel mit Längsreihen hervorragender Zähne besetzt. Am Oesophaguseingang bildet die Kapsel dorsal und ventral einen keilartigen soliden Vorsprung (zu Muskelansätzen bestimmt), der die schon erwähnte dorsale und ventrale Anschwellung des Kopfes bildet. 6 Papillen. Die Lateralpapillen viel grösser. Schwanz spitz, leicht gekrümmt. Vulva vor dem After, wird von vorn durch eine starke, kugelartige Hervorwölbung der Haut bedeckt. Spicula wenigstens 5^{mm} lang. Bursa elliptisch breit. Zwei Hinterrippen, die zweite trägt an der Basis einen nicht constanten Ausläufer. Mittelrippen getrennt, Hinterrippen an einander liegend.

Rhea americana. Darm. Brasilien.

7. Stronygylus costatus. R. (Taf. IX, Fig. 4.)

Diaphanocephalus costatus. Dies.

♀ 15ᵐᵐ, ♂ 12ᵐᵐ.

Mundöffnung, eine dorsoventral verlaufende Spalte mit geringer Neigung, führt in eine Mundkapsel von elliptischem Querschnitt. 6 Papillen, welche tief in der Substanz der Mundkapsel liegen, die zwischen denselben liegenden acht Längsleisten fallen durch ihre tiefbraune Färbung auf. Vulva 4,5ᵐᵐ von der

Vergr. 34.

Schwanzspitze, etwas vorspringend. Bursa mit wellenförmigem Rand, breit. Drei Hinterrippen. Mittelrippen getrennt, Hinterrippen an einander liegend. Bothrops Jararacca. Darm. Brasilien. v. Olfers u. Sello.

Die Originalexemplare Rudolphi's sind noch nicht ausgewachsen und unreif, ihre Länge ist: ♀ 11,5ᵐᵐ, ♂ 8,5ᵐᵐ. Die Vulva liegt 1ᵐᵐ vom Schwanz. Das Weibchen ist noch in der Häutung begriffen. Trotzdem bin ich nicht zweifelhaft, dass die ausgewachsenen und mit reifen Eiern gefüllten Exemplare derselben Species angehören. Ich führe den Grössenunterschied als ein Beispiel des Wachsthums nach Eintritt der Geschlechtsreife an.

8. Strongylus trigonocephalus. R.

Strongylus tetragonocephalus. R. (?)

♀ 11,5ᵐᵐ, ♂ 8ᵐᵐ.

Mundkapsel wie bei St. cernuus, aber kleiner. Zähne nicht deutlich zu erkennen. Vulva 4ᵐᵐ vom Schwanzende. Bursa dreimal so breit als lang. Am Hinterrand ein tief ausgeschnittner, mittlerer Lappen. Drei Hinterrippen. Mittelrippen getrennt, Vorderrippen an einander liegend.

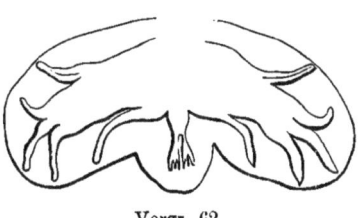

Vergr. 62.

Canis familiaris. Darm.

Die Sammlung Rudolphi's enthält diese Species nicht. St. trigonocephalus, angeblich aus dem Hunde, Geschenk des Museums zu Alfort an Rudolphi, ist der Strongylus radiatus (mihi). Es hat hierbei jedenfalls ein Irrthum stattgefunden. Unsere Beschreibung ist nach Exemplaren aus der Sammlung der Thierarzneischule. St. tetragonocephalus R. aus dem Fuchse scheint mir fast identisch mit St. trigonocephalus. Indess will ich die Sache nicht entscheiden, da mir keine ♂ zu Gebote standen.

9. Strongylus cernuus. Creplin. (Taf. IX, Fig. 6 u. 7.)

Creplin, Novae observationes de Entozois. Berlin 1829. S. 9.

♀ 21ᵐᵐ. ♂ 15,5ᵐᵐ.

Vergr. 25.

Die Mundfläche nach der Rückseite gesenkt. Der Hals nach der Rückseite gekrümmt. Mundöffnung rund, kleiner als die Mundfläche, führt in eine hornige dunkel gefärbte Kapsel von eiförmiger Gestalt. Um die Mundöffnung stehen vier Zähne, zwei jederseits, ihre Basis liegt tiefer in der Kapsel. Der freie Rand je zweier Zähne bildet eine ununterbrochene Wellenlinie. Die zwei am Bauch liegenden Zähne sind dick und stark lichtbrechend. Die am Rücken liegenden dünn und farblos. Sie ragen nach dem Innern der Mundöffnung. An der hintern Oeffnung der Mundkapsel steht dorsal ein grosser, kegelförmiger Zahn, ihm gegenüber jederseits ein kleinerer. Eine Rinne ist nicht vorhanden. 6 Mundpapillen. Die lateralen die grössten, die dorsalen die kleinsten. Vielleicht zwischen der lateralen und dorsalen noch eine Papille. Vulva liegt etwas vor der Mitte. Die Uteri gehen in entgegengesetzter Richtung ab. Die Ovarien liegen grösstentheils nach hinten. Bursa tief trichterförmig, lässt sich ohne Zerreissung nicht ausbreiten. Die Rippen unsymmetrisch, die der einen Hälfte immer länger als die der andern. Zwei Hinterrippen. Mittelrippen getrennt, Vorderrippen an einander liegend.

Ovis Aries. Capra Hircus. Dünndarm.

Mit Unrecht bezweifelten Mehlis (Isis 1831. S. 78), Dujardin und Diesing die Selbstständigkeit dieser Species. Sie kommt vielfach mit Strongylus hypostomus zusammen vor, aber schon mit blossem Auge sind beide Species zu unterscheiden. Der Kopf von St. cernuus ist spitz, da der Körper hinter der Mundkapsel schnell an Dicke zunimmt, während er bei St. hypostomus mehr rundlich angeschwollen ist. Bei St. cernuus kann man auch die Mundkapsel nicht erkennen, wohl aber bei St. hypostomus.

10. Strongylus radiatus. R.

Strongylus radiatus. R. ex parte.

♀ 24ᵐⁱⁿ.

Kopfbildung, Mundkapsel St. cernuus sehr ähnlich. An der hintern Oeffnung der Mundkapsel sechs hakenförmig gekrümmte Zähne. Lage der Vulva und Bildung der Bursa wie bei St. cernuus.

Bos Taurus (Vitula). Duodenum.

In der Flasche, welche die Originalexemplare des St. radiatus R. enthielt, befanden sich drei Species: St. ventricosus R., inflatus mihi und radiatus. Von der letzten Species leider so wenig Exemplare, dass ich nur die obige sehr unvollkommne Beschreibung entwerfen konnte. Von den sechs hakenförmigen Zähnen muss ich es ungewiss lassen, ob sie der Mundkapsel oder dem Vorderende des Oesophagus aufsitzen. Diese Beschreibung stellt wenigstens das Vorkommen einer dem St. cernuus ähnlichen Species im Kalbe fest. Die Unterschiede der beiden Species sicher zu bestimmen, muss ich weiteren Untersuchungen überlassen.

11. Strongylus criniformis. R.

♀ 8ᵐⁱⁿ, ♂ 6ᵐⁱⁿ.

Kopfbildung schliesst sich ganz Strongylus cernuus an. Vulva? Hinterrippen zwei kleine undeutliche Aeste. Mittelrippen getrennt, Vorderrippen an einander liegend.

Meles Taxus. Darm.

Nur die Originalexemplare sind vorhanden und schlecht erhalten.

Vergr. 62.

12. Strongylus duodenalis. Dubini. (Taf. IX, Fig. 3.)

Ancylostomum duodenale. Dubini, Entozoografia umana. Milano 1850. pag 102. Taf. V.

Ancylostomum duodenale. Billharz, Zeitschrift f. w. Zoologie. IV. p. 55. (m. Ab.)

♀ 12ᵐⁱⁿ, ♂ 10ᵐᵘᵐ.

Kopf nach der Rückseite gekrümmt. Mundöffnung schief, senkt sich nach dem Rücken. Mundkapsel an der vordern Oeffnung jederseits mit zwei Zähnen, die ventralen in zwei scharfe krallenartige Spitzen getheilt, die dorsalen eben-

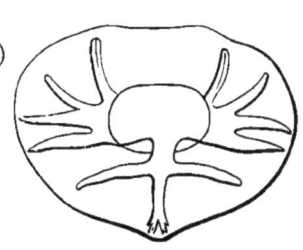

Vergr. 50.

18 *

falls stark mit abgerundeter, nach aussen gebogener Spitze. Nackenpapillen. Der Gefässporus, in der Mitte des Oesophagus gelegen, deutlich. Vulva 4,5ᵐᵐ vom Schwanzende. Schwanz kurz. Bursa breiter als lang. Drei kurze undeutliche Hinterrippen. Seitenrippen getrennt, Vorderrippen an einander liegend. Spicula 2ᵐᵐ lang, sehr dünn. Homo. Duodenum und Jejunum. Island. Italien. Aegypten.

Billharz berichtet über sein Vorkommen Folgendes: Der Wurm beisst sich in der Schleimhaut fest und saugt das Blut. An der Stelle, wo er festsitzt, findet sich eine linsengrosse Ecchymose, in deren Mitte ein weisser Fleck von Stecknadelgrösse, dieser weisse Fleck ist in der Mitte durchbohrt, bis in das submucöse Bindegewebe. Manchmal bildet die Schleimhaut flache Erhabenheiten von Linsengrösse und blassblaurother Farbe, welche eine mit Blut gefüllte Höhle einschliessen. Darin liegt zusammengerollt ein solcher Wurm.

Die beiden Beschreibungen von Dubini und Billharz ergänzen sich und sind vollkommen richtig. Ueber sein Vorkommen in Island kenne ich nur die Angabe von van Beneden und Gervais (Zoologie médic. Bd. 2. S. 109), welche Eschricht als Gewährsmann anführen.

An der Geschlechtsöffnung aller von mir beobachteten ♂ sitzt ein kleines, glockenförmiges, auf der Bauchseite aufgeschlitztes Gebilde. Ist es ein hervorgestülptes Stück des Vas deferens? Es scheint nicht immer vorhanden zu sein, von Billharz wird es wenigstens nicht erwähnt.

13. Strongylus tubaeformis. Zed. (Taf. IX, Fig. 5.)

♀ 15ᵐᵐ, ♂ 8ᵐᵐ.

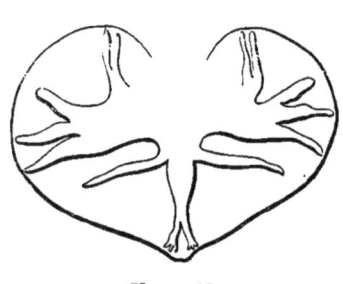

Vergr. 93.

Kopf abgerundet. Mundöffnung schief, Mundkapsel klein, steht weit von der Haut ab. Ein Zahn an der Bauchseite, nur wenig vorstehend, mit abgerundeter Schneide, von der Mitte des Zahns läuft eine scharfe Kante nach hinten. Der Zahn an der Rückseite ragt aus der Mundkapsel hervor. Vulva? Schwanz des ♀ konisch mit abgerundeter Spitze, auf welcher ein kurzer besonderer Stachel sitzt. Bursa breit. Drei kleine Hinterrippen. Mittelrippen getrennt, Vorderrippen durch einen kleinen Zwischenraum getrennt.

Felis Leo. Dünndarm. Berlin. Zoologischer Garten.

Es standen mir nur zwei nicht besonders erhaltene Exemplare zur Verfügung.

14. Strongylus dentatus. R. (Taf. IX, Fig. 2.)

♀ 13ᵐᵐ.

Mundöffnung rund, nach innen mit Borsten
besetzt. 6 Papillen. Hals mit eiförmiger An-
schwellung. Bauchspalte. Keine Seitenmem-
bran. Vulva kurz vor dem After, von einem
Wulst umgeben, der ähnlich wie bei inflatus.
Bursa so lang als breit. Zwei Hinterrippen.
Mittelrippen an einander liegend, ebenso die
Hinterrippen.

Sus Scrofa. Dicotyles labiatus
(in Berlin gestorben). Coecum und Colon.

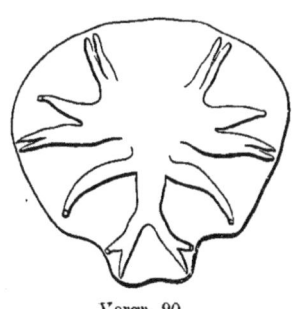

Vergr. 90.

15. Strongylus inflatus. n. sp.

Strongylus radiatus. R. ex parte.

♀ 20,5ᵐᵐ, ♂ 15ᵐᵐ.

Mundöffnung rund von einem Wulst umgeben. 6 Papillen. Der Hals eiförmig angeschwollen. Bauchspalte. Unmittelbar hinter derselben beginnt eine sehr breite Seitenmembran.
Kurz hinter der Spalte eine Papille, welche die
Haut der Seitenmembran durchsetzt und mit einer
feinen Spitze endigt. Vulva nahe dem After mit
einem Wulst umgeben. Bursa wenig breiter als lang. Zwei Hinterrippen.
Mittelrippen und Hinterrippen an einander liegend.

Vergr. 62.

Bos Taurus. Colon.

Die drei Species St. dentatus, venulosus und inflatus sind sich in der Bursa
und Kopfbildung sehr ähnlich, das Verhalten der Seitenmembran zeigt jedoch
einen sehr scharfen Unterschied.

16. Strongylus venulosus. R. (Taf. IX, Fig. 1 u. 10.)

Strongylus venulosus. R. ex parte.

Strongylus venulosus. Dies.

♀ 23ᵐᵐ, ♂ 15,7ᵐᵐ.

Mundöffnung rund. Um den Mund ein wulstiger Saum, darauf die
Papillen münden. Hals mit eiförmiger Anschwellung. Bauchspalte. Weiter

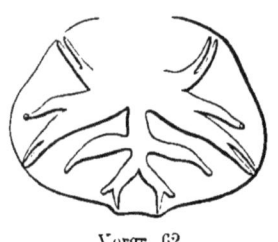

Vergr. 62.

nach hinten stehen spitz hervorragende Nackenpapillen. Hinter denselben beginnt eine Seitenmembran. Schwanz spitz. After kurz vor der
Schwanzspitze. Vulva nahe dem After. Bursa
breiter als lang. Zwei Hinterrippen. Mittelrippen
an einander liegend, ebenso die Vorderrippen.
Capra Hircus. Darm.

In der Flasche, welche Rudolphi's Original-
exemplare enthielt, befand sich gleichzeitig und zum grössern Theil Strongylus
hypostomus und St. cernuus. Dujardin identificirt Strongylus radiatus R. und
St. venulosus R.

17. Strongylus monostichus. Diesing.

Sclerostomum monostichum. Diesing, Denkschriften d. kais. Academie
d. Wissenschaften zu Wien. Bd. XIII. S. 22. Taf. III, Fig.15—24.

♀ 38^{mm}, ♂ 17^{mm}.

Vergr. 50.

4 zipfelförmig hervorstehende Papillen. Mundöffnung rund, von platten, spitzen
Borsten umgeben, führt in eine Mundkapsel.
Die Haut am Hals ist stark verdickt. 2 fadenförmig hervorragende Nackenpapillen,
hinter welchen die Haut wieder dünner
wird. Keine Seitenmembran. Keine Bauchspalte. Auch die Haut am Schwanz stark
verdickt. Vulva unmittelbar vor dem After.
Bursa mit einem tief ausgeschnittnen mitt-
leren Lappen. Zwei Hinterrippen, deren zweite sehr kurz ist. Mittelrippen
getrennt, Hinterrippen an einander liegend. Vor den Vorderrippen noch
eine vorderste Rippe auf der Bursa — die seitliche Papille, welche sonst
nicht auf der Bursa steht. —

Tapirus americanus. Darm. Brasilien. v. Olfers.

Diese Species steht in der Mitte zwischen denen mit angeschwollnem Hals
und denen mit glattem Hals.

Nach Molin (Memorie de l'Instituto Veneto delle scienze. Vol. IX, 1860.
pag. 446 und 448) kommen in Tapirus americanus zwei nahestehende Species
von Strongylus vor.

18. Strongylus nodularis. R.

♀ 10,5ᵐᵐ.

Mundöffnung rund, mit einem Wulst umgeben, führt in eine sehr kurze Mundkapsel. Das vordere Oesophagusende mit drei Zähnen besetzt, welche meist aus der Mundkapsel hervorragen. Vulva 1,5ᵐᵐ vom Schwanzende, die Uterustheilung liegt über der Vulva.

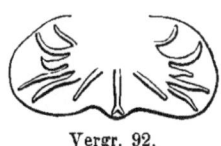

Vergr. 92.

Bursa breit. Eine kurze Hinterrippe. Mittel- und Vorderrippen getrennt. Spicula kurz platt.

. Anas segetum. Zwischen der Muskel- und Schleimhaut des Magens.

Die hier beschriebnen Exemplare sind ohne reife Eier und unausgewachsen.

19. Strongylus micrurus. Mehlis.

♀ 60ᵐᵐ, ♂ 35ᵐᵐ.

Mund rund, ohne bemerkbare Papillen. Haut glatt. Vulva 18ᵐᵐ vom Schwanz. Lebendig gebärend. Bursa klein, rund. Hinterrippen drei Einkerbungen der Spitze des gemeinsamen Stammes. Mittelrippen einfach, Hinterrippen getrennt. Spicula kurz und kräftig, tief braun gefärbt.

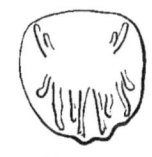

Vergr. 62.

Bos Taurus. (Vacca.) Aneurysma der Arterien. (Gurlt.)

Steht dem St. Filaria R. sehr nahe, unterscheidet sich aber bestimmt durch die verschiedne Lage der Vulva und den Mangel aller Hautkanten.

20. Strongylus commutatus. Dies.

Strongylus retortaeformis. R. ex parte. Specimina majora.

♀ 50ᵐᵐ.

Kopf flach abgerundet, ohne bemerkbare Papillen und Bewaffnung. Körper dünn, fadenförmig. Vulva sehr nahe am After. Bursa klein, rund. Hinterrippen fehlen (?). Mittelrippen getrennt, ebenso die Vorderrippen.

Vergr. 90.

Lepus timidus. Trachea und Bronchien.

21. Strongylus retortaeformis. Zed.

Strongylus retortaeformis. R. ex parte. Specimina minora.

♀ 5ᵐᵐ.

Mund klein, unbestimmbar. Vulva etwas hinter
der Körpermitte gelegen. Körper des ♂ am Hinterende
auffallend dicker. Spicula kurz, platt. Bursa breit. Eine
Hinterrippe. Mittelrippen getrennt, ebenso die Vorderrippen.
Lepus timidus. Dünndarm.

22. Strongylus paradoxus. Mehlis. (Taf. IX, Fig. 13.)

Strongylus suis. R.

Strongylus paradoxus. Mehlis. Isis 1831. S. 84.

♀ 30—35ᵐᵐ, ♂ 20ᵐᵐ.

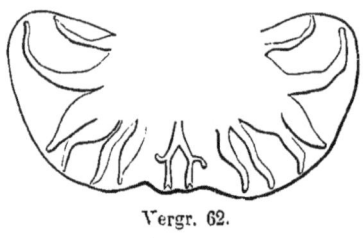

Mund von sechs Lippen umgeben. Die zwei seitlichen grösser. Vulva nahe am After, wulstartig hervortretend, von einem blasigen Anhange umgeben, der
schon für das blosse Auge sichtlich. Schwanzende des ♂
an der Basis der Bursa stark nach der Bauchseite gekrümmt. Bursa vielfach gefaltet, lässt sich ohne Zerreissung nicht ausbreiten. Ich kann daher nur die unvollständige Abbildung geben und unterlasse jede Beschreibung.

Vergr. 62.

Sus Scrofa, ferus und domesticus. Bronchien.

23. Strongylus ventricosus. R. (Taf. VIII, Fig. 16.)

Strongylus radiatus. R. ex parte. Specimina minora.

♀ 11,5ᵐⁱⁿ.

Körper dünn, Kopf sehr klein,
etwas verbreitert. Papillen nicht erkannt. Vierzehn zierlich quergestreifte
Längskanten der Haut. Fünf grössere
stehen in gleichen Abständen auf der
Rücken- und Bauchfläche, je zwei kleinere in geringerm Abstande in den Sei-

Vergr. 62.

tenflächen. Vulva hinter der Mitte. Die Cutis vor und hinter der Vulva auf eine kurze Strecke sehr verdickt, so dass der Körper an dieser Stelle stark sich verbreitert. Uteri nach vorn und hinten. Männliches Schwanzende stark angeschwollen. Bursa breit, zwei kurze Hinterrippen an der Basis ihres Stammes, ein nicht constanter Ausläufer. Seitenrippen getrennt, ebenso die Hinterrippen.

Bos Taurus. Cervus Elaphus. Dünndarm.

Die Verdickung der Vulva ist von Rudolphi (Ent. h. n. II. p. 263) richtig beschrieben: „Vulva pone partem gibbosam."

24. Strongylus subventricosus. n. sp.

♀ 12ᵐᵐ, ♂ 9,5ᵐᵐ.

Kopf rund, ohne bemerkliche Papillen oder Zähne. Körper mit Längskanten, 12—14 (ihre Zahl scheint an den verschiednen Stellen ungleich). Sehr niedrige Seitenmembran. Vulva 2ᵐᵐ vom Schwanz. Der Körper ist durch Verdickung der Bauchhaut in der Nähe derselben verbreitert. Die Uteri gehen zuerst in entgegengesetzter Richtung. Der hintere Ast wendet sich jedoch nach vorn, so dass die Ovarien fast ganz nach vorn liegen.

Rana cornuta. Darm. Brasilien. v. Olfers u. Sello.

25. Strongylus striatus. Zed.

♀ 15ᵐᵐ, ♂ 7ᵐᵐ.

Mundtheile sehr klein. Nackenpapillen sehr nahe am Kopf. Körperoberfläche mit Längs- und Querkanten. Die erstern sind zahlreich, die letztern in grössern Abständen. Die Durchschnittsstellen der Quer- und Längskanten sind höckerartig verdickt. Beim ♀ sind die Querkanten vom Kopf

Vergr. 90.

bis zum Schwanz vorhanden, beim ♂ vom Kopf ab nur 16—17, davon die hintern sehr niedrig. Vulva ein wenig vor der Mitte, die Haut im Umkreis derselben verdickt. Bursa fast rund. Zwei undeutliche Hinterrippen. Mittelrippen getrennt, ebenso die Vorderrippen.

Erinaceus europaeus. Bronchien. Berlin.

26. Strongylus filicollis. R.

♀ 18ᵐᵐ, ♂ 9ᵐᵐ.

Kopf sehr klein. Vorderleib fadenförmig, Hinterleib dick. 18 Längskanten auf der Haut, in glei-

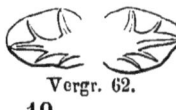

Vergr. 62.

Schneider, Nematoden.

19

chen Zwischenräumen stehend, ein grösserer Zwischenraum fällt auf die
Seitenfläche. Vulva 9''' vom Schwanz. Eier gross, elliptisch. Bursa zerfällt in zwei seitliche Lappen, eine Zange bildend. Spicula lang und dünn.
Ovis Aries. Capra Hircus. Duodenum. In jungen Thieren.
Seine Gestalt ist den Trichocephalen etwas ähnlich. Die Anschwellung
des Hinterleibes entsteht dadurch, dass die Ovarien zum grössern Theil im Hin-
terleibe liegen und die reifen Eier eine sonst bei den Strongylus ungewöhnliche
Grösse erreichen. An der Abbildung der Bursa fehlen die Hinterrippen. Es war
jedoch wegen der geringen Zahl der vorhandnen Exemplare nicht möglich ein
bessres Präparat zu erhalten.
Dujardin hält mit Unrecht St. contortus R. und St. filicollis R. für identisch.

27. Strongylus filaria. R.

♀ 70'''', ♂ 25''''.

Mundöffnung rund. Kopf abgerundet, ohne bemerkbare Papillen. Haut mit sehr vielen zarten Längskanten.
Vulva 30''' vom Schwanzende. Eierstöcke symmetrisch
nach hinten und vorn. Uterus mit freien Embryonen gefüllt. Bursa lang. Drei Hinterrippen, seichte Einkerbungen des Stammes. Zwei Mittelrippen, ebenfalls seichte Einkerbungen. Vorderrippen getrennt. Spicula kurz und sehr
dick, dunkelbraun.

Vergr. 62.

Ovis Aries. Bronchien.

28. Strongylus contortus. R.

♀ 18'''', ♂ 15''''.

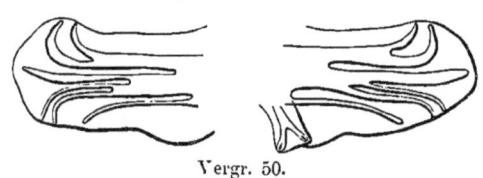

Mund rund, ohne be-
merkbare Lippen und Papillen. Haut in 18 Längskanten
erhaben, welche in gleichen
Vergr. 50.   Zwischenräumen stehen, nur
der auf die Seite fallende Zwischenraum ist grösser, in der Seitenlinie zwei
zarte neben einander stehende Längskanten. Vulva 3''' vom Schwanzende. Zur Seite der Vulva steht jederseits ein fingerförmiger Fortsatz von
ungleicher Länge. Der eine ist 0,5''' lang, schon mit blossem Auge sichtbar. Der andre ist nur ein kleiner Höcker und fehlt bisweilen ganz. Bursa
zerfällt in zwei lange, zangenartig zusammengreifende Lappen, der Mittel-

lappen ist ganz klein, steht unsymmetrisch nach innen vor einem der Seitenlappen. Zwei Hinterrippen, nur durch einen seichten Einschnitt getrennt, an einander liegend. Mittelrippen getrennt, ebenso die Vorderrippen. Ovis Aries. Magen. Gurlt.

Die Originalexemplare Rudolphi's sind nicht mehr vorhanden.

29. Strongylus auricularis. R. (Taf. IX, Fig. 11.)

Strongylus auricularis. R.

Strongylus subauricularis. R.

♀ 19ᵐᵐ, ♂ 10ᵐᵐ.

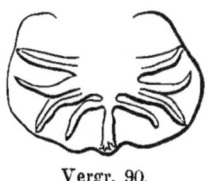

Kopf klein, Haut mit vielen, etwa 30, Längskanten. Vulva etwas hinter der Mitte. Bursa breit. Zwei undeutliche Hinterrippen. Mittelrippen sich berührend, ebenso die Vorderrippen. Spicula platt, rinnenförmig, am Hinterende in drei lange, parallele Aeste zerfallend, von denen zwei mehr gerade und spitz, der dritte gewunden und geknöpft.

Vergr. 90.

Alle Batrachier, Lacerten, Anguis fragilis in Europa. Rana musica in Brasilien. Dünndarm.

Die beiden Species St. auricularis R. und subauricularis R. stimmen in allen von mir geprüften Theilen, ins Besondre der Bursa und der merkwürdigen Gestalt der Spicula, vollkommen überein.

30. Strongylus invaginatus. (Taf. VII, Fig. 17.)

♀ 11ᵐᵐ, ♂ 10ᵐᵐ.

Kopf ohne bemerkbare Lippen und Papillen. Haut um den Kopf etwas aufgetrieben. 12 Längskanten der Haut. Die Längskanten entsprechen ebensoviel nach aussen zugespitzten, dunkel gefärbten Leisten, welche die äussere Hautschicht durchsetzen. Diese Leisten sind in den Seitenlinien am höchsten, nach dem Rücken und Bauch zu werden sie niedriger. Die in den Seitenlinien liegenden Leisten stehen in der

Vergr. 34.

Verlängerung des Radius, die andern neigen sich alle vom Radius ab nach einer Seite. Der Schwanz des ♀ ist sehr weit und vollständig in sich zurückgestülpt, das äusserlich sichtbare Ende ist deshalb dicker als der Kopf und enthält eine grosse Oeffnung, die in den zurückgestülpten Schwanz führt. Vulva und After nicht gefunden. Sie liegen wahrschein-

19 *

lich in der Einstülpung. Bursa sehr weit ausgeschnitten. Vor der Geschlechtsöffnung (♂) liegt ein langer, an seiner Basis hakenförmig gekrümmter
Fortsatz, welcher einen Kanal einschliesst. Zwei Hinterrippen. Mittelrippen
getrennt, Hinterrippen wahrscheinlich an einander liegend.

Coluber spec.? Brasilien. v. Olfers und Sello.

Da mir nur wenig Exemplare und besonders wenig ♂ zu Gebote standen,
ist die Beschreibung der Bursa nicht ganz zuverlässig.

XIX. Pelodera. Sch.

Rhabditis. Duj. ex parte.
Anguillula aut.

Da die Gattungen Pelodera und Leptodera früher vereinigt waren
und in der That durch Bau und Lebensweise sich sehr nahe stehen, so
werde ich vielfach von beiden zugleich sprechen müssen. Der grösste
Theil der zu denselben gehörigen Nematoden ist von den ältern Autoren
als Vibrio und Anguillula, von Dujardin als Rhabditis bezeichnet worden.
Die Gattung Rhabditis besteht bei Dujardin aus den Species R. terricola,
aceti, tritici und glutinis. Trennen wir R. tritici ab, die nicht bloss in
eine andre Gattung (Anguillula), sondern sogar in eine andre Abtheilung
gestellt werden muss, so besteht dieselbe nur aus drei oder vielmehr, da
R. aceti und glutinis, wie sich zeigen wird, identisch sind, nur aus zwei
Species, welche beide in feuchter Erde oder gährenden und faulenden Substanzen vorkommen. Allein dort finden sich nicht bloss diese zwei, sondern
eine grosse Zahl von mir gewiss nur zum geringsten Theil beobachteter
Species, unter welchen sich sogar zwei Gattungen Pelodera und Leptodera
unterscheiden lassen. Ich hätte eine derselben Rhabditis nennen können,
da aber die Beziehung jener beiden Gattungen zu Rhabditis Duj. sehr verwickelt ist, ziehe ich vor, diesen Namen ganz fallen zu lassen.

Die Gattung Leptodera besteht nicht ausschliesslich aus freilebenden
Thieren, sondern ich habe damit, ausser einer neuen Species, zwei von
Dujardin zuerst beschriebne Species, deren jede bei ihm zugleich eine
Gattung vertritt, vereinigt, Leptodera flexilis und Angiostoma limacis, beide
in Limaceen schmarotzend. Ja ich habe den Namen Leptodera für die Gattung
gewählt, weil L. flexilis in einer so vortrefflichen Weise von Dujardin
beschrieben und abgebildet worden ist.

Diese nahe Verwandtschaft und dadurch bedingte grosse äussere Aehnlichkeit freilebender und in den Limaceen schmarotzender Species ist die Quelle einer Verwirrung gewesen, welche sich jetzt in befriedigender Weise aufklären lässt. Will [1]) entdeckte nämlich, dass sich in faulenden Limaceen immer gewisse Nematoden einfinden, welche er als Angiostoma limacis bestimmte, wenn es ihm auch klar war, dass die Beschreibung Dujardin's nicht genau auf dieselben passte. Ich selbst fand später ebenfalls Nematoden in faulenden Schnecken und nannte sie auch Angiostoma limacis, [2]) bis ich nach verschiednen Wandlungen meinen Irrthum einsah. Es mag dieser Irrthum gegenwärtig als ein sehr grober erscheinen, allein bei der grossen Unsicherheit in der Systematik der Nematoden und dem Mangel an zahlreichen Abbildungen war es damals ungemein schwierig, eine Nematodenspecies zu bestimmen, ja ich setzte mehr Misstrauen in die vorhandne Litteratur, als sie wirklich verdiente, denn nur wenn man eine grosse Zahl Species aus eigner Anschauung kannte, war es möglich die Beschreibungen zu verstehen.

Die hierher gehörenden Nematoden sind schon mehrfach von andern Forschern, so von Grube [3]) und Claus [4]) beschrieben worden; indess ist keine ihrer Species so characterisirt, dass sie wieder zu erkennen wäre. Ich bin weit entfernt diesen Schriftstellern eine Ungenauigkeit vorzuwerfen, denn erst durch Beschäftigung mit der gesammten Ordnung war es möglich diejenigen Charactere zu finden, welche für die Speciesbestimmung nothwendig sind, und die man aus der Kenntniss einiger weniger Species unmöglich ableiten kann.

Der Aufenthalt der freilebenden Species beider Gattungen ist die feuchte Erde und bei einigen auch das Wasser. Ihre Nahrung finden sie jedoch nur in faulenden, stickstoffhaltigen Substanzen. Ich muss hier um die Lebensweise dieser Thiere zu schildern, theilweise auf ihre Entwicklung eingehen, die erst weiter unten im entwicklungsgeschichtlichen Theil noch näher erörtert werden soll. Ueberall in der Erde und im Wasser finden sich die geschlechtslosen Larven dieser Thiere in grossen Mengen zerstreut, aber sobald sich in ihrer Nähe ein Fäulnissheerd bildet, so krie-

[1]) Wiegmann's Archiv f. Naturg. 1848. Bd. I. S. 174.
[2]) Monatsberichte der Berl. Academ. 1856. S. 192. Müller's Archiv. 1858. S. 426.
[3]) Troschel's Archiv f. Naturg. 1849. Bd. I. S. 361.
[4]) Siebold und Kölliker, Zeitschrift f. w. Z. Bd. XII. S. 354.

chen sie, vielleicht durch den Geruch geleitet, danach hin, werden geschlechtsreif und die Jungen, welche sie gebären, entwickeln sich an Ort und Stelle ebenfalls zu geschlechtsreifen Thieren. Haben nun geschlechtsreife Thiere einige Zeit in solcher faulenden Substanz gelebt, so erwacht in ihnen ein Wandertrieb, der sie veranlasst den Heerd der Fäulniss zu verlassen und nach allen Richtungen weiter zu kriechen. Dabei gebären sie Junge, welche sich der Wanderung ebenfalls anschliessen. Diese Wanderungen geschehen meist schaarenweise, so dass sie durch ihre Menge sich gegenseitig eine Zeit lang vor Verdunstung schützen können. Trocknen sie nicht ein, dann sterben die Alten zwar ab, die Jungen aber setzen ihre Bewegungen, sei es in Wasser, sei es in feuchter Erde, fort, indem sie in einen Cystenzustand übergehen, in welchem die Bewegungen nicht gehemmt sind, der Mund aber vollständig verschlossen ist. Auf diese Weise können sie ohne Nahrung zu sich zu nehmen mehrere Wochen leben, allein wenn sie bis dahin keinen neuen Fäulnissheerd gefunden haben, sterben auch die Jungen ab, indem ihr Körper in fettglänzende Tropfen zerfällt. Nehmen wir nun den andern Fall, dass eine solche wandernde Schaar vertrocknet, so wird nur ein Theil derselben untergehen, nämlich die Alten, die Jungen gehen vielmehr in einen Cystenzustand über und können bei einer erneuten Befeuchtung wieder aufwachen. Während dieser Wanderungen suchen einige Species auch andre Thiere auf; L. appendiculata dringt in das Innere von Limax ater, P. pellio in die Leibeshöhle von Lumbricus agricola, P. papillosa lebt auf der Leibeshaut von Limax ater. Erst beim Verlassen oder dem Absterben ihrer Wirthe werden diese Einwandrer geschlechtsreif, doch ist bei keinem derselben der parasitische Zustand für die Entwicklung nothwendig. Die Wege, auf welchen die Cysten dieser Würmer verbreitet werden, sind gewiss wie bei den Infusorien sehr zahlreich. Hat man ein Gefäss stehen, in welchem man immer eine Fäulniss unterhält, so wechseln die Species in der mannichfaltigsten Weise ab, die eine stirbt aus, eine neue tritt auf, ohne dass man einen Grund dafür angeben könnte.

Legt man in irgend ein Gefäss [1]) mit Erde ein Stück faulendes Fleisch oder giesst man Blut, Milch oder dergleichen darauf, so wird .

---

[1]) Die Entwicklung und Züchtung in faulenden Substanzen wurde von mir im Jahre 1856 entdeckt und beschrieben (Monatsberichte d. Berl. Acad. 1856). Ich hielt zuerst die Schnecken für durchaus nothwendig, um diese Thiere zu erhalten, und es bedurfte einiger Mühe, um mich von dieser Vorstellung loszureissen und zu bemerken, dass man bloss durch Hinzuthun einer organischen Substanz diese Colonien beliebige Zeit am Leben

man sicher sein, eine der hierher gehörigen Species zu erhalten. Indem ich die Erde aus den verschiedensten Orten entnahm, Schlamm der Gewässer, faulendes Holz aus hohlen Bäumen, Garten-, Ackererde u. s. w., habe ich mir diese verschiednen Species verschafft. Um die nöthige Feuchtigkeit zu unterhalten, muss man die Erde immer befeuchten oder das Gefäss bedeckt halten. Dabei ist aber zu berücksichtigen, dass man die Fäulniss nicht bis zu einem zu hohen Grade gelangen lässt. Weitere Versuche müssen diese Bedingungen präcisiren. Es sterben diese Thiere z. B. bei einer Temperatur von 25⁰ R., nicht, wie ich glaube, von der Höhe der Temperatur, sondern von der zu starken Fäulniss. Sie sterben ferner, wenn die Erde mit mehr Wasser bedeckt ist als sie aufsaugen kann. Leptodera oxophila lebt allerdings im Essig so auch noch einige Species von Pelodera, die ich aber wegen mangelhafter Kenntniss nicht mit aufgeführt habe, im Wasser, aber die geschlechtsreifen Thiere sind nur an der Oberfläche zu finden. In Wasser, welches deutlich nach Ammoniak und Schwefelwasserstoff riecht, sterben alle Species.

Der Mund ist bei Pelodera immer mit Lippen und zwar entweder drei oder sechs umgeben, die sich bei der Kleinheit nicht näher beschreiben lassen.

Der Schwanz der Weibchen ist entweder kuppelförmig mit aufgesetzter Spitze, wie bei P. strongyloides, mucronata und papillosa, oder kegelförmig, wie bei P. Pellio. Die Gestalt des Schwanzes kann sich je nach der Dicke des Weibchen und namentlich je nach dem Grade, in welchem der Leib durch die Entwicklung der Eier aufgetrieben ist, etwas ändern, jedoch nie geht die kuppelförmige in die kegelförmige Gestalt über. Will (l. c.) glaubt grosse individuelle Schwankungen in der Schwanzform zu finden und ich selbst war lange Zeit derselben Ansicht, allein es ist mir jetzt gewiss, dass wir damals nur verschiedne, in demselben Gefässe zeitlich hinter einander aufgetretne Species vor Augen hatten, welche uns als Varietäten vorgekommen sind.

Die Vulva ist ein breiter, fast die ganze Bauchseite einnehmender Spalt, an welche sich ein häutiger Sack, der Uterus, unmittelbar ansetzt, so dass der sonst gewöhnliche röhrenförmige Ausführungsgang, die Vagina, ganz fehlt.

---

und in der Vermehrung erhalten könne. Es hat diese einfache Methode einen grossen Werth für die Beobachtung der Nematoden, besonders seit durch die wichtige Entdeckung von Leukart und Mecznikow die Entwicklung von Ascaris nigrovenosa auf diese Weise aufgeklärt worden ist. Ich werde davon weiter unten in dem Capitel über die Entwicklungsgeschichte sprechen.

Der Schwanz des Männchen ist von einer Bursa umgeben, welche hinten das Schwanzende umfasst, so aber, dass man die Umrisse der Schwanzspitze noch deutlich erkennen kann. Die Bursa beginnt bereits vor dem After, ohne dass jedoch die Ränder von beiden Seiten sich vereinigen. Die Zahl der Papillen scheint nur geringen Schwankungen zu unterliegen. Zwei Species sind sich sogar in Gestalt der Bursa, Zahl und Stellung der Papillen ganz gleich. Welche Papillen vor oder hinter dem After liegen, ist schwer zu entscheiden, da der After durch Contractionen verschoben und in verschiednem Grad vorgestreckt werden kann. Aus diesem Grund lege ich hier auf den Unterschied der prae- und postanalen Papillen kein Gewicht.

Die Spicula sind entweder getrennt, oder an ihren Spitzen verwachsen. Zwei Species haben lange Drüsenschläuche, welche vom Hinterende des Vas deferens nach vorn verlaufen. [1]

Der Oesophagus steht mit dem Munde immer durch ein Vestibulum in Verbindung, an dessen Hinterende drei sehr kleine Zähnchen stehen. Er besitzt zwei Anschwellungen, in der hintren liegt ein dreieckiger Zahnapparat.

Der Darm besteht immer aus zwei Reihen sechseckiger Zellen.

1. Pelodera strongyloides. n. sp. (Taf. X, Fig. 9.)

Pelodytes strongyloides. Sch. Reichert und Dubois Archiv. 1860. pag. 228 und Taf. VI, Fig. 12.

♀ 2^mm.

Mund sechslippig. Vestibulum. Oesophagus mit einem mittlern länglichen Bulbus und einem hintern runden. Schwanz des ♀ kuppelförmig sehr allmählich sich zuspitzend. Rand der Bursa hinten spitz. 10 Papillen, alle rippenförmig und bis an den Rand der Bursa reichend. 1—8 stehen in gleichen Abständen dicht hinter einander von der Schwanzspitze an; zwischen 8 und 9 ein grössrer Abstand, 9 und 10 folgen sich in kleinem Abstande. Spicula am Hinterende auf drei Viertel der Länge verwachsen, das vordere Viertel divergirend. Ein vorn hakenförmig gebogenes accessorisches Stück. Zwei lange Drüsenschläuche münden in das Vas deferens.

---

[1] Will l. c. hat diese Drüsen von den Hoden nicht unterschieden und glaubt irrthümlich, dass die Hoden paarig sind.

In feuchter Erde und faulenden Substanzen.

Bei der Begattung bildet sich um die Vulva ein breiter, mit hohen Rändern versehener Sattel von Kitt, welcher noch lange daran haften bleibt.

Die Thiere lieben die Feuchtigkeit wenig, bringt man sie in Wasser, so rollen sie sich krampfhaft zusammen und verharren in diesem Zustand 1—2 Minuten, auch suchen sie immer die mehr trocknen Stellen des Gefässes auf.

Der vor dem Porus liegende Theil der Gefässe, wie der hinter demselben liegende, bilden jeder für sich eine Anastomose,

Den Gattungsnamen Pelodytes habe ich als bereits vergeben, fallen lassen.

2. Pelodera teres. n. sp. (Taf. X, Fig. 8.)

♀ 2ᵐᵐ.

Mund sechslippig. Vestibulum lang. Oesophagus mit einem vordern länglichen und einem hintern mehr runden Bulbus. Schwanz des ♀ kuppelförmig mit einer mehr schärfer als bei der vorigen Species abgesetzten Spitze. Hinterrand der Bursa abgerundet. 10 Papillen. 1—9 rippenförmig. 1—7 folgen sich von der Schwanzspitze in gleichen, kurzen Abständen, sie sind ihrer Reihenfolge nach immer etwas länger, erst 7 erreicht den Rand der Bursa. Zwischen 7 und 8 ein grösserer Zwischenraum. 8 und 9 nahe bei einander. Zwischen 9 und 10 wieder ein grösserer Zwischenraum, 10 der Bauchlinie genähert. Spicula getrennt.

In feuchter Erde und faulenden Substanzen.

Die Vulva gewöhnlich mit einem schwachen Sattel von Kitt bedeckt. Lieben mehr die Feuchtigkeit als die vorhergehende Species und rollen sich im Wasser nicht zusammen. Dies ist ein um so wichtigeres Merkmal, da es sonst sehr schwer hält, die ♀ beider Species zu unterscheiden. Der Unterschied der Schwanzspitze ist zwar auch characteristisch, ausserdem ist bei P. teres das Vestibulum fast um ein Drittel länger und der Zahnapparat viel stärker; das sind aber alles Unterschiede, die nur für ein geübtes Auge auffallen.

3. Pelodera papillosa. n. sp. (Taf. XI, Fig. 3.)

♀ 3ᵐᵐ.

Haut lateral jederseits mit vier erhabnen Längsstreifen. Mund mit drei Lippen. Vestibulum weit. Oesophagus mit einem vordern länglichen und einem hintern runden Bulbus. Schwanz des ♀ kuppelförmig mit kurzer Spitze. Die Schwanzpapillen, am Beginn der Spitze stehend, ragen kegelförmig vor. Bursa blattförmig, in der Mitte breit, hinten spitz. 9 Papillen, alle rippenförmig. 1, 2, 3 in geringen Abständen von der

Schwanzspitze sich folgend, erreichen den Rand der Bursa. Zwischen 3, 4 und 4, 5 gleiche und etwas grössere Abstände, 4 u. 5 erreichen den Rand der Bursa nicht. 6 nahe bei 5 stehend. 6, 7, 8, 9 stehen in gleichen Abständen und erreichen den Rand der Bursa. Spicula getrennt. Keine Drüsen am Vas deferens.

In feuchter Erde und faulenden Substanzen.

4. Pelodera Pellio. n. sp. (Taf. XI, Fig. 11.)

♀ 3ᵐᵐ.

Seitenmembran, Haut sehr dick, Mund, Vestibulum und Oesophagus ganz wie bei P. papillosa. Schwanz des ♀ kegelförmig spitz. Bursa ganz wie bei P. papillosa. Keine Drüsen am Vas deferens.

In feuchter Erde und faulenden Substanzen.

Die Larven kommen encystirt in der Leibeshöhle der Regenwürmer, besonders auf den Dissepimenten vor. Werden beim Faulen der Regenwürmer geschlechtsreif, wie dies zuerst von Lieberkühn (L'Institut 1858. p. 240) nachgewiesen worden ist. Die Aehnlichkeit dieser Species mit P. papillosa ist sehr gross, so dass ich trotz aller Sorgfalt keinen Unterschied der Bursa auffinden konnte. Allein die Dicke der Haut, das Fehlen der vier lateralen Streifen und die characteristische Gestalt des Schwanzes kennzeichnen hinreichend den Unterschied der beiden Species.

XX. Leptodera. Duj.

Leptodera. Duj.

Angiostoma. Duj.

Rhabditis. Duj. ex parte.

Ueber die jetzige Zusammensetzung dieses Genus, sowie über die Lebensweise der dazu gehörigen freilebenden Species habe ich bereits bei dem vorigen Genus berichtet.

Es gehören hierher zwei in Limaceen als geschlechtsreife Thiere schmarotzende Species, sowie eine Species, welche als Larve darin vorkommt. Dies sind jedoch nicht die einzigen Nematoden, welche die Limaceen bewohnen. Nach Gegenbauer[1] lebt in Limax agrestis und nach Barthelemy[2] in Limax cinereus ein andrer Schmarotzer, welcher im

---

[1] Siebold und Kölliker, Zeitschrift f. w. Z. Bd. III. S. 372.

[2] Annales d. sc. nat. 1858. p. 41 u. Taf. V. Fig. 8—15.

geschlechtsreifen Zustand sehr häufig die Eier dieser Thiere bewohnt, auch als Larve in den Ovarien und dem Darm von Barthelemy beobachtet worden ist. Ich vermag über die systematische Stellung dieses Thieres nichts anzugeben, da ich es nie gesehn. Dass es aber mit Angiostoma Limaris Duj. (Leptodera Angiostoma mihi) identisch ist, wie Leukart[1]) in seinem Berichte über Barthelemy's Untersuchungen vermuthet, scheint mir unwahrscheinlich, da L. Angiostoma nur im Darm von L. ater und nur im geschlechtsreifen Zustand beobachtet worden ist, und man ausserdem nach Allem, was davon bekannt ist, eher vermuthen kann, dass diese Species erst in den Eiern zur Geschlechtsreife gelangt. Nach Semper[2]) leben in den Lungenvenen von Arion Filarien und Strongylen, welche jedoch nicht näher beschrieben werden. Diese verschiednen Angaben der Autoren zusammenzustellen hielt ich für nothwendig, um darauf aufmerksam zu machen, wie nothwendig es ist den Wirth, den Aufenthaltsort und das Entwicklungsstadium genau zu berücksichtigen, damit die verschiednen Species und ihre Entwicklung nicht verwechselt werden.[3])

Der Mund von Leptodera ist entweder mit Lippen (zwei, drei oder sechs) umstellt, deren Bau wegen der Kleinheit nicht weiter untersucht werden konnte, oder er führt, wie bei L. Angiostoma und lirata, in eine Mundkapsel.

Der Schwanz des ♀ ist gewöhnlich in eine längere Spitze ausgezogen und meist nicht drehrund, sondern von ungleicher Dicke und, wie es scheint, unsymmetrisch oder um seine Axe gedreht. Bei L. Angiostoma ist die Schwanzspitze zackig. Wie bei Pelodera ist auch hier die Gestalt der Schwanzspitze nur geringen individuellen Schwankungen unterworfen.

Die Gestalt der Vulva und des Uterus ist ganz wie bei Pelodera. Im Bau des Eierstocks — und der Hoden — findet in dieser Gattung ein auffallender Unterschied statt, indem er bei L. appendiculata sich wesentlich anders verhält. Darüber möge man weiter unten in dem betreffenden Abschnitt nachsehn.

---

[1]) Trochel's Archiv f. Naturg. 1859. S. 141.

[2]) Siebold und Kölliker, Zeitschrift f. w. Z. Bd. VIII. S. 370.

[3]) Veranlasst durch dieses häufige Vorkommen von Nematoden in Limaceen habe ich auch unsere Heliceen, Helix pomatia und Succinea amphibia, darauf untersucht, ohne jedoch deren zu finden. In Helix alterna (im Darm) hat Leidy seine Ascaris cylindrica gefunden. Ann. of nat. 1850. p. 314. Lymneus und Paludina beherbergen ebenfalls keine Nematoden.

Der Schwanz des ♂ ist entweder ohne Bursa oder mit Bursa versehen. Die äusserste Schwanzspitze wird nie von der Bursa umfasst wie
bei Pelodera, sondern entweder von derselben seitlich umsäumt, oder sie
ragt über dieselbe weit vor. Eine weitere Theilung der Gattung nach diesen Unterschieden habe ich nicht unternommen, da z. B. L. elongata, wo
die Bursa sehr schmal ist, den Uebergang zwischen den Species mit und
ohne Bursa bildet. Die Zahl der Papillen ist sehr verschieden. Man kann
immer 3 präanale Papillen unterscheiden. Wegen der Kleinheit des Schwanzendes ist es häufig sehr schwierig, die Zahl und Stellung der Papillen
festzustellen.

Der Oesophagus ist mit einer oder zwei Anschwellungen versehen,
in der hintern ist oft, aber nicht bei allen Species, ein dreieckiger Zahnapparat. Zwischen Oesophagus und Mund befindet sich in den Fällen, wo
keine Mundkapsel vorhanden ist, ein Vestibulum. Der Darm ist immer aus
zwei Reihen sechseckiger Zellen zusammengesetzt.

1. **Leptodera flexilis.** Duj. (Taf. X, Fig. 1.)

Dujardin, hist. nat. d. Helm. p. 108. Pl. 6 A.
von Leptodera flexilis. Schneider. Müller's Archiv. 1858. S. 427.

♀ 6ᵐⁱⁿ.

Kopf sehr spitz. Mund mit zwei kleinen Lippen besetzt. Vestibulum. Oesophagus geht nach hinten ohne vorherige Einschnürung allmählig
in einen Bulbus über, welcher keinen Zahnapparat besitzt. Zwei hintere
Gefässstämme. Vulva in der Mitte. Ovarien nach hinten und vorn gehend,
ohne Umbiegung. Bursa erstreckt sich gleichweit vor und hinter dem
After, reicht hinten bis zum Beginn der Schwanzspitze. 5 Papillen. 1 u. 2
hinter dem After, rippenförmig, enden auf der Bursa. 3—5 vor dem After
mit kurzer Pulpa, enden auf der Bauchfläche. Spicula stark gekrümmt.
Unpaares accessorisches Stück. Hoden gestreckt, ohne Umbiegung.

Limax cinereus. Speicheldrüsen und deren Ausführungsgänge.
Berlin, zu jeder Jahreszeit.

Dujardin hat eine gute, zur Feststellung der Identität hinreichende Beschreibung dieser Species gegeben. Er fand seine Exemplare im „conduit deferent,“
also wohl im ductus deferens, an einem Orte, wo ich sie niemals gefunden habe.
Sollte diese Angabe bei Dujardin auf einem Schreibfehler beruhen? Die Limax

cinereus, welche ich untersuchte, stammten alle aus einem Kartoffelkeller, sie enthielten ohne Ausnahme zwei bis sechs Exemplare.

Ob sich an der Basis der ersten Schwanzpapille eine kleinere Papille befindet, oder ob die Basis bei der Ansicht von oben nur ein solches Bild hervorruft, konnte ich nicht entscheiden.

2. Leptodera Angiostoma. Duj. (Taf. X, Fig. 2.)

Angiostoma limacis. Dujardin, Hist. nat. d. Helm. p. 263. Pl. 6 *B*.

Angiostoma limacis. Schneider. Müller's Archiv. 1858. S. 426 und Taf. XV, Fig. 6. Abbildung des Gefässsystems.

non Angiostoma limacis. Schneider, Monatsb. d. Berlin. Acad. 1856. S. 192.

♀ u. ♂ 6—7^{mm}.

Kopf breit, führt in eine kurze, cylindrische, hornige Mundkapsel. Oesophagus zuerst cylindrisch, dann verengert er sich und schwillt zuletzt zu einem Bulbus an, darin kein Zahnapparat. Schwanzende des ♀ stumpf, mit vielen kleinen Zacken besetzt. Bursa breit, geht nach hinten bis an die Schwanzspitze. 8 Papillen, davon sind 1, 2, 3 kurz, 4—8 länger, rippenförmig. Spicula blattförmig, breit.

Limax ater. Darm. Selten.

Dujardin hat diese Species gut beschrieben. Ich habe sie nur in wenigen Exemplaren vor mehreren Jahren bei Zeitz (Prov. Sachsen) gefunden. Leider waren mir damals die specifischen Unterschiede der Nematoden noch nicht geläufig, deshalb ist meine Beschreibung mangelhaft, es fehlt vor allen die Lage des Afters beim ♂.

3. Leptodera membranosa. n. sp. (Taf. XI, Fig. 10.)

♀ 3^{mm}.

Mund mit (?) Lippen. Seitenmembran. Oesophagus mit einem Bulbus am Hinterende, darin ein Zahnapparat. Gefässporus gross und vor dem Bulbus gelegen. Vulva klein, kurz vor dem After. Zu beiden Seiten etwas vor der Vulva, auf der Bauchseite eine Papille. Nur ein Eierstock. Vivipar. Schwanz des Männchens spitz auf der Bauchseite, etwas nach innen eingedrückt. 4 Papillen. 1 hinter dem After, 2—4 vor dem After.

Rana spec.? Darm. Brasilien. v. Olfers und Sello.

Man findet nie mehr als zwei Junge im Uterus, sie sind immer von ansehnlicher Grösse.

4. Leptodera curvicaudata. n. sp. (Taf. X, Fig. 4.)

♀ 1,4ᵐᵐ.

Mundöffnung mit sechs Lippen besetzt. Deutliche Seitenmembran. Vestibulum. Oesophagus drei Viertel seiner Länge, mehr cylindrisch, nur in der Mitte dieses Stückes leicht anschwellend, zuletzt einen grössren Bulbus bildend mit Zahnapparat. Schwanz des ♀ kuppelförmig mit schlanker Spitze, welche immer nach einer Seite umgebogen ist. Schwanz des ♂ mit Bursa. 10 Papillen. 1—7 rippenförmig. 1, 2, 3 in kurzen Abständen von dem Hinterende der Bursa an sich folgend. Zwischen 3 und 4 ein grössrer Zwischenraum. 4—6 kurz, reichen nur bis zu einem Drittel der Breite der Bursa. 7 erreicht den Rand der Bursa. 4—7 stehen in gleichen Abständen nahe bei einander. Zwischen 7 und 8 ein grössrer Zwischenraum. 7—10 folgen sich in gleichen kurzen Abständen. 7 und 9 kurz. 10 reicht an den Rand der Bursa. Spicula an der Spitze schaufelartig verbreitert, die verbreiterte Stelle farblos.

In feuchter Erde und faulenden Substanzen.

5. Leptodera producta. n. sp. (Taf. X, Fig. 5.)

Mund mit drei Lippen. Vestibulum kurz, Oesophagus zuerst auf zwei Drittel seiner Länge cylindrisch mit einer leichten Anschwellung, dann nach einer kurzen Verengerung einen Bulbus bildend mit Zahnapparat. Schwanz des ♀ kuppelförmig mit Spitze. Schwanz des ♂ mit Bursa. 9 Papillen. 1—8 rippenförmig, seitlich in kurzen wenig verschiednen Abständen vom Hinterende der Bursa sich folgend. 9 der Bauchlinie genähert, in einem grössren Abstande von 8. Accessorisches Stück hinten zweispitzig.

In feuchter Erde und faulenden Substanzen.

6. Leptodera inermis. n. sp. (Taf. X, Fig. 6.)

Mund ohne Lippen. Vestibulum. Oesophagus mit zwei Anschwellungen, in der hintern ein undeutlicher Zahnapparat. Schwanz des ♀ mit kurzer kräftiger Spitze. Schwanz des ♂ mit Bursa. 7 Papillen. 1—4 in gleichen Abständen von dem Hinterende der Bursa bis zum After sich folgend, seitlich auf der Bursa liegend. 5—7 vor dem After der Bauchlinie genähert in gleichen Abständen.

In feuchter Erde und faulenden Substanzen.

7. Leptodera macrolaima. n. sp. (Taf. XI, Fig. 5.)

Mund ohne Lippen. Vestibulum von der halben Länge des Oesophagus. Oesophagus bildet hinter dem Vestibulum sogleich eine Anschwellung, darauf folgt hinter einem nur kurzen verengerten Stück eine zweite Anschwellung. Schwanz des ♂ mit langer Spitze und Bursa. 9 Papillen. 1 am Hinterende der Bursa. 2 kurz davor, der Bauchlinie genähert. 3, 4 dicht hinter einander. 5 seitlich rippenartig verlängert. 6 der Bauchlinie genähert. 7 präanal, seitlich rippenartig verlängert. 8, 9 der Bauchlinie genähert. Spicula sehr dünn, ein accessorisches Stück. In feuchter Erde und faulenden Substanzen.

8. Leptodera elongata. n. sp. (Taf. X, Fig. 3.)

Mund mit drei (?) Lippen. Vestibulum. Oesophagus mit zwei Anschwellungen, die vordere länger als die hintere, in der hintern ein dreieckiger Zahnapparat. Schwanz des ♀ in eine lange seitlich gekrümmte Spitze ausgezogen. Schwanz des ♂ kürzer mit sehr schmaler Bursa. 7 Papillen. 1 seitlich auf der Bursa liegend, nahe am Beginn der Schwanzspitze. 2, 3 dicht hinter einander, der Bauchlinie etwas genähert und in geringen Abständen von 1. 3 in grössrem Abstande seitlich auf der Bursa liegend. 4—7 vor dem After und der Bauchlinie genähert. 4, 5 dicht hinter einander. In feuchter Erde und faulenden Substanzen.

9. Leptodera appendiculata. n. sp. (Taf. XI, Fig. 4.)

Varietät *α* aus den parasitischen Larven, Varietät *β* im freien Zustande sich entwickelnd.

Alloionema appendiculatum. Schneider, Siebold und Kölliker's Zeitschrift. Bd. X, S. 175.

♀ 3ᵐᵐ.

Mund mit drei Lippen führt in ein kurzes nach hinten undeutlich begränztes Vestibulum. Oesophagus zuerst cylindrisch, dann bei einem Viertel seiner Länge zu einem länglichen Bulbus anschwellend, darauf sich verengernd und zuletzt wieder einen Bulbus bildend, in dem ein dreieckiger Zahnapparat. Schwanz des ♀ bei *α* kuppelförmig mit kurzer Spitze, bei *β* kegelförmig lang ausgezogen, unregelmässig. Schwanz des ♂ bei *β* ebenfalls schlanker als bei α, bei beiden schon vor der Begattung gekrümmt, nur durch Druck streckbar. Keine Bursa. 4 Papillen. 1 ungefähr in der Mitte zwischen dem Schwanzende und dem After, seitlich stehend, stark hervorragend. 2—4 vor dem After, 2 neben dem After, 3 in kurzen Abständen dahinter, beide der Bauchlinie genähert, 4 in grössrem Abstande seitlich. Vor 4 ist auf der Bauchlinie eine kleine runde Erhabenheit. Spicula kräftig, stark gekrümmt, divergirend beim Herausstrecken. Ein accessorisches Stück. In feuchter Erde und faulenden Substanzen.

Die Vulva ist nach der Begattung mit einem gelblichen Kitte bedeckt. Wegen des eigenthümlichen Bau's und der Entwicklungsgeschichte dieser merkwürdigen Species ist in den betreffenden §§. nachzusehen.

10. Leptodera oxophila. Müller. (Taf. XI, Fig. 6.)

Anguillula aceti. Müller.

Anguillula glutinis. Müller.

♀ 2^{mm}, ♂ 1^{mm}.

Mund ohne Lippen führt in ein kurzes Vestibulum. Oesophagus zuerst auf fast zwei Drittel seiner Länge fast cylindrisch, verengert sich dann und bildet einen Bulbus, darin ein Zahnapparat. Vulva in der Mitte. Ovarien einfach nach vorn gehend. Schwanzspitze des ♀ lang, unregelmässig gestaltet. Schwanz des ♂ ohne Bursa. 5 Papillen. 1 und 2 unsymmetrisch gestellt, 3 in der Breite des Afters. Abstand zwischen 3, 4 wenig kleiner als zwischen 4, 5. 1, 2, 3, 5 stehen ganz lateral, 4 der Bauchlinie genähert. Spicula stark gekrümmt. Ein accessorisches Stück vorhanden.

In Kleister und zwischen den Pilzen, welche sich in gährendem Essig finden.

Frühere Schriftsteller unterschieden zwei Species, die des Kleisters und die des Essigs. Obgleich es möglich ist, dass noch verwandte Species im Kleister und Essig vorkommen, ist doch gewiss, dass die hier beschriebene in beiden Medien leben kann. Der Kleister ist für das Gedeihen der Essigälchen sogar ein sehr viel günstigerer Ort. Schüttet man etwas Essig in Kleister, so erhält man bald eine reich bevölkerte Colonie kräftiger Individuen. Bei längerer Beobachtung des Essigs fällt es auf, wie die Essigälchen viel seltner sind als ältere Beobachter angeben. Bereits Dujardin hat diese Bemerkung gemacht (H. n. d. H. p. 242) und den Grund darin zu finden geglaubt, dass der Essig nicht mehr aus Wein dargestellt wird. In gewissem Sinn ist dieser Grund richtig. In dem früher gebräuchlichen Wein- und Bieressig blieb wahrscheinlich noch viel Zucker und Eiweiss, also ein günstiger Boden zur Bildung von Pilzen und somit auch für Essigälchen. Denn die Geschlechtsreife und Fortpflanzung der letztern kann nicht im reinen Essig eintreten, sondern nur zwischen Pilzen, wo ihnen eine stickstoffhaltige Nahrung geboten wird. Der Essig, wie er jetzt in den Handel gebracht wird, enthält wohl nie geschlechtsreife Thiere, sondern nur Larven. Ja die letztern sind oft sogar abgestorben, und man darf sich nicht täuschen lassen, wenn man beim Schütteln einer Essigflasche unzählige lebendige Wesen zu sehen glaubt, es sind nur die herum schwimmenden Hautscelette. Die Essigmutter in den sogenannten Essigbildern enthält jedoch heute noch alle Entwicklungstufen der Essigälchen in grosser Menge. In Kleister, welcher durch Kochen von reinem Stärkemehl bereitet ist, hat mir die Zucht der Aelchen nie gelingen wollen, ein Zusatz von Leim, überhaupt einer stickstoffhaltigen Substanz ist nothwendig.

Das Essigälchen ist ein merkwürdiges Thier und eignet sich sehr zur Anstellung biologischer Beobachtungen. Es lohnte sich wohl der Mühe die vielen Versuche, welche ältere Schriftsteller, besonders Göze, damit angestellt haben, zu wiederholen.

11. Leptodera rigida. n. sp. (Taf. XI, Fig. 9.)

Mund mit drei undeutlichen Lippen. Vestibulum, welches nach hinten nicht scharf begränzt scheint. Oesophagus zuerst conisch nach hinten sich verdickend, dann bei zwei Fünftel seiner Länge sich verengernd, schwillt zuletzt zu einem Bulbus an, darin ein Zahnapparat. Schwanz des ♀ kurz. Vulva in der Mitte. Ovarium einfach, bildet vorn eine Schlinge, sein blindes Ende liegt über der Vulva. Spermatozoen sehr gross, je eins füllt das Lumen des Uterus vollständig aus. Schwanz des ♂ ohne Bursa. 2 Papillen hinter dem After in gleichen Abständen zwischen dem After und der Schwanzspitze. Ein accessorisches Stück vorhanden.

In faulenden Substanzen und feuchter Erde.

Die pränanalen Papillen sind nicht gezeichnet, da die Beobachtung in eine Zeit fällt, als ich die Wichtigkeit derselben nicht kannte.

Das Thier zeichnet sich durch eine gewisse Starrheit seiner Bewegungen aus, indem es sich nie in kurzen Biegungen krümmen kann.

12. Leptodera lirata. n. sp. (Taf. X, Fig. 12 u. Taf. XI, Fig. 8.)

Haut mit erhabenen Längskanten bedeckt, deren etwa 20 im Umfang des mittlern Theiles vorhanden sind. Mund führt in eine kleine Mundkapsel. Oesophagus zuerst cylindrisch, bildet dann einen Bulbus, welcher nach hinten

gegen den folgenden cylindrischen Theil des Oesophagus stark abgesetzt
ist. Am hintern Ende wieder ein Bulbus mit Zahnapparat. Schwanz des
♀ sehr spitz, unregelmässig. Schwanz des ♂ zuerst stumpf abgerundet,
dann in eine scharfe Spitze auslaufend. Keine Bursa. 6 Papillen. 1—3
seitlich in gleichen Abständen vom Beginn der Schwanzspitze an sich folgend. Zwischen 3 und 4 ein nur wenig grössrer Abstand. 4·kurz vor
dem After seitlich. 5 fast in gleicher Breite mit 4, der Bauchlinie genähert. 6 kurz vor 4. Spicula stark gekrümmt. Ein accessorisches Stück.
In feuchter Erde und faulenden Substanzen.

XXI. Anguillula.

Ueber die jetzige Begränzung dieser Gattung will ich mich hier
nicht weiter aussprechen, da ich schon bei den Gattungen Enoplus und Pelodera nachgewiesen habe, wie man die Gattung Anguillula, unter welche
man früher alle freilebenden Nematoden zusammenfasste, zerlegen muss.

Die Zahl der Species, welche diese Gattung zusammensetzen, ist
voraussichtlich eine sehr grosse, wenn ich auch hier nur eine Species,
A. scandens (A. tritici aut.) beschreiben kann.

Es sind hierher zu stellen die Anguillulen, welche Steinbuch [1])
in den Blüthen von Agrostis silvatica und Phalaris phleoides, Raspail [2])
in den Blüthen verschiedner Gramineen, unter andern von Arundo phragmites,
und Kühn [3]) in den Blüthenköpfen von Dipsacus fullonum fand. In Gestalt und Lebensweise stehen sie der A. scandens sehr nahe. Ferner gehört dazu ein von Schacht [4]) entdeckter und beschriebner Nematod, welcher
an den Wurzelfasern der Zuckerrübe vorkommt. Derselbe saugt sich im
geschlechtsreifen Zustand an die Wurzelfasern an und schwillt dann zu
einem eiförmigen Säckchen von 1,5""" Länge und fast 1""" Breite an, indem
der Leib durch die massenhafte Entwicklung der Eier aufgetrieben wird.
Herr Schacht hatte die Güte mir eine Anzahl mit diesen Parasiten be-
setzter Rüben zur Untersuchung zu überlassen. Man findet in den Rüben

---

[1]) Naturforscher No. XXVIII.
[2]) Nouv. Système d. Physiologie végétale, §. 1499 note, citirt von Davaine.
[3]) Siebold und Kölliker, Zeitschr. f. w. Z. Bd. IX, S. 129 und Taf. VII.
[4]) Zeitschrift d. Vereins für Rübenzuckerindustrie im Zollverein. Bd. IX.

immer nur ♀. Durch die Auftreibung sind die Organe so gedrückt und
verändert, dass man vom Darm, den Muskeln und Gefässen und dem speciellen Bau der Eierstöcke nichts mehr erkennen kann, es wäre deshalb
nothwendig, das Thier noch in seinem freien Zustande kennen zu lernen,
in dem es wahrscheinlich die gewöhnlichen Dimensionen der Nematoden
besitzen wird. Es ist dieser Parasit der Zuckerrübe nicht der einzige, der
an den Wurzeln vorkommt, nach einer brieflichen Mittheilung des nun leider verstorbnen Schacht ist in Bonn noch ein andrer Nematod an den
Wurzelfasern verschiedner Gramineen, unter andern von Triticum repens,
entdeckt worden.

Alle bisher bekannt gewordnen Anguillulen sind demnach Pflanzenparasiten. Indem sie an dem Waizen und der Weberkarde die Ausbildung
der Blüthe und an der Zuckerrübe das gesammte Wachsthum der Pflanze
hindern, verursachen sie diesen Kulturpflanzen Schaden, der sogar beim
Waizen und der Zuckerpflanze sehr bedeutend werden kann.

Der Mund ist immer klein, über seinen Bau lässt sich nichts ermitteln. In der Mundhöhle liegt bei allen genauer bekannten Species ein kleiner, an seinem Hinterende mit einem Querleistchen versehener Stachel. Er
ist bei den Embryonen und Erwachsnen nahezu von gleicher Gestalt. Von
dem Stachel im Munde der stacheltragenden Enoplusarten (Dorylaemus
Duj.) unterscheidet sich derselbe wesentlich, indem er solid, nicht wie bei
diesen ein röhrenförmiges Gebild ist.

Die Vulva liegt bei der Anguillula, der Weberkarde nach Kühn
und der Zuckerrübe nach Schacht, wie bei A. scandens nahe am After.
Bei letzterer ist das Ovarium einfach und streckt sich nach vorn, nach hinten
sendet der Uterus nur einen kurzen Blindsack.

Das Schwanzende des ♂ ist bei A. aus Dipsacus fullonum und
A. scandens mit einer breiten, kurz vor dem After beginnenden Bursa besetzt, welche die Schwanzspitze nicht umfasst. Ob Papillen vorhanden
sind, lässt sich mit Sicherheit nicht bestimmen. Kühn giebt an seiner
Species keine an. Bei A. scandens sieht man vor dem After jederseits
einen kleinen Höcker, der oft mit einer fettglänzenden, kittähnlichen Masse
bedeckt ist. Indess ist er oft undeutlich und scheint ganz zu fehlen, so
dass ich ihn nicht für eine Papille zu erklären wage. Die Spicula sind kurz.

Der Oesophagus ist bei A. scandens vor seiner Mitte mit einem
kugelförmigen Bulbus versehen. Die Wandung des Darms enthält bei

21 *

A. scandens an geschlechtsreifen Exemplaren zahlreiche Kerne, ohne dass man Zellgränzen zwischen den Kernen wahrnehmen könnte, an den Embryonen erkennt man darin eine Reihe in grossen Abständen stehender Kerne.

Das Gefässsystem zeigt bei A. scandens eine sehr merkwürdige Anordnung. Es sind zwei sehr breite Seitenfelder vorhanden. Allein nur in einem derselben befindet sich ein und zwar ziemlich starkes Gefäss, welches vorn in einen deutlichen Ausführungsgang endet, der in der Nähe des vordern Bulbusoesophagi, wie gewöhnlich, auf der Bauchseite mündet.

1. Anguillula scandens. (Taf. XIII, Fig. 11.)

Anguillula tritici aut.
Rhabditis tritici. Duj.
Anguillula graminearum. Diesing.

♀ 4,5^{mm}, ♂ 2^{mm}.

Das ♀ ist immer spiral gewunden, das ♂ gestreckt. Alle übrigen Speciescharactere sind schon bei der Gattungsbeschreibung erwähnt.

Triticum commune. In gallenartigen schwarzbraunen Körnern, welche aus krankhaft veränderten Blüthentheilen entstehen. In Italien, Frankreich, England, Irland und Deutschland.

Ueber diesen Wurm existirt eine ausgezeichnete Monographie von Davaine (Recherches sur l'Anguillule du blé niellé. Paris 1857. 3 Tafeln), welche die Anatomie, Physiologie und Entwicklungsgeschichte dieses schon lange (seit 1743) bekannten Thieres aufgeklärt hat. Ueber die Anatomie habe ich nur Unbedeutendes zusetzen können.

Dass ich den gebräuchlichen Namen A. tritici in A. scandens umgewandelt habe, war nothwendig. Nach einer von Rudolphi aufgestellten Regel soll man die Speciesnamen der Entozoen nicht von ihrem Wirthe hernehmen. Nur dann setzt man den Wirth hinter einen Gattungsnamen, wenn die Species nicht sicher festgestellt ist.

Das Vorkommen der A. scandens in Deutschland war bisher nicht bekannt.

Im Jahre 1862 erhielt ich von Hr. Funke, damals Docent der Landwirthschaft in Proskau, eine Anzahl gichtkranker Körner, welche aus einer grössern Parthie in Sachsen geärnteten Waizens gesammelt sei. Im August 1864 erfuhr ich während eines Aufenthaltes in Sachsen, dass in einer nahe gelegenen Ortschaft (Salsitz, Kreis Zeitz, Provinz Sachsen, Preussen) ein Waizenfeld von einer den dortigen Landwirthen unbekannten Krankheit heimgesucht sei, die sich dann bei näherer, von mir vorgenommener Untersuchung als die Gichtkrankheit herausstellte.

Von diesem Funde ist damals in verschiednen Zeitschriften Nachricht gegeben. In demselben Jahre (Schlesische Zeitung vom 7. Dezember 1864) veröffentlichte Hr. Funke eine Mittheilung von Hrn. Schreiber, wonach diese Anguillulenkrankheit des Waizens längs den Ufern der Elbe von Strehlen bis unterhalb Wittenberg schon seit langer Zeit unter dem Namen Kaulbrand bekannt und endemisch sei.

Im Jahre 1865 erhielt ich aus einer Aussaat, welche Hr. Rittergutsbesitzer Winkler in Salsitz die Güte hatte anzustellen, zum ersten Mal dieses Thier lebend zu Gesicht. Man kann sich zwar auch aus den reifen und vertrockneten Gichtkörnern ♀ u. ♂ verschaffen, welche die allgemeine Körpergestalt und die Spicula gut zeigen. Lässt man nämlich den Inhalt eines solchen Gichtkornes längere Zeit in Wasser aufweichen, so nehmen die abgestorbnen Hüllen der geschlechtsreifen Thiere annähernd ihre natürliche Gestalt an. Die Einwanderung und Bildung der Gallen geschah in der zweiten Hälfte des Juni. Die Waizenpflanzen, welche Gichtkörner erhalten, lassen sich sofort an den wellenförmigen Verschrumpfungen der Blätter erkennen, welche Davaine bereits beschrieben hat.

XXII. Trichina. Owen.

Die Stellung dieses Genus unter den Holomyariern beruht nur auf einer Vermuthung, da wir nur eine Species, T. spiralis, kennen, welche zu dünn ist, um ihre Muskelstructur erkennen zu lassen.

Die systematische Stellung der T. spiralis ist schon mehrfach erörtert worden. Die Einen, wie Davaine, stellen sie zu Pseudalius, die Andren, wie z. B. Leukart und Virchow halten sie für eine Trichosomum und Trichocephalus sehr nahe stehende Gattung.

Die Verwandtschaft mit Trichosomum und Trichocephalus hat man besonders in dem ähnlichen Bau des Oesophagus erkennen wollen. Der Bau des Darmtractus bei Trichina ist jedoch bisher unrichtig aufgefasst worden und jene Aehnlichkeit ist in Wahrheit gar nicht vorhanden. Nur die Bildung des blinden Endes des Generationsorgans lässt eine Annäherung an Trichosomum und Trichocephalus erkennen. Denn auch bei Trichina entstehen die Ei- und Saamenzellen in der ganzen Länge des blinden Endes, wie zuerst Claus [1]) nachgewiesen hat. Ich selbst habe diesen Punkt nicht untersucht.

Für die Vereinigung von Trichina mit Pseudalius kann ich aber auch keinen hinreichenden Grund finden. Es ist wahr, dass Pseudalius in-

---

[1]) Würzbürger naturw. Zeitschrift, 1860. S. 151.

flexus und T. spiralis grosse Aehnlichkeit des männlichen Schwanzes zeigen, dagegen sind sie darin sehr verschieden, dass T. spiralis kein Spiculum und P. inflexus deren zwei hat. Den wahren Gattungscharacter von Trichina wird man erst aufstellen können, wenn eine grössere Zahl von Species bekannt sind.

Die Beschreibung der einzigen Species mag die Gattungsbeschreibung ersetzen.

1. Trichina spiralis. Owen.

♀ 3^{mm}, ♂ 1,6^{mm}.

Mund klein, Kopfende spitz, Schwanzende des ♀ stumpf abgerundet. Seitenfelder, darin kein Gefäss zu erkennen ist. Oesophagus cylindrisch nach hinten allmählig anschwellend, von etwa $\frac{3}{16}$ der Körperlänge, sein innerer Kanal von dreiseitigem Querschnitt. Darm von etwa ein Viertel der Körperlänge, besteht aus einer Reihe von gleichen Zellen, deren jede einen deutlichen Kern besitzt. Mastdarm etwas länger als die halbe Körperlänge. Vulva ein Viertel der Körperlänge vom Kopf entfernt. Ovarium einfach. Das Schwanzende des ♂ stumpf abgerundet, jederseits mit einem hakenförmigen, nach der Bauchseite umgebogenen Fortsatz versehen. Kein Spiculum.

Homo, Sus Scrofa, Lepus Cuniculus, Lepus timidus, Cavia cobaya, Felis domestica, Canis familiaris, Erinaceus europaeus, Bos Taurus (Vitula), Garrulus glandarius, Columba domestica, Meleagris Gallopavo, Gallus domesticus. Dünndarm.

Es ist bekannt, dass diese Species von Owen (1831) im Larvenzustand entdeckt und lange Zeit nur als solche bekannt war. Den geschlechtsreifen Zustand sah zuerst Virchow (1859) und Leukart hat ihn darauf (1860) genau und vollständig beschrieben. Ihr Vorkommen im Menschen und ihren gefährlichen Einfluss auf denselben entdeckte Zenker (1860).

Wegen der Litteratur kann ich auf die ausführliche Schrift von Pagenstecher (die Trichinen nach Versuchen dargestellt, Leipzig 1865) verweisen. Es sind seitdem noch drei Aufsätze erschienen von Virchow (Archiv für pathol. Anatomie, Bd. XXXII, S. 232), Zenker (deutsches Archiv f. klinischen Medicin, Bd. I, S. 90) und Leukart (Archiv f. Heilkunde, Bd. II. S. 57), in welchen die genannten Forscher näher auseinandersetzen, wie weit sie an diesen Entdeckungen betheiligt sind.

T. spiralis steht einzig da unter den Eingeweidewürmern, wegen der grossen Zahl von Wirthen, in welchen sie leben kann und es ist besonders ein

Verdienst der oben erwähnten Versuche Pagenstecher's diesen Nachweis geliefert zu haben. Die Zahl der Wohnthiere ist vermuthlich noch bedeutend grösser,
ja es scheint fast, dass die Trichinen fähig sind, bei allen warmblütigen Thieren
im Darm geschlechtsreif zu werden und zu leben. Geringer ist allerdings die Zahl
der Thiere, in deren Muskeln die junge Brut einzuwandern vermag, und es sind
davon, wie aus Pagenstecher's Versuchen hervorgeht, die Vögel ganz ausgeschlossen.

XXIII. Trichosoma. R.

Meine eigne Kenntniss dieser Gattung ist sehr unvollkommen, da
ich nur wenige Species lebend beobachtet habe. Spiritusexemplare eignen
sich schlecht zur Untersuchung, sie sind wegen der geringen Dicke des
Körpers brüchig und lassen von ihren Organen nur wenig erkennen. Von
einer Beschreibung der Originalexemplare Rudolphi's musste ich deshalb
Abstand nehmen. Diese Lücke ist aber um so weniger empfindlich, als
gerade diese Gattung schon früher von Dujardin und neuerdings von
Eberth[1]) in besonders eingehender Weise abgehandelt worden ist.

Die Gattung Trichosoma schliesst sich in ihrem Bau sehr eng an
die folgende Gattung Trichocephalus an, sie sind deshalb auch von Dujardin in eine Section gestellt worden. Eine Verwandtschaft mit Trichina
anzunehmen und die drei Gattungen in eine Familie der Trichotrachelideen
zu vereinigen, wie dies Eberth und Pagenstecher gethan, halte ich
für unbegründet. Schon bei Trichina habe ich meine Gründe aus einander gesetzt.

Der Körper ist bei Trichosoma immer haarförmig dünn, der Hinterleib, welcher den Darm und die Geschlechtsorgane enthält, ist namentlich beim Weibchen etwas dicker.

Die Haut ist durch eigenthümliche Bildungen ausgezeichnet, welche
sich nur noch in der Gattung Trichocephalus finden. Sie ist nämlich in
breiten Bändern, welche sich längs den Medianlinien und den Seitenflächen[2])
über den Körper hinziehen, mit runden Punkten besetzt. Es sind die
freien Enden von Stäbchen, welche die ganze Dicke der Haut durchsetzen.

---

[1]) Eberth, Untersuchungen über Nematoden. S. 42.
[2]) Ich gebe hier nur die Resultate von Eberth's Untersuchungen wieder, habe jedoch einige andre Ausdrücke gewählt. Eberth unterscheidet nicht zwischen den Medianlinien und Seitenfeldern einerseits und den Längsbändern andrerseits, sondern nennt

Diese Bänder treten an den verschiednen Species in verschiednen Combinationen auf, von denen bisher folgende beobachtet worden sind:

1) Seitenbänder.
2) Seitenbänder und das Bauchband.
3) Das Bauchband.
4) Das Bauch- und Rückenband.

An den Rändern dieser Bänder hören die im Uebrigen wie gewöhnlich vorhandnen Querringel der Haut auf.

Seitenfelder sind an den beiden von mir beobachteten Species vorhanden, sie scheinen überhaupt nach Eberth's Beobachtung nie zu fehlen.

Das Schwanzende des ♂ ist wahrscheinlich immer mit einer, die Geschlechtsöffnung in Gestalt eines Hautsaums umgebenden Bursa umgeben. Es wird dieselbe von Eberth bei fast allen Species, wenn auch mitunter nur als andeutungsweise vorhanden, angeführt. Sie ist bei einigen, so bei T. exiguum, sehr gross, bei andern freilich sehr klein, aber z. B. bei T. aërophilum, wo sie Eberth nicht erwähnt, doch unzweifelhaft vorhanden. Papillen sind nicht bekannt. Beim Hervorstrecken des immer einfach vorhandnen Spiculum [1]) wird zugleich die Scheide desselben weit hervorgestülpt. Diese Scheide ist auf ihrer innern — beim Hervorstülpen äussern — Fläche entweder glatt, oder mit feinen Stacheln besetzt, oder in zarte Querfalten gelegt.

Im Bau des Eierstocks und der Hoden, so wie in der Bildungsweise der Ei- und Saamenzellen kommen Trichosoma und Trichocephalus vollkommen überein. Dasselbe gilt auch von dem eigenthümlichen Bau des Oesophagus, der in dem anatomischen Theil näher beschrieben werden soll.

sie unterschiedslos „Bänder". Die Längsbänder sind Cuticularbildungen, die Medianlinien und die Seitenfelder Unterbrechung der Muskelschicht. Wenn auch die einen und die andern dieselbe Lage haben und die Längsbänder in einer genetischen Beziehung mit den unter ihnen liegenden Medianlinien und Seitenfeldern stehen, so treten doch die letztern auch auf, ohne zur Bildung von Längsbändern Veranlassung zu geben. Ja wo z. B. das Bauchband fast die ganze Bauchfläche einnimmt, kann man nicht einmal die schmale Medianlinie als seinen Ursprung betrachten. Wenn Eberth von den Längsbändern spricht, weiss man mitunter nicht, ob die Stäbchen der Haut vorhanden sind oder nur die Unterbrechung der Muskelschicht.

[1]) Ueber das angebliche Fehlen des Spiculum bei T. aërophilum siehe die Speciesbeschreibung.

1. Trichosoma Plica R. (Taf. XIII, Fig. 2.)

♀ 30ᵐᵐ, ♂ 15ᵐᵐ.

Haut mit Seitenbändern. Bursa die Geschlechtsöffnung vorn umfassend, hinten zugespitzt. Scheide glatt. Spiculum abgerundet endend.
Canis Vulpes. Harnblase.

2. Trichosoma aërophilum. Creplin. (Taf. XIII, Fig. 12.)

Eucoleus aërophilus. Duj.

♀ 32ᵐᵐ, ♂ 24ᵐᵐ.

Haut mit Rücken- und Bauchband, das letztere breiter. Schwanzende des ♂ quer abgeschnitten, mit einer zarten Bursa rings umgeben. Die Schwanzspitze endigt mit zwei kurzen Schenkeln, welche durch den Hautsaum der Bursa verbunden sind. Scheide des Spiculum mit feinen Zähnchen besetzt.
Canis Vulpes. Trachea.

Als ich diese Species lebend beobachtete, wurde ich genöthigt, die Untersuchung zu unterbrechen und setzte die Exemplare in Spiritus. Leider aber zeigte sich nach einiger Zeit, dass an den Spiritusexemplaren Nichts mehr mit Sicherheit zu erkennen war. Nur was ich über die Bursa angebe, beruht auf eigner Beobachtung, das andre entlehne ich Eberth. So war es mir auch nicht möglich einen sehr wichtigen Punkt aufzuklären. Während nämlich Creplin (Ersch und Gruber's Encyclopädie Art. Eingeweidewürmer) das Spiculum dieser Species ausdrücklich erwähnt, giebt Dujardin an, dass es fehle. Eberth spricht weder vom Vorkommen, noch vom Fehlen desselben. Ich selbst glaube dasselbe an lebenden Exemplaren gesehen zu haben, an den Spiritusexemplaren ist es aber nicht zu finden.

XXIV. Trichocephalus. R.

Der Körper der Trichocephalen zeichnet sich durch seine ungleichen Dimensionen aus. Der vordere viel längere Theil, welcher den Oesophagus enthält, ist haarförmig, der hintere, welcher Darm und Geschlechtsorgane umschliesst, ist dick. Das Schwanzende ist bei beiden Geschlechtern gleich, stumpf abgerundet, und der After steht sehr nahe an der Schwanzspitze.

Die Haut ist in einem längs der Bauchlinie sich hinziehenden breiten Bande punktirt, und jeder Punkt ist das Ende eines die Haut durchsetzenden Stäbchens. Das Band erstreckt sich nur auf den vordern haarförmigen

Schneider, Nematoden. 22

Körpertheil, nach hinten verschwindet es allmählig. Die Querringel der
Haut ziehen nicht über das Band weg, sondern hören an den Rändern
desselben auf. Nach Innen von dem Theile der Haut, welcher die Stäbchen enthält, liegt eine dicke gelbliche Schicht, wahrscheinlich eine Verdickung der subcutanen Schicht, die an den übrigen Körpertheilen kaum
bemerkbar ist. Die Muskelschicht wird im Gegentheil, soweit sie diese Verdickung bedeckt, weit dünner als in dem übrigen Umfang des Körpers [1]).
An den beiden Rändern des Längsbandes stehen Hautplatten, welche eine
elliptische platte oder polsterartig aufgetriebene äussere freie Fläche und eine
dünne Basis haben, mit der sie in die Körperhaut übergehen.

Seitenfelder sind von mir bei keiner Species gefunden worden. Die
Hauptmedianlinien hingegen sind immer deutlich vorhanden.

Das Schwanzende des ♂ ist immer schraubenförmig gewunden. Die
Windung liegt in einer Ebne und zwar der dorsoventralen. Abweichend
von allen Nematoden bildet die Bauchfläche die äussere Seite der Windung. Sonst zeichnet sich das Schwanzende durch keine Papillen und
überhaupt irgend eine äussere Bildung aus. Man ist deshalb in grosser
Verlegenheit sichere Speciesunterschiede zu finden, zumal die einzelnen
Species sich in ihrer Organisation sehr nahe stehen. Indess ist das immer
einfach vorhandne Spiculum in sehr verschiednen Gestalten zugespitzt, und
es lassen sich danach die Species gut unterscheiden. Die Scheide des
Spiculum wird bei der Begattung stets mit hervorgestülpt, es bleibt dann
in diesem Zustand und umgiebt das Spiculum wie eine Glocke. Die Gestalt dieser Glocke ist mitunter sehr auffallend, indess kann sie nicht als
ein Speciescharacter betrachtet werden, da sie bei derselben Species mannich-
fach wechselt. Die innere — nach dem Hervorstülpen äussere — Seite
des Spiculum ist entweder glatt, oder mit zarten rückwärts gerichteten
Stacheln bedeckt, welche zu parallelen Querreihen geordnet sind und zwar
so, dass immer die Stacheln der einen Querreihe in die Zwischenräume
der nächstfolgenden zu stehen kommen. Die Gestalt dieser Stacheln ist

---

[1]) Diese eigenthümliche Organisation ist zuerst von Eberth in seiner schönen Monographie von Trichocephalus dispar (Siebold und Kölliker, Zeitschrift f. w. Z. Bd. X,
S. 233 u. 383) richtig aus einander gesetzt worden. Ueberhaupt muss ich auf dieselbe
wegen vieler Details der Organisation verweisen. In einer Reihe von Angaben bin ich
allerdings zu andern Resultaten gekommen, worüber das Nähere in dem anatomischen
Theil nachzusehen ist.

zwar je nach den Species verschieden, allein es ist mir nicht möglich gewesen, diese Unterschiede klar zu formuliren.

Die Vulva liegt immer beim Beginn des dickern Körpertheils. Die Eier besitzen alle eine harte elliptische Schale, welche an ihren Polen noch meist mit einer knopfförmigen Verdickung versehen ist.

Der Oesophagus ist unverhältnissmässig lang. Er besteht aus einem vordern sehr kurzen Theil, der, wie meist bei den Nematoden, aussen glatt, im Innern aber einen Kanal mit dreieckigem Querschnitt besitzt. Der darauf folgende längere Theil ist äusserlich mit regelmässig auf einander folgenden Anschwellungen versehen und sein innerer Kanal besitzt einen runden Querschnitt. Ueber das Nähere muss ich auf den anatomischen Theil verweisen. Der Darm besteht aus vielen polyedrischen Zellen.

1. Trichocephalus dispar. R. (Taf. XIII, Fig. 5.)

Trichocephalus palaeformis. R. (?)

♀ u. ♂ 35ᵐᵐ.

Scheide des Spiculum mit spitzen Stacheln dicht besetzt. Die innere Höhle des Spiculum reicht nicht bis in die Spitze. Die Spitze ist ungleich zugeschärft, auf der Rückseite geht die Contur fast in einer Flucht bis zum Ende, auf der Bauchseite biegt die Contur zuerst convex um, wird dann etwas concav und geht schliesslich gerade.

Homo. Cynocephalus porcarius. Inuus ecaudatus. Coecum.

Die von mir untersuchten Trichocephalen des Afters habe ich von T. dispar nicht unterscheiden können, obgleich ich den Vergleich auf alle Details ausgedehnt habe.

2. Trichocephalus affinis. R. (Taf. XIII, Fig. 6.)

♀ u. ♂ 50ᵐᵐ.

Stacheln der Scheide spitz, an der Geschlechtsöffnung in grössern Abständen stehend und grösser als weiter nach hinten. Die innere Höhle des Spiculum reicht fast bis in die Spitze. Die Chitinmasse des Rohrs zeigt feine Querstriche, Zuschärfung des Spiculum sehr allmählig und fast gleichmässig.

Capra Hircus. Ovis Aries. Coecum.

3. Trichocephalus crenatus. R. (Taf. XIII, Fig. 3.)

♀ 45ᵐᵐ, ♂ 40ᵐᵐ.

Stacheln der Scheide niedrig, stumpf, an der Geschlechtsöffnung zerstreut stehend, dann verschwindend. Spitze des Spiculum abgerundet. Der innere Hohlraum reicht nicht bis in die Spitze.

Sus Scrofa (domest.). Crassum.

4. Trichocephalus depressiusculus. R. (Taf. XIII, Fig. 4.)

♀ u. ♂ 45ᵐᵐ.

Scheide nur an der Geschlechtsöffnung mit stumpfen Höckern besetzt. Spiculum endet mit einer kurzen kegelförmigen Spitze.

Canis familiaris. Coecum. Wien.

5. Trichocephalus unguiculatus. R. (Taf. XIII, Fig. 8.)

♀ u. ♂ 40ᵐᵐ.

Scheide glatt, Spiculum sehr dünn und spitz.

Lepus timidus und Cuniculus (ferus und domesticus). Coecum.

XXV. Pseudalius. Duj.

Strongylus. R. ex parte.
Stenurus et *Pseudalius.* Duj.
Prosthecosacter. Dies.

In diese Gattung vereinige ich lauter Holomyarier, welche einen After und zwei gleiche Spicula besitzen. Im Uebrigen, namentlich in der Bildung des männlichen Schwanzendes, weichen die vier hierher gestellten Species erheblich von einander ab, und man wird später vielleicht mehrere Genera daraus bilden müssen.

Ich kann bei dieser Gelegenheit die Bemerkung nicht unterlassen, dass, wenn auch die Aufstellung der Gruppe der Holomyarii an sich schon ein, wie mir scheint, erheblicher Fortschritt in der systematischen Anordnung der Nematoden ist, die Eintheilung derselben in Genera noch viel zu wünschen übrig lässt. Indess muss man berücksichtigen, welche ungemeine Schwierigkeiten hier zu überwinden sind. In allen Gattungen, mit Ausnahme von Trichosoma und Trichocephalus, ist die Zahl der bekannten Species eine sehr geringe, es lässt sich deshalb noch nicht mit Sicherheit übersehen, welche Charactere für die Bildung der Genera benutzt werden können. Zudem sind die anatomischen Verhältnisse so eigenthümlich, dass man sich darin noch immer nicht heimisch fühlt. Streng genommen müsste auch Anguillula mit Pseudalius vereinigt werden. Ich habe diese Vereinigung nur deshalb nicht vorgenommen, weil die Anguillula durch ihre Lebensweise eine so abgeschlossne Gruppe bilden, dass man hoffen darf, sie auch durch anatomische Charactere sicher zu begränzen.

Wegen der grossen Unterschiede in den Characteren der einzelnen Species unterlasse ich auch die Gattungsbeschreibung und verweise auf die einzelnen Species. Nur das bemerke ich, dass alle Species Seitenfelder und Hauptmedianlinien besitzen, P. inflexus auch secundäre Medianlinien.

1. Pseudalius inflexus. Duj. (Taf. XII, Fig. 10.)

Strongylus inflexus R.
Pseudalius filum. Duj.
Prosthecosacter inflexus. Dies.

♀ 150ᵐᵐ, ♂ 140ᵐᵐ, Dicke 1ᵐᵐ.

Kopf stumpf abgerundet, Haut mit stark vorstehenden quergetheilten Längsleisten. Schwanz des ♀ kurz, spitz. Vulva dicht beim After vorspringend. Vivipar. Schwanz des ♀ zweigablig. 2 Papillen. 1 nahe an der Basis des Astes, mündet nach Innen mit langer Pulpa. 2 auf dem Körper nahe der Basis der Aeste, mündet auf der Bauchseite, ist die grösste Geschlechtsöffnung zwischen den Aesten. Vielleicht steht noch eine Papille auf der Spitze eines Astes, dieselbe ist aber sehr undeutlich. Zwei gleiche kurze Spicula.

Delphinus Phocaena. Bronchien. Ostsee.

Kommt in der Nord- und Ostsee fast in jedem Delphin vor, oft in grosser Menge. Der Körper liegt gestreckt in dem Bronchus, das Schwanzende (♀ u. ♂) nach vorn, also nach dem Kehlkopf, gerichtet. Um die Lage des Kopfes zu verstehen, muss man sich des eigenthümlichen Bau's der Cetaceen-Lunge erinnern. Bekanntlich communiciren bei den Cetaceen die feinen Aeste der Bronchien durch quere Röhre, durch mehrere derselben zieht sich nun der Kopf in Windungen hindurch. Die Thiere sind dadurch so befestigt, dass man sie nur selten durch Ziehen befreien kann, man muss das Lungengewebe an der Befestigungsstelle vorsichtig zerreissen.

Sowohl von dieser Species, als von P. minor und convolutus geben viele
Beobachter als Wohnort auch die Venen an. Ein von mir auf dem zoologischen
Museum sorgfältig untersuchter Delphin beherbergte alle vier hier beschriebnen
Species von Pseudalius an den angegebnen Orten, in den Blutgefässen waren
aber keine Nematoden zu finden.

2. Pseudalius tumidus. n. sp. (Taf. XII, Fig. 9.)

♀ 55ᵐᵐ, ♂ 15ᵐᵐ.

Kopf klein und undeutlich. Cutis verdickt, breiter als ein Viertel
des Körperdurchmessers, bildet viele Längs- und Querfalten. Vulva dicht
am After. Vivipar. Schwanz des ♂ mit einer kaum sichtbaren Bursa
und drei undeutlichen rippenförmigen Papillen. Zwei schmale bogenförmige Spicula.

Delphinus Phocaena. Alveolen der Lungen. Kiel.

Liegt zu 4—5 in Knäueln zusammen gewickelt. Die Lunge ist von den
weissen Knoten wie besäet.

3. Pseudalius convolutus. Kuhn. (Taf. XII, Fig. 8.)

Strongylus convolutus. Kuhn, Memoir. d. Mus. d'hist. nat. XVII. 363
und 367.

Prosthecosacter convolutus. Dies.

♀ 50ᵐᵐ, ♂ 40ᵐᵐ, Dicke 0,25ᵐᵐ.

Körperhaut mit Längsrippen besetzt. Kopf abgerundet, spitzer als
der Schwanz. Schwanz des ♀ stumpf, After nahe an der Schwanzspitze.
Vulva dicht davor. Vivipar. Schwanz des ♂ lanzettlich verbreitert,
mit einer Bursa versehen, deren Rand vorn quer über den Körper zieht.
In der Mitte des Seitenrandes ein flacher, bogenförmiger Ausschnitt. Nahe
am Schwanzende jederseits ein tiefer, spitzer Einschnitt. Nahe am Schwanz
2 nach hinten gerichtete rippenförmige Papillen, die erste kleiner.

Delphinus Phocaena. Bronchien. Ostsee.

4. Pseudalius minor. Kuhn. (Taf. XII, Fig. 7.)

Strongylus minor. Kuhn.
Stenurus inflexus. Duj.

♀ 25ᵐᵐ, ♂ 22ᵐᵐ.

Kopf breit, Mundöffnung rund, führt in eine Mundkapsel. 10 Papillen, welche in zwei Reihen stehen. 6 kleinere näher dem Mund.

4 grössere submediane mehr rückwärts. Haut in den Seitenflächen mit einer Anzahl zarter Längskanten. Schwanz dünner als Hals. Schwanz des ♀ auf der Bauchseite schief abgeschnitten. After in der Schwanzspitze, die wahre Schwanzspitze scheint auf dem Rücken zu liegen. Vulva dicht vor dem After mit einigen Hautlappen besetzt. Vivipar. Schwanz des ♂ mit einer Bursa — ähnlich Strongylus — versehen, darin drei breite Rippen, eine mittlere und je eine seitlich. Spicula einem unregelmässigen Blatt mit Stiel ähnlich.

Delphinus Phocaena. Cavum tympani und deren Sinus. In grosser Menge.

Die grossen häutigen Sinus, welche sich im Kopf der Delphine befinden, stehen, wie man sich leicht überzeugt, mit dem Cavum tympani und nicht mit den Venen in Zusammenhang. Es lebt also diese Species nicht im Venenblute wie behauptet. Man kann diese Sinus leicht finden, wenn man nach Ablösung der Kopfhaut und des Unterkiefers vom Os tympani nach vorn schneidet.

XXVI. Ichthyonema. Dies.

Filaria ex parte. Rud.

Ichthyonema. Dies. Revision d. Nematoden etc. S. 698.

Die Beschreibung der einen mir näher bekannten Species mag die Gattungsbeschreibung ersetzen. Vielleicht ist hierher noch zu stellen Filaria ovata R. Sie lebt als Larve in der Bauchhöhle von Gobius vulgaris, nach der Leibesmusculatur lässt sich vermuthen, dass sie sich zu einem der I. globiceps ähnlichen geschlechtsreifen Thiere entwickeln wird.

1. Ichthyonema globiceps. R.

Filaria globiceps. R.

Filaria globiceps. Wagener, Beiträge zur Entwicklungsgeschichte der Eingeweidewürmer. Von der Haarlemer Societät gekrönte Preisschrift. Haarlem 1857. S. 3.

♀ 200^{mm}, ♂ 6^{mm}.

Kopf kugelförmig angeschwollen, ebenso der Anfang des Oesophagus. Seitenfelder und Medianlinien sehr breit. Schwanz abgerundet. Eine Afteröffnung nicht gefunden. Vulva nicht gefunden. Vivipar. Embryonen von einer Hülle umgeben, ob dieselbe durch Häutung oder durch Erweiterung der Eihülle entsteht, ist ungewiss. ♂, Afteröffnung nahe am Schwanz mit zwei seitlichen Lappen. Ein Spiculum.

Uranoscopus Scaber. Ovarium. Nizza. Wagener.

Die Beschreibung ist nach Exemplaren, die mir Hr. Wagener gütigst mittheilte. Ich habe im Wesentlichen nur seine (a. a. O.) gegebene Beschreibung bestätigen können.

XXVII. Mermis. Duj.

Die älteren Beobachter, Götze, Rudolphi u. A. kannten von dieser Gattung nur die geschlechtslosen in der Leibeshöhle von Insecten lebenden Larven, welche zur Gattung Filaria M. gerechnet wurden. Die geschlechtsreifen Thiere fand zuerst Dujardin[1]), der sie auch sogleich als zu einer neuen Gattung gehörig erkannte, eine zweite Species wurde kurz darauf von v. Siebold[2]) hinzugefügt. Beide Forscher hatten von dem merkwürdigen Bau dieser Gattung Einzelnes beobachtet, aber genauer wurde derselbe erst von Meissner[3]) in zwei ausgezeichneten Monographien erschlossen. v. Siebold hatte vorgeschlagen Mermis und Gordius zu einer den übrigen Nematoden gleichwerthigen Ordnung, der Gordiacea, zu vereinigen, da sie sich in der That von der grösseren Menge der bekannten Nematoden erheblich unterscheiden. Durch die Untersuchung von Meissner schien diese Kluft zwischen den Gordiacea und den Nematoden fast noch erweitert. Ich selbst habe dann nachzuweisen gesucht, dass einerseits zwischen Gordius und Mermis grosse Unterschiede vorhanden sind, aber andrerseits der merkwürdige Bau von Mermis sich vollständig und in allen Einzelheiten mit dem Bau der übrigen Nematoden vergleichen lässt.

Von den beiden durch Meissner beschriebnen Species kenne ich genau nur M. nigrescens, hingegen kann ich eine andre neue Species beschreiben. Auch Filaria lacustris Duj. gehört sicher zu Mermis, bildet aber eine eigene Species und ist keineswegs ein geschlechtsloses Exemplar

[1]) Annales d. sc. nat. 1842. S. 129. Streng genommen ist ein geschlechtsreifes Exemplar von Mermis schon früher gefunden, Filaria rubella R. aus dem Magen von Rana temporaria ist eine gefressne Mermis nigrescens.
[2]) Stettiner entomol. Zeitschrift. 1843. 79. Wiegmann's Archiv, 1843, II. p. 309.
[3]) v. Siebold und Kölliker, Zeitschrift f. w. Z. V. S. 207 und VII. S. 1.

von M. albicans, wie v. Siebold[1]) vermuthet. Sie kommt hier in Berlin mitunter häufig in den Kanälen der Spree und des Thiergartens vor und Dr. Hartmann hatte die Güte mir einige Exemplare zukommen zu lassen. Meine Beobachtungen schienen mir jedoch nicht genügend, um diese Species hier aufzunehmen.

Der Mund ist von einem festen hornigen Ringe umfasst. In seinem Umkreis stehen 6 Papillen. Seitenfelder, zwei Hauptmedianlinien und zwei ventrale secundäre Medianlinien sind immer vorhanden. Die ventrale Hauptmedianlinie zeichnet sich vor der dorsalen dadurch aus, dass sie aus einer Reihe mit grossen Kernen versehener Zellen besteht, auf welchen der Hauptstrang der Marksubstanz aufliegt.

Der Schwanz des ♂ ist verbreitert und mit drei Reihen vieler Papillen besetzt. Sie stehen bei den zwei Species, deren ♂ bekannt sind, in etwas verschiedner Ordnung. Bei M. albicans sind drei Doppelreihen vorhanden, bei M. lacinulata drei einfache Reihen, deren mittlere, und zwar kurz vor und hinter dem After, sich in eine Doppelreihe theilt. Ueber den Bau des Oesophagus und Darmkanals mag man den anatomischen Theil nachsehen.

1. Mermis nigrescens. Duj. (Taf. XIV, Fig. 4.)

Mermis nigrescens. Meissner. v. Siebold und Kölliker, Zeitschrift f. w. Z. V. S. 207.

♀ 120ᵐᵐ.

Kopf kugelförmig anschwellend, Hals etwas eingeschnürt. Mundöffnung rund, von 6 Papillen umgeben. 2 laterale dicht neben der Mundöffnung mit körniger Pulpa und breiterer Mündung, die 4 submedianen weiter nach hinten mit homogener, stärker lichtbrechender, spitz kegelförmiger Pulpa. Hinter den submedianen Papillen ist die Haut wieder sehr verdünnt und die subcutane Schicht reicht nahe an die Oberfläche. Vulva kurz hinter der Mitte der Körperlänge. Eier linsenförmig mit fester Schale, welche an den Polen der flachen Seiten in einen büschelförmig zerfaserten Fortsatz ausläuft. Schwanz ungleich zugespitzt, auf der Bauchseite durch eine gerade, auf der Rückseite durch eine gekrümmte Fläche. Vor der Schwanzspitze ist auf der Bauchlinie eine kleine Hautverdickung, welche die Afteröffnung andeutet.

In feuchter Erde, kommt bei feuchter Wärme des Morgens im Anfang Juli auf die Oberfläche.

---

[1]) v. Siebold und Kölliker, Zeitschrift f. w. Z. V. S. 204.

Schneider, Nematoden. **23**

Dujardin giebt die Lage der Vulva 15^{mm} vom Kopfende an, sollte er vielleicht eine andre Species gesehen haben? Das ♂ ist noch unbekannt, Meissner hat drei Exemplare, van Beneden (Memoire sur les Vers intestinaux. Paris, 1858. S. 277) circa 200, ich selbst habe etwa 40 beobachtet, ohne ein einziges ♂ zu finden. Da bei Mermis albicans das Verhältniss der ♂ zu den ♀ nach Meissner 2 : 100 ist, wird auch bei unsrer Species ein ähnliches Verhältniss vorhanden sein.

M. nigrescens kann in grossen Massen auftreten. In Löwen war in der Nacht vom 31. Mai zum 1. Juni, wie van Beneden (a. a. O.) beobachtete, nach einem heftigen Regen die Oberfläche der Gärten damit bedeckt.

2. Mermis lacinulata. n. sp. (Taf. XIV, Fig. 5, 6, 7.)

♀ 330^{mm}, ♂ 84^{mm}.

Kopf kugelförmig abgerundet, Mundöffnung rund, von 6 Papillen umgeben, die lateralen stehen weiter nach hinten als die submedianen. Schwanz des ♀ dicker als der Kopf, ungleich zugespitzt, auf der Bauchseite von einer geraden Fläche, auf der Rückseite von einer gekrümmten. Schwanz des ♂ mit drei Reihen Papillen auf der Bauchseite. Die eine Reihe in der Bauchlinie, die beiden andern zur Seite. Kurz vor und hinter der länglichen Geschlechtsöffnung theilt sich die mittlere Reihe in eine Doppelreihe, deren jede vor und hinter dem After 4 Papillen enthält. Die Gesammtzahl der Papillen nicht gezählt, sie weichen bis 6^{mm} von der Schwanzspitze. Spicula cylindrisch, gekrümmt, mit stumpfen Enden. ·

Fundort unbekannt.

Es standen mir nur zwei Spiritusexemplare (♀ u. ♂) zur Verfügung, welche ich beide der Güte des Hrn. Dr. Hartmann verdanke. Das ♂ ist vermuthlich noch jung, es enthält keine reifen Eier.

XXVIII. Gordius. M.

Dass diese Gattung schon im Mittelalter bekannt war und dass sie von älteren Helminthologen nicht zu den Nematoden gerechnet wurde, ist bereits in der Einleitung aus einander gesetzt. Erst mit Meissner's[1] Abhandlung beginnt eine genauere Kenntniss des Baues und der Charactere der Species. Nach Meissner würde Gordius zwar Mermis ähnlich, aber von den übrigen Nematoden weit verschieden sein. Es ist mir

---

[1] v. Siebold und Kölliker, Zeitschrift f. w. Z. Bd. VII. S. 10.

glaube ich, gelungen, auch in Bezug auf Gordius die Analogie seiner Organe mit den entsprechenden Organen der Nematoden herzustellen, worüber das Nähere in dem anatomischen Theile sich findet.

Ueber die Frage, ob Gordius eine Mundöffnung besitze, befinde ich mich mit Meissner in Widerspruch. Ich habe bei keiner Species einen Mund gefunden, und würde denselben bestimmt in Abrede stellen, wenn nicht Meissner's Angaben und Abbildungen zu positiv die Existenz eines solchen oder wenigstens einer Analogie desselben behaupteten. Von den Species Meissner's habe ich keine frisch und in grössrer Menge untersuchen können. Ich will auch auf den Befund bei den drei in Spiritusexemplaren beobachteten Species keinen Werth legen. Allein von G. setiger mihi, habe ich eine sehr grosse Anzahl Exemplare frisch untersucht, und alle denkbaren Versuche angestellt, den Kopf bei der Ansicht von oben betrachtet, den Hauptcylinder am Kopf vollständig von den darunter liegenden Theilen befreit, nie habe ich, weder in der Stirnfläche noch mehrere Linien nach hinten, irgend eine Oeffnung entdeckt. Sollte vielleicht der Mund nur bei den ♀ vorhanden sein? ich habe nämlich von allen Species mit Ausnahme der G. tricuspidatus nur ♂ gesehen.

Ebenso wenig gelang es mir die beiden Oeffnungen zu finden, welche Meissner als die seines Excretionsorgans betrachtet, eine vorn kurz hinter dem Munde und eine hinten kurz vor der Geschlechtsöffnung.

Die Haut von Gordius besitzt nie die eigenthümlichen Hautringel der Nematoden, dagegen ist sie bei vielen mit polyedrischen Zeichnungen bedeckt, welche von zarten Einschnitten herrühren, und bei allen trägt sie wohl mehr oder weniger haarförmige stumpfe Fortsätze.

Seitenfelder und die dorsale Medianlinie fehlen, es ist nur eine ventrale Medianlinie vorhanden.

Das männliche Schwanzende zerfällt durchweg in zwei Aeste, deren jeder die Dicke des halben Körperdurchmessers besitzt und stumpf abgerundet endet. Die Geschlechtsöffnung liegt auf der Bauchseite kurz vor der Gabeltheilung. Zwischen der Geschlechtsöffnung und der Gabeltheilung springt bei einigen (G. setiger und impressus) ein breiter, gebogener Hautfortsatz dachförmig vor. Die Gegend der Geschlechtsöffnung ist ausserdem mit verschiednen Borsten, Stacheln und Haaren besetzt.

Ein Spiculum ist niemals vorhanden.

Mit Ausnahme von G. tricuspidatus habe ich von keiner Species

23 *

selbst Weibchen beobachtet, obgleich ich von G. setiger nahe dreissig Exemplare besass. Auch unter den vielen Gordien des Berliner Museums, von denen ich leider die meisten nicht beschreiben konnte, da immer nur ein Exemplar vorhanden war, befanden sich nur Männchen. Meissner war glücklicher, er fand bei G. subbifurcus auf 15 ♂ 6 ♀ und bei G. aquaticus auf 10 ♂ 4 ♀. Die Zahl der Männchen bei Gordius überwiegt die der Weibchen, ein Verhältniss, welches bei allen übrigen Nematoden umgekehrt ist. Die Vulva liegt nach Meissner bei G. aquaticus in der Mitte des gerad abgestutzten Schwanzendes und bei G. subbifurcus kurz vor dem Hinterrande des schief abgestutzten Schwanzendes. Bei G. tricuspidatus ist das Hinterende des ♀ in drei Fortsätze gespalten, welche in ihrem Grunde die Vulva einschliessen.

Im Betreff des Darmkanals und Oesophagus verweise ich auf die Anatomie, wo ich meine von der Meissner's abweichende Ansicht auseinander gesetzt habe.

1. Gordius subbifurcus. Meissner. (Taf. XIV, Fig. 2.)

♂ 77ᵐᵐ.

Kopffläche hell, ein dunkler Streifen zieht sich auf der Bauch- und Rückenlinie über den ganzen Körper. Die Körperfläche mit polyedrischen Zeichnungen bedeckt, welche durch Einschnitte hervorgebracht werden, dazwischen einzelne scharf begränzte ovale Buckeln mit einer punktförmigen Vertiefung in der Mitte. Schwanz des ♂ zweigablig. Um die Geschlechtsöffnung zieht sich parabolisch ein breiter Saum von etwa fünf Reihen Borsten. An der innern Seite der Gabeläste stehen unregelmässig in zwei bis drei Reihen kurze kräftige Stacheln mit runder Basis. Zwischen den Borsten und den kräftigen Stacheln stehen viele kleine dünne Stacheln zerstreut

In Tümpeln eines kleinen Baches, in der Nähe von Zeitz (Prov. Sachsen).

Ich habe etwa zehn Exemplare dieser Species untersuchen können, welche ich nicht selbst gesammelt habe und die schon einige Zeit in starkem Spiritus gelegen hatten. Von den Farben war nichts zu erkennen. Dass meine Species mit dem G. subbifurcus Meissner identisch ist, beweist die Vergleichung meiner Abbildung mit der Meissner's wohl hinlänglich. Nach Meissner ist das Schwanzende des ♀ auf der Bauchseite schief abgeschnitten und diese Fläche ist zu beiden Seiten mit einem eiförmigen Wulst bedeckt. Die beiden Wulste ragen an der Spitze hervor, so dass sie eine kurze Gabel bilden. In der Rinne zwischen denselben kurz vor der Schwanzspitze liegt die Geschlechtsöffnung.

2. Gordius setiger. n. sp. (Taf. XIII, Fig. 9.)

♂ 190ᵐᵐ, Dicke 0,4ᵐᵐ.

Stirnfläche weiss, dahinter 0,5ᵐᵐ ringsum braun, von da ab an den Seiten braun, Rücken und Bauch gelblich weiss. Der Farbenunterschied anfangs sehr deutlich, wird in der Schwanzgegend undeutlich. Borsten auf der ganzen Oberfläche bis an den Kopf. Schwanz des ♂ zweigablig, hinter der Geschlechtsöffnung eine dachförmig vorstehende Hautverdickung. Von dem seitlichen Ende des Daches geht auf der Bauchseite ein dichter Kamm von Borsten nach hinten. Ausserdem finden sich auf dem Schwanz vor und hinter der Geschlechtsöffnung Borsten, unregelmässig gestellt, in grössrer Zahl als am übrigen Körper.

Berlin. Tegelsee. September.

Die Geschlechtsöffnung führt zunächst in einen kugelförmigen Raum, welcher von einer derben Haut, einer Fortsetzung der Körperhaut, ausgekleidet ist. Man glaubt zuerst, dass dieser kugelförmige Raum im Innern mit Stacheln besetzt ist, es sind aber stachelförmige Fortsätze, welche nach der Matrix der Cuticula gerichtet sind.

3. Gordius impressus. n. sp. (Taf. XIV, Fig. 3.)

♂ 190ᵐᵐ.

Kopffläche eben, Körperfarbe hell, graugelb. Körperoberfläche mit polyedrischen Linien bedeckt, einzelne Haare darauf gestreut. Schwanz des ♂ zweigablig. Geschlechtsöffnung in einer Art Nische, welche mit vielen kleinen Höckern besetzt ist. Hinter derselben eine quere dachförmig vorstehende Hautverdickung. Einzelne grössre Borsten auf der Bauchfläche der Gabel und an deren Enden ein dichterer Borstenbesatz.

Fundort unbekannt, wahrscheinlich bei Berlin.

4. Gordius gratianopolensis. Charvet. (Taf. XIV, Fig. 1.)

Gordius tricuspidatus. Meissner und v. Siebold.

Gordius rarius. Leydy (?)

♂ 95—150ᵐᵐ, Dicke 1ᵐᵐ.

Kopffläche eben, Körperfarbe am Kopf weiss, hinter demselben schwärzlich, sonst hellbraun. Körperoberfläche mit vielen runden Erhabenheiten besetzt, welche in der Mitte schüsselförmig vertieft sind. Schwanz

des ♀ in drei Lappen getheilt, welche auf der Aussenseite gewölbt, auf
der Innenseite eben oder gering vertieft sind; zwei davon sind etwas
breiter. Auf der Aussenseite der Lappen und am Schwanztheil des Körpers stehen viele spitz kegelförmige Stacheln, auf der Innenseite dicke,
lange, wellenförmige Haare von gleichmässiger Dicke. Die Sculptur der
Innenfläche von der Gestalt eines Netzes mit langgezognen Maschen. Zwischen den drei Lappen steht die Vulva.

 Fundort unbekannt.

 Durch Charvet (Nouv. Annal. d. Musée d'hist. nat. XVIII. S. 37) und
Leydy (Proceed. of the Acad. of nat. scienc. of Philadelphia. V. S. 98 und 262),
welche das Eierlegen beobachteten, steht fest, dass die dreigabligen Individuen
die ♀ sind, während die ♂ ein zweigabliges Hinterende besitzen. An den
Individuen des Berliner Museums konnte man ebenfalls eine aus dem Hinterende
hervor tretende Schnur bemerken, in welcher sich jedoch Eier nicht unterscheiden liessen.

Anhang

Sphaerularia. Léon Dufour.

 Dieser merkwürdige Nematod wurde von Léon Dufour [1] entdeckt,
später von v. Siebold [2] beobachtet und von Lubbok [3] zuerst genau beschrieben. Ich verdanke Hrn. Dr. Gerstäcker zwei Spiritusexemplare,
nach deren Untersuchung ich einige der wichtigsten Resultate Lubbok's
bestätigen kann.

 Lubbok glaubt, dass Sphaerularia in nächster Verwandtschaft mit
Gordius und Mermis stehe, allein ihr Bau ist so merkwürdig, dass sie sich
mit keinem sonst bekannten Nematoden vergleichen lässt. Ich habe mich
deshalb auch nicht entschliessen können derselben eine bestimmte Stelle
im System anzuweisen. Der Leib des ♀ ist auf seiner ganzen Ober-

---

[1] Annales d. scienc. natur. 1836. S. 9.
[2] Wiegmann's Archiv. 1838. Bd. I. S. 305. v. Siebold und Stannius, vergleichende Anatomie. Bd. I. S. 130.
[3] The natural history Review. I. S. 44, u. IV. S. 265.

fläche mit runden Höckern besetzt, sie stehen im Quincunx und bilden zehn Längsreihen. Breitet man den Leibesschlauch aus und betrachtet ihn von Innen, so besteht die innere Fläche aus sechsseitigen Zellen, welche so gestellt sind, dass zwei parallele Seiten die Längsaxe senkrecht schneiden. Die Zellen liegen dicht an einander und in der Mitte von jeder derselben liegt einer jener runden Höcker, welche man auf der äussern Haut hervorragen sieht. Wenn ich diese sechseckigen Räume Zellen nenne, so muss ich befürworten, dass ich die Zellnatur derselben durchaus nicht beweisen kann. Die Basis des runden Höckers giebt allerdings den Schein eines Zellkernes, allein einen wahren Zellkern habe ich an meinen Exemplaren nicht gefunden. Lubbok giebt an bei jungen Exemplaren in der Mitte jedes Sechsecks einen Zellkern gesehen zu haben.

Die äussere Haut besteht aus einer dicken homogenen structurlosen Schicht, unter welcher eine feine dunkelkörnige Masse liegt. Der Analogie der übrigen Nematoden nach sollte nun nach Innen die Muskelschicht liegen. Längsstreifen sind nicht zu bemerken, dagegen habe ich an einem Exemplare bemerkt, dass in jedem Sechseck parallel den Seiten Streifen verlaufen. Sollten es Fibrillen sein und die Sechsecke Muskelzellen? Ich wage nach der Untersuchung meines geringen Materials diese Frage nicht zu beantworten, junge Exemplare können darüber am ersten Aufschluss geben. Meridianlinien und Seitenfelder sind nicht vorhanden.

Mund und After fehlen nach den übereinstimmenden Angaben v. Siebold's und Lubbok's. Durch die ganze Länge zieht sich ein wahrscheinlich dem Darm entsprechender Strang, welcher aus zwei Reihen Zellen zusammengesetzt ist, die fettartige Kugeln und Krystalle enthalten.

Das Ovarium ist einfach, das Hinterende bildet viele Windungen, nach vorn geht es in einen weiten Uterus über, welcher in dem einen Körperende nach Aussen mündet. An den grossen weiblichen Exemplaren und zwar nahe demjenigen Körperende, welcher das blinde Ende des Ovarium enthält, befindet sich immer ein kleiner schlanker Nematod befestigt. Die Art der Befestigung liess sich nicht sicher ermitteln. In dem grösseren Exemplare scheint eine Vertiefung zu sein, in welche ein Fortsatz des kleineren hinein ragt. Ich habe mich an den Spiritusexemplaren von der Richtigkeit dieser Beobachtung vollkommen überzeugen können. Ueber den Bau des kleinen Wurmes konnte Lubbok, wie es scheint, nichts er-

mitteln, nach den Abbildungen besitzt er einen Mund, einen After und
einen längeren spitzen Schwanz, ist also von den grossen Exemplaren
gänzlich verschieden. Die scharfsinnige Vermuthung Lubbok's, dass es
das ♂ der Sphaerularia sei, hat Vieles für sich und wird sich hoffentlich
beweisen lassen.

Sphaerularia bombi lebt in der Leibeshöhle am obern Theil des
Magens verschiedner Bombusarten: B. terrestris, lucorum, muscorum,
hortorum, lapidarius, pratorum, subterraneus, und zwar nur in
Weibchen, welche überwintert haben. Sie findet sich vom December
bis Juni.

ZWEITE ABTHEILUNG.
ANATOMIE.

D er Körper eines Nematoden besteht aus zwei in einander steckenden Röhren, die innere ist das Darmrohr, die äussere der Leibesschlauch. Vorn kann sich das Darmrohr in den Mund öffnen, hinten in einen Mastdarm. Mastdarm und Mund sind functionell zwar Theile des Ernährungsapparats, morphologisch aber Theile des Leibesschlauches. Wir werden sie demnach beim Leibesschlauch besprechen. Zwischen Darm und Leibesschlauch liegt der Geschlechtsapparat, als ein vom übrigen Körper fast vollkommen isolirtes Gebilde, nur sein Ausführungsgang geht in die äussere Haut über.

Cap. I. Darmrohr.

Das Darmrohr zerfällt in zwei scharf getrennte Abtheilungen, den Oesophagus und den Darm.

§. 1. Oesophagus.

Der Oesophagus scheint niemals zu fehlen [1], tritt aber in sehr verschiedner Gestalt auf. Als die einfachste Form desselben betrachte ich das merkwürdige Organ von Gordius, welches Meissner [2] Bauchstrang genannt hat. Es ist ein solider strangförmiger Körper, welcher sich vom Kopf bis zum Schwanz erstreckt. Sein Querschnitt ist dreieckig mit abgerundeten Ecken. Immer liegt derselbe an der Bauchseite, mit vielen Fäden an die Bauchlinie angeheftet. Seine Structur ist mir nicht

---

[1] Bei Sphaerularia Bombi fehlt der Oesophagus. Lubbok: On Sphaerularia Bombi the natural history Review. 1861. S. 56.
[2] Zeitschrift f. w. Z. Bd. VII. S. 75.

klar geworden, es scheinen Längs- und Querfasern darin zu verlaufen.
Nach Meissner, welcher übrigens die abgehenden Fäden ohne Grund für
Nerven erklärt, liegen in seiner Substanz viele Kerne. Weder Anfang
noch Ende desselben habe ich frei präpariren können. Für die Deutung als
Oesophagus bestimmen mich hauptsächlich die Fäden, welche ihn an die Bauch-
linie heften und sich auch in ganz ähnlicher Weise beim Oesophagus von
Trichocephalus findet. Es würde ein Oesophagus ohne innere Höhlung sein,
welcher sich weder vorn in einen Mund, noch hinten in einen Darm öffnet
(Taf. XVI, Fig. 10).

Eine weitere Form des Oesophagus ist die von Mermis, hier sind
die wesentlichen Theile, welche das Organ in seiner vollendeten Gestalt
darbietet, vorhanden. Es ist ein Strang von 10′′′′ Länge (Meissner),
anfangs cylindrisch, dann zu einem kugelförmigen Bulbus anschwellend, dann
in seinem längsten Theil sehr dünn (Taf. XV, Fig. 9). Er besteht aus einem
innern cylindrischen Rohr von fester chitinöser Substanz, dann einer Schicht
weicher Substanz, welche viele Kerne enthält und nach aussen von einer
dünnen Membran umschlossen wird. Das Rohr öffnet sich vorn in den
Mund, nach hinten endigt es blind. Die Kerne, welche wir eben erwähnten, sind grosse wasserhelle Blasen mit Kernkörper, sie sind sehr
verschieden vertheilt. Dicht gedrängt liegen sie in dem Bulbus [1]. Letzterer
enthält noch ausserdem einen innern Theil, welcher dunkel granulirt ist und
sehr kleine Kerne umschliesst. In dem hintern Theil liegen die Kerne in
weiten Abständen. Während diese letztern Kerne in Larven (Taf. XV,
Fig. 11) ganz das normale Aussehen besitzen, werden sie in den Geschlechtsreifen solide Körper. Gleichzeitig schrumpft der ganze Schlauch
zusammen und nun ragen die Kerne als knotenförmige Anschwellung am
Schlauche hervor (Taf. XV, Fig. 10). Meissner[2] hat den Bulbus für das
Centralorgan des Nervensystems und die Anschwellungen in dem dünnen
Theil des Oesophagus für Magenhöhlen gehalten. Mermis nigrescens[3] besitzt also einen Oesophagus mit innerm Rohr, welches sich in den Mund,
aber nicht in einen Darm öffnet.

---

[1] Taf. XV, Fig. 9. Diese Abbildung, obgleich naturgetreuer als die Meissner's,
lässt noch manches zu wünschen übrig. Sie ist im Aufang meiner Untersuchungen gemacht.
[2] Ztschrft. f w. Z. Bd. V. S. 221 und S. 236.
[3] Die andern Species von Mermis besitzen einen ähnlichen Oesophagus, nur der
Bulbus scheint sich bei M. albicans nach Meissner anders zu verhalten. Ztschrft. f.
w. Z. Bd. V. Taf. XII, Fig. 13.

Eine dritte Form des Oesophagus ist die von Trichocephalus und Trichosoma. Der Oesophagus besitzt durchweg eine innere Höhlung, welche sich in Mund und Darm öffnet. Er zerfällt in zwei Theile, welche in Gestalt und Structur verschieden sind. Der erste, gewöhnlich nur 0,5″″ lange Theil ist äusserlich rund und in seiner ganzen Länge von gleichem Durchmesser (Taf. XIII, Fig. 7). Die Höhlung liegt genau in der Mitte, sie besitzt einen dreieckigen Querschnitt; ihre Wandung ist fest, chitinartig. Der Oesophagus selbst besitzt die Structur, welche allen übrigen ausser den bisher betrachteten Nematoden gemein ist (Taf. XV, Fig. 3). Es gehen nämlich von der Wand der innern Höhlung radienartig nach aussen Streifen einer festen Substanz. Wir werden sehen, dass dann der Oesophagus als Muskel wirkt, doch weil gerade bei Trichocephalus und Trichosoma dieser Theil des Oesophagus klein und nicht leicht zu untersuchen ist, wollen wir diese eigenthümliche Structur erst später besprechen. Der zweite Theil ist ungleich länger. Seine innere Höhlung ist auch von einer chitinösen Wandung bekleidet, allein der Querschnitt derselben ist nicht dreieckig, sondern rund, er liegt auch nicht central, sondern excentrisch und zwar immer an der Bauchseite (Taf XV, Fig. 4, 5 und 7). Der gesammte Oesophagus nimmt in diesem Theil bis an sein Darmende allmählig an Dicke zu. Seiner äussern Gestalt nach (Taf. XV, Fig. 8) ist derselbe nicht glatt, sondern durch rings herum laufende Einschnürungen getheilt. Die Einschnürungen sind abgerundet und folgen sich in fast gleichen, nach hinten allmählig grösser werdenden Abständen, so dass man an den Rändern beiderseits eine regelmässige Wellenlinie sieht. Allein wir haben keineswegs einen Rotationskörper vor uns. Jede Anschwellung ist nämlich an der Bauchseite tief ausgeschnitten und jede Seite des Ausschnitts läuft in einen hornartigen Zipfel aus. Durch Fäden, welche von der, den ganzen Oesophagus nach aussen umschliessenden, Membran abgehen, ist der Oesophagus an die Bauchseite angeheftet. Die Substanz des Oesophagus, welche in diesem Theil ziemlich homogen erscheint, enthält in grössern Abständen einzeln sich folgende deutliche grosse Kerne [1]. Abgesehen von

---

[1] Die erste genauere Darstellung des Oesophagus von Trichocephalus hat Eberth (Ztschrft. f. w. Z. Bd. X. 1859. S. 245) gegeben. Allein ich muss in sehr wesentlichen Punkten von ihm abweichen. Zuerst lässt derselbe den innern Kanal ausserhalb des Zellstranges liegen, dann hat er den Unterschied des vordern und hintern Theils vollkommen übersehen.

den Einschnürungen gleicht dieser zweite Theil ganz dem dünnen Theil des Oesophagus von Mermis. Zwischen dem Oesophagus von Trichosomum und Trichocephalus scheint kein Unterschied vorhanden zu sein. Specielle Untersuchungen darüber habe ich nicht gemacht.

Man hat vielfach geglaubt, dass der Oesophagus von Trichina spiralis dem von Trichocephalus gleiche [1]). Allein es scheint mir dies ganz unbegründet. Die einzelnen Theile des Darmrohrs sind bei dieser Species allerdings in ihren Längen von ganz ungewöhnlichem Verhältniss. Der Oesophagus und der Darmkanal sind ungewöhnlich kurz, während der Mastdarm ungewöhnlich lang ist. Der Oesophagus ist von einer Structur, wie ihn alle noch zu beschreibenden Species besitzen, d. h. sein Rohr hat einen dreieckigen Querschnitt, Radialbalken u. s. w. Was man für einen Zellkörper analog dem hintern Theil des Oesophagus von Mermis und Trichocephalus gehalten, ist der Darm, über dessen Bau wir weiter unten berichten werden.

Der Oesophagus besteht bei allen nun weiter zu betrachtenden Gattungen, wie man auf Querschnitten leicht sehen kann, aus einer muskulösen Substanz, welche im Innern von einem Kanal durchsetzt und nach aussen von einer structurlosen festen Membran umschlossen ist. Seiner äussern Gestalt nach ist der Oesophagus drehrund oder undeutlich dreieckig. Gewöhnlich verdickt sich derselbe nach hinten. Diese Verdickung findet entweder allmählig, oder durch eine plötzliche Anschwellung statt, welche wir einen Bulbus nennen werden.

Der Querschnitt des Kanals ist seiner Anlage nach wohl immer ein reguläres Sechseck. Allein diese reguläre Form findet sich nur selten und tritt meist nur vorübergehend während der Contraction des Oesophagus auf. Gewöhnlich ist die Gestalt die eines Sechsecks mit drei einspringenden und drei ausspringenden Winkeln, eine Gestalt, die durch Contractionen leicht in die eines gleichseitigen Dreiecks und eines regulären Sechsecks übergehen kann (Taf. XVI, Fig. 2 und 14). Von diesem Dreieck werden wir nun auch bei unsrer weitern Betrachtung immer sprechen. Seine Wichtigkeit für die Morphologie der Nematoden wird dabei immer mehr hervortreten.

----

[1]) Virchow, Archiv f. patholog. Anatomie. 1860. Bd. XVIII. S. 340. Leukart, Untersuchungen über Trichina spiralis. 1860. S. 46.

Das Dreieck ist immer so gestellt, dass eine Spitze genau nach der Bauchlinie zeigt. Auf jedem Querschnitt, welcher zugleich den Oesophagus trifft, kann man daher immer Bauch- und Rückenlinie sicher unterscheiden. Allein die Form des Querschnitts kann noch complicirter sein, indem die Ecken des Dreiecks nicht einfach spitze Winkel, sondern kreisförmig ausgeschnitten sind. Ein extremer Fall dieser Gestalt ist bei Ascaris ferox (Taf. II, Fig. 17). Constante Unterschiede des Oesophagus-Querschnittes innerhalb der Genera habe ich nicht finden können.

Eine Verschiebung erleidet jenes Dreieck in der Gattung Physaloptera. Der Mund ist dort zweilippig und die eigentliche Mundöffnung ein elliptischer dorsoventral gestellter Spalt, welcher unmittelbar in den dreieckigen Oesophaguskanal mündet. Der Uebergang zwischen zwei so unähnlichen Querschnitten wird nun in der Weise hergestellt, dass eine Spitze des Oesophagusdreiecks nach dem Rücken, eine nach der Seite und die dritte wie gewöhnlich nach dem Bauch gerichtet ist. In ähnlicher Weise unregelmässig ist der Anfang des Oesophagus bei Heterakis foveolata, wo der Oesophagus ebenfalls unmittelbar aus der dorsoventral gestellten länglichen Mundspalte hervorgeht.

Der Kanal ist von einer chitinartigen dicken Membran ausgekleidet. Sie verhält sich wie eine Cuticularbildung, deren Matrix der Oesophaguskörper vorstellt. Bei Strongylus armatus kann man sich leicht überzeugen, dass die Auskleidung des Oesophaguskanals bei der Häutung ebenfalls abgeworfen wird.

Diese Membran ist mitunter in ihrer ganzen Ausdehnung von gleicher Dicke. Sehr häufig kommt es aber vor, dass die Membran auf jeder Dreiecksseite 2mal, also im Ganzen 6mal leistenartig verdickt ist (Taf. XV, Fig. 12). Diese Leiste kann entweder die halbe Dreiecksseite vollständig einnehmen oder sie liegt mehr den Dreiecksspitzen genähert. Solche Leisten kommen durchweg vor in der Gattung Strongylus, theilweise bei Oxyuris, Heterakis und andern. Nicht selten ist nur der vordere Theil des Oesophagus mit diesen Leisten versehen, z. B. bei Cucullanus; ein Unterschied, der auch ohne Querschnitte am unversehrten Thier leicht zu erkennen ist durch die viel kräftigern Conturen des Kanals. Es bilden diese sechs Leisten ein neues Moment für die sechseckige Anlage des Oesophaguskanals.

Die innere Fläche ist theils vollkommen glatt, theils mit Vorsprüngen verschiedner Art bedeckt. Als die einfachste und häufigste Form

derselben kann man die parallel querlaufenden Streifen betrachten, welche
den Oesophaguskanal ganz bedecken. Sie verlaufen gewöhnlich, so z. B.
bei Strongylus und Oyxuris, nicht als gerade Linie, sondern sind in der
Mitte der Dreiecksseite nach vorn convex gekrümmt.

Eine complicirtere Bildung sind die Zähne, welche im Bulbus und
wo deren zwei vorhanden sind, im hintern auftreten. Indem der Oesophaguskanal sich innerhalb des Bulbus plötzlich erweitert, entsteht dadurch
ein kleiner Vorsprung (Taf. XV, Fig. 1 u. 2). Dieser Vorsprung bildet
die Grundlinie einer halbkreisförmigen oder dreieckigen Verdickung der
Wandung, welche gewöhnlich mit parallelen Querleisten versehen ist, die
etwas stärker als die allgemeinen Querleisten des Oesophaguskanals vorspringen. Dies sind die Zähne, welche schon von aussen so sehr ins Auge
fallen. Durch die Contraction und Erschlaffung des Oesophagus werden
dieselben aufgerichtet und nach innen gesenkt, und bieten so am lebenden
Thier ein sehr wechselndes Spiel verschiedner Stellungen dar. Dieser
Apparat kommt vor fast durchweg bei den Gattungen Pelodera, Leptodera,
Oxysoma, Nematoxys, Oxyuris, Heterakis, seltener bei Spiroptera.

Andrer Art sind Vorsprünge, welche sich bei Oxyuris curvula
und obesa finden. Dort ist der Oesophagus in dem an den Mund stossenden Theile auf eine kurze Strecke verdickt. Der Kanal ist erweitert und
sein Querschnitt hat eine sehr wechselnde Gestalt.

Betrachten wir zunächst O. curvula (Taf. VII, Fig. 2). Am Eingang
des Oesophagus in den Dreiecksmitten steht eine längliche Platte, deren
eines Ende in der Auskleidung des Oesophagus festgewachsen, während das
andre etwas verbreiterte Ende nach vorn aufgerollt ist. Dahinter in dem Umkreis des Kanals steht eine Reihe ebenfalls nach vorn gekrümmter Borsten.
Etwas weiter nach hinten in den Dreiecksspitzen stehen ovale Platten [1].
Ganz ähnlich verhält sich dieser Apparat bei Oxyuris obesa (Taf. VII,
Fig. 4—6), nur sind die vordern in den Dreiecksmitten stehenden Platten
mehr kreisförmig und getüpfelt und statt des Kammes von Borsten steht
ein ununterbrochener Hautsaum. Die hintern, in den Winkeln stehenden
Platten sind ebenfalls eher kreisförmig und an ihrem freien Rande ausgeschnitten.

Eine andre eigenthümliche Bewaffnung findet sich bei Ascaris megalocephala (Taf. XV, Fig. 16). Kurz hinter dem Mund erhebt sich auf

[1] In der angegebnen Abbildung sind dieselben weggelassen.

allen drei Flächen des Kanals eine niedrige, flach bogenförmige Querleiste, von deren Enden gerade nach vorn andre Leisten abgehen, welche sich in spitzen Bogen fast unmittelbar hinter dem Mund umbiegen und in die Trennungslinien der drei Flächen des Oesophaguskanals übergehen. Etwas weiter nach hinten befindet sich und zwar nur auf den beiden nach der Bauchseite gerichteten Flächen wieder eine ähnliche Querleiste, die aber in einem stärkern Bogen gekrümmt ist. Auf der Rückenfläche des Kanals fehlt die letztere Leiste, und an der Stelle derselben findet sich eine Oeffnung, in welche ein nachher zu besprechender Kanal ausmündet.

Der eigentliche Oesophaguskörper besteht aus Fasern und einer kernhaltigen Zwischensubstanz. Die Fasern desselben sind zweierlei Art, radiale und der Länge nach verlaufende. Die radialen sind im Allgemeinen senkrecht auf die Längsaxe und nach der Mitte des Oesophaguskörpers gerichtet, allein es finden von dieser Richtung einige Abweichungen statt. So sind sie mitunter etwas gegen die Längsaxe geneigt, auch convergiren sie auffallend gegen die oben erwähnten Längsleisten (Taf. XV, Fig. 12). Diese Fasern bilden grössere, nahezu kegelförmige Bündel, welche mit der breiten Basis auf der Aussenseite aufsitzend nach innen spitzer verlaufen. Die neben einander liegenden Bündel stehen in der Nähe der Aussenfläche, durch bogenbildende Fasern mit einander in Verbindung, so dass man sowohl auf Quer-, als auf Längsschnitten diese bogenförmigen Anastomosen erkennen kann. Die Längsfasern sind in den verschiednen Gattungen sehr ungleich vertheilt. Bei Strongylus scheinen sie ganz zu fehlen, bei Oxyuris sind sie sparsam vorhanden. Schwach ausgebildet scheinen sie in der Gattung Filaria. Bei Filaria papillosa schien es mir, als ob nahe an der Oberfläche des Oesophagus zwei Systeme von Fasern verliefen, welche spiralig im entgegengesetzten Sinne den Oesophagus umkreisen. Sehr ausgebildet sind sie bei Ascaris, wo ich sie bei A. megalocephala genauer untersucht habe. Sie bilden dort (Taf. XIX, Fig. 5 *ml*) eine nahe am Umfange des Oesophagus gelegene Schicht, und die einzelnen Fasern stehen durch schiefe Anastomosen netzförmig mit einander in Verbindung. Andre sehr breite Längsfasern liegen an den Dreiecksecken, und zwar so, dass die Längsrichtung ihres Querschnitts radial gestellt ist. Diese letztern Längsfasern vereinigen sich an dem vordern Ende des Oesophagus, indem immer eine Faser umbiegt und parallel einer Dreiecksseite verlaufend, bogenförmig mit der von der andern Seite kommenden Faser zusammen fliesst. Auf diese Weise wird die vordere Oesophagusspitze nur aus solchen umbiegenden Längsfasern gebildet. Es entspricht dieser Theil dem Raume zwischen der Mundöffnung und den ersten Querleisten (Taf. XV, Fig. 16).

Zwischen den Fibrillen liegt eine helle Zwischensubstanz, in welcher viele dunklere Körnchen eingebettet sind. Die Menge dieser Körnchen ist in den verschiednen Gattungen und Arten ungleich, und es erscheint demnach der Oesophagus heller und dunkler. Auch kann innerhalb eines Oesophagus diese Körnchenmasse ungleich vertheilt sein. Besonders auffallend tritt diese Ungleichheit in der Gattung Filaria auf, in welcher der Oesophagus immer in einen vordern hellen und in einen hintern dunklen Theil zerfällt. In dem hellen Theil sind ausserdem die radialen Fibrillen zahlreicher als in dem dunklen. In der körnigen Substanz finden sich viele Kerne zerstreut, und es scheint, dass diese Kerne im Jugendalter überall vorhanden sind; später aber ganz oder theilweise verschwinden. Sie finden sich z. B. im Oesophagus der Ascariden niemals, häufiger findet man sie bei Strongylus (z. B. bei St. auricularis) und bei Oxyuris (z. B. bei O. curvula Taf. XV, Fig. 1), sehr zahlreich sind sie in dem dunklern Theile des Oesophagus der Filarien.

Es scheint mir sicher, dass diese Kerne ursprünglich nicht regellos im Oesophagus vertheilt waren, sondern eine bestimmte Beziehung zu der sechseckigen Grundform des Oesophaguskanals haben. So liegen z. B. im vordern Ende des Oesophagus von Oxysoma immer drei Kerne den Dreiecksmitten entsprechend (Taf. XVI, Fig. 2 von O. tentaculatum).

Dass in der Substanz des Oesophagus von Ascaris megalocephala eine Drüse liegt, haben wir bereits erwähnt. Leider kann ich über dieselbe nichts weiter berichten, als dass an die oben erwähnte Ausmündungsstelle ein häutiger Kanal herantritt. Fernere Untersuchungen müssen lehren, ob dieser Kanal sich tiefer in die Substanz des Oesophagus erstreckt, und ob er auch noch bei andern Arten von Ascaris vorkommt. Man stellt diesen Ausführungsgang am leichtesten in der Weise dar, dass man den Oesophaguskanal durch einen Schnitt der Länge nach öffnet und den ganzen Oesophagus in verdünnter Salpetersäure kocht, dadurch hebt sich seine Wandung im Zusammenhange ab, und jener Ausführungsgang bleibt mit derselben in Verbindung. Auf diese Weise überzeugt man sich auch, dass ausser der eben besprochenen Mündung keine andre existirt.

Bei Enoplus liratus fand ich im hintern Theil des Oesophagus kurze Strecken von Längskanälen, welche mit einer wasserhellen Flüssigkeit erfüllt waren, ohne dass ich jedoch vermochte den Verlauf und eine etwaige Ausmündung derselben festzustellen.

Gänge einer Drüse stellt vielleicht auch das Kanalsystem vor, welches den Oesophagus in der Gattung Eustrongylus durchsetzt (Taf. XV, Fig. 13—15). Dasselbe beginnt im Vorderende mit drei, in den Dreiecksmitten stehenden Längskanälen, welche sich nach hinten dichotomisch theilen. Die Aeste enden wiederholt blind mit erweiterten Enden, werden aber durch neue Theilungen der weiterlaufenden Aeste ersetzt. So stehn im Hinterende sechs bis zehn Kanäle auf einem Querschnitt. Die Wandungen der Kanäle bestehen aus einer festen chitinartigen Substanz. Eine Ausmündung derselben habe ich nicht gefunden, so dass ich die oben angeführte Function nur als Vermuthung aufstellen kann. Im Uebrigen ist die Structur des Oesophagus normal, es sind radiale Fasern, Zwischensubstanz und bei jungen Exemplaren zahlreiche Kerne vorhanden.

Die äussere Wandung des Oesophagus ist eine homogene Membran. Bei Strongylus liegen auf derselben zahlreiche Längsmuskel, welche Ausläufer der Leibesmuskelzellen sind.

Der Stachel, welchen das vordere Ende des Oesophagus bei Anguillula und einigen Enoplus-Arten (Dorylaimus Duj.) enthält, ist bereits bei den betreffenden Gattungen beschrieben worden. Bei Anguillula ist derselbe schon im Embryo vorhanden, bei Enoplus kennen wir die Embryonen nicht, aber der Stachel findet sich schon bei der Larve. Bei Gordius und Mermis nigrescens kommt der Stachel nur den Embryonen zu. Wie der Stachel mit dem Oesophagus zusammenhängt, lässt sich nicht angeben. Es scheint, dass er unmittelbar in die Chitinauskleidung des Oesophaguskanals übergeht.

Das hintere Ende des Oesophagus ist immer durch eine Einschnürung verengert. Es theilt sich gewöhnlich in drei längliche, abgerundete Zapfen, welche den Dreiecksseiten entsprechen. Diese drei Zapfen werden von dem Darmkanal umfasst, ohne dass die Gewebe in einander übergingen.

Bei einigen Ascaris-Arten, so bei A. spiculigera, nasuta, osculata, lobulata, mucronata, Acus, und den verwandten setzt sich der Oesophagus und sein Kanal noch ein Stück hinter der Ausmündung in den Darm blindsackartig fort (Taf. XVI, Fig. 3). Wie wir bereits in der Gattungsbe-

schreibung von Ascaris erwähnt haben kommt zugleich mit diesem Blindsack
häufig noch ein anderer vor, welchen der Darm nach vorn absendet.

Für den histiologischen Bau des Oesophagus bieten sich zwei sehr
verschiedene Auffassungsweisen dar. Entweder die Radial- und Längsfasern
sind organische Muskelfasern, dann wird die körnige Zwischensubstanz sammt
den Kernen eine Art Bindegewebe, oder sie sind Fibrillen und der ganze
Oesophagus stellt ein einziges colossales Primitivbündel dar, dessen Inhalt
zugleich als Drüse und chitinogene Matrix functionirt. So lange die Entwicklungsgeschichte nicht bekannt ist, scheinen mir beide Auffassungen vollkommen gleich berechtigt. Jedenfalls liegt uns in dem Oesophagus der
Nematoden ein sehr merkwürdiges, bis jetzt noch von keinem unsrer Histiologen in Betracht gezogenes Gewebe vor.

Es bleibt uns noch übrig einige Worte über die Functionen des
Oesophagus zu sagen. Der Oesophagus wirkt wesentlich als ein Saugorgan.
Die Wandungen seines inneren Kanals liegen im Zustand der Ruhe geschlossen an einander, durch die Contraction der radialen Fibrillen entfernen sie sich, das Lumen erweitert sich und ein Strom von Flüssigkeit dringt herein. Denken wir uns den Zustand der Ruhe von vorn
nach hinten allmählig eintretend, so muss die Flüssigkeit mit den darin
befindlichen festen Körpern weiter in den Magen geführt werden. Als
Antagonisten der Radialfasern wirken die Längsfasern und wo diese fehlen,
wird die eigne Elasticität des Kanals hinreichen um den Ruhezustand herbei-
zuführen. Bei Leptodera und Pelodera kann man diese Bewegungen beobachten, man sieht die Linien, welche die Ränder des Kanals markiren,
in langen Bogen sich heben und schnell wieder zusammenklappen. Wenn
die Muskelfasern im Oesophagus fehlen, wie bei Mermis, oder wo keine
Mundöffnung vorhanden ist, wie bei Gordius, wird die Nahrungsaufnahme
im freien geschlechtsreifen Zustande gar nicht statt finden und der Stoff-
wechsel nur in dem Verbrauch des Materials, welches während des
parasitischen Lebens gesammelt worden ist, bestehen.

§. 2. Darmkanal.

Der Darmkanal setzt sich aus einer einzigen Schicht Zellen zusammen, auf deren äussern und innern Fläche eine feste Cuticula liegt. Er
ist bei allen Nematoden vorhanden. Bei Gordius glaube ich als Darmkanal
den durch das ganze Thier sich erstreckenden Schlauch betrachten zu

können, welcher auf dem im Vorhergehenden als Oesophagus gedeuteten
Strang aufliegt. Seine Wandung besteht aus einer ähnlichen, dunkelkörnigen Substanz, wie sie den Zellen des Darmkanals gemein ist. Weiteres
über seine Zusammensetzungen liess sich nicht ermitteln, da es zu schwierig
ist, grössere Stücken desselben freizulegen. Ich muss es auch dahin gestellt sein lassen, ob die vordere und hintere Mündung desselben, welche
Meissner [1]) beschreibt, wirklich existirt. An der von mir genau und in
einer grössern Zahl von Exemplaren untersuchten Species Gordius setiger
habe ich ausser der männlichen Geschlechtöffnung keine Oeffnungen, weder
am Kopf noch am Schwanz entdecken können. Die Haut lässt sich nach
leichter Einwirkung dünner Kalilauge von dem Muskelschlauch vollständig
abziehen, und ich kann kaum glauben, dass mir an solchen Präparaten
eine etwa vorhandne Oeffnng hätte entgehen können.

Bei Mermis ist der Darmkanal beiderseits geschlossen, er enthält,
wie man auf Querschnitten sieht, ein deutliches Lumen. Nach Meissner [2]) besteht derselbe bei Mermis albicans aus zwei Reihen grosser Zellen, bei Mermis nigrescens aus vielen kleinen Zellen. Ich selbst habe
bei letzterer Species diese Zellen, überhaupt irgend welche Zusammensetzung aus Zellen nicht erkannt. Blind geschlossen am Hinterende endigt
der Darmkanal auch bei Ichthyonema globiceps. Bei allen übrigen Nematoden ist die Mündung des Darms in den Oesophagus und Mastdarm
deutlich.

Die Zusammensetzung des Darmkanals aus Zellen kann auf drei
verschiedne Weisen stattfinden. Entweder besteht derselbe aus einer Reihe
Zellen, oder aus zwei Reihen, oder aus vielen Zellen.

Einreihig ist der Darmkanal bei Trichina spiralis. Die Zellenscheidewände sind deutlich [3]), ob aber diese Zellen vom Lumen des Darmkanals
durchbohrt werden, oder ob sie zusammengebogen den Darmkanal umfassen

[1]) Zeitschr. f. w. Z. Bd. VII. S. 87.
[2]) Zeitschr. f. w. Z. Bd. V. S. 240.
[3]) Die Abbildung dieses Organs bei Leuckart (Untersuchungen über Trichina
spiralis Taf. I, Fig. 12. 13) giebt keine ganz richtige Vorstellung von der Gestalt der
Zellen, indem dieselben dort durch zu tiefe Einschnürungen von einander getrennt werden. Nach dieser Figur kann es allerdings scheinen, als ob zwischen dem, von uns
als Darmkanal betrachteten Organ und dem hintern Theil des Oesophagus von Trichocephalus eine Aehnlichkeit vorhanden sei, wie Leuckart aber mit Unrecht angenommen hat.

und eine Längsnath besitzen, habe ich nicht ermittelt. Anguillula scandens bildet den Uebergang von dem einreihigen zu dem vielzelligen Darm. In dem Darm der Larven befindet sich nämlich nur eine Längsreihe in grössren Abständen stehender Kerne, während in dem der geschlechtsreifen Thiere zahlreiche Kerne vorhanden sind. Zellgränzen kann man aber weder in dem einen, noch dem andern Falle unterscheiden.

Bei der zweireihigen Zusammensetzung sind die Zellen sechseckig und liegen so, dass zwei Seiten des Sechsecks in einen senkrechten Querschnitt fallen. Es entstehen auf diese Weise zwei im Zickzack verlaufende Längsnäthe. Diese Anordnung der Zellen findet sich in den Gattungen Leptodera und Pelodera, und vielleicht auch Pseudalius (wenigstens Pseudalius inflexus Taf. XVI. Fig. 13). Die Gattung Strongylus bildet einen Uebergang von der zweireihigen zu der vielzelligen Anordnung. Man findet nämlich bei St. tetracanthus an jungen Exemplaren noch deutlich die Zellgränze der zweireihigen Anordnung, jede Zelle enthält aber viele Kerne, die durch Carminlösung leicht zur Anschauung gebracht werden können (Taf. XVI, Fig. 4).

Bei der dritten und häufigsten Art der Zusammenfügungen der Zellen, die sich bei allen andern bisher nicht genannten Gattungen findet, begränzen die Zellen sich polyedrisch. Zwischen dem vordern und hintern Theile des Darmkanals kann in diesem Falle ein sehr bemerkenswerther Unterschied stattfinden, den ich nur bei Filaria papillosa constatirt habe, der aber vielleicht weiter verbreitet ist. In dem Hinterende liegen nämlich in der Substanz des Darmkanals auf eine ziemliche Strecke zwar viele Kerne, aber es sind keine Zellgränzen zwischen den Kernen sichtbar, während im Vorderende der Darm aus vielen kleinen, einen Kern enthaltenden Zellen besteht. Auch ist die Substanz des Darmkanals im Hinterende viel dicker und bildet nach Innen unregelmässige Vorsprünge (Taf. XVI, Fig. 5 u 6).

Die Substanz des Darmkanals enthält viele dunkle Körnchen, die in dem sonst hellen Zellinhalt eingebettet sind. Diese Körnchen bestehen nicht aus Fett, wie man mitunter vermuthet hat, indem sie in Aether unlöslich sind. Mitunter enthalten die Zellen Kügelchen, von schwarzer oder auch dunkelblauer Farbe, so bei Pelodera strongyloides und Strongylus armatus. Im letztern sind sie an manchen Stellen zu zarten, ein polyedrisches Netzwerk bildenden, schon mit der Loupe erkennbaren Linien angeordnet. Auffallend ist es, dass zwischen den dunkeln Zellen bei einzelnen Species helle sich vorfinden z. B. bei Filaria papillosa (Taf. XVI, Fig. 6) und Trichina spiralis (Taf XIII, Fig. 1).

Die innere Fläche des Darmkanals wird von einer zusammenhäugenden Cuticula ausgekleidet. Der Zusammenhang derselben mit den darunter liegenden Darmzellen ist ein verschieden, fester. Versucht man die letztern zu isoliren, so bleibt der zugehörige Theil der Membran in Zusammenhang mit der Zelle, so bei Ascaris, oder die Membran bildet ein zusammenhängendes Ganze und löst sich eher von den Zellen ab, als dass sie zerreisst, so bei Strongylus, Leptodera und Pelodera. Bei kleinen Species, wie bei Pelodera und Leptodera, ist diese Membran auch ihrer Dicke nach homogen. Bei allen mit vielzelligem Darm zerfällt dieselbe in eine den Zellen anliegende dünnere homogene und eine nach der freien Darmfläche liegende Stäbchenschicht (Taf. XVI, Fig. 8 und 9). Die Stäbchenschicht steht mit der homogenen in innigem Zusammenhang. Durch keinerlei chemische Mittel, nur durch starke mechanische Gewalt lassen sich die Stäbchen von ihrer Unterlage trennen. Diese Stäbchenschicht, welche zuerst von Kölliker beschrieben worden [1]), hat eine gewisse Bedeutung erhalten, weil eine sehr ähnliche Schicht sich auf den Zotten des Dünndarms der Wirbelthiere findet. Es liegt mir fern mich in die Controverse über die Zusammensetzung der letztgenannten Schicht einzulassen. Diese Schicht ist bei den Nematoden durchgängig ein festeres Gebilde, eine Abstreifung und Neubildung derselben wie bei den Wirbelthieren findet nicht statt. Ob dieser Saum aus Stäbchen besteht oder von Porenkanälchen durchsetzt ist, lässt sich schwer entscheiden. Denn stehen die Poren dicht, so muss es als eine nothwendige Folge erscheinen, dass die Schicht leicht in Stäbchen zerfällt. Ich habe nie ein Präparat erhalten können, welches mir bei einer Flächenansicht deutlich die Umrisse der Poren gezeigt.

Die äussere Cuticularschicht des Darmkanals ist, wie es scheint, immer homogen und ohne Porenkanäle.

Das hintere Ende des Darmkanals kann sich, wie zuerst Eberth an Heterakis vesicularis und ich bei einer grossen Zahl anderer Nematoden beobachtete, deutlich und kräftig contrahiren. Diese Contractionen rühren von Muskelfasern her, welche der Aussenseite aufliegen. Bei kleinern Nematoden, wie bei Leptodera und Pelodera, sind die Contractionen

---

[1]) Verhandlungen der physikal. medicinischen Gesellschaft in Würzburg. Bd. VIII. S. 42. Ueber secundäre Zellmembranen.

zwar sehr kräftig, allein es lassen sich die Muskelfasern nicht erkennen. Deutliche Muskelfasern findet man aber bei Strongylus armatus und Oxyuris curvula. Sie verlaufen immer in der Längsrichtung, dabei theilen sie sich vielfach pinselförmig und bilden Anastomosen. Bei Oxyuris curvula lässt sich die Textur dieses Gewebes am besten erkennen. Dort ist das hintere Ende des Darmkanals von einer zusammenhängenden Schicht bedeckt, welche aus einer mehr homogenen, kernhaltigen Grundsubstanz besteht, in welcher die breiten, fibrillären Streifen eingebettet sind. Fernern Untersuchungen bleibt es vorbehalten, wie weit dieses Gewebe in den verschieduen Gattungen und Species verbreitet ist. Seine Verbreitung scheint mit der sonstigen höhern oder niedern morphologischen Ausbildung nichts zu thun zu haben. Bei Ascaris megalocephala und lumbricoides z. B. fehlt es gänzlich.

Die wahre Lage des Darms zu den übrigen Organen und Geweben erkennt man an den geschlechtsreifen Thieren nur zum Theil, durch das Wachsthum der Geschlechtsorgane wird dieselbe grösstentheils zerstört und nur soweit erhalten, als die Geschlechtsorgane nicht reichen, z. B. bei weiblichen Exemplaren von Ascaris im Vorder- und Hinterende. Der Darm liegt dann als ein platter Körper, welcher mit seinen Rändern am Seitenfeld angewachsen ist, quer durch den Körper und das Gewebe der zur Leibesmuskelschicht gehörenden Marksubstanz tritt bis dicht an ihn heran und verwächst mit seiner äussern Cuticula. Die Nematoden sind deshalb im Grunde durchaus nicht als „Cavitaires" (Cuvier) zu betrachten. Man kann sich von diesem Verhältniss sehr gut an Querschnitten aus dem Vorder- oder Hinterende von Ascaris lumbricoides oder an den Strongylus armatus aus der Arterie überzeugen.

Wegen dieser nahen Verbindung der Marksubstanz mit dem Darm halte ich es nicht für unwahrscheinlich, dass die Muskulatur des Darmes nur als ein Ausläufer der Leibesmuskulatur zu betrachten ist, doch müssen darüber weitere Untersuchungen entscheiden.

Das Vorderende des Darmes ist mitunter als ein Blindsack über die Einmündungsstelle des Oesophagus verlängert. Es kommen diese Blindsäcke besonders bei Ascaris vor, bei deren Beschreibung (S. 35) dies näher aus einander gesetzt worden ist. In andern Gattungen sind mir solche Blindsäcke unbekannt, ich erinnere mich nur einen solchen bei einer Heterakis foveolata nahe stehenden Species gesehen zu haben.

Cap. II. Leibesschlauch.

Der Leibesschlauch besteht aus zwei Hauptschichten, der innern Muskelschicht und der äussern Hautschicht. Mit demselben ist aber auf das Innigste das Nervensystem und das Gefässsystem verbunden. Der Central-theil des Nervensystem's, ein den Oesophagus umgebender Ring, ist von einer Scheide umgeben, deren Gewebe sowohl in die Muskel- als Hautschicht über-geht. Das Gefässsystem liegt ebenfalls in der Hautschicht eingebettet.

§. 1. Muskelschicht.

Das Gewebe des Leibesmuskelschlauches gehört zu den willkührlichen Muskeln. Dasselbe besteht aus folgenden Bestandtheilen: 1) Den Fibrillen, welche flache, dünne, feste Bänder sind, die sich durch Reissen künstlich in feinere Fasern zertheilen lassen. Kerne sind in der Substanz der Fi-brillen niemals vorhanden. 2) Aus einer weichen, nahezu flüssigen Mark-substanz, in welcher Körner verschiedner Art eingebettet sein können. 3) Aus einer homogenen Membran, dem Sarkolemma, welche die Muskel-schicht nach innen gegen die Leibeshöhle abschliesst. Ob das Sarkolemma auch nach aussen die Muskelschicht gegen die Hautschicht abschliesst, ist nicht in allen Fällen mit Sicherheit zu entscheiden. Diese Formelemente treten nun in sehr verschiedner Weise zu höhern Einheiten zusammen und lassen sich danach drei Gruppen unterscheiden, welche wir als Holomyarii, Meromyarii und Polymyarii bezeichnen. Da dieselben zugleich unsrer systematischen Eintheilung zu Grunde liegen, so kann man an der syste-matischen Uebersicht ersehen, wie die einzelnen Genera darin vertheilt sind.

Wir beginnen mit der Betrachtung der Holomyarii als der einfach-sten Form. Unter diesen bietet wieder die Gattung Gordius die einfachste Form des Muskelgewebes dar. Bei Gordius (Taf. XVI, Fig. 10) liegt auf der Haut im ganzen Umfange eine Schicht Fibrillen, ihre Kanten sitzen der Haut-schicht auf und die Längsrichtung ihres Querschnitts steht in der Richtung des Körperradius. Nur in der Mitte der Bauchseite ist diese Fibrillenschicht durch eine schmale Längsgrube, die Bauchlinie, getrennt. Zieht man, wie es nach kurzer Einwirkung verdünnter Kalilauge leicht möglich ist, die Hautschicht von der Muskelschicht ab, so kann man den Verlauf der Fibrillen erkennen, und man findet z. B., dass die Fibrillen in ihrem Verlauf mehrfach anastomo-siren. Auf den Fibrillen liegt eine Schicht, welche kaum etwas anderm als der Marksubstanz entsprechen kann. Sie besteht aus länglichen, polyedrischen Räumen, welche von festen membranösen Scheidewänden gebildet werden. Auf Querschnitten zeigt dieses Gewebe grosse Aehnlichkeit mit gewissen Pflanzentheilen. Ob diese Räume wirkliche Zellen sind, wie Meissner annimmt, vermag ich nicht zu behaupten. Der Muskelschlauch von Trichocephalus schliesst sich dem von Gordius am Nächsten an. Zu der Bauchlinie tritt eine Rückenlinie hinzu. Bauch- und Rückenlinien fassen wir unter dem Namen Medianlinien zusammen. Die Medianlinien sind nur Unterbrechungen der fibrillären Schicht. In dem vordern, dünnen Leibesabschnitt der Trichocephalen ist die Hautschicht der ganzen Bauchfläche verdickt, die Muskelschicht hingegen in demselben Masse verdünnt (Taf. XV, Fig. 4—7).

Eine weitre Unterbrechung erfährt der Muskelcylinder in der Gattung Trichosomum [1]) und zwar längs den Seitenflächen, wir werden sie als Seitenfelder bezeichnen. Der Muskelschlauch zerfällt somit in vier getrennte Muskelfelder. Zwei am Rücken, zwei am Bauch. Es kann nun jedes dieser Muskelfelder noch einmal durch eine Längslinie getrennt werden. Diese Längslinien, secundäre Medianlinien, treten bei Mermis (Taf. XVI, Fig. 12) zunächst nur an den Bauchmuskeln auf. Bei Mermis bemerken wir auch zum ersten Male eine Form der Marksubstanz, welche sich in allen noch in Bezug auf ihre Muskelstructur zu betrachtenden Nematoden vorfindet. Es verläuft nämlich auf jeder der Medianlinien ein Strang, welcher der Marksubstanz angehört, von demselben gehen nach beiden Seiten Querstränge ab, welche in die Marksubstanz übergehen. Der Strang, welcher auf der Bauchlinie liegt, ist der stärkste. Er verläuft geschlängelt, indem er jedesmal an der Stelle, wo ein Querstrang abgeht, nach der Seite des Stranges hin ausgebuchtet ist. Im Innern jeder Ausbuchtung liegt eine grössere Zelle; kleinere Zellen liegen an den Seiten der Haut- und secundären Rückenlinien.

Bei Pseudalius inflexus besitzen die Fibrillen eine sehr deutliche Längsstreifung, welche von Vertiefungen ihrer Oberfläche herrührt, wie man an

---

[1]) Eberth hat zuerst von Trichocephalus dispar (Ztschrft. f. w. Z. XI. S. 96.), später auch von andern Trichocephalen und Trichosomen (Ebert, Unters. über Nematoden. Leipzig, 1863, Taf. VII, Fig. 18. 21 u. a.) Seitenlinien und sogar secundäre Seitenlinien, welche letztere den von mir entdeckten secundären Medianlinien analog sein sollen, beschrieben. Weder die einen noch die andern habe ich finden können. Sollten sie in der That existiren, so müssten sie überaus undeutlich sein. Die secundäre Seitenlinien Eberth's würden aber mit mehr Recht den Namen secundäre Medianlinien führen.

Querschnitten deutlich zu erkennen. Sie ragen wenigstens im vordern Theil des Thieres weit über die Fibrillenschicht hervor und sind sogar rundlich angeschwollen. Die Markschicht füllt den Leibesraum fast vollständig aus, nur in der Mitte bleibt ein kleiner, elliptischer, von einer Membran umschlossner, Raum übrig für die Aufnahme des Darms und der Geschlechtsorgane. Innerhalb der Markschicht liegen einzelne grosse Kerne, und verlaufen Stränge und Membrane in den verschiedensten Richtungen.

Wir gehen nun über zu einer weiteren Complication des Muskelgewebes. Die vier und nach Hinzutreten der secundären Medianlinien acht Längsmuskeln, die wir jeden in seiner ganzen Länge als eine histiologische Einheit betrachten mussten, zerfallen in einzelne Stücke, die wir als Muskelzellen bezeichnen wollen. Auch diese Muskelzellen bestehen aus Fibrillen und Marksubstanz. Denken wir uns diese Zellen verschmolzen, so erhalten wir wieder das Bild, welches uns die acht ungetheilten Längsmuskeln darboten.

Betrachten wir zunächst die Meromyarier. Unter diesen wieder findet sich die einfachste Form bei Oxyuris, Oxysoma, Strongylus, Leptodera und Pelodera. Die Muskelzellen besitzen hier die Gestalt von Rhomben. Jedes secundäre Muskelfeld wird von einer Reihe hinter einander liegender congruenter Rhomben gebildet.

Man kann die Lage der Rhomben am leichtesten durch folgende Construction bestimmen (Taf. XVII, Fig. 1). Theilen wir jede Hauptmedianlinie und die Ränder der Seitenfelder in gleiche Theile, ziehen wir dann Linien von dem Vorderende der secundären Medianlinien zum ersten Theilstrich des zunächst liegenden Randes eines Seitenfeldes, dann vom Vorderende der Hauptmedianlinien zum zweiten Theilstrich der beiderseits liegenden Seitenfelder und dann vom ersten Theilstrich der Hauptmedianlinien zum zweiten des Seitenfeldes u. s. w., so sind alle Muskelfelder in gleiche Rhomben getheilt, welche den fibrillären Platten entsprechen. Bei dieser Construction bleiben zwischen den ersten Rhomben freie Räume, in welchen gerade ein halber Rhombus Platz hätte. Diese Räume sind ebenfalls durch Muskelzellen ausgefüllt, welche die Gestalt halber Rhomben haben, und welche ich als Kopfzellen bezeichne. Diese Kopfzellen haben, wie wir sehen werden, durch ihre engere Beziehung zum Nervensystem eine besondere Bedeutung, sie sind bei Oxyuris curvula auch durch eine schwärzliche Färbung ausgezeichnet. In Wirklichkeit werden die

Rhomben vielmehr Parallelogramme, indem die Längsseiten etwas verlängert sind. Es giebt sogar Meromyarier, wie z. B. Strongylus contortus,
wo die Muskelzellen bandförmig verlängert sind, so dass dann eine grosse
Zahl von Muskelzellen auf den Querschnitt kommen. Jede Zelle besitzt
in ihrer Mitte einen deutlichen Kern. Die Marksubstanz jeder Zelle ist
von einem deutlichen Sarkolemma umschlossen, welche in die äussere Begränzungen des fibrillären Theils übergeht. Von jeder Zelle gehen ein oder
mehrere Stränge nach den Hauptmedianlinien und verbinden sich dort zu
einem Längsstrang, welcher nach aussen ohne Gränze in die subcutane
Schicht übergeht. Während bei Oxyuris und Leptodera der fibrilläre Theil
der Zelle genau der Haut anliegt, erheben sich bei Strongylus in dem
ganzen Kopftheile die Ränder des fibrillären Theils jeder Zelle, so dass
der Querschnitt desselben die Gestalt einer Rinne annimmt. In den Kopfzellen und den nächstfolgenden ganzen Zellen sind die Ränder dieser
Rinnen sehr hoch, nach hinten nehmen sie an Höhe ab und verschwinden
schliesslich ganz. Bei Oxysoma tentaculatum sind die Zellen oder vielmehr der fibrilläre Theil derselben durch die ganze Länge des Körpers tief
rinnenförmig.

Dieses Schema der Anordnung der Muskelzellen kann noch mehrfach complicirt werden. Bei Spiroxys contorta verändert sich dasselbe
in so fern, als in den beiden, der Bauchlinie anliegenden, secundären Muskelfeldern jeder Rhombus noch einmal in zwei gleiche, kleinere Rhomben
getheilt ist, durch eine parallel der schief liegenden Rhombusseite gehende
Theilungslinie (Taf. XVII, Fig. 2) [1]).

In der Gattung Oxysoma finden wir eine der vorigen ähnliche, aber
noch weiter veränderte Combination. Betrachten wir zunächst O. acuminatum (Taf. XVII, Fig. 4). Es lässt sich die ganze Combination auf das ursprüng-
liche Schema (Taf. XVII, Fig. 1) zurückführen, ich habe die Zellen, wie man
sie dem Schema analog denken muss, von den Kopfzellen anfangend mit
I, II etc. bezeichnet. In dem, an das Seitenfeld stossenden, secundären
Muskelfelde folgen sich die Zellen I—III unverändert, IV ist aber getheilt
durch die Diagonale, welche die stumpfwinkligen Spitzen verbindet, und

---

[1]) In dem von mir untersuchten Exemplare dieses Thieres enthielt nur jede der oben
erwähnten kleineren Zellen einen Kern, alle übrigen Zellen waren kernlos. Ich will nicht
entscheiden, ob ich die fehlenden Zellkerne nur durch einen Zufall vermisst habe, da ich
an diesem Thier wegen zu geringen Materials nur wenige Beobachtungen machen konnte.

so bleibt es in allen folgenden Zellen dieses secundären Muskelfeldes. Anders ist es in dem der Hauptmedianlinie anliegenden secundären Muskelfelde. Die Zellen I—III sind unverändert; IV ist aber durch eine Theilungslinie getheilt, welche den beiden schiefliegenden Seiten parallel läuft; V verhält sich noch anders, sie zerfällt ebenfalls in zwei Tochterzellen. Denken wir uns die Theilung zunächst durch eine den schiefen Seiten parallele Linie vollzogen. Aber nur die eine und zwar lateralwärts liegende Hälfte dieser Linie begränzt die Tochterzelle, von der Mitte an bildet eine andre Linie die Begränzung, welche unter einem spitzen Winkel rückwärts bis zur Hauptmedianlinie gezogen wird. Die Tochterzelle ist also ein Fünfeck mit einem einspringendem Winkel. Von dieser Gestalt sind nun alle folgenden Zellen dieses secundären Muskelfeldes.

Gehen wir nun zu O. ornatum (Taf. XVII, Fig. 3) über. Die Zellen des dem Seitenfelde anliegenden secundären Muskelfeldes sind unverändert und ungetheilt geblieben. Allein in dem andern secundären Muskelfelde tritt bei III eine neue Theilungsart ein, welche sich jedoch auf die im vorigen Falle gefundne zurückführen lässt. Denken wir uns bei Zelle V (Taf. XVII, Fig. 4) die beiden Linien, welche den einspringenden Winkel bilden, nach vorn bis zur Zellgränze verlängert, dadurch würden drei Tochterzellen gebildet werden, zwei nahezu rhombische und eine der Medianlinie anliegende dreieckige. Nun dieser Fall ist in der That bei Zelle III (Fig. 3 dieser Tafel) eingetreten und es folgen sich auch noch weiter in diesem Muskelfelde diese Complexe von drei Tochterzellen.

Das Gesetz der Anordnung der Muskelzellen habe ich von hier ab nicht weiter verfolgen können. Alle übrigen Nematoden, welche eine noch grössre Zahl von Muskelzellen auf dem Querschnitt zeigen, nennen wir Polymyarier.

Ich muss es hier rechtfertigen, warum ich die von mir in früheren Aufsätzen gebrauchten Ausdrücke Platymyarier und Coelomyarier verlassen habe. Platymyarier nannte ich diejenigen Nematoden, bei welchen der fibrilläre Theil der Muskelzelle flach, Coelomyarier, bei welchen derselbe rinnenförmig ist. Obgleich dieser Unterschied im Allgemeinen dem der Meromyarier und Polymyarier entspricht, so ist derselbe doch minder scharf. Bei einigen Meromyariern, wie in der Gattung Oxyuris, ist der fibrilläre Theil durchweg plattenförmig, sie sind platymyar. Strongylus armatus ist im Kopftheil coelomyar, nach hinten platymyar. Strongylus contortus und wahrscheinlich

noch viele andere sind durchweg coelomyar. Auch aus der Gattung Oxysoma ist O. tentaculatum durchweg coelomyar. Andrerseits sind manche
Polymyarier platymyar, wie z. B. Filaria obtusa.

Unter den Polymyariern giebt es jedenfalls noch durchgreifende
Unterschiede in der Bildung und Zusammenfügung der Muskelzellen. So
scheint mir ein Unterschied zwischen den Muskelzellen in der Gattung Ascaris einerseits und den Gattungen Filaria, Physaloptera, Heterakis andrerseits vorhanden zu sein, doch ist es schwer zu sagen, worin dieser Unterschied besteht.

Die Querschnitte der fibrillären Theile der Muskelzellen sind bei den
Polymyariern äusserst verschieden. In der Gattung Filaria sind dieselben
noch mitunter ganz flach, so z. B. bei Filaria obtusa (Spiroptera obtusa R.).
Diese Species ist auch darin ausgezeichnet, dass jede Zelle eine Menge von
Kernen enthält (Taf. XVII, Fig. 5). Bei andern Filarien hat der Querschnitt des
fibrillären Theils ungefähr die Gestalt eines Rechtecks, welches an seiner
nach innen gerichteten kleinern Seite tief dreieckig ausgeschnitten ist
(Taf. XVII, Fig. 6), so z. B. bei Filaria megastoma, sanguinolenta, leptocephala
und den verwandten. Bei andern Filarien sind die Ränder des fibrillären
Theils hoch aufgerichtet, und die Höhe übertrifft die Breite um ein Vielfaches, so z. B. bei Filaria papillosa, gracilis und andern. In dieser letzt-
beschriebnen Weise verhält sich der fibrilläre Theil der Muskelzellen meist
bei allen hier noch nicht genannten Polymyariern. Am bedeutendsten ist
die Höhe der Muskelzellen im Verhältniss zu ihrer Breite bei der Gattung
Ascaris. In dieser Gattung ist auch die Zahl der Muskelzellen, welche
auf einem Querschnitt stehen, am grössten. Die Höhe der einzelnen Muskelzellen wächst im Allgemeinen bei allen Polymyariern von dem Rande
der Muskelfelder nach ihrer Mitte. Am auffallendsten ist diese Erscheinung
bei Ascaris megalocephala, wo die Muskelfelder nach Innen in einem
kreisförmigen Querschnitt vorspringen.

Secundäre Medianlinien finden sich unter den Polymyariern nur in der
Gattung Eustrongylus, indessen ist es nicht unwahrscheinlich, dass sie noch
häufiger, manchmal vielleicht in einem rudimentären Zustande, vorkommen.
Ich habe sie wenigstens an einem geschlechtslosen Exemplar einer Ascaris-
Art aus dem Peritoneum von Alepocephalus rostratus deutlich gesehen.

Das Sarkolemma lässt sich bei den Polymyariern im ganzen Umfang
der Zelle deutlich erkennen. Die Zellen besitzen immer eine spindelförmige

Gestalt (Taf. XVII, Fig. 7). Der Querschnitt des fibrillären Theils ist nur an wenig
Stellen eine vollständig geschlossene Linie, so meist nur an den äussersten Spitzen
der Zellen, oder wie in den Zellen des Kopftheils auch auf grössere Strecken,
sonst ist der fibrilläre Theil offen. Gegen die Mitte der Muskelzellen ist diese
Oeffnung am grössten und die fibrilläre Substanz schlägt sich beiderseits
nach aussen um, die, natürlich vom Sarkolemma umschlossene, Marksubstanz
quillt mächtig hervor, und schwillt zu eigenthümlichen Bläschen an. In
jeder Zelle, mehr oder weniger der Mitte genähert, umschliesst die Marksubstanz einen oder mehrere Kerne. Von jeder Zelle gehen Fortsätze
(Taf. XVII, Fig. 8), welche sich an die Hauptmedianlinie mit verbreitertem
Ende ansetzen, und dort zu einem Längsstrang vereinigen, welcher mit
dem Gewebe der Medianlinie verschmilzt. Auch treten Stränge innerhalb
eines Muskelfeldes von einer Zelle zur andern. Diese letztern Stränge
kann man besonders deutlich bei Ascaris lumbricoides beobachten. Wir
werden bei Besprechung des Nervensystems sehen, dass sich die Querfortsätze der Muskelzellen auch an andern Stellen des Körpers ansetzen können.
Das Muskelgewebe tritt, wie wir schon oben bei der Besprechung des
Darmes erwähnt haben, ursprünglich bis dicht an den Darm heran und wächst
mit der äussern Haut desselben zusammen. Soweit diese Verbindung nicht
durch das Wachsthum der Geschlechtsorgane zerstört wird, dehnt sich
(Taf. XVIII, Fig. 1) der markhaltige Theil des Muskelgewebes aus und erfüllt
den Leibesraum in der Gestalt von Blasen, Strängen, Fasern, Membranen
auf die mannichfaltigste Weise. Eine Ausnahme bildet in dieser Beziehung
nur eine Körperstelle, nämlich die Rückseite des Schwanzendes. Kurz vor
dem Eintritt des Darms in den Mastdarm entfernt sich das Markgewebe vom
Darm und lässt einen leeren Raum, welcher sich in der Höhlung des eigentlichen Schwanzes — des hinter dem After gelegenen Körpertheiles — fortsetzt (Taf. XXI, Fig. 9—11). Der geringe Raum, der im ganzen Körper
zwischen Darmkanal und dem Muskelgewebe übrig bleibt, wird von einer —
wahrscheinlich Eiweiss haltigen — Flüssigkeit erfüllt, welche durch Säuren
gerinnt, und schon beim Ausfliessen in Wasser sich milchig trübt. Geformte
Bestandtheile enthält dieselbe nicht.

Es bleibt mir jetzt noch übrig, die theoretischen Anschauungen zu
rechtfertigen, von welchen ich bei der Darstellung der Muskelstructur aus-
gegangen bin. Mehrere Punkte der Lehre von der Muskelstructur, welche
anderwärts zu Controversen Veranlassung geben, fallen bei den Nematoden

weg. Es sind keine Querstreifen vorhanden, man kann auch durch keinerlei Reagentien „sarcous elements“ darstellen. Ferner kann man nicht behaupten, dass die Körper. welche ich als Platten fibrillärer Substanz bezeichnet habe. Kunstproducte sind, ihre Existenz lässt sich an unverletzten lebendigen Thieren, sobald sie hinreichend durchsichtig sind, deutlich erkennen. Allein eine andere Frage kann man aufwerfen, ob diejenigen Körper, welche ich als Muskelzellen — einzellige Primitivbündel — betrachtete, nicht vielmehr zusammengesetzte Organe sind und erst die von mir sogenannten Platten fibrillärer Substanz die wahren Muskelzellen. Diese Frage ist keineswegs überflüssig. Sind auch von den verschiedensten Seiten die Muskelzellen als solche anerkannt worden, so haben doch bisher alle Histiologen Gebilde, welche bei den borstentragenden Ringelwürmern vorkommen und welche den fibrillären Platten der Nematoden völlig gleichwerthig sind, als Muskelzellen betrachtet. Diese Frage kann nur durch die Entwicklungsgeschichte entschieden werden und es lässt sich aus der Analogie nicht voraussehen, wohin die Entscheidung fallen wird. Bis dahin darf man aber die hier durchgeführte Anschauung für gleich berechtigt mit der entgegengesetzten betrachten.

Fassen wir noch einmal das Wesentliche der Muskelstructur der Nematoden zusammen, so haben wir bei den Holomyariern die gesammte Muskelschicht aus einem vielkernigen Blastem bestehend, in welchem eine Schicht radial stehender Fibrillenplatten eingebettet ist. Dieselbe bedeckt entweder die ganze innere Fläche der Hautschicht, wie bei Gordius, oder ist durch die Seitenfelder und die Medianlinien getheilt, so bei den übrigen Gattungen. Die Theilung durch die Seitenfelder ist jedoch verschieden von der durch die Medianlinien, jene trennen die ganze Schicht, Fibrillen und Blastem (Markschicht), diese trennen nur den fibrillären Theil. während das Blastem ununterbrochen darüber hinweggeht. Bei den Mero- und Polymyariern besteht die Muskelschicht aus einzelnen Zellen, die an ihrer Aussenseite eine fibrilläre Schicht besitzen, entweder in einem grossen Theil ihres Umfangs, oder nur an dem der Haut anliegenden Theile. Die Zellen sind aber nicht getrennt, sondern stehen durch quere Ausläufer, welche sich über den Hauptmedianlinien in einem Längsstrange vereinigen, unter sich in Verbindung.

§. 3. Hautschicht.

Die Hautschicht der Nematoden gleicht histiologisch dem Chitin-Scelet der Arthropoden. Sie besteht aus einer subcutanen Schicht und einer Cuticular-Schicht.

Die subcutane Schicht umhüllt den Körper ohne Unterschied vom Kopf bis in die Schwanzspitze, sie ist weich und feinkörnig. Aus kernhaltigen Zellen zusammengesetzt fand sie Meissner bei Gordius, sonst fehlt darin jede Trennung in Zellen, und selbst Kerne sind darin nie allgemein, sondern nur an besondern Stellen zu finden, so vereinzelt in der Kopfgegend, häufiger in der Schwanzspitze, z. B. sehr zahlreich bei Oxyuris curvula. Es lässt sich wohl vermuthen, dass die Kerne in einem embryonalen Stadium zahlreicher und allgemeiner existirten, aber untergegangen sind. Bei den Polymyariern liegen in der subcutanen Schicht zahlreiche Nervenfasern, über deren speciellen Verlauf beim Nervensystem ausführlich gesprochen werden soll.

Auf der subcutanen Schicht könnte man häufig noch eine besondre Lamelle unterscheiden. Diese sonst dunkel körnige Schicht wird nämlich nach aussen hyalin (Taf. XXI, Fig. 5), ohne dass man jedoch den hyalinen Theil isoliren könnte. Es kann diese hyaline Gränzschicht übrigens noch ihre besondre Textur besitzen, so z. B. bei Filaria papillosa, wo sie sehr dicht mit zarten Längsstreifen bedeckt ist. Bei Mermis ist, wie es scheint, die ganze subcutane Schicht homogen und hyalin geworden. Es ist wenigstens keine andre Schicht vorhanden, die sich der subcutanen vergleichen lässt, als diese hyaline. Sie verhält sich aber noch ausserdem sehr eigenthümlich. Zunächst ist sie etwa um das 4 fache dicker als die Cuticularschicht und zeigt die Neigung in Lamellen zu zerfallen. Sodann ist sie auf ihrer äussern und innern Fläche von einem System von Streifen bedeckt. Auf der innern Fläche bildet sie den Seitenfeldern entsprechend breite leistenförmige Vorsprünge, sowie den Hauptmedianlinien und den beiden — bei Mermis vorkommenden — secundären Bauchlinien entsprechend Längslinien, so dass dadurch Felder begränzt werden, welche den Muskelfeldern vollkommen gleichen. Senkrecht auf diese Längslinien verlaufen nun in regelmässigen Abständen Querlinien, welche aber nicht den ganzen Umfang umkreisen. Sie enden vielmehr an den Rändern der Seitenfelder und an den Haupt- und secundären Medianlinien und die Querlinien jedes Muskelfeldes sind gegen die des benachbarten um etwas verschoben. Auf der äussern Fläche dieser lamellösen Schicht verlaufen ebenfalls Querlinien, sie umkreisen aber den Umfang vollständig. Die Linien der äussern Fläche treten immer deutlich hervor, während die der innern Fläche bei manchen Exemplaren fast verschwinden. Es gilt diese Beschreibung nur

von Mermis nigrescens, da ich nur diese Species in einer hinreichenden
Anzahl von Exemplaren beobachten konnte [1]).

Nach innen setzt die subcutane Schicht sich in die Medianlinien fort.
Bei manchen Gattungen, so bei Mermis, Leptodera und Oxyuris, ja vielleicht überall im Jugendzustand liegt in der Medianlinie eine Reihe von
Kernen. In der Bauchlinie von Mermis sind dieselben ungewöhnlich gross.
Die äusserste Kante der Medianlinie verschmilzt mit den sich daransetzen-
den Querfortsätzen der Muskelschicht. Wie sich die subcutane Schicht in
den Seitenfeldern verhält wird im folgenden Paragraphen näher beschrieben werden.

Ueber der subcutanen Schicht liegt die Cuticularschicht, welche
wiederum in mehre Schichten zerfällt. Man kann zwei Arten derselben
unterscheiden, die innere Schicht der gekreuzten Fasern und die äussere,
welche wir als Cuticula im engern Sinne bezeichnen wollen. Gekreuzte
Faserschichten sind wenigstens zwei, z. B. bei Strongylus armatus (Taf. XXI,
Fig. 4) oder drei z. B. bei Ascaris megalocephala (Taf. XXI, Fig. 5) vorhanden. Jede derselben besteht aus einer zusammenhängenden Membran,
welche sich vorzugsweise in einer gegen die Längsaxe geneigten Richtung
spalten lässt. Der Neigungswinkel gegen die Längsaxe ist in allen Schichten
gleich und beträgt etwa 67", die Richtung der Neigung aber ist in zwei
benachbarten Schichten entgegengesetzt. Die Spaltungsrichtung drückt sich
in der Textur der Membranen auf eine mehr oder weniger vollkommene
Weise aus. Mitunter z. B. bei Strongylus armatus (Taf. XXI, Fig. 1) sind
die Membranen auf ihrer äussern Fläche in der Spaltungsrichtung mit zarten
Furchen bedeckt. Bei andern, z. B. den grösseren Ascarisarten, ist die
Membran in der betreffenden Richtung von wirklichen Spalten selbst durchsetzt, wie sich aus Längs- (Taf. XXI, Fig. 5) und Querschnitten am deutlichsten ergiebt. Aber selbst wenn die Spalten vorhanden sind, ist der
Zusammenhang der dadurch entstehenden Fasern ein verschiedner. Bei
A. megalocephala und lumbricoides bleibt die Membran, wenn man sie isolirt,
noch ein zusammenhängendes Ganze, bei Mermis und Gordius ist aber die
Spaltung so vollkommen, dass man bei jedem Versuch einer Isolirung nur
die getrennten Fasern erhält. Sonst scheint auch die Faserung individuell

---

[1]) Man vergleiche die Abbildung, welche ich in Reichert und Dubois Archiv. 1860.
S. 247 gegeben habe.

und nach dem Alter mehr oder weniger deutlich sein zu können. Ich habe namentlich bei Cucullanus elegans einzelne Exemplare gefunden, an welchen die Faserung mehr hervortrat als an andern. Ausser den wirklichen Spalten sind aber immer noch die zarten, parallelen Furchen vorhanden, und die Faserung, welche man bei Flächenansichten erblickt, entspricht nicht bloss den durchgehenden Spalten.

Im Allgemeinen zeigten die Faserschichten über die ganze Oberfläche des Thieres keine bemerkbaren Unterschiede. Nur Mermis macht in dieser Beziehung eine Ausnahme, indem in gewissen in der Längsrichtung verlaufenden Linien, welche Meissner „Näthe" genannt hat, je zwei benachbarte Fasern schlingenförmig sich vereinigen [1]. Bei M. albicans sollen nach Meissner sechs in gleichen Abständen verlaufende Näthe vorhanden sein. Bei M. nigrescens habe ich vier gefunden, welche je zwei parallel den Rändern der Seitenfelder verlaufen, sie waren nur selten — unter 40 Exemplaren zweimal — vorhanden.

Eigenthümliche Veränderungen erleidet die Textur dieser Schicht durch gewisse chemische Einwirkungen. Schon Meissner bemerkte, dass die Schichten durch Kochen in Alkalien sich nicht lösen, aber dass ihre Faserung verschwindet. Bei Ascaris megalocephala sah ich durch Kochen in Essigsäure die Faserung ebenfalls verschwinden, liess man aber eine solche homogen gewordene Lamelle eintrocknen, so trat die Faserung wieder ein.

Gehen wir nun zur Cuticula über. Die äussere Seite derselben ist meist mit parallelen, gleichweit von einander abstehenden Linien bedeckt. Sie umkreisen den Umfang des Thieres nicht vollständig. Längs den Seiten ist ihr Verlauf unterbrochen und die Linien der einen Körperhälfte enden in den Räumen zwischen den Linien der andern Körperhälfte, nur ab und zu gehen die Linien beider Hälften in einander über (Taf. XXI, Fig. 1) [2].

---

[1] Diese Näthe sind zuerst von Dujardin (Annales d. sc. nat. 1842 p. 136) beschrieben worden.

[2] Das Verhalten dieser Linien ist bereits von Czermak (Ueber das optische Verhalten der Haut von Ascaris lumbricoides. Sitzungsberichte d. Wiener Acad., math.-naturw. Classe. Bd. IX. S. 755) richtig beschrieben worden. Dieser Aufsatz enthält überhaupt ausser den optischen Untersuchungen auch die erste genauere morphologische Beschreibung der Haut der Nematoden. Aus den Ergebnissen der optischen Untersuchung ist hervorzuheben, dass die Cuticularschicht doppelt brechend ist und zwar liegt die eine Schwingungsrichtung in der Längsaxe, die andre senkrecht auf dieselbe. Nur — und dies ist gewiss das merkwürdigste Resultat — ein Streifen in den Seitenlinien ist einfach brechend.

Schneider, Nematoden. 27

Auch an andern Stellen des Körpers finden mitunter Auskeilungen und
Theilungen der Streifen statt. Diese Linien entsprechen Spalten, welche
nach innen bis etwa in die halbe Dicke der Cuticula eindringen. Entweder steht die Ebene der Spalten senkrecht gegen die Längsaxe, oder sie
ist geneigt (Taf. XXI, Fig. 3 und 4). Das Verhalten der Spalten zu dem andern
Theil der Cuticula ist verschieden. Bei Strongylus armatus (Taf. XXI, Fig. 4)
setzen sich die Spalten auch nach innen, obgleich viel undeutlicher fort und
verschwinden allmählig. Bei andern, so vielleicht bei allen Ascarisarten,
sondert sich der gespaltne Hauttheil auch nach innen durch eine der
äussern Hautfläche parallele Spaltungsebene ab, so dass dadurch Ringel oder
vielmehr Halbringel entstehen, welche sich auch durch mechanische Gewalt
und Kochen in verdünnter Natronlauge isoliren lassen. Man kann also die
Cuticula in eine geringelte und ungeringelte Schicht unterscheiden, eine
Trennung, welche jedoch, wie man sieht, keine allgemeine und nur gradweise
verschiedene ist. Der ungeringelte Theil ist bei Ascaris megalocephala und
lumbricoides fast homogen, nur von einzelnen, in Gestalt platter Fasern auftretenden, stärker Licht brechenden Stellen durchsetzt. Bei andern zeigt er
aber sehr ausgezeichnete Texturen. So ist er bei allen mit Aurikeln versehenen Ascarisarten (z. B. A. osculata Taf. XXI, Fig. 2) von Porenkanälen
durchsetzt, welche reihenweise den Spalten der äussern Hautringel entsprechend stehen. Das Lumen dieser Kanäle ist fast rechteckig, doch
scheinen die Ecken des Rechtecks spaltförmig in der Richtung der gekreuzten Fasern verlängert. Genau lässt sich die Form nicht bestimmen, da sie
an den Gränzen der Auflösungskraft unsrer Mikroskope steht. Ausser den
Porenkanälen zeigt diese Schicht eine feine parallele Schraffirung, welche
in der Richtung der gekreuzten Faserschichten verläuft. Bei Filaria papillosa ist die ungeringelte Schicht mit sehr deutlichen Längsstreifen versehen, welche fast von Spalten herzurühren scheinen. Ganz fehlen die
Querlinien der Haut meines Wissens nur bei Gordius, mitunter sind sie aber
höchst undeutlich, weil die Cuticula zu dünn ist, z. B. bei den kleinern
Nematoden aus den Gattungen Leptodera und Pelodera, aber auch bei
grössern wie bei Filaria papillosa. Aus demselben Grunde bin ich auch
bei Mermis zweifelhaft geblieben, ob die Cuticula quergestreift ist. Die
Haut der Nematoden kann man gewöhnlich nicht der Länge nach zerreissen,
welche Eigenschaft eins der grössten Hindernisse für die Präparation der

dünneren Species ist. Nur bei wenigen Species ist dies möglich, so z. B. bei Filaria papillosa und zwar nur beim ♀ und bei den Larven aus der Bauchhöhle der Fische.

Die Haut von Trichocephalus und Trichosoma ist durch eine Bildung ausgezeichnet, deren äussere Verhältnisse wir bereits bei den betreffenden Gattungen beschrieben haben, auf deren Histiologie wir aber hier näher eingehen müssen. Während die Cuticularschicht im grössten Theil des Körpers die allgemein vorkommenden Schichten, gekreuzte Faserschicht, Cuticula mit Querstreifen zeigt, fehlen dieselben in Längsbändern, welche bei Trichocephalus nur ventral, bei Trichosoma auch dorsal und lateral liegen können, durchaus. Die Cuticularschicht wird nämlich von zahlreichen festen Stäbchen durchsetzt, welche fast bis an die äussere Hautfläche stossen. Die subcutane Schicht ist unter dem Längsbande, wenigstens bei Trichocephalus, bedeutend verdickt, sie erreicht in der Bauchlinie fast die Dicke des fibrillären Theiles der Muskelschicht. An den seitlichen Rändern geht sie allmählig in die gewöhnliche Dicke über. Die fibrilläre Muskelschicht ist im Gegentheil sehr verdünnt, so dass der innere Contur des Leibesschlauches kreisrund bleibt. Diese verdickte Stelle verhält sich nun bei den verschiednen Species verschieden. Bei Trichocephalus dispar, unguiculatus (nach Eberth), crenatus (nach mir) (Taf. XV, Fig. 4) bleibt sie weich und zeigt nur die Neigung in Säulen, welche den einzelnen Stäbchen entsprechen, zu zerfallen, immer kann man aber im Längsbande zwei Schichten, die Stäbchen- und subcutane Schicht, unterscheiden. Bei Trichocephalus affinis ist aber auch die subcutane Schicht in die Stäbchenbildung eingegangen, und das ganze Längsband besteht nur aus einer, der Stäbchenschicht (Taf. XV, Fig. 5 u. 7).

Es bleibt nur noch übrig, gewisser unregelmässiger Hautbildungen zu gedenken, welche bei Ascaris megalocephala und lumbricoides vorkommen. Einmal kann die Cuticula eine kurze schiefe Längsleiste tragen, welche an den Einschnitten der Ringel unterbrochen ist (Taf. XXI, Fig. 4). Dann kommen auch kugelige Concretionen vor, welche nach aussen vorragen, nach innen in die Cuticularschicht eingebettet sind und durch ihre bei auffallendem Licht milchweisse, bei durchfallendem Licht dunklere Farbe abstechen. Ihre Gestalt und Grösse ist sehr wechselnd, manchmal sind sie concentrisch, manchmal strahlig gebaut, dabei sehr hart. Man kommt leicht auf die Vermuthung, dass sie Kalk enthalten; allein sie hinter-

27 *

lassen beim Verbrennen keinen erheblichen Rückstand, brausen auch nicht
mit Säuren auf.

Nachdem wir den histologischen Bau der Haut geschildert, wollen
wir zur Morphologie derselben übergehen. Wir beginnen mit den Bildungen,
die längs den Seitenflächen auftreten. In den Mitten der Seitenflächen, die
wir als Seitenlinien bezeichnen können, entstehen Vorsprünge verschiedner
Art. Einmal finden sich Vorsprünge nach innen, so bei Mermis, Filaria
papillosa und gracilis. Es sind Längsleisten, welche der subcutanen Schicht angehören. Wir haben schon oben erwähnt, dass die subcutane Schicht entweder ganz oder nur an ihrer äussern Gränze hyalin werden kann. Da
bei Mermis die subcutane Schicht schon an sich ganz hyalin ist, so ist es
auch die Längsleiste der Seitenfläche. Bei den Filarien scheint der Vorsprung aber allein von der Verdickung der hyalinen Gränzschicht herzurühren, er ist meist dunkler gefärbt und zerfällt in zwei Hälften, welche durch
einen mehr oder minder breiten Zwischenraum getrennt sind.

Eine andre Art von Vorsprung findet sich bei Ascaris megalocephala
und lumbricoides. Es liegt nämlich in der Seitenlinie zwischen der gekreuzten Faserschicht und der Cuticula ein schmales hyalines und structur-
loses Band mit rechteckigem Querschnitt.

Die häufigste Art dieser Vorsprünge sind die sogenannten Seitenmembranen. Sie werden gebildet durch eine Duplicatur der Cuticula, welche
sich von der Körperfläche mit breiter Basis erhebt und mit einem scharfen
Rand nach aussen endet. Die gekreuzte Faserschicht geht ununterbrochen
unter der Basis der Duplicatur weg. Der Raum zwischen beiden Blättern
der Duplicatur ist von einer homogenen Masse erfüllt, welche sich
häufig durch Lichtbrechung und Färbung gegen die äusserste Schicht
scharf abgränzt und in der Mitte durch einen Längsspalt getheilt sein kann,
z. B. bei Ascaris mystax, Filaria tulostoma (vergl. Abbildung S. 162). Diese
Seitenmembranen sind entweder über die ganze Körperlänge von gleicher
Breite, oder am Kopf und Hals breiter als am Hintertheil, oder fehlen am
Hintertheil ganz. Auch kommt es vor, z. B. bei vielen Filarien, dass die
Seitenmembran auf der einen Körperhälfte ungleich breiter ist als auf der
andern. Wenn bei dem ♀ einer Species die Seitenmembran auch bis über
den After sich erstreckt, so pflegt sie doch beim ♂ immer in der Gegend
aufzuhören, wo die eigenthümlichen Bildungen des Schwanzendes beginnen.
Der freie Rand ist meist scharf zugespitzt, er kann auch zweischneidig oder

Tförmig sein und endlich kann die Seitenmembran beiderseits von niedrigern Erhebungen begleitet werden.

Die Körperoberfläche kann mit Sculpturen und Fortsätzen verschiedener Art bedeckt sein. Bei Gordius, dem, wie erwähnt, die Ringelschicht ganz abgeht, ist die Oberfläche entweder mit zarten Linien durchfurcht, die eine polyedrische Zeichnung hervorbringen, oder mit Höckern bedeckt, welche in der Mitte schüssel- oder punktförmige Vertiefungen besitzen. Eine häufiger vorkommende Art der Hautsculptur sind die Längskanten. Manchmal laufen sie ununterbrochen über grössere Strecken und kommen dann entweder bei den einzelnen Species in bestimmter Zahl und Anordnung vor — so in den Gattungen Enoplus, Strongylus, Leptodera — oder ihr Auftreten ist unregelmässig wie bei Pseudalius inflexus. Ihr freier Rand kann glatt sein oder auch gezähnt, indem sie in den Gränzlinien der Ringel eingeschnitten sind, z. B. bei Strongylus striatus. Bei manchen so bei vielen Ascarisarten, z. B. A. lumbricoides, stehen die Längsrippen in unbestimmter Zahl sehr dicht, haben aber immer nur die Länge eines Leibesringels und die Längsrippen der sich berührenden Leibesringel correspondiren nicht mit einander.

Wir gehen zu einer andern Sculptur über, welche von den Hinterrändern der Ringel ihren Ursprung nimmt. Sehr häufig ragen dieselben über die Vorderränder vor, dieser vorstehende Rand kann im Schwanztheil grösser und schneidender sein, z. B. bei F. sanguinolenta oder auch im Kopftheil, z. B. bei den meisten Ascarisarten dicht hinter den Lippen. Nicht immer ist dieser vorstehende Rand glatt, oft ist er gezähnt und diese Zähne können zu kräftigen und langen Stacheln werden. Entweder stehen die Stacheln im ganzen Umfange des Ringels, z. B. bei Filaria radula und denticulata, oder es treten nur vier Stacheln auf jedem Ringel auf, welche in vier den Rändern der Seitenfläche entsprechenden Längsreihen verlaufen, z. B. bei Filaria spinifera und uncinata. Letztgenannte Species hat dabei noch das Eigenthümliche, dass auch die beiden der Bauchseite angehörenden Stachelreihen in der Halsgegend auf die Rückenseite treten (Taf. VI, Fig. 4).

In keinem Zusammenhang mit den Ringeln stehen Hautfortsätze andrer Art, so die stumpf endenden Haare, welche auf der Haut der Gordius zerstreut sind, ferner die den Wassertropfen gleichenden Buckeln bei Filaria guttata und insignis, ferner die pilzförmigen Hautplatten neben dem Bauchband in der Gattung Trichocephalus. Ebenso sind die der Gattung Enoplus

eigenthümlichen Borsten zwar Hautauswüchse, sie stehen aber meines Wissens
regellos zerstreut und halte ich sie für wesentlich verschieden von den
oben beschriebnen Hautstacheln, rechne sie vielmehr zu den Tastpapillen.

Die Haut bildet nicht bloss die allgemeine Körperbedeckung, sondern
auch den Mund und After. Die Afteröffnung ist immer ein querer Spalt, an
dessen Rändern die Haut schief nach innen und der Rückseite zu ein Rohr,
den Mastdarm, hineinsendet. Den Bau dieses Mastdarms und seiner an-
grenzenden Theile habe ich am genausten bei Ascaris megalocephala untersucht und werde denselben hier beschreiben (Taf. XXI, Fig. 9 und 10).
Die Querlinien der Cuticula biegen am Aussenrande des Afters um, während die Querlinien des mittlern Theiles allmählig verschwinden. Die
Innenseite des Mastdarms ist mit Längslinien bedeckt. Eine gekreuzte
Faserschicht scheint zu fehlen, aber die subcutane Schicht ist deutlich vorhanden. Der Darm senkt sich von vorn in den Mastdarm, so dass die
äussere Cuticula des Darmes und die Cuticula der Haut sich berühren.
Der Mastdarm erweitert sich vom After an trichterförmig, bis sein
Vorderende die Seitenfelder berührt und mit denselben verwächst. Dicht
hinter dem Vorderende legt sich auf seine Bauch- und Rückseite ein
breites starkes Querband, dessen Enden an die Seitenfelder stossen. Das
der Rückseite enthält einen grossen Kern in seiner Mitte, das der Bauchseite je einen auf der Seite. Es scheinen diese Querbänder nur aus dem
allerdings eigenthümlich modificirten subcutanen Gewebe zu bestehen, keines-
falls finde ich sie den Muskeln ähnlich. Ich erwähne dies ausdrücklich,
weil man leicht geneigt sein kann, dieselben für den Sphincter recti zu halten.
Ein solcher existirt nicht, wohl aber ist der Darm kurz vor seinem Eintritt
in den Mastdarm von einem breiten muskulösen Sphincter umgeben. Die
eigne Elasticität der Wände scheint den Mastdarm für gewöhnlich geschlossen
zu halten. Von hinten und den Seiten setzen sich aber Muskeln daran, welche
ihn zu erweitern bestimmt sind. Bei den freilebenden Species von Pelodera
und Leptodera kann man die rythmischen Oeffnungen und Schliessungen des
Mastdarms leicht beobachten. Aehnlich wie in dem hier beschriebnen Falle
verhält sich der Mastdarm wohl bei allen Nematoden. Die drei Kerne der
Querbalken finden sich weit verbreitet, so bei allen Ascarisarten, nur hat sich
mitunter die den Kern umgebende Substanz eiförmig erhoben und es gewinnt
dann den Anschein, als ob drei Zellen den Mastdarm umgeben (Taf. XXI,

Fig. 11). Auch die Zellen, welche sich bei vielen Nematoden um den Mastdarm aber oft zahlreicher und in complicirterer Anordnung vorfinden, haben gewiss einen ähnlichen Ursprung. Ihre Function ist ungewiss. Walter hat sie bei Oxysoma ornatum, wo sie sehr schön entwickelt sind, für Ganglien erklärt, Claparède [1]), der sie bei Ascaris mucronata beobachtet, vergleicht sie mit einzelligen Drüsen. Dass sie nicht Ganglien sein können, scheint mir sicher, aber auch ihre Drüsenfunction scheint mir nicht bewiesen.

Die Beschreibung der Mundtheile würde jetzt folgen können, wegen ihrer innigen Beziehung zum Nervensystem ziehe ich es aber vor, erst später darauf einzugehen.

Die hier vertretne Auffassung der Haut der Nematoden weicht wesentlich von der von Meissner und Eberth an verschiednen Orten entwickelten ab. Alles, was nach aussen von der subcutanen Schicht liegt, ist eine Cuticularbildung, denn es wird bei der Häutung abgestreift. Es eignet sich zu dieser Beobachtung besonders Ascaris spiculigera, weil man an den in die Geschlechtsreife eintretenden Thieren nicht selten noch die Larvenhaut findet und an den Larven die einzelnen Lamellen der Cuticularschicht gut ausgebildet sind. Meissner nahm bei Mermis und Gordius eine aus Zellen bestehende Epidermis an, welche die Körperoberfläche bedecken soll, und stützt sich dabei auf die zelligen Zeichnungen, welche man bei Gordius in der That deutlich erkennt. Allein sie sind gewiss ebenso wenig Zellen als die polyedrischen Sculpturen, welche sich auf der Körperoberfläche vieler Arthropoden finden. Durch ihr morphologisches Verhalten gehört die Haut der Nematoden zu den Chitinbildungen. Eine chemische Analyse ist leider nicht vorhanden. Allein ein wesentlicher Punkt unterscheidet sie von den Chitinbildungen der Arthropoden. Während diese nach vollendeter Häutung nicht mehr wachsen, wachsen die Nematoden nach der letzten Häutung auf das Doppelte und Dreifache. Die Ringe vermehren sich während des Wachsthums an Zahl nicht. Vergleicht man verschiedne grosse Exemplare derselben Species in einer bestimmten Körpergegend, z. B. ♀ ♀ von Ascaris megalocephala unmittelbar vor oder hinter der Vulva, so wird man ziemlich genau die Länge der Ringel proportional zur gesammten Körperlänge finden. Auch alle Hautgebilde von den complicirtesten Formen wachsen proportional

---

[1]) Claparède, De la formation et de la fécondation etc. S. 27.

dem allgemeinen Dicken- und Längenwachsthum. Wir können also die Cuticularschicht nicht, wie es wohl bei den Arthropoden möglich ist, als ein von der subcutanen (chitinogenen) Matrix abgelöstes Gebild, Secret, betrachten, sondern sämmtliche Schichten der Haut stehen noch in einem lebendigen Zusammenhange. Weiter unten bei der Anatomie der Annulaten werden wir noch einmal auf diesen Gegenstand zurückkommen.

§. 3. Die Seitenfelder und das Gefässsystem.

Wir haben bereits §. 1 erwähnt, bei welchen Nematoden in den Seitenflächen [1]) eine Unterbrechung der Muskelschicht auftritt, die wir als Seitenfelder bezeichnen. Die Breite der Seitenfelder ist bei den verschiednen Species sehr verschieden, sie kann die der Muskelfelder noch übertreffen, da sich jedoch für die einzelnen Gattungen kein bestimmtes Gesetz herausgestellt hat, so will ich auf Zahlen-Angaben nicht weiter eingehen. Das Gewebe der Seitenfelder hängt nach aussen mit der subcutanen Schicht ohne Unterschied zusammen, ist jedoch nach innen mehr oder weniger davon verschieden, und namentlich springt es fast immer wulstartig nach innen vor. Die Dicke des Seitenfeldes ist gewöhnlich auf beiden Seiten gleich, nur bei Filaria obtusa und sanguinolenta ist das eine Seitenfeld dicker als das andere. Fast immer zerfällt das Seitenfeld in eine obere und untere Hälfte, welche durch einen nach der Dicke des Seitenfeldes mehr oder minder tiefen Einschnitt getrennt sind. In der weichen körnerhaltigen Substanz derselben pflegen zahlreiche Kerne eingebettet zu sein. Entweder bilden dieselben in jeder der beiden Hälften eine Längsreihe, so z. B. bei Mermis und den Ascariden der Fische, oder sie sind regellos zerstreut. Diese Kerne pflegen an erwachsenen Exemplaren undeutlich zu werden, und mit dem Gewebe zu verschmelzen, so sieht man z. B. an ältern Individuen der Ascariden der Fische nur noch hinter einander liegende Häufchen von Kernkörperchen als Ueberreste der Kerne und bei Ascaris megalocephala sind die Kerne selbst bei jungen Exemplaren schon grösstentheils verschwunden, nur im vordreren Theil treten dieselben

---

[1]) Meissner in seinen oft citirten Untersuchungen giebt an, dass bei Mermis die Seitenfelder der Rückenfläche etwas genähert liegen. Ich habe dies früher selbst mehrfach bestätigt, indess habe ich mich jetzt an Zeichnungen, welche mittelst der Camera verfertigt wurden, überzeugt, dass dies durchaus nicht der Fall ist, sondern dass die Seitenfelder von Mermis wie immer lateral stehen.

nach längerer Einwirkung von Carminlösung als röthliche, in einer Reihe hinter einander liegende, Flecken hervor. Wenn man auch bei vielen Species im Seitenfeld keine Kerne findet, so lässt sich doch annehmen, dass sie in einem jüngeren Stadium vorhanden waren.

In der Mitte des Seitenfeldes zwischen den beiden Wülsten liegt wahrscheinlich bei allen Meromyariern und Polymyariern ein Gefäss (Taf. XVIII, Fig. 1). Unter den Holomyariern ist es nur bei Anguillula scandens bekannt, und zwar tritt es dort bloss in einem Seitenfelde auf[1]). Wo das Seitenfeld überhaupt fehlt, wie bei Gordius und Trichocephalus, wird auch ein Gefäss wahrscheinlich nicht existiren. Bei Mermis kann man die Reihe kleiner Kerne, welche sich in der Mitte des Seitenfeldes befindet, als Anlage des Gefässes betrachten. Ob sich noch bei andern Holomyariern ein Gefäss finden wird, muss dahin gestellt bleiben, da dasselbe durch einen Zufall der Beobachtung leicht entgeht.

Das Gefäss besteht aus einer innern, das Licht stärker brechenden, festern Schicht, und aus einer äussern, feinen, körnigen Masse, in welcher öfters Kerne eingebettet sind. Es verläuft von der Aftergegend an bis gewöhnlich in die Gegend des hintern Ende des Oesophagus. Dort bildet sich zwischen den Seitenfeldern eine Brücke, in welche die beiden Gefässe bogenförmig eintreten und anastomosiren (Taf. XX, Fig. 1. Taf. XVIII, Fig. 2 und 3).

Von der Mitte des Gefässbogens entspringt ein Gang, welcher in der Bauchlinie, die Haut durchbohrend, nach aussen mündet (Taf. XVI, Fig. 14). Die Brücke kann man als eine Fortsetzung der Seitenfelder betrachten, sie besteht wenigstens meist aus einem ähnlichen Gewebe und ist nur selten, z. B. bei Filaria obtusa, durch eine Anhäufung sehr deutlicher Kerne ausgezeichnet, die man nicht mit Ganglienzellen verwechseln darf. Beim Eintritt in die Brücke liegt mitunter in der Wandung des Gefässes ein grosser, kugliger, von einer Membran umschlossener Körper, welcher kleinere Kugeln in sich schliesst, vielleicht ist derselbe als ein sehr grosser Zellkern zu betrachten. Ich habe ihn bei Str. armatus, A. megalocephala und lumbricoides beobachtet. Nur selten liegt ein Theil des Gefässsystems auch vor der Anastomose und zwar kann dies in zweifacher Weise stattfinden. Einmal indem das vordere Gefässstück eine Fortsetzung des hintern ist, und die Anastomose nur als ein Ast desselben betrachtet werden kann, oder indem

---

[1]) Davaine, Recherches sur l'Anguillule du blé niellé. Paris, 1857. S. 23.

Schneider, Nematoden. 28

das vordere Gefäss vollständig von dem hintern getrennt ist, und seine besondere vordere bogenförmige Anastomose bildet, welche mit der hintern an der Gefässmündung zusammentrifft. Der erste Fall tritt z. B. bei Pelodera papillosa auf, der andere bei Heterakis foveolata. Der Ausführungsgang kann entweder, und dies ist der häufigere Fall, ein dünnes Rohr sein, oder ein weiter Sack, so in den Gattungen Oxyuris und Oxysoma. Der hinterste Theil des Gefässes ist gewöhnlich sehr verengert, so dass man das Ende nicht mit Sicherheit erkennen kann. Es scheint blind geschlossen zu sein. Bei Leptodera appendiculata bildet das Gefäss, welches auch sonst sich vielfach schlingenförmig biegt, in der Aftergegend einen labyrinthischen Knäuel.

Eine besondere Beschreibung verdient das Gefässsystem von Strongylus armatus. Dort fällt in dem Seitenfeld zunächst ein mit sehr deutlicher Wandung versehenes, wellenförmig verlaufendes Gefäss in das Auge (Taf. XVIII, Fig. 3). Dasselbe nähert sich in der Brücke dem Ausführungsgang, allein es endigt nicht in denselben, sondern verläuft in dem Seitenfelde bis an den Kopf. Unter diesem Gefäss liegt ein ziemlich weiter Schlauch, welcher in die Brücke eintritt, dort mit dem von der andern Seite kommenden anastomosirt und in den Ausführungsgang mündet. Jenes geschlängelte Gefäss ist mit der Wandung des Schlauches in seiner ganzen Länge verwachsen, so dass es auf den ersten Blick fast scheint, als ob das Gefäss den Schlauch umwindet, allein wenn man das schwammige Gewebe des Seitenfeldes durch Streichen entfernt, überzeugt man sich, dass die Spirale nicht um, sondern auf dem Schlauch und zwar nach innen liegt. Ob nun und an welcher Stelle das wellenförmige Gefäss mit dem Schlauch in Verbindung steht, habe ich nicht ermittelt. Ich halte das spirale Gefäss für einen Ast des Schlauches, welcher dem sonst vorhandenen, einfachen und unverästelten Gefässe entspricht. Eine ähnliche Verdoppelung der Gefässe habe ich auch bei Strongylus tetracanthus gefunden, jedoch bin ich bei dieser Species nicht näher darauf eingegangen.

Ebenfalls sehr eigenthümlich verhält sich das Gefässsystem von Ascaris spiculigera (Taf. XVIII, Fig. 5). Dort liegt, und zwar immer nur auf der einen Seite, zwischen den beiden Hälften des Seitenfeldes befestigt, ein breites Band. Dasselbe besteht aus einer feinen, körnigen Masse, in welcher viele kleine Kerne zerstreut sind, und enthält ein sehr deutliches Gefäss, welches viele kurze, feine Aeste abgiebt. Am Hinterende ist das Band sehr schmal und ragt kaum aus dem Seitenfelde hervor. In der Gegend des hintern

Oesophagusendes ist es am breitesten und enthält dort einen abgegränzten, eiförmigen Körper. Nach vorn endigt das Gefäss nebst dem Bande in einen langen, etwas gewundenen Gang, welcher auf der Bauchfläche unmittelbar hinter den Lippen nach aussen mündet [1]. Dass dieses Band nur ein durch die stärkere Wucherung seiner Wand ausgezeichnetes Gefäss darstellt, ist mir sehr wahrscheinlich. Auf die Aehnlichkeit des in dem Band befindlichen, eiförmigen Körpers mit der kernartigen Kugel, welche ich vorhin aus der Gefäss-Anastomose einiger Arten bemerkt habe, möchte ich noch hinweisen. Schwer lässt es sich entscheiden, ob in dem andern Seitenfelde ebenfalls ein Gefäss liegt, oder nur das eine Gefäss vorhanden ist. Man muss auch den letztern Fall in Betracht ziehen, denn, wie schon erwähnt, findet sich bei Anguillula scandens auch nur ein Gefäss.

Von der Brücke, in welcher die Gefäss-Anastomose liegt, gehen mitunter zwei strangförmige Körper nach hinten, welche als Wucherung des Gewebes der Brücke zu betrachten sind. Mitunter enthalten dieselben einen deutlichen Kern, so dass sie als Zellen erscheinen, so bei Leptodera strongyloides. Bei andern fand ich darin keinen Kern, z. B. bei Strongylus armatus, wo diese Stränge eine sehr bedeutende Länge besitzen [2]. Dahin gehören auch jene Schläuche, welche sich am Gefäss-Porus vieler Enoplus-Arten ansetzen [3]. Einen Hohlraum oder Ausführungsgang enthalten diese Körper nirgends. Es ist deshalb auch kein Grund vorhanden, sie als Drüsen zu bezeichnen.

---

[1] Diesen Ausführungsgang und seine Mündung habe ich an geschlechtslosen Exemplaren von einer, A. spiculigera jedenfalls sehr nahe stehenden Art von Ascaris (Filaria piscium. aut.) beobachtet und abgebildet (Müllers Archiv, 1858. S. 432). Wie ich später gesehen habe, ist dieses Band sammt Ausführungsgang bereits sehr richtig von Mehlis (Isis, 1831) bei A. spiculigera beschrieben worden. Siebold (Lehrbuch der vergleichenden Anatomie der wirbellosen Thiere, S. 135) erwähnt dasselbe von Filaria piscium und Ascaris osculata, ohne die Ausmündung des Gefässes zu kennen.

[2] Mehlis (Isis, 1831. S. 81) glaubt, dass diese Schläuche, die man noch bei vielen Strongylus-Arten findet, sich in die Mundhöhle öffnen, und gewissermassen als Speichel-Organe dienen. Dies ist jedoch eine Täuschung. Ob sich nicht noch Schläuche andrer Art bei Strongylus-Arten finden, will ich nicht in Abrede stellen, z. B. bei Str. galeatus. Bei Str. armatus aber sind nur die beiden mit der Gefässbrücke in Zusammenhang stehenden vorhanden (Taf. XVIII. Fig. 3).

[3] Eberth, Untersuchungen über Nematoden S. 7, hat diese Schläuche beschrieben und abgebildet. Obgleich es mir nicht gelungen ist, bei Enoplus die Gefässe der Seitenfelder zu erkennen, so möchte ich doch kaum bezweifeln, dass dieselben existiren, dass die Mündung des feinen Ganges, welche sich immer am Vorderende auf der Bauchlinie befindet, die Mündung dieser Gefässe ist und die sich an die Mündung ansetzenden Schläuche Anhänge der Gefässbrücke sind.

28 *

Als Anhang und Wucherung des Gewebes der Seitenfelder und des Gefässsystems muss man auch gewisse büschelförmige Körper betrachten, welche am deutlichsten bei Ascaris megalocephala und lumbricoides erkannt werden können. Diese Körper liegen dort jederseits zu zweien hinter dem Oesophagusende — bei A. megalocephala etwa 25 bis 30''''' hinter dem Kopfende — auf dem Seitenfelde [1]. Sie sind bei durchfallendem Licht dunkler als die Seitenfelder, und schon von aussen zu erkennen; sie bestehen aus unregelmässig gestalteten, meist spindelförmigen Häufchen einer feinen, körnigen Masse, die gewöhnlich einen undeutlichen Kern einschliessen. Unter sich sind diese Häufchen wiederum durch zarte Stränge derselben feinkörnigen Masse verbunden, so dass man diese Körper, wie dies schon Bojanus gethan, als büschelförmig bezeichnen kann. In ganz ähnlicher Weise finden sich diese büschelförmigen Körper, wenn auch geringer entwickelt, bei A. mystax. Die Verbreitung dieser Körper scheint eine allgemeinere zu sein, so findet man an dem äussern Rande des von A. spiculigera und osculata beschriebenen gefässhaltigen Bandes ein Netzwerk von Strängen, mit welchen verschieden gestaltete Klümpchen einer feinkörnigen Substanz in Verbindung stehen. Bei Str. armatus setzt sich an die von der Gefässbrücke abgehenden Schläuche ebenfalls ein solcher büschelförmiger Körper, dessen Stränge mehr fadenartig und homogen sind. Sie verlaufen, ungefähr der Bauchlinie folgend, bis fast an den After. Die Klümpchen feinkörniger Substanz bilden daran unregelmässig vertheilte Häufchen und haben eine deutlich rostbraune Farbe (Taf. XVIII, Fig. 4).

Die Seitengefässe sind ihrer Function nach wahrscheinlich mit den Excretionsgefässen, welche bei allen Würmern und Echinodermen vorkommen, zu vergleichen. Die chemische Zusammensetzung des Excretes ist nicht bekannt. Gewöhnlich enthalten die Gefässe eine wasserklare Flüssigkeit und fallen dann durch ihre röthliche Farbe leicht ins Auge. Bei Oxysoma ornatum habe ich beobachtet, dass das Gefässsystem sich mit einer krümlichen Masse erfüllt, wenn man die Thiere längere Zeit im Wasser leben lässt, wie sie bekanntlich Wochen lang vermögen. Sind die Gefässe leer, so ist es bei den kleinern Arten nicht möglich, ihren Lauf zu verfolgen. Den Porus habe ich jedoch bei keinem Mero- und Polymyarier, wo ich

---

[1] Diese Körper sind von Bojanus (Russ. Sammler, Riga, 1818. S. 552 und Isis, 1821) bei A. lumbricoides und megalocephala entdeckt, dann, nachdem sie in Vergessenheit gerathen, wieder von Lieberkühn (G. d. Naturf Freunde, Berlin 1855) beschrieben worden.

nur ernstlich danach suchte, vermisst, und gewiss existirt das Gefässsystem immer, wo ein Porus vorhanden ist. Aus welchen Ursachen das Gefäss mitunter undeutlich ist, vermag ich nicht zu bestimmen. An manchen Arten, an denen ich es lange vergeblich suchte, habe ich es schliesslich in seiner ganzen Ausdehnung gefunden, so z. B. bei Cucullanus elegans, Oxysoma ornatum. Oxyuris vermicularis und andern. Bei A. megalocephala lassen sich die Gefässe sammt Anastomose und Ausführungsgang in der Weise leicht präpariren, dass man den Vordertheil des Wurmes in einer Länge von 20″″ abschneidet und in der Rückenlinie öffnet. Sind die Individuen jung und lebend, so kann man den Leibesschlauch leicht ausbreiten. Bei ältern Individuen und Spiritusexemplaren ist dies schwieriger, allein man braucht dann bloss das Präparat in Essigsäure zu kochen, so lässt sich die Cuticularschicht vollständig abstreifen und die Muskelschicht im Zusammenhang mit den Seitenfeldern und dem Gefässsystem ungehindert durch das sonst lästige Zusammenrollen der Haut ausbreiten.

Die Kenntniss des Gefässsystems hat sich sehr allmählig ausgebildet. Bojanus und Clocquet fanden zuerst bei Ascaris megalocephala und lumbricoides den ganzen Verlauf der Gefässe und ihre Anastomose, ohne jedoch den Ausführungsgang und dessen Mündung zu entdecken. Da ihre Abbildungen jedoch nicht bei hinreichender Vergrösserung gezeichnet waren, so scheinen ihre Angaben keinen Glauben und Beachtung gefunden zu haben. Auch das von Mehlis gefundene und so eben beschriebene Gefäss von Ascaris spiculigera betrachtete man nur als eine vereinzelte Erscheinung. Siebold[1]) entdeckte darauf bei mehrern Nematoden die Mündung, hielt sie aber nur für die Oeffnung kurzer daran hängender Drüsen. Huxley[2]) und G. Wagener[3]) sahen zuerst den Verlauf der Gefässe, dieser bei Strongylus auricularis, jener bei einem Nematoden der Scholle (Heterakis foveolata?), ohne jedoch ihre Lage und ihre Beziehung zum Ausführungsgang zu erkennen. Davaine beobachtete bei Anguillula scandens sowohl den Ausführungsgang, als das Gefäss, betrachtete sie aber ausdrücklich als zwei nicht miteinander in Verbindung stehende Organe. Ich selbst habe dann die allgemeine Verbreitung des Gefässsystems, seinen Zusammenhang

---

[1]) Mitgetheilt in Bagge, Dissertatio de Strongylo auriculari etc. Erlangen. 1841.
[2]) Medical Times and Gazette. 1856. S. 385.
[3]) Müller's Archiv. 1857. S. 363.

mit dem Ausführungsgang, sowie den wahren Bau der Seitenfelder entdeckt und näher beschrieben[1]).

§. 4. Nervensystem.

Die Nervenelemente liegen in einer festen, dicken Scheide. welche
sowohl das Centralorgan als auch alle davon ausstrahlenden Hauptstämme
umgiebt. Wir wollen zunächst nur die Nerven selbst und dann die Scheiden betrachten.

Das Centralorgan besteht in einem den Oesophagus eng umschliessenden Ringe (Taf. XIX. Fig. 5). Er enthält mehrere ringförmig verlaufende Fasern. welche an verschiednen Stellen kernhaltige Anschwellungen
bilden. Wegen der Dicke der Scheide habe ich den Bau des Ringes
nicht genauer erforschen können. Wenn man ihre Dicke mit der der Fasern
vergleicht und die Masse des Gewebes der Scheide in Betracht zieht, kann der
Ring kaum mehr als acht Fasern enthalten. Die Fasern lassen sich bei
Ascaris megalocephala durch Kochen in verdünnter Salpetersäure isoliren,
sie erweisen sich dann als durchaus homogen von der Consistenz geron-
nenen Eiweisses, ohne eine besondere, erkennbare Membran. Bei Meromyariern, selbst bei grössern wie Oxyuris curvula, kann man die Fasern
nicht isoliren. Im Leben ist die Substanz der Nervenfasern, wie es scheint,
fast flüssig und erhärtet nur durch Trocknen und Einwirkung von Säuren,
Alkohol u. dergl.

Von dem Ringe laufen nach hinten und vorn Stränge aus, deren
Abgangsstellen mit Anhäufungen von Ganglienzellen verbunden sind.
Zunächst geht nach hinten ein Nervenstrang, welcher an der Rückenlinie
entspringt und in dieselbe eintretend bis zur Schwanzspitze verläuft. Wir
bezeichnen ihn als Nervus dorsalis. An seinem Ursprung liegen mehrere Ganglienzellen und zwar innerhalb des Nervenringes eine grosse tripolare. welche je einen Ausläufer rechts und links in den Nervenring und
den dritten nach hinten in die Medianlinie sendet (Taf. XIX, Fig. 4, Taf. XX,
Fig. 2). und ausserhalb des Nervenringes, mehr nach hinten, bei Ascaris
megalocephala und lumbricoides noch zwei Ganglienzellen. Die Zahl der

---

[1]) Müller's Archiv, 1858. S. 426 und 1860. S. 224. Auf diese Aufsätze muss ich
wegen einiger Details und Abbildungen verweisen, die hier nicht aufgenommen sind. Auch
das oft citirte Werk von Eberth enthält mehrere, jedoch nicht durchweg richtige Angaben
über das Gefässsystem. So ist es namentlich ein Irrthum, wenn er die Schwanz- und
Halspapillen als Gefässmündungen betrachtet.

Fasern, mit welchen der N. dorsalis entspringt, liess sich nicht sicher feststellen. bereits kurz hinter dem Centralringe enthält derselbe, wie man aus Querschnitten erkennt, 4—5 Fasern[1]).

Anders verhält sich nun der Nervenring an der Bauchlinie. Dort sieht man zu beiden Seiten der Bauchlinie je einen dicken Strang in einem spitzen Winkel vom Centralringe austreten und sich bogenförmig nach der Bauchlinie krümmen. In dem von diesen Strängen — Rami communicantes — gebildeten Winkel und auf seiner Spitze liegt ein Haufen von Ganglienzellen verschiedener Grösse, welche wir als Ganglion cephalicum bezeichnen. Einzelne dieser Zellen zerstreuen sich bei Ascaris megalocephala seitwärts auf der Bauchfläche, bei Ascaris lumbricoides sind sie aber alle auf der Bauchlinie concentrirt, ebenso bei Oxyuris curvula[2]). Diese Zellen sind theils unipolar, theils bipolar.

Es hat den Anschein, als ob der eine Fortsatz der bipolaren Ganglienzellen in die Rami communicantes, der andere nach den Seitenfeldern geht, um mit den dort befindlichen Nervenelementen in Verbindung zu treten. Ich muss diesen Punkt unentschieden lassen, denn obgleich man einen solchen Fortsatz in der Richtung nach den Seitenfeldern abgehen sieht, gelang es mir doch nie, denselben sicher bis dorthin zu verfolgen. Für die unipolaren Zellen kann man die Möglichkeit immer noch offen halten, dass der eine Ausläufer später noch eine Theilung eingeht. Die Rami communicantes scheinen nur bestimmt, die Verbindung des Ganglion cephalicum mit dem Ringe herzustellen.

Es entspringt nun auf der Bauchseite noch ein Nervenstrang, der Nervus ventralis, welcher in der Bauchlinie bis zum Schwanz verläuft. Sein Ursprung lässt sich noch schwerer ermitteln als der des N. dorsalis, da er durch das Ganglion cephalicum und die Rami communicantes verdeckt ist, wahrscheinlich ist er dem des dorsalis sehr ähnlich, jedenfalls

---

[1]) In meiner ersten Mittheilung über das Nervensystem der Nematoden (Reichert und Dubois Archiv. 1863. S. 1) habe ich es zweifelhaft gelassen, ob diese Fasern der Rückenlinie und die entsprechenden der Bauchlinie wahre Nerven sind. Es kann jedoch nach verschiednen Fortschritten, welche ich seitdem in der Kenntniss des Nervensystems gemacht habe, darüber kein Zweifel mehr obwalten.

[2]) Diese Zellen habe ich früher (a. a. O.) als Ganglion ventrale dispersum bezeichnet, da sie aber nur bei A. megalocephala in dieser Weise zerstreut liegen, lasse ich diesen Namen fallen.

gehört dazu die grosse tripolare Zelle, welche sich auf der Bauchlinie in
gleicher Weise wie auf der Rückenlinie befindet. Hinter dem Ganglion
medianum enthält der N. ventralis nur wenig Fasern mehr als der N.
dorsalis.

Gehen wir nun zu den Strängen über, welche auf der Vorderseite
des Nervenringes entspringen. Es sind sechs und zwar entspringen vier in
den Stellen, welche den secundären Medianlinien entsprechen — Nervi sub-
medianii — und zwei je in der Mitte der Seitenfelder — Nervi laterales —. Alle sechs verlaufen gerade nach vorn. Am Ursprung der N. submediani und in ihrem Verlauf liegen nur vereinzelte Ganglienzellen. Am
Ursprung der N. laterales liegt aber eine grössere Menge derselben sowohl
in dem Centralringe selbst, als vor und hinter ihm, wir können sie als
Ganglia lateralia bezeichnen.

Bei Oxyuris curvula tritt an den Seitenfeldern ein eigenthümliches
Organ mit dem Nervenring in Verbindung. Es ist ein länglich-eiförmiger
Schlauch. welcher vorn lateral am Nervenring angewachsen ist und
sich gerade nach hinten erstreckt. An seinem Hinterende verbindet er
sich mit einer kugelförmigen, auf dem Seitenfelde befestigten Blase (Taf.
XIX, Fig. 1 und 2).

Nachdem wir so das Centralnervensystem und seine Hauptausläufer
betrachtet, gehen wir zu den Scheiden über. Die Scheide des Central-
rings ist nicht bloss eine äussere Hülle desselben, sondern bildet auch
Wände zwischen den einzelnen Fasern. Ihre Elasticität ist im frischen
Zustande sehr gross, wenn man sie von ihren Befestigungspunkten trennt,
zieht sie sich auffallend zusammen. Das Gewebe der Scheide tritt nun an
acht Punkten mit dem Leibesschlauche in Verbindung. Zunächst an den Seitenfeldern und Hauptmedianlinien, indem das Gewebe derselben in der Umgebung des Nervenringes einen Vorsprung bildet und unterschiedslos mit der
Scheide verwächst. Bauch- und Rückenlinie haben sich zugleich stark verbreitert. Da wo secundäre Medianlinien vorhanden sind, können auch diese
an den Centralring herantreten und mit seiner Scheide verschmelzen, dies
geschieht z. B. bei Oxyuris curvula (Taf. XIX, Fig. 3). Die Verbindung
der Leibesmuskulatur mit der Scheide geschieht in folgender Weise.

Wir haben bereits der Querfortsätze der Muskelschicht gedacht, welche
an die Bauch- und Rückenlinie herantreten. Allein von der Kopfspitze an, bis
hinter dem Nervenringe nehmen diese Querfortsätze einen andern Verlauf.

Statt an die Medianlinien zu treten, vereinigen sich die Querfortsätze jedes
Muskelfeldes zu einem Bündel, welches unmittelbar an den Centralring
tritt und in den Punkten, welche den Durchschnitten der Submedianlinien
entsprechen, mit seiner Scheide verschmilzt. Bei den Meromyariern, wo
die Zahl der Muskelzellen nicht zu gross ist, lässt sich diese Verbindung deutlich überblicken; sie findet z. B. bei Oxyuris curvula in folgender Weise statt. Der Nervenring liegt dort kurz vor den Kernen der
acht Kopfzellen. Von jeder Kopfzelle, und zwar über ihrem Kerne, geht
ein platter Strang aus, ebenso geht von der Spitze der hinter jeder Kopfzelle liegenden, ersten, vollständigen Muskelzelle ein Strang aus und vereinigt sich mit dem Strang der vor ihm liegenden Kopfzelle. So sind
acht Stränge entstanden. Nun vereinigen sich je zwei zu einem Muskelfelde
gehörende Stränge, indem ihre einander zugewendeten Ränder bogenförmig in einander übergehen, und diese vier Stränge treten nun an die
Scheide. Derjenige Rand dieser vier Stränge, welcher an die Bauch- und
Rückenlinie stösst, verschmilzt mit denselben, während der andere an die
Seitenfelder stossende bogenförmig in den Nervenring übergeht.

Betrachten wir nun, wie sich das Nervensystem an diesen acht Punkten verhält, in welchen die Scheide auf die Leibeswand übergeht. Zu den
vier Muskelansätzen haben wir keinen abgehenden Nervenast erwähnt. Bei
den Polymyariern habe ich auch keine Spur eines solchen finden können.
Allein bei einem Meromyarier wie Oxyuris curvula sieht man zu beiden
Seiten der Bauch- und Rückenlinie ein Bündel feiner Fasern unter einem
spitzen Winkel und mit einer leichten Krümmung nach unten aus dem
Centralring auf den Muskelansatz heraustreten. Es ist mir leider nur selten
gelungen, diese Beobachtung zu machen, in den meisten Exemplaren sind
die Muskelansätze zu dunkel und überhaupt sind die Fasern sehr zart.

An den Seitenfeldern sahen wir aber jederseits den N. lateralis
abgehen, und zwar tritt derselbe sogleich in den oben erwähnten Vorsprung des Seitenfeldes ein, welcher die Verbindung zwischen Seitenfeld
und der Scheide des Centralringes herstellt. Der Nerv selbst in seinem
weitern Verlauf, sowie das Ganglion laterale, liegen in dem Gewebe des
Seitenfeldes eingebettet. Man kann also auch das Seitenfeld als eine Fortsetzung der Scheide des Centralringes betrachten.

In die Bauch- und Rückenlinie sahen wir die beiden Nerven, den
N. dorsalis, und ventralis eintreten, und ihr Eintritt erfolgt ebenfalls inner-

halb der Verbindungsstelle zwischen der Scheide des Centralringes und diesen Medianlinien. Es lassen sich mithin die letztern ebenfalls als eine Fortsetzung der Scheide des Centralringes betrachten. Wie wir bereits beim Muskelsystem erwähnt haben, setzen sich die Querfortsätze der Muskel an die Medianlinien an, es stimmen also auch in dieser Beziehung die Medianlinien mit dem Centralringe überein.

Auch die vier Nervi submediani sind in eine Scheide eingebettet. Es bilden nämlich die Muskel vor dem Nervenring keine zu den Hauptmedianlinien gehende Querfortsätze, es setzt sich vielmehr der denselben entsprechende Theil der Querfortsätze an diese Nerven an und umhüllt sie wie eine Scheide.

Nachdem wir so den Centraltheil des Nervensystems und die davon abgehenden Hauptstränge geschildert, wollen wir das weitere Schicksal der letzteren betrachten. Die sechs vorderen Stränge, N. laterales und submediani, versorgen die Papillen, welche den Mund umstehen. Sie treten in die körnigen Massen, welche die die Haut durchsetzenden kegelförmigen Löcher erfüllen und lösen sich darin auf. Zur Beobachtung dieser Verbindung eignen sich besonders schön junge Exemplare von Ascaris lumbricoides und Mystax[1]) (Taf. II. Fig. 4—6). Wo zehn Papillen vorhanden sind, also die submedianen verdoppelt, wird gewiss jede derselben von Nerven versorgt werden. Gehen wir nun zu den N. dorsalis und ventralis. Von denselben geht ein System zahlreicher Nerven aus, welche in der subcutanen Schicht eingebettet sind. Man kann ihren Verlauf am besten bei Ascaris lumbricoides und megalocephala kennen lernen, nachdem man die Muskelschicht entfernt hat. Bei frischen, namentlich jungen Exemplaren geht dies sehr leicht, bei Spiritusexemplaren kann man die Ablösung durch Maceration oder Kochen in verdünnten Säuren erleichtern. Die Fasern sind handförmig, sie verlaufen von einer Medianlinie zur andern in Wellenlinien, deren Berg in das Seitenfeld, deren Thäler in die Medianlinien fallen (Taf. XX. Fig. 5). Oft entspringen zwei Fasern kurz hinter einander, welche in den Seitenfeldern sehr nahe bei einander zu liegen kommen, dass man fast glauben sollte, sie kreuzen sich. Ich habe mich jedoch an sehr jungen Thieren, deren Seitenfeld vollkommen durchsichtig war, überzeugt,

---

[1]) Auch diesen Punkt habe ich früher unentschieden lassen müssen; erst nachdem ich eingehendere Untersuchungen über den Bau der Lippen gemacht habe, bin ich zu dem bestimmten Resultate gekommen.

dass sie sich weder kreuzen noch in irgend eine Verbindung mit einander treten [1]). Es kommt sehr selten vor, dass von demselben Punkte der Medianlinie nach rechts und links Fasern entspringen, und ebenso selten dass Fasern nur bis zum Seitenfelde reichen. Gewöhnlich verlaufen die Fasern ohne sich zu verzweigen, mitunter kommen aber einzelne sehr kurze Aeste von der Breite des Stammes vor (Taf. XX, Fig. 4) [2]). Dass diese Fasern Nerven sind, scheint mir zweifellos, durch ihre charakteristische, festumschriebene Gestalt gleichen sie vollkommen den unzweifelhaften Nervenfasern der vordern Nervenstämme und den noch weiter zu beschreibenden Fasern, welche in andere Papillen eintreten. Leider war es nicht möglich, diese Fasern bis zu den Nerven der Medianlinien, von welchen sie wahrscheinlich entspringen, zu verfolgen, da sich der Herstellung eines entscheidenden Präparates unüberwindliche Schwierigkeiten entgegenstellen. In der Kopfgegend sind die Fasern zahlreicher als in den mittlern Leibestheilen, am Schwanz werden sie wieder etwas zahlreicher. Diese Fasern versorgen wahrscheinlich auch die beiden Papillen, welche sich im Vorderende vieler Nematoden befinden und die ich als Halspapillen bezeichne. Bei A. lumbricoides gehen wenigstens von der Bauchlinie jederseits zwei Fasern direct auf diese Papille zu, leider verhinderte mich immer die Undurchsichtigkeit des Seitenfeldes, über den Eintritt Gewissheit zu erhalten. Bei den durchsichtigern Polymyariern wie Heterakis vesicularis sieht man diese Fasern schon sehr schön am unverletzten Thiere. Unsern Fasern mögen auch die zarten röthlichen Kanäle entsprechen, welche sich in der Haut von Enoplus finden. Ihr Verlauf verfolgt ganz ähnliche Gesetze wie bei Ascaris. Bei Holomyariern habe ich diese Fasern nie gefunden, eben so wenig bei Meromyariern ausser bei Strongylus armatus, wo sie an jungen Exemplaren aus der Arterie mit vollkommner Deutlichkeit hervortreten.

Verfolgen wir nun die Vertheilung der Nerven am Schwanzende, so muss hervorgehoben werden, dass dieselbe in beiden Geschlechtern

---

[1]) Bei Sagitta bipunctata, welche diese Fasern und zwar sehr zahlreich besitzt, kann man ihren Verlauf schöner als bei irgend einem Nematoden verfolgen, weil die Muskeln und das Seitenfeld viel durchsichtiger sind.

[2]) Diese Aeste habe ich bei meinen ältern Untersuchungen gesehen und abgebildet, ich glaube mich darin nicht getäuscht zu haben. Neuerdings habe ich sie nicht wieder gefunden, sie mögen wohl seltner sein, als ich damals vermuthete.

verschieden ist. Der N. dorsalis geht, so weit ich beobachten konnte, bei beiden Geschlechtern bis zur Schwanzspitze, ohne seinen Charakter zu verändern. Der N. ventralis verhält sich bei beiden Geschlechtern vielleicht ebenfalls gleich, indess habe ich nur beim ♀ beobachten können, dass sich derselbe kurz vor dem After theilt und schief nach hinten über die Muskeln weg jederseits einen von einer Scheide umschlossenen Strang nach den Seitenfeldern sendet, welcher in die beiden Schwanzpapillen eintritt. Diese Theilung des Bauchstranges habe ich bei Strongylus armatus, Ascaris megalocephala und lumbricoides beobachtet. Bei den beiden erstgenannten Species vermochte ich den Eintritt des Stranges in die Papille nicht zu beobachten, wohl aber bei letzterer. Bei ihr sieht man auf dem Strange drei Zellen — vielleicht Ganglienzellen — aufliegen. Diese Beobachtung der Theilung des Bauchstranges verlangt eine sehr sorgfältige Präparation; man muss die ganze Rückseite des Schwanzes abschneiden und den Mastdarm, ohne die Bauchtheile in der Nähe des Afters zu berühren, nach hinten umlegen (Taf. XXI. Fig. 9 und 13).

Viel verwickelter verhält sich das Nervensystem im Schwanz des ♂. Ich habe über diesen Punkt nur Beobachtungen an A. lumbricoides und megalocephala machen können; es würden sich wohl auch von den bis jetzt bekannten Species andere dazu kaum eignen. Die Theilung des Bauchstranges habe ich nicht gesehen, vielleicht nur weil die Schwierigkeiten der Präparation zu gross sind. Das Eigenthümliche des männlichen Schwanzes besteht in zwei dicken Nervensträngen von etwa sechs bis sieben Fasern. Sie liegen in der Substanz des Seitenfeldes nahe an der freien Fläche und nach der Bauchseite zu. Dieser Strang beginnt bei der vordersten Papille des Bauches und lässt sich bis zur Schwanzspitze verfolgen. Von ihm geht zu jeder Papille eine Faser, und zwar versorgt jeder Strang nur die Papillen der ihm zunächst liegenden Seite (Taf. XXI. Fig. 12). Diese Fasern liegen in der subcutanen Schicht und haben ganz die Eigenschaften der vorhin beschriebenen subcutanen Nerven. Sie treten unter einem spitzen Winkel, der um so spitzer ist, je weiter sie nach vorn liegen, aus dem Seitenfelde heraus und verlaufen in einem leichten Bogen nach rückwärts in die Papille. Die Pulpa der Papillen ist etwas dunkler gefärbt als die umliegende subcutane Schicht, und setzt sich diese Färbung etwas nach aussen fort. An diesen Fleck tritt der Nerv heran und löst sich darin gewissermassen auf, indem seine äusserste Spitze allmälig körniger wird. Meist spaltet sich jede Faser vor ihrem Ende in zwei Zweige, die sich aber nur wenig von einander entfernen und beide an dieselbe Papille herantreten. Zwischen diesen Papillenfasern verlaufen einzelne subcutane Fasern, welche nicht in die Papillen treten, sondern vom Seitenfeld bis an die Bauchlinie verlaufen. Kurz vor dem After häuft sich diese letzte Art so an, dass mitunter vier solcher Fasern zwischen zwei Papillarfasern vorkommen. Die Zahl dieser Nerven wird noch durch einzelne subcutane Fasern vermehrt, die wie gewöhnlich von der Bauch- zur Rückenlinie sich erstrecken.

Mit dem Auftreten dieses Nervenstammes verbindet sich noch eine andere Erscheinung. Auf der Bauchseite des männlichen Schwanzendes treten nicht alle Querfortsätze der Leibesmuskeln an die Medianlinie. Die Querfortsätze der den Medianlinien. nähern Zellen gehen vielmehr nach den Seitenfeldern und ihre verbreiterten Enden verwachsen mit denselben ganz in derselben Weise, wie die Querfortsätze sonst mit den Medianlinien (Taf. XXI., Fig. 7 und 12). Ausserdem gehen eine Anzahl Querfasern direct von der Bauchlinie nach den Seitenfeldern. Ihre Richtung ist immer etwas von der Bauchlinie schief nach vorn. Es unterscheiden sich diese zu den Seitenfeldern gehenden Fortsätze, wie man am besten bei den grossen Ascarisarten beobachten kann, wesentlich von den nach den Medianlinien gehenden. Während letztere nur von einer körnigen, dunklern Masse erfüllt sind, haben die erstern ein helleres Aussehen und eine deutlich fibrilläre Textur, es sind wahre Muskelfasern und ich schlage vor sie als Musculi bursales zu bezeichnen.

Der Ursprung des besondern männlichen Nervensystems — Nervus bursalis — ist mir dunkel geblieben. Aus dem Centralringe scheint es nicht zu kommen, es ist mir wenigstens unmöglich gewesen, einen Nervenstamm oder auch nur eine Faser nachzuweisen, welche, aus dem Centralringe austretend, in dem Seitenfelde nach hinten ginge. Vielleicht ist dieser Nervenstamm ein Nervus recurrens und entspringt aus dem hintern Ast des Nervus ventralis, welcher nach den Seitenfeldern geht.

Alle Nervenfasern, die in den Papillen, dem Kopf, Hals, Schwanz und männlichen Bauchpapillen endigen, sind sensible Fasern, welches aber sind die motorischen? Um zu verstehen, wie die Muskeln der Nematoden mit Nerven versorgt werden, muss man alle Vorstellungen fallen lassen, welche den höhern Thieren entnommen sind. Bei den Nematoden verzweigen sich die Nerven nicht zu den Muskeln, sondern es treten Zweige der Muskelzellen zu den Nerven. Alle Querfortsätze der Muskeln setzen sich ausnahmslos an diejenigen Linien an, unter welchen Nerven verlaufen. Sie treten an den Centralring, an die Hauptmedianlinien, an den Nervus bursalis und die N. submediani und laterales. Alle Längsstämme müssen deshalb wohl auch motorische Fasern enthalten. Da die Substanz der Querfortsätze unmittelbar die Scheide der Nerven bildet, so ist ein Eintritt der Nerven in die Muskelzellen nicht erst nöthig. Möglicherweise findet noch eine feinere Verzweigung der Nerven nach den einzelnen Muskelzellen statt; gesehen habe ich davon allerdings Nichts.

Es sei mir noch erlaubt, auf eine Frage von mehr physiologischer Bedeutung einzugehen. Wenn wir die grosse Zahl von Nervenfasern betrachten, welche die Bauchpapillen der ♂ versorgen und die z. B. bei Ascaris megalocephala sich auf wenigstens 210 belaufen, so ist keine Möglichkeit denkbar, dass dieselben einen gesonderten Verlauf bis zum Centralring haben. Ebenso ist die Zahl der subcutanen Nerven viel zu gross, um für sie eine gesonderte Leitung zum Centraltheil anzunehmen.

Ueberblicken wir noch einmal kurz den Bau des Nervensystems. Das Centralorgan ist ein Ring, mit welchem ein nach hinten liegendes grösseres ventrales Ganglion und zwei etwas kleinere Ganglien, je eins lateral liegend, verbunden sind. Die Verbindung zwischen dem Bauchganglion und dem Centralringe geschieht durch zwei Rami communicantes. Sechs Nervenstämme, zwei N. laterales und vier N. submediani, gehen nach vorn, sie versorgen die entsprechenden Papillen des Kopfes, enthalten aber auch motorische Fasern. Nach hinten geht ein N. dorsalis und ventralis. Beide enthalten motorische Fasern, der Ventralis sicher auch sensitive. Derselbe theilt sich kurz vor dem After, indem er jederseits einen Ast nach den Schwanzpapillen sendet. Das ♂ enthält noch einen dicken Nervenstrang in den Seitenfeldern, welcher Aeste nach den Bauchpapillen absendet und die Musculi bursales versorgt. Nirgends liegt eine Faser frei in der Leibeshöhle, sondern immer in andere Gewebe eingebettet. Die Muskelzellen senden Querfortsätze, welche sich am Centralringe sowie an den Längsstämmen ansetzen und zur Bildung der Nervenscheide beitragen.

Die Entdeckung des Nervensystems war nur gleichzeitig oder nach der genauern Erkenntniss der Muskelstructur möglich. Nachdem die ältere angebliche Entdeckung des Nervensystems durch Otto sich nicht bewährt hatte, glaubte Meissner das Nervensystem bei Mermis und bei Gordius gefunden zu haben. Was Meissner als das Centralorgan betrachtete, habe ich als Bulbus Oesophagi nachgewiesen. In den Medianlinien, sowie in den daran tretenden Querfortsätzen der Muskelschicht glaubte er das peripherische Nervensystem zu finden. Seine Ansicht wurde bald darauf von Walter durch eine detaillirte Beschreibung des Nervensystems von Oxyuris (Oxysoma) ornata unterstützt. Auch Wedl beschrieb das Nervensystem von mehreren Nematoden, wobei er zwar die Lage des Centraltheils ungefähr angab, allein auch die dreieckigen Anfänge der Querfortsätze mit dem Zellkern der Muskelzellen für Ganglien erklärte. Mehrere Forscher, wie Lieberkühn, Claus, Leukart, erwähnten um diese Zeit das Vorkommen des Centralringes um den Oesophagus, ohne jedoch durch eine genauere Beschreibung die Bedeutung desselben rechtfertigen zu können. Ich selbst bin dann durch mehrjährige Studien, indem ich allmälig immer weiter in der Erkenntniss des Baues der Nematoden vordrang, zu den in diesem Werk niedergelegten Aufklärungen über das Nervensystem und das damit so innig zusammenhängende Muskelsystem gelangt. Da Meissner's Ansichten einen allgemeinen Beifall gefunden hatten, so war es mir sehr willkommen, dass sich bald nach der Veröffentlichung meiner entgegengesetzten Ansichten eine histiologische Autorität wie Leydig[1]) sich für die meinigen aussprach. Es sind ihm darauf eine Reihe andrer Schriftsteller gefolgt. Auch die Beobachtungen über das Nervensystem haben schon von andern Bestätigung gefunden, so von Bastian[2]) und Leukart[3]).

Wenn es auch wenige Ordnungen giebt, deren Nervensystem so vollständig bekannt ist, als die der Nematoden, so fehlt doch noch vieles zur vollständigen Kenntniss desselben, es wird z. B. gewiss eine Verzweigung des Nervensystems zum Darm und den Geschlechtsorganen existiren.

---

[1]) Müller's Archiv. 1861. S. 606.
[2]) Monograph of the Anguillulidae. Transactions Linnean Society. Vol. XXV. S. 168. Dieser interessante Aufsatz ist mir leider erst zugekommen nachdem der systematische Theil dieses Werkes bereits gedruckt war.
[3]) Müller's Archiv. 1865.

§ 5. Kopf und Mund.

Wir werden bei der folgenden Uebersicht der verschiedenen Kopf-
und Mundbildungen auf die Einzelheiten nur so weit als nöthig eingehen
und müssen wegen derselben auf die Genusbeschreibungen verweisen. Der
Mund ist eine Oeffnung im vordern Körperende, an deren Rande die Haut
sich mehr oder weniger nach innen einstülpt. Dieselbe schliesst sich an
die vordere Oeffnung des Oesophagus an, theils unmittelbar, theils wie in
den Gattungen Filaria, Ancyracanthus, Leptodera und Pelodera durch ein
cylindrisches Rohr — Vestibulum — vermittelt. Der innere Rand des
Mundes unterscheidet sich stets von der übrigen Haut, er ist etwas anders gefärbt und zerfällt nicht in die verschiedenen Schichten der Haut.
Man kann drei Arten der Mundbildung unterscheiden, Mundrand, Mundkapsel und Lippen.

Die erste Form ist die einfachste; die runde oder elliptische und
dann immer dorsoventral gestellte Mundöffnung wird von einem verdickten
und gewöhnlich dunkler gefärbten Saume umfasst. Bei der elliptischen
Oeffnung ist der Saum oft zahnartig verdickt und vorstehend (Taf. V,
Fig. 14 und 17 und Taf. VI, Fig. 7). Diese Form geht dadurch, dass
der Saum sich weiter nach innen fortsetzt, in die Mundkapsel über; man
kann z. B. bei Filaria papillosa oder Strongylus dentatus zweifelhaft sein,
ob man diese Bildung nicht schon zu den Mundkapseln rechnen kann.
Wegen ihrer Einfachheit lässt sich diese Form überhaupt schwer charak-
terisiren und man wird sie vielleicht als eine sehr kleine Mundkapsel betrachten müssen. Die beiden andern Formen der Mundbildungen dagegen
sind wohl charakterisirt. Sie kommen nie zusammen vor, wo die Mundkapsel auftritt, sind keine Lippen vorhanden. Man kann sich die Mundkapsel hervorgegangen denken aus Verwachsung der Lippen oder die
Lippen aus Spaltung der Mundkapsel. Der Wahrheit näher scheint es mir,
diese beiden Formen als verschiedene Ausbildung derselben Anlage zu betrachten, einer Anlage, welche die Gestalt des einfachen Mundrandes besitzen mag. Die Mundkapseln finden sich in den Gattungen Filaria, Cucullanus, Oxyuris, Strongylus und Leptodera. Ihre Gestalt ist topfähnlich,
bald kugelförmig, bald mehr platt gedrückt. Ihre Substanz schliesst
sich den Cuticularbildungen an, wie auch ihre viscerale Fläche mit
einer subcutanen Schicht bedeckt ist. Indess unterscheidet sie sich, wie

schon erwähnt, von der Cuticularschicht, indem sie immer homogen ist und nie die Sonderung in verschiedene Schichten zeigt. Ihre vordere Oeffnung ist kreisrund, elliptisch, sechseckig oder spaltförmig. Die innere Fläche ist entweder glatt oder mit zahn- und lappenartigen Verdickungen besetzt. Dieselben können am vordern Rande auftreten, sei es als ein Saum vieler kleiner Zähne, z. B. bei F. leptocephala, oder dicht an einander stehender platter Wimpern, wie bei Strongylus armatus, sei es als einzelne Lappen und Zähne. So stehen sechs einzelne Lappen, den sechs Körperflächen entsprechend, z. B. bei Strongylus dimidiatus (Taf. VIII, Fig. 15), oder bei Oxyuris curvula und obesa (Taf. VII, Fig. 1 und 3), ferner vier Zähne, je zwei zu beiden Seiten der dorsalen und ventralen Medianlinie und zwar so, dass die dorsalen und ventralen verschieden gebildet sind, bei Strongylus cernuus u. a. (Taf. IX, Fig. 3, 5, 6). Zahnbildungen können auch tiefer im Grunde auftreten, einmal in der Zweizahl entweder lateral, oder dorsal und ventral in der Medianlinie, so bei Filaria leptocephala und nitidulans (Taf. V, Fig. 5 und 7), dann in der dorsalen Medianlinie als ein grösserer einfacher, wie bei Strongylus cernuus u. s. w., oder als ein doppelter Zahn, wie bei Strongylus armatus.

Die Lippen sind die am weitesten verbreitete Form der Mundbildung. Sie besitzen, wo sie deutlich ausgebildet sind, eine äussere Seite, welche den Bau der allgemeinen Hautschicht besitzt, und eine innere Seite, die zwar ebenfalls zu den Cuticularbildungen gehört, aber homogen ist, wie die Mundkapseln. Jede Lippe umschliesst einen Zapfen subcutanen Gewebes — Pulpa — darin auch die Nerven verlaufen. Unter den Lippen können wir mehrere Arten unterscheiden. Einmal treten dieselben verschieden auf nach der Zahl zu zwei, vier, drei und sechs, dann auch verschieden in Bezug auf die grössere und geringere morphologische Ausbildung. In letzterer Beziehung schliessen sich manche der Form des verdickten Randes an, so die drei Lippen von Heterakis distans (Taf. III, Fig. 10) und von Enoplus cochleatus (Taf. IV, Fig. 11), manche, z. B. Labiduris gulosa (Taf. VII, Fig. 16 und 17), erinnern an gespaltene Mundkapseln, indem die Trennung zwischen je einer ventralen und dorsalen Lippe weniger tief ist, als die zwischen den beiden ventralen. Wenn zwei Lippen vorkommen, sind dieselben immer lateral gestellt. Sie kommen vor allgemein in der Gattung Physaloptera (Taf. III, 1—7 und 9), so wie bei vielen Species von Filaria (Taf. V, Fig. 2 und 3, und VI, 9a).

Wenn vier Lippen vorkommen, stehen immer zwei median (dorsoventral) und zwei lateral, und zwar sind die lateralen unter sich gleich und die medianen. Vier Lippen kommen nur vor bei Filaria megastoma (Taf. V, Fig. 5) und Hedruris androphora (Taf. IV, Fig. 8). Bei Filaria sind die lateralen ungleich niedriger, ja sie erheben sich so wenig von der Stirnfläche, dass man sie nur als polsterförmige Erhebungen der letztern betrachten kann und bei F. leptoptera (Taf. V, Fig. 8) z. B. zweifeln kann, ob sie zu den vier- oder zweilippigen zu stellen ist.

Die dreilippigen sind weit verbreitet. Allgemein gehört dazu die Gattung Ascaris (Taf. I und II), die meisten Species von Heterakis, einzelne Species von Nematoxys, Oxysoma, Leptodera und Pelodera. Die drei Lippen sind immer den drei Seiten des Oesophagusquerschnitts entsprechend gestellt. Sie sind nie unter sich gleich. Die ventralen oder Unterlippen sind aber unter sich symmetrisch. Theilt man jede Lippe durch einen ihre mittlere Längslinie treffenden Schnitt, so zerfällt die dorsale oder Oberlippe in zwei symmetrische Hälften, die ventrale in zwei unsymmetrische Hälften, und zwar ist die laterale Hälfte der einen symmetrisch mit der lateralen Hälfte der andern und ebenso die ventrale der einen mit der ventralen der andern. Rücksichtlich der Pulpa oder der Fortsätze der subcutanen Schicht finden bedeutende Verschiedenheiten statt. Ganz fehlt sie nur an sehr kleinen Lippen, z. B. bei Heterakis distans, oder die Pulpa ist einfach, z. B. bei Heterakis (Taf. III, Fig. 11—18) und Oxysoma tentaculatum, oder sie ist in zwei Zipfel, lobi, getheilt, in der Gattung Ascaris. In die Gestalt und die Vertheilung der Zahnbildungen, welche auf der Innenseite vieler Lippen vorkommen, gehen wir hier nicht ein, sie sind hinreichend bei den Genus und Species erörtert.

Die sechs Lippen sind die seltensten, sie kommen ausgebildet nur vor bei Filaria obtusa (Spiroptera obtusa R.), undeutlich bei Strongylus paradoxus und Filaria attenuata. Davon sind einerseits die lateralen gleich, andrerseits die dorsalen und ventralen.

Bei vielen Ascarisspecies treten in den Interlabialräumen der drei Lippen noch kleine Zwischenlippen auf. Ich halte sie aber nicht den eigentlichen Lippen homolog und rechne deshalb diese Ascaris nicht zu den sechslippigen. Die Stellung der wahren sechs Lippen ist eine ganz andere. Vielmehr scheint es mir richtiger, je eine Lippe der drei Lippen mit zwei verwachsenen Lippen der Sechslippigen zu vergleichen. Es wird Jedem ein Leichtes sein, diesen Vergleich näher durchzuführen. Endlich

müssen wir noch eine Art der Lippenbildung erwähnen, wo viele Lippen
in unbestimmter Zahl vorhanden sind, bei O. lepturum (Taf. VII, Fig. 14).
Ich konnte jedoch nicht näher darauf eingehen, weil von diesem Thiere
mir zu wenig Exemplare zu Gebote standen.
Um den Mund stehen immer Papillen und zwar entweder sechs
oder zehn. Wo sechs vorhanden sind, stehen je eine submedian und lateral, wo zehn vorhanden sind, stehen je zwei submedian und eine lateral.
Andere Papillenzahlen kommen nicht vor. Wenn ich in der systematischen
Beschreibung und Abbildung vier oder zwei erwähnt habe, heisst dies nur,
dass ich nicht mehr gesehen habe. Bei einigen Ascarisarten besteht jede
submediane Papille aus einer grössern und einer kleinern damit verschmol-
zenen, welche nach den Medianlinien zu liegt, auch die laterale Papille
enthält zwei getrennt endigende Nerven (Taf. II, Fig. 4, 5 und 7). Bei denjenigen mit Mundrand, Mundkapsel, oder sehr kleinen Lippen, stehen die
Papillen auf der Haut. Bei denen mit deutlichen Lippen stehen sie auf den
Lippen selbst oder hinter denselben. In letzterm Falle können sie wieder alle
hinter den Lippen stehen, so bei den sechslippigen F. obtusa und attenuata, oder
zum Theil. Ein ganz sicheres Beispiel für den letztern Fall kann ich nicht
anführen, ich vermuthe ihn nur bei Filaria capitellata (Taf. V, Fig. 2), wo
die beiden submedianen Papillen hinter den Lippen stehen, aber die von mir
übersehenen Lateralpapillen wahrscheinlich auf den Lippen selbst. Ebenso wird
man wahrscheinlich bei Filaria microstoma (Taf. V, Fig. 3), wo ich nur
die lateralen Papillen auf den Lippen gesehen habe, die submedianen Papillen hinter den Lippen finden. In den Gattungen Physaloptera, Ascaris,
Hedruris allgemein, so wie in den mit deutlichen Lippen versehenen Heterakis stehen alle Papillen auf den Lippen. Bei den zweilippigen, wie Physaloptera, trägt jede Lippe drei Papillen, eine laterale und zwei submediane.
Bei Hedruris [1]) tragen nur die lateralen Lippen Papillen, und zwar drei.
Bei Ascaris und den hierher gehörigen Species von Heterakis trägt jede
Lippe zwei Papillen, und zwar sind sie symmetrisch darauf vertheilt, auf
der lateralen Hälfte der Unterlippe stehen jederseits und in gleichem Querschnitt je eine laterale Papille, auf der ventralen Hälfte, so wie auf beiden

---

[1]) In der Abbildung (Taf. IV, Fig. 8) sind die Papillen leider vergessen. Ich habe
nur die submedianen gefunden; sie sind spitz dornförmig und stehen am Rande der Lippen hinter dem queren Durchschnitt. Die Lateralpapillen sind wahrscheinlich sehr klein,
sie werden ebenfalls auf den Laterallippen stehen.

Hälften der Oberlippe eine submediane, und zwar alle vier wieder auf
gleichem Querschnitt. Die Zwischenlippen, welche bei Ascaris vorkommen,
sind niemals mit Papillen versehen.

Mit den Mundtheilen stehen mitunter Bildungen in Verbindung,
welche in allgemeinen oder localen Hautverdickungen am Halse bestehen. Die einfachste Form findet sich bei Strongylus dentatus und
den Verwandten. Die Haut ist hinter dem Kopfe in Gestalt einer Vase
verdickt, und diese Verdickung ist auf der Bauchseite durch einen
schmal verlaufenden Hautsaum abgegränzt. Eine zweite Form sind die
Hautlappen, welche die Gestalt eines vierzipfligen Schirmes haben, in dessen
Spitze der Mund liegt. Sie finden sich nur in der Gattung Ancyracanthus
(Taf. VI, Fig. 10). Eine dritte Form sind die Mundkrausen, welche in
drei ähnlichen, aber doch wohl zu unterscheidenden Modificationen vorkommen, die erste bei Filaria (Dispharagus Duj.) und die zweite bei Heterakis
fasciata und die dritte bei Enoplus. Es sind rinnenförmige Spalten oder
Hautverdickungen, die in symmetrisch angeordneten Curven am Halse verlaufen und worüber das Nähere in dem systematischen Theile sich findet.
Es ist nicht unmöglich, dass die Krausen und die schirmartigen Hautlappen
homologe Gebilde sind, allein ich wage sie nicht auf einander zurück-
zuführen. Auch darüber kann ich keinen Aufschluss geben, wie sich die
subcutane Schicht unter diesen Hautkrausen verhält.

Die Function der Mundtheile ist, wie man aus ihrer Anatomie schliessen
kann, rein passiv. Nirgends finden sich Muskeln, um die Zähne und Lippen zu bewegen. Sie werden nur durch die allgemeinen Körperbewegungen
und die Saugwirkung des Oesophagus in Thätigkeit gesetzt. Die Zähne
sind immer nach vorn gerichtet und können also sehr wohl zum Bohren
und Schneiden dienen. Das Festhalten wird allein durch den Oesophagus
bewirkt. Da derselbe im Zustand der Ruhe geschlossen ist, so wird der
Mund ohne Anstrengung an der Stelle haften bleiben, wo er einmal an-
gesogen ist. Diese Sicherheit der Befestigung wird durch Mundkapseln
oder scharfe Mundränder noch erhöht, indem beim Saugen die Schleimhaut
in die Mundöffnung oder Mundkapsel faltenartig hineingepresst oder gezogen wird. Indess darf man solche an Schleimhäuten befestigten Thiere
sich nicht im ununterbrochenen Zutand des Blutsaugens denken. Aehnlich
wie die Mundkapseln mögen auch die Lippen wirken. Ueber die Functionen
der Halskrausen wage ich keine Vermuthung.

Cap. III. Ueber die Zahlengesetze im Bau der Nematoden.

Nachdem wir die gesammte Anatomie der Nematoden mit Ausnahme der Geschlechtsorgane dargestellt haben, können wir versuchen, die verschiedenen Angaben über Zahl und gegenseitige Stellung der Organe zusammenzufassen und das allgemeine Gesetz daraus abzuleiten. Es ist dies bereits jetzt möglich, denn die Geschlechtsorgane haben auf diese Betrachtungen durchaus keinen Einfluss.

Die Eintheilung des Leibesschlauches durch die Medianlinien und Seitenfelder tritt zwar, wie wir gesehen haben, nur schrittweis auf, allein wir wollen, die unvollkommenen Stufen bei Seite lassend, uns gleich zu den vollkommenern wenden. Bei vielen Holomyariern, sowie allen Mero- und Polymyariern lässt sich der den Leibesschlauch bildende Cylindermantel in sechs Flächen eintheilen: zwei Bauch-, zwei Rücken- und zwei Seitenflächen. Bauch- und Rückenflächen sind, bis zu einem gewissen Punkt, vollkommen gleich gebaut, ebenso die beiden Seitenflächen. In der Mitte dieser sechs Flächen sendet das Nervensystem sechs Stämme nach vorn.

Auch bei dem Oesophagus tritt die Sechszahl auf, aber in einer eigenthümlichen Modification. Der Querschnitt seines Lumens ist mitunter, aber nur selten, ein Sechseck, gewöhnlich ist derselbe ein Dreieck, dessen Spitze nach der Bauchlinie zeigt. Man kann dieses Dreieck so betrachten, dass die dorsale Seite den beiden dorsalen Flächen, je eine der beiden andern Seiten einer lateralen und ventralen Fläche entspricht.

Das nebenstehende Schema wird das Verhältniss der sechs und der drei Seiten verdeutlichen. Diese beiden Zahlen sechs und drei beherrschen das Auftreten aller Bildung bei den Nematoden. Indem wir jetzt die verschiedenen Modificationen, unter welchen das Auftreten dieser Zahlen stattfindet, betrachten wollen, wird es nicht nöthig sein alle Beispiele aufzuführen, jeder wird sie schon beim Durchblättern der Abbildungen von selbst finden.

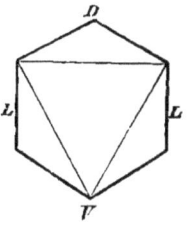

Das Sechseck selbst tritt auf in der Gestalt der Mundöffnung von Filaria (Taf. V, Fig. 1 und 7) und Oxyuris (Taf. VII, Fig. 1 und 3). Wenn sechs gleiche getrennte Bildungen auftreten, so stehen sie immer submedian und lateral, d. h. in den Mitten der Seiten des Sechsecks. Fälle dieser Art sind die sechs Papillen in der Gattung Eustrongylus (Taf. XIII, Fig. 10),

die sechs Lippen der Mundöffnung von Oxyuris (Taf. VII, Fig. 1 und 3).
Diese Fälle sind im Ganzen selten. Viel häufiger treten gleiche Bildungen
in der Vierzahl auf und dann immer submedian oder in der Zweizahl und
dann immer lateral. Entweder entspricht der lateralen Bildung nichts in
den submedianen Stellen und umgekehrt, oder die lateralen Bildungen und
die submedianen sind sich sehr ähnlich, so dass es den Anschein hat,
als ob dieselbe Bildung in der Sechszahl aufträte. Vierbildungen, die ausschliesslich submedian auftreten, sind z. B. die Muskelfelder selbst, die vier
schirmartigen Lappen von Ancyracanthus (Taf. VI, Fig. 10 b). Zweibildun-
gen, die ausschliesslich lateral auftreten, sind z. B. die Gefässe, die Seitenmembranen, die zwei Lippen bei Physaloptera u. s. w. Am häufigsten ist
aber der Fall, dass die submedian und lateral auftretenden Bildungen sich
sehr ähnlich sind. So fast alle Mundpapillen, die Tastborsten bei Enoplus
(Taf. IV. Fig. 11 und 14), die sechs Lippen bei allen Sechslippigen u. s. w.
Es kann nun endlich auch noch eine Bildung in der Zweizahl nur median
auftreten, z. B. der Nervus ventralis und dorsalis, die medianen Lippen bei
Hedruris (Taf. IV, Fig. 8) und die medianen Zähne der Mundkapsel bei F.
leptocephala (Taf. V. Fig. 7) [1]. Hier ist zu bemerken, dass eine median
auftretende Bildung als eine Verwachsung je zwei submedian auftretender
gedacht werden kann.

So lange gleiche Bildungen in der Sechs-, Vier- und Zweizahl
auftreten, bleiben nicht blos die Seitenflächen unter sich gleich, sondern
auch die Rücken- und Bauchflächen. Ein durch die Medianlinien geführter
Schnitt würde das Thier also nicht blos in zwei symmetrische, sondern
sogar in zwei gleiche Hälften theilen. Dies ändert sich sofort, sobald ein
Unterschied zwischen Bauch und Rücken eintritt. So wie das Dreieck in
einer Bildung auftritt, ist dieser Unterschied gegeben. In der That kann
man, so lange das Dreieck nicht sichtbar ist, auch nicht angeben, wo die
Rücken- und wo die Bauchseite ist. Man vergleiche z. B. die Abbildungen
Taf. V und Taf. VII, Fig. 3, Taf. VIII, Fig. 3, 8, 15. Wenn gleiche Bildungen
in der Dreizahl auftreten, so stehen sie entweder in der Mitte der Dreiecksseiten oder in den Ecken. Man vergleiche z. B. den Querschnitt des
Oesophagus von Oxyuris curvula und obesa (Taf. VII, Fig. 2 und 4). Als

---

[1]) Ich mache darauf aufmerksam, dass diese Figur falsch gestellt ist, man muss sie
um 90° drehen.

Bildungen in den Dreiecksecken sind noch z. B. anzuführen die Zwischenlippen von Ascaris. Die in den Dreiecksseiten auftretenden Gebilde lassen
immer ihre Zusammensetzung aus sechs, den Sechsecksseiten entsprechenden,
Gebilden wieder erkennen, und in diesen sechs Theilen werden wir wieder
an jene Beziehung erinnert, welche wir für die in der Sechs-, resp. Vier-
und Zweizahl auftretenden Gebilde gefunden haben.

In den Lippen von Ascaris finden wir meist zwei Lobi der Pulpa in
jeder Lippe, also die Sechszahl wieder. Die sechs Papillen sind ferner so
auf die sechs Lippenhälften vertheilt, dass die vier submedianen Papillen
auf die zwei ventralen und zwei dorsalen, und die zwei lateralen Papillen
auf die lateralen Hälften zu stehen kommen. Man kann sagen, die beiden
ventralen Hälften der Unterlippen — so wohl bei Ascaris wie bei Heterakis
— bilden zusammen eine Oberlippe, allerdings gleicht jede ventrale Hälfte
der Unterlippe nicht der auf derselben Seite gelegenen Hälfte der Oberlippe, sondern der auf der entgegengesetzten Seite gelegenen.

Der Unterschied zwischen Rücken und Bauch, welchen wir erwähnten, ist, wie wir kaum näher zu erörtern brauchen, nicht der einzige. In
der Bauchlinie liegen die Anastomose der Gefässe, das Ganglion ventrale,
ferner alle Körperöffnungen ausser dem Munde. Dass die Gleichheit zwischen Rücken und Bauchseite durch eine Auszeichnung der Rückseite sich
ändert, geschieht selten, um so merkwürdiger ist jener Fall bei Filaria
uncinata (Taf. VI, Fig. 4).

Welches das vordere und hintere Körperende sei, kann bei den
Nematoden keinem Zweifel unterliegen, schwieriger ist die Entscheidung,
welches die Bauch- und Rückseite sei. Herkömmlich bezeichnet man die
Seite, welche den After enthält, als die Bauchseite. Allein bei wieviel
Thieren liegt der After nicht auf der Rückseite! Die Bewegungen geben
bei den Nematoden keinen Aufschluss. Es scheint mir eher, dass bei den
Bewegungen immer eine der Seitenflächen die untere ist. Bedeckt man
wenigstens lebende Nematoden von den kleineren Species mit einem Deckglas und quetscht sie, indem man das Wasser entfernt, so wird man sie
wohl ohne Ausnahme auf der Seite liegend finden. Ich halte indess doch
die herkömmliche, obgleich, wie man sieht, bis jetzt durch nichts begrün-
dete Anschauung für die richtige, und bin derselben auch in meiner Nomen-
clatur gefolgt. Da meine Ansicht sich aber nur auf die Analogie mit den
Ringelwürmern stützt, so werde ich dieselbe erst später entwickeln.

Die Nematoden sind unzweifelhaft bilateral symmetrische Thiere. Allein mit diesem Ausdruck ist das Eigenthümliche ihres Baues nicht erschöpfend bezeichnet. Manches erinnert uns an eine radiale Symmetrie. Es würde jedoch zuviel sein die Nematoden als radial symmetrisch zu betrachten, nicht blos wegen des Unterschiedes von Rücken und Bauch, der ja an manchen Körperstellen durchaus verschwindet, sondern auch wegen des durchgreifenden Unterschiedes der Seitenflächen von den Rücken- und Bauchflächen. Vernachlässigen wir den Unterschied zwischen Rücken und Bauch, so lässt sich der Bau der Nematoden so bezeichnen: Es sind sechs unter gleichen Winkeln sich schneidende Körperradien vorhanden, in vier entgegengesetzten Radien (den submedianen) treten gleiche Bildungen und in den zwei andern (den lateralen) treten ebenfalls gleiche Bildungen auf.

Cap. IV. Geschlechtsorgane.

Die Nematoden sind ihrer Mehrzahl nach getrennten Geschlechtes. Bei einigen Species tritt der merkwürdige und bisher nur bei den Nematoden beobachtete Fall ein, dass dieselbe Species in einer Zwitter- und getrennt geschlechtlichen Generation auftreten kann. Da die Zwitter in ihrem äussern Bau sowie in ihren Geschlechtsorganen, soweit sich jetzt ersehen lässt, den Weibchen gleichen, so werden wir in diesem Capitel von den Zwitterstöcken nicht weiter sprechen, sondern erst bei der Entwickelungsgeschichte näher darauf eingehen.

§. 1. Männliche Geschlechtsorgane.

Die männlichen Geschlechtsorgane kann man unterscheiden in die Geschlechtsröhre und die Begattungsorgane. Die Begattungsorgane, bestehend aus der Bursa und den Spicula, sind dem männlichen Geschlecht ganz eigenthümlich, die Weibchen, ja selbst die Zwitter besitzen nicht einmal Rudimente derselben. Nur als Missbildung kommen bei Mermis albicans eine ausgebildete Bursa mit Papillen, Musculi bursales und Spicula vor, wie Meissner[1]) beobachtete. Ich selbst habe auch von Enoplus cochleatus ein ♀ welches Spicula besass, gefunden. Unter dem Namen Bursa kann

---

[1]) v. Siebold und Kölliker Zeitschrift f. w. Z. V. S. 257.

man alle die Einrichtungen zusammenfassen, welche sich an der Bauchfläche vor und hinter dem After befinden. Zunächst ist die äussere Gestalt des Schwanzes abweichend von der des ♀. Die Schwanzspitze ist
entweder zweigetheilt, so bei einigen Holomyariern, wie Gordius, Trichina
und Pseudalius, oder ungetheilt. Eine Art von Theilung kommt bei Labiduris vor, wo die Schwanzspitze selbst zwar ungetheilt ist, in der Gegend
des Afters aber sich jederseits ein armartiger Fortsatz befindet. Ist der
Schwanz ungetheilt, so besteht die eigenthümliche Form desselben in einer
Verdickung der Cuticularschicht, welche hauptsächlich längs der seitlichen
Begränzung der Bauchfläche verläuft, und die man im engern Sinne als
Bursa bezeichnet. Diese Verdickung ist von sehr verschiedner Stärke und
Breite, bald wulstförmig, bald hautförmig, bald nur als schwache Leiste.
Diese Verdickung endigt entweder an der Schwanzspitze, z. B. bei Heterakis
und Leptodera, oder sie umfasst dieselbe. Dies Letztere kann wieder in
sehr verschiednem Grade stattfinden. Entweder überragt die Hautverdickung
— Bursa — die Schwanzspitze weit, z. B. bei Pelodera, oder nur um ein
weniges, z. B. bei Physaloptera. Die Hautverdickung beginnt immer schon vor
dem After und zwar sind die Erhebungen beider Seiten entweder getrennt
oder sie verbinden sich durch einen quer über die Bauchfläche laufenden
Theil, z. B. bei Physaloptera und Heterakis. Am höchsten ausgebildet ist
diese Bursa bei Strongylus, wo sie die Gestalt eines Trichters besitzt.
Ich betrachte denselben dadurch entstanden, dass die Bursa sowohl die
Schwanzspitze umfasst, als auch quer über die Bauchfläche weg geht,
und dass dieses quer über den Bauch gehende Stück sowie die seitlichen
Theile sich weit nach hinten verlängern. Die seitlichen Flügel der Bursa
sind immer symmetrisch, ausser bei einigen Species von Filaria. Von
der Seitenmembran unterscheidet sich die Bursa wesentlich; diese beiden
Bildungen gehen auch, wie schon einmal bemerkt, nie in einander über.
Im Gegentheil, selbst wenn beim ♀ die Seitenmembran sich über den After
fortsetzt, verschwindet sie beim ♂, ehe die Bursa anfängt. Die Hautverdickung kann mitunter klein sein, ja in vielen Gattungen, welche sich
sonst im Allgemeinen durch grössere Entwickelung derselben auszeichnen,
treten einzelne Species auf, wo sie vielleicht ganz fehlt. Meist unterscheidet sich der Schwanz des ♂ dann doch noch von dem des ♀,
indem die Schwanzspitze viel kürzer ist, oder sich durch das Fehlen
der Seitenmembran auszeichnet. Nur in der Gattung Trichocephalus lässt

sich durchaus kein Unterschied des männlichen und weiblichen Schwanzendes finden. Die Bauchfläche der Bursa zeichnet sich bei vielen Species, z. B. bei Filaria, Physaloptera, Enoplus, durch scharfe Längs-,
Quer- und schief laufende Leisten, bei Gordius durch Haken und Stacheln
aus. Die Gattung, Heterakis, so wie eine Species von Nematoxys besitzt einen Saugnapf, über dessen Bau wir bei der Gattungsbeschreibung
von Heterakis gesprochen haben. Die röhrenförmigen Vertiefungen, die
sich bei Enoplus und Oxysoma finden, lassen sich ihrem Bau und ihrer
Function nach vielleicht mit den Saugnäpfen von Heterakis vergleichen.
Noch weiter in die vielfachen Gestalten der Bursa hier einzugehen, halte
ich für überflüssig, da dieser Gegenstand schon in der Beschreibung der
Gattungen und Arten sehr ausführliche Berücksichtigung gefunden hat.

Auf der Bauchseite der Bursa liegt immer eine Anzahl Papillen.
Wie alle Papillen der Nematoden werden sie gebildet durch eine röhrenförmige Hautdurchbohrung, welche von der subcutanen Schicht ausgefüllt
wird, und in die, wie schon beim Nervensystem erwähnt, ein Nerv eintritt. Je nach der Dicke der Hautschicht oder der Gestalt der Durchboh-
rung ist der Fortsatz der subcutanen Schicht — die Pulpa — verschieden
gestaltet, bald lang und dünn, von der Gestalt, welche man Rippen zu nennen pflegt, bald kegelförmig, bald kurz und kaum bemerkbar. Die Cuticula geht über der äussern Fläche der Papille in einer sehr dünnen Schicht
weg, in ihrer Mitte scheint immer ein dünner Faden zu endigen, welcher
bei Ansichten von der Fläche als ein Punkt in der Mitte der kreisförmigen
Begränzung der Papille erscheint. Meist ragt die Papille nicht über die
allgemeine Körperfläche vor, nur in seltnern Fällen erhebt sie sich war-
zen- oder kegelförmig. Auf die Anordnung der Papillen, ihre Zahl und
Stellung brauche ich hier nicht einzugehen, da sie bereits im systematischen Theil, sowohl übersichtlich, als speciell, behandelt worden sind.
Nach den hier auseinander gesetzten Details ihres Baues bedarf es wohl
kaum noch einer Rechtfertigung, dass ich sie als Tastorgane betrachte und
nicht, wie früher Andere, als Haftorgane oder wohl gar als Ausführungsgänge von Drüsen.

Gehen wir nun auf die im Innern liegenden Theile der Bursa über.
Es sind dies der Nervus bursalis und die sich daran setzenden Musculi
bursales. Wir haben dieselben schon beim Nervensystem näher beschrieben. Die mit fibrillärer Substanz erfüllten M. bursales finden sich bei den

Mero- und Polymyariern ohne Ausnahme, unter den Holomyariern werden
sie bei Gordius und Mermis von Meissner[1]) erwähnt, bei Trichocephalus
fehlen sie. Durch die Contraction dieser Fasern wird jede der beiden
Hälften der Bauchfläche cylindrisch gewölbt, wodurch sich eine tiefere
Furche in der Bauchlinie und eine schwächere längs der Seitenfelder
bildet. Diese Veränderung des Querschnitts ist bei den verschiednen Gattungen und Species, je nach der stärkern Entwickelung der M. bursales,
verschieden; bei manchen wird sie nur während der Copulation bemerklich, bei manchen bleibt sie dauernd, z. B. bei Ascaris megalocephala
(Taf. XXI, Fig. 7). Durch diese Bewegung der M. bursales wird die ganze
Bauchseite mehr abgeflacht und dadurch nicht bloss eine grössere Con-
tactfläche geschaffen, sondern auch möglich gemacht, dass die präanalen
Papillen beider Seiten gleichzeitig eine darunter liegende Fläche berühren.
Der postanale Theil der Bursa ist an sich gewöhnlich flacher, und hat
also diese Eigenschaften schon durch seinen Bau. Auch die Muskeln,
welche den Saugnapf von Heterakis in Thätigkeit setzen, gehören zu
den Musculi bursales. Nur weicht ihre Richtung von der gewöhnlichen
ab, indem sie von dem Boden des Saugnapfes nach allen Richtungen aus-
strahlen. Wie sie wirken, haben wir bereits in der Gattungsbeschreibung
von Heterakis ausführlich besprochen.

Wir gehen nun zu dem andern Begattungsorgan, dem Spiculum,
über. Dasselbe fehlt nur in den Gattungen Gordius, Trichina und Dermatoxys. Es ist entweder nur ein Spiculum vorhanden, oder zwei gleiche
Spicula, oder zwei ungleiche. Da ich die Gattungen so begränzt habe, dass
in jeder nur einer dieser drei Fälle eintritt, so lässt sich das Vorkommen
derselben aus der systematischen Uebersicht der Gattungen erkennen. Das
Spiculum sammt der Scheide, in welcher es immer steckt, ist eine Cuticularbildung (Taf. XXII, Fig. 1 und Taf. XXI, Fig. 8). Betrachten wir
zunächst die Scheide. Sie ist ein röhrenförmiger Fortsatz der Haut, welcher auf der Rückseite des Mastdarms entspringt. Man kann deutlich den
Uebergang der Cuticularschicht des Mastdarms in die Scheide verfolgen.
Ist ein Spiculum vorhanden, so ist auch nur eine Scheide da, wie bei
zwei Spiculen zwei Scheiden. Die freie Fläche der Scheide ist meist
glatt, nur bei einzelnen Species der Gattungen Trichocephalus und Tricho-

---

[1]) Siebold und Kölliker Zeitschrift f. w. Z. Bd. VII, S. 106, Bd. V, S. 249.

soma ist sie mit vorwärts gerichteten zarten Stacheln oder Höckern besetzt. Auf der visceralen Fläche derselben liegt eine subcutane Schicht, welche in die subcutane Schicht des Mastdarms und folglich der gesammten Körperhaut übergeht. An dem vordern Ende der Scheide biegt die Cuticularschicht um und geht in die äussere Fläche des Spiculum über (Taf. XXII, Fig. 1). Das Spiculum ist immer ein langes spiessförmiges Gebild. In seiner einfachsten Gestalt ist es solid und besteht nur aus der chitinösen Masse, so in den Gattungen Anguillula, Pseudalius, Leptodera und Pelodera, und bei einzelnen Species von Strongylus, z. B. Strongylus auricularis. Die chitinöse Masse kann aber auch ein Rohr bilden, welches eine weiche, körnige Masse einschliesst. Ja es kann auch aus mehreren Schichten bestehen, z. B. bei Ascaris megalocephala (Taf. XXII, Fig. 2), wo auf eine äussere feste Schicht eine feinkörnige und wieder eine feste Schicht folgt, welche die grosse innere mit körniger Masse erfüllte Höhlung umschliesst. Am Grunde des Spiculum, wo es in die Scheide übergeht, sitzen immer mehrere grosse kernhaltige Zellen. Sie sind gewiss von ähnlicher Bedeutung wie die Zellen, die sich bei Arthropoden an der Basis der Haare und Stacheln befinden. Die äussere Gestalt des Spiculum ist sehr mannigfaltig und fast in jeder Species verschieden. Das röhrenförmige Spiculum trägt gewöhnlich jederseits in seiner ganzen Länge einen mehr oder weniger breiten Fortsatz, welcher ihm die Gestalt eines zweischneidigen Schwertes giebt. Dieser Hautflügel, welcher häufig zierlich quergestreift ist, kann so breit sein, dass er sich wieder umrollt, z. B. bei Filaria attenuata (Taf. XXII, Fig. 3)[1]). In seltenen Fällen, so in der Gattung Pelodera, sind die freien Spitzen der Spicula verwachsen. Es ist dies durch die Entwickelung leicht erklärlich, indem die Spitzen zuerst entstehen, und die Verdoppelung des Spiculum aus einer Theilung der ursprünglich einfachen Anlage hervorgeht, während in den Gattungen mit einfachem Spiculum sich diese Anlage einfach erhalten hat. Mit der Scheide des Spiculum stehen nun zwei Muskelmassen in Verbin-

---

[1]) Eine sorgfältige Beschreibung und Vergleichung vieler Spicula würde ein interessanter Vorwurf einer eigenen Untersuchung sein. Wenn ich im Ganzen wenig darauf eingegangen bin, so liegt das hauptsächlich in der Schonung, mit welcher ich glaubte die mir anvertraute Sammlung behandeln zu müssen. Denn leider muss man zur Isolirung des Spiculum das Thier auf grosse Strecken zerstören und die Präparate misslingen nicht selten.

dung, ein Exsertor und ein Retractor spiculi. Der Retractor entspringt auf der Rückenfläche neben den Seitenfeldern und besteht aus mehreren je nach den Gattungen und Species verschieden langen Fasern, welche wahrscheinlich verlängerte Querfortsätze von Muskeln sind. Ihre Textur ist deutlich fibrillär, sie enthalten Kerne, aber nur geringe Mengen von interfibrillärer Masse. Der Exsertor bedeckt als ein feiner Belag von Längsfibrillen die viscerale Fläche der Scheide. Seine Fasern bilden hinter der Scheide ein Bündel, welches sich an der dorsalen Fläche des postanalen Schwanztheiles ansetzt (Taf. XXI, Fig. 8).

Es ist klar, dass die Contraction der auf der Scheide liegenden Fibrillen die Scheide verkürzen und dadurch das Spiculum hervorstrecken muss. Diese Verkürzung der Scheide geschieht in den meisten Fällen so, dass sich dieselbe in Querfalten legt. Nur bei Trichosoma und Trichocephalus wird die Scheide nach Aussen umgestülpt. Ebenso leuchtet ein, dass die von dem vordern Ende des Spiculum und der Scheide nach vorn gehenden Muskeln als Retractores des Spiculum und der Scheide wirken müssen. Dass das Spiculum nur ein Reizorgan sein kann und auf die Immission des Saamen direct keinen Einfluss hat, geht aus dem Bau desselben von selbst hervor.

Ueber dem Spiculum liegt, so in den Gattungen Leptodera, Pelodera, Oxysoma, Nematoxys, Heterakis, Enoplus, ein oder ein Paar Körper, welche einem Spiculum ähnlich sind. Sie sind von einer festen Consistenz und von sehr verschiedener Gestalt (Taf. VI, Fig. 12 und Taf. XII, Fig. 1, 3, 5). Dujardin, der sie zuerst beschrieb, bezeichnet sie als accessorische Stücke. Sie werden bei einigen Species zugleich mit dem Spiculum hervorgestreckt, bei andern nicht. Wie sie im Innern liegen, habe ich nicht untersucht, da ich keine grössern Species kenne, bei welchen sie vorkommen. Es wäre zu ermitteln, ob sie eine eigne Scheide und eigne Retractoren besitzen, oder ob sie mit den Scheiden der Spicula verwachsen sind und durch deren Contraction hervorgestreckt werden.

Wir gehen nun über zu der Geschlechtsröhre. Dieselbe ist immer ein einfacher Schlauch. Nur bei Gordius und bei Filaria attenuata [1]) ist dieselbe doppelt und bei Mermis kommt eine Verdoppelung der Geschlechtsröhre als Missbildung vor [2]). Das äussere Ende des Schlauches öffnet sich

---

[1]) v. Siebold und Stannius vergleichende Anatomie Bd. I, S. 152 Anmerk. 5.
[2]) Meissner in v. Siebold's und Kölliker's Zeitschr. f. w. Z. Bd. V, S. 247.

in die ventrale Wand des Mastdarms, während das innere Ende blind
geschlossen ist. Die Wand des Schlauches besteht aus einer einzigen
Schicht Zellen, welche auf ihrer visceralen Fläche durch eine structurlose Membran verbunden sind. Diese Membran ist keineswegs Bindegewebe, sondern eine Cuticularbildung, die gemeinsame Membran der darunter liegenden Zellen. Nach der Beschaffenheit der Zellen kann man
zunächst zwei auch durch ihre Function verschiedene Abtheilungen unterscheiden, die den Saamen bereitende — Hoden im engern Sinne — und
die den Saamen ausführende — Vas deferens. In dem Hoden besteht der
innere Belag der structurlosen Membran aus einer weichen, mehr oder
weniger körnigen Masse, in welcher einige Kerne eingebettet sind. In
dem Vas deferens bilden die Zellen ein deutliches Epithel von polyedrisch begränzten Zellen. Der der Mündung nächstliegende Theil der
letztern ist auf eine kurze Strecke mit einer Muskelschicht bedeckt, man
kann ihn als eine besondere Abtheilung — Ductus ejaculatorius —
unterscheiden.

Die Epithelzellen des Vas deferens und Ductus ejaculatorius zeigen je nach der Gattung und Species eine sehr verschiedene Gestalt. In
dem untern Theil ragen sie in ihrem ganzen Umfang hervor und bilden
scheinbar ein Cylinderepithel, welches sich aber von wahrem Cylinderepithel dadurch unterscheidet, dass die Zellen nur an der Basis verbunden
sind. So ist es beschrieben von Eberth bei Trichocephalus dispar, so
kann man es beobachten bei Strongylus armatus, Spiroptera sanguinolenta
und den verschiednen Ascarisarten. Gegen den Hoden hin ändert das Epithel
seinen Charakter. Ob dies allgemein geschieht, muss noch durch weitere
Untersuchungen festgestellt werden. Speciell habe ich darauf nur mehrere
Ascarisarten und Filaria papillosa untersucht. Bei Filaria papillosa werden
die Epithelzellen niedriger, nur einzelne ragen um so stärker mit halb-
kugelförmiger Wölbung in das Innere des Schlauches vor. Bei Ascaris
megalocephala und lumbricoides nehmen die Hervorragungen die Gestalt von
Hügeln an, von deren Spitzen zwei bis drei lange tentakelähnliche Fortsätze abgehen, welche wieder noch kürzere oder längere Aeste treiben
können (Taf. XXII, Fig. 4). Uebersieht man ein grösseres Stück dieses
Epithels, so scheint es wie mit einem Geflecht von Pilzfäden bedeckt.
Diese tentakelförmigen Aeste entwickeln sich erst an ältern Exemplaren, an jungen Ascaris megalocephala von 80 "" Länge sind die Zel-

len noch ohne diese Fortsätze. Auch an ältern Exemplaren kann man, von der äussern Mündung des Vas deferens anfangend, alle Ueber- gänge von den cylindrischen Zellen bis zu den Zotten verfolgen. Auf der innern Fläche der structurlosen Aussenmembran liegen, so weit das zottige, verästelte Epithel reicht, parallele Querfasern, welche zu Bün- deln vereinigt sind, die an ihren Enden pinselförmig auseinander gehen. Ihr Verlauf wird durch die Zellgränzen nicht unterbrochen. Welches ihre Bedeutung ist, kann ich nicht angeben. Sie erinnern an Muskelfibrillen, können aber auch nur Texturverhältnisse der structurlosen Membran vor- stellen (Taf. XXII, Fig. 5). Diese höchst merkwürdige Epithelform kommt in den übrigen Ascarisarten, wie es scheint, nicht vor, sie findet sich nicht in dem entsprechenden Theile des Vas deferens von A. Mystax und osculata[1]).

In den Gattungen Pelodera und Heterakis setzen sich zwei längere, nach vorn verlaufende, blindsackförmige Schläuche an das Vas deferens. kurz vor seiner äussern Mündung, an. Sie sind von demselben Bau wie das Vas deferens und mit ganz gleichem Epithel bedeckt (Taf. XXIII, Fig. 3).

Bei der Betrachtung des weiblichen Geschlechtsschlauchs werden wir ein ähnliches Zottenepithel kennen lernen und sehen, dass sich die Spitzen der Zotten ablösen, um wahrscheinlich zur Bildung des Secrets beizutragen. welches den Geschlechtsschlauch erfüllt. Die Zotten des männlichen Ge- schlechtsschlauchs werden eine ähnliche Bestimmung haben, verfolgen konnte ich den Vorgang der Ablösung freilich nicht. Dass die erhärtende Masse, welche sich häufig bei der Copulation um die Vulva ansetzt und den so- genannten Sattel bildet, aus dem Innern des Geschlechtsschlauchs stammt. halte ich für zweifellos, es ist wenigstens keine andere Quelle zu finden. Ob sie aber vom ♂ oder vom ♀ allein, oder von beiden zugleich her- rührt, ist noch nicht ausgemacht.

Der mit Epithelien bedeckte Theil des Hodenschlauchs, welcher nur

---

[1]) Ich habe früher (Müller's Archiv 1858 S. 432) eine Art Wimperepithel aber mit starren Fäden von einer Ascaris aus dem Hecht (damals von mir A. acus genannt, wahr- scheinlich Ascaris mucronata) erwähnt. Leider ist es mir seit Jahren nie geglückt ge- schlechtsreife Exemplare der Ascaris mucronata zu finden und diese Beobachtung zu wie- derholen. Obgleich ich damals keine Zeichnung dieser Wimpern entworfen habe, stehen sie mir doch noch so lebhaft vor Augen, dass ich nicht glaube, mich geirrt zu haben. An Spiritusexemplaren waren nur undeutliche Spuren der Fäden zu sehen. Ich kannte damals diese Epithelien von A. megalocephala und lumbricoides noch nicht, ein erneuerter Vergleich dieser Gebilde wäre deshalb jetzt von besonderm Interesse.

zur Aufbewahrung des fertigen Saamens dient, verengert sich mitunter an
seinem Vorderende und trennt sich dadurch von dem Saamen bereitenden
Theile ab, so in den Gattungen Ascaris und Heterakis [1]), bei andern, wie
bei Strongylus, Leptodera, Pelodera u. a. ist zwischen den beiden Theilen
jedoch kein Unterschied des Durchmessers zu finden. Die Muskelfasern,
welche den Ductus ejaculatorius bedecken, haben die Gestalt breiter, dicker
Bänder, die meisten verlaufen in der Querrichtung, nur wenige in der
Längsrichtung, und durch häufige Anastomosen vereinigen sie sich zu einem
Netzwerk. Bei Ascaris lumbricoides und megalocephala, bei welchen
dieses Muskelnetz einen hohen Grad der Ausbildung erreicht (Taf. XXII,
Fig. 6), liegen die Fasern im Zustand der Ruhe nicht auf der äussern Haut
des Hodens auf, sondern umgeben dieselbe in einem gewissen Abstande,
und können sie erst während der Contraction eng umfassen. Dieses Muskelnetz kommt wahrscheinlich allen Nematoden zu. Unter den Holomyariern
kennt man es bei Trichocephalus dispar (Eberth), Mermis nigrescens
(Meissner), unter den Meromyariern von Strongylus und Oxysoma,
unter den Polymyariern kenne ich es von jeder Gattung. Wenn ich es
mitunter vermisst habe, wie bei Pelodera und Leptodera, so muss man bedenken, dass die Fasern überaus zart sein können, und sich dadurch der
Beobachtung entziehen.

Gehen wir nun zu dem saamenbereitenden Theil des Schlauches,
den eigentlichen Hoden, über. Der zellige Belag seiner structurlosen Schicht
tritt in verschiedener Gestalt und Mächtigkeit auf. Das blinde Ende ist
immer in einer mehr oder weniger langen Strecke davon erfüllt und enthält auch stets einen Kern (Taf. XXIII, Fig. 2). Im weitern Verlaufe
kann der Belag äusserst gering sein, so dass man nur die structurlose
Haut zu sehen glaubt, so in den Gattungen Strongylus, Oxysoma, Leptodera und Pelodera, ohne dass man aber die Kerne je ganz vermissen
wird. Ja wieder gewisse Species dieser Gattungen zeigen die Kerne
in grosser Menge und deutlicher Ausbildung, so z. B. Leptodera rigida
(Taf. XXIII, Fig. 1). Bei Leptodera appendiculata (Taf. XXV, Fig. 1 [2]) ist
dieser Belag in einer ausserordentlichen Mächtigkeit entwickelt, und füllt

---

[1]) Eberth, zur Organisation von Heterakis vesicularis. Würzburger naturw. Zeitschrift Bd. I, Taf. III. Fig. 18.

[2]) Diese Figur stellt einen Eierstock vor, es sind aber diese Theile des Hodens und
Eierstocks ganz gleich.

nicht nur das blinde Ende, sondern auch einen Theil des Hodens bis über die Hälfte aus, nur in dem kurzen Theil, in welchem der Saame sich entwickelt (Taf. XXV, Fig. 2), liegt er in einer dünnen Schicht der Wand auf. Eine andere Form nimmt dieser Belag in den Gattungen Ascaris und Filaria an. Er bildet nämlich längere spindelförmige Streifen oder Bänder, welche in der Längsrichtung parallel neben einander stehen. Sie sind aus einer feinkörnigen Masse zusammengesetzt, in welcher bei Filaria papillosa sehr kleine aber deutliche Kerne eingebettet sind, während z. B. bei Ascaris Kerne nicht darin zu erkennen sind. Diese Längsbänder werden, wie man auf Querschnitten (Taf. XXII, Fig. 7) sieht, durch tiefe Furchen von einander getrennt.

In dem Hoden liegen nun die Keime und verschiedenen Entwickelungsstufen der Saamenkörper. Sie bilden entweder eine zusammenhängende Säule, welche von dem Wandbelag vollkommen getrennt ist, und dies ist bei allen Poly- und Meromyariern, so wie bei vielen Holomyariern, z. B. Mermis und Anguillula, der Fall, oder die Saamenkeime bilden sich, wie bei Trichocephalus, Trichosoma (Eberth) und Trichina (Claus und Pagenstecher) unmittelbar aus dem epithelartigen Belag des Hodenschlauchs. Im letzteren Fall verschwindet fast der Unterschied zwischen Belag und Saamenkeimen. Wir werden die Saamenkeime erst bei der Entwickelungsgeschichte besprechen, und dabei auf den Bau des Hodenschlauchs der genannten drei Gattungen zurückkommen.

Fassen wir den Unterschied zwischen dem Epithel des Vas deferens und dem des Hodens zusammen, so besteht er in Folgendem: in dem Epithelbelag sind die Zellen durch Wände vollkommen getrennt, im Hoden bilden die Zellen eine zusammenhängende Schicht wie in der subcutanen Schicht der Haut. Allein eine Aehnlichkeit findet dennoch statt, denn der Belag des Hodens kann sich auch in einzelne Theile, wie in den Längsbändern von Ascaris und Filaria, trennen, und es können an derselben Species (z. B. bei Leptodera appendiculata) die Kerne des Hodenbelags von gleicher Grösse sein und in gleichen Abständen stehen wie die Kerne der Epithelzellen.

Der Ductus ejaculatorius ist der kürzeste Theil (bei Filaria papillosa z. B. 3″″ lang), länger ist das Vas deferens, und der längste Theil ist der Hoden. Derselbe ist je nach seiner Länge einfach gestreckt, oder bildet eine oder auch sehr viele Umbiegungen und Windungen.

Die Anatomie der männlichen Geschlechtsorgane wird bei den ältern Autoren, selbst noch bei Cloquet, unrichtig dargestellt. Die erste genaue Darstellung hat Mehlis[1]) gegeben. Er beschrieb vollkommen richtig die Scheiden der Spicula, die Mündung derselben in die Rückseite und die des Ductus ejaculatorius in die Bauchseite des Mastdarms, die Retractoren der Scheiden von Trichocephalus und Strongylus. Mehlis braucht nur einige andere Ausdrücke, z. B. statt Mastdarm „After", sonst bin ich nur wenig von ihm abgewichen. Leider wurden diesen in jeder Beziehung ausgezeichneten Untersuchungen nicht immer die verdiente Anerkennung und Beachtung zu Theil. Man findet deshalb in den Lehrbüchern noch lange eine falsche oder ungenaue Darstellung. Retzius[2]), Lieberkühn[3]), Eberth[4]) haben darauf die Lage der einzelnen Theile des Begattungsapparates und ihre Verbindung bei verschiednen Species wieder richtig beschrieben. In Bezug auf den histologischen Bau der Begattungsorgane und des Hodens hat ausser den beiden letztgenannten Autoren auch Claparède[5]) viele Einzelheiten bekannt gemacht.

§. 2. Weibliche Geschlechtsorgane.

Das Weibchen ist mit keinerlei äussern Begattungsorganen ausgestattet. Man könnte höchstens als solche die Oeffnung — Vulva — bezeichnen, in welcher das Geschlechtsorgan nach aussen mündet. Dieselbe ist ein Spalt, der immer vor dem After liegt und die Bauchlinie quer durchsetzt. Ihre Lage ist nur für die Species eine bestimmte, innerhalb der Gattung kann dieselbe wechseln. In der Gattung Gordius, welche wahrscheinlich keinen After besitzt, liegt dieselbe nahe der Schwanzspitze, bei Pseudalius inflexus und mehreren Strongylusarten dicht vor dem After, und so kommt sie vor in allen Punkten der Bauchlinie bis dicht am Munde bei Filaria quadrispina (Taf. V, Fig. 9). Papillen besitzt

---

[1]) Isis 1831. 1stes Stück.
[2]) Wiegmann's Archiv 1848 S. 169 von Ascaris anura. Dazu eine Anmerkung von Creplin.
[3]) Müller's Archiv. 1855.
[4]) Siebold und Kölliker's Zeitschrift f. w. Z. Bd. X. S. 389 von Trichocephalus dispar, und Würzburger naturw. Zeitschrift Bd. I, S. 52 von Heterakis vesicularis.
[5]) De la formation et de la fécondation des oeufs chez les Vers Nematodes S. 19 ff.

die Umgebung der Vulva nicht, nur bei Leptodera membranosa glaube ich
daselbst jederseits eine Papille beobachtet zu haben. Die Hautschicht in
der Umgebung der Vulva ist bei manchen Species etwas verdickt und
aufgewulstet, z. B. bei Cucullanus elegans vor der Vulva, bei Strongylus
paradoxus, ventricosus, subventricosus und striatus in der ganzen Umgebung
derselben und bei Strongylus contortus bildet diese Verdickung sogar jederseits einen fingerförmigen Fortsatz. In den Gattungen Leptodera und Pelodera ragen die Ränder der Vulva lippenartig vor.

Der Schwanz des ♀ ist bei Gordius entweder durch eine Längs-
furche schwach zweigetheilt oder zerfällt wie bei Gordius gratianopolensis
in drei grosse Lappen, in allen übrigen Gattungen endet derselbe spitz
oder stumpf abgerundet. Seine Gestalt gleicht im Allgemeinen ganz derjenigen der geschlechtslosen Larven. Gewöhnlich ist die äusserste Schwanzspitze glatt, nur selten, so bei Ascaris rigida und Leptodera Angiostoma, ist
dieselbe mit vielen kleinen, und bei Filaria terebra mit einigen stärkern
Stacheln besetzt. Die auch bei den ♂ und Larven vorkommende Oeffnung
der Schwanzspitze, in welcher eine Drüse mündet, habe ich bei Beschreibung der Gattung Enoplus in der systematischen Abtheilung erörtert und
verweise darauf. Es wäre möglich, dass diese Drüsen noch weiter verbreitet sind, so hat es mir z. B. scheinen wollen, dass sie auch bei Filaria
papillosa und noch andern Filarien vorkommen. Weitere Untersuchungen
müssen darauf gerichtet sein. Die Entscheidung ist nicht leicht, da die
äusserste Schwanzspitze, so z. B. bei Ascaris megalocephala, mitunter ab-
bricht und die Wunde sich mit einem Secret bedeckt. Am Schwanze
kommt sehr allgemein jederseits eine Papille vor, welche ungefähr in der
Mitte zwischen dem After und der äussersten Schwanzspitze steht. Nur
bei Cucullanus elegans tritt sie ganz in die Schwanzspitze, so dass dieselbe mit drei kleinen Spitzen endet, die Entwickelungsgeschichte beweist
aber, dass zwei davon die gewöhnlichen Schwanzpapillen sind. Diese
Schwanzpapillen, welche auch den Larven zukommen, finden sich bei
allen Mero- und Polymyariern. Wo man sie vermisst, liegt es immer
nur an ihrer geringen Grösse, z. B. wenn sie nur eine sehr dünne Cuticularschicht zu durchsetzen haben. Unter den Holomyariern habe ich
sie nirgends gefunden. Ob man dies nur zufälligen Umständen zuschreiben muss, werden weitere Untersuchungen lehren. Der Schwanz kann
mitunter trichterförmig zurückgestülpt werden. Bei Strongylus invagi-

natus liegt die äusserste Schwanzspitze im Grunde dieses Trichters, welcher so tief ist, dass er den After und die Vulva einschliesst. Bei Hedruris androphora ist die Einstülpung kürzer, der Schwanzstachel nimmt nicht an der Zurückstülpung Theil, sondern ragt im Grunde des Trichters hervor. Wie hier die Einstülpung als Saugnapf dient, haben wir im systematischen Theil beschrieben.

Nur durch die Gestalt des Schwanzes unterscheidet sich die Gestalt des ♀ und ♂. Meist können die ♀ ♀ zu einer bedeutendern Grösse heranwachsen, wie man aus den Messungen im systematischen Theil genügend ersehen kann. Die Angaben über das Verhältniss der Zahl der ♀ und ♂ in jeder Species sind sehr trügerisch. Im Allgemeinen ist allerdings die Zahl der ♀ ♀ grösser, allein der Unterschied ist nicht so bedeutend, als mitunter scheint; da, wie wir bei Oxyuris curvula erörtert haben, die ♂ vielleicht eine geringere Lebensdauer besitzen. Nur bei Gordius überwiegt die Zahl der ♂ die der ♀, auch bei Oxyuris minuta habe ich eine überwiegende Zahl von ♂ ♂ gefunden.

Die innern weiblichen Geschlechtsorgane bestehen aus einem Schlauche, welcher an der Vulva ungetheilt beginnend entweder ungetheilt bleibt, oder sich in zwei, drei, vier, fünf Aeste spaltet. An ihrem innern Ende sind die Schläuche immer blind geschlossen. Man kann nach der Verschiedenheit des Baues vier Abtheilungen der Geschlechtsröhre unterscheiden, welche von der Mündung an so auf einander folgen: Vagina, Uterus, Tuba und Eierstock. Sie unterscheiden sich dadurch, dass die Wand der Vagina eine Fortsetzung der äussern Hautschicht, eine Cuticularbildung ist, die Wand des Uterus und der Tuba aber aus einer Schicht Epithelialzellen besteht. Vagina und Uterus sind äusserlich mit einer Muskelschicht belegt, die Tuba nicht. Die Wand des Eierstocks enthält nur einen Belag, in welchem Kerne zerstreut sind. Uterus, Tuba und Eierstock entsprechen ihrem Bau nach den drei Abtheilungen der männlichen Geschlechtsröhre, Ductus ejaculatorius, Vas deferens und Hoden. Eine der Vagina entsprechende Bildung fehlt dem ♂, ihre Stelle vertritt — könnte man sagen — der Mastdarm, doch hiesse dies den Vergleich zu weit ausdehnen. Wir wollen jetzt die einzelnen Abtheilungen der weiblichen Geschlechtsröhre näher betrachten.

Von dem Rande der Vulva entspringen im Innern häufig quere Muskeln, welche radienförmig ausstrahlend sich an den Rand des Seiten-

feldes setzen. Entweder sind es viele, wie bei Filaria papillosa, oder
es sind nur vier einzelne Bündel, die sich in der Mitte der Vulva unter
einem rechten Winkel kreuzen, so bei Pelodera und Leptodera (Taf. XXIII,
Fig. 4). Diese Muskeln, welche dazu dienen die Vulva zu erweitern,
fehlen mitunter, so bei Ascaris. Ueber ihre Verbreitung habe ich keine
eingehenden Untersuchungen gemacht.

Die Vagina besteht aus einer innern homogenen Schicht, welche
in der Vulva mit der äussern Hautschicht zusammenhängt, und einem
äussern feinkörnigen Belag mit eingestreuten Kernen, welcher als eine
Fortsetzung der subcutanen Schicht zu betrachten ist. Auf der subcutanen
Schicht liegt noch eine Muskelschicht. Dieselbe besteht entweder nur aus
Längsfasern, so bei Strongylus, welche dann der Vagina nicht aufliegen,
sondern sie in weitem Abstand umgeben und von der Vulva entspringend
sich unmittelbar an den Uterus setzen, die Vagina kann sogar innerhalb
dieser Muskeln verschiedene Windungen machen (Taf. XXIV, Fig. 3 und 5).
Oder die Muskelschicht besteht aus innern der Vagina eng anliegenden
Querfasern und darauf liegenden Längsfasern, so bei Ascaris (Taf. XXII,
Fig. 9 und 10), Filaria und Mermis [1]. Querfasern kommen der Vagina wohl
immer zu, sobald sie nur eine gewisse Länge besitzt, die Längsfasern
scheinen dagegen fehlen zu können. Bei Trichosomum, Trichocephalus
und vielen Strongylusarten kann die Vagina nach aussen hervorgestülpt
werden. Es ist dies bei Strongylus durch die Wirkung der Längsmuskeln
sehr erklärlich und lässt uns wiederum bei Trichosomum und Trichocephalus darauf schliessen, dass die Vagina ebenfalls Längsmuskeln besitzt.

Das Lumen der Vagina hat im Anfang genau die Gestalt der Vulva,
es ist z. B. bei Ascaris megalocephala, wo die Vulva einen Querspalt
darstellt, ebenfalls breit und eng, bei Mermis, wo die Vulva vier-
spaltig ist, hat das Lumen zuerst eine viereckige [2]) und dann eine runde
Gestalt. Die innere Fläche der Vagina ist entweder ganz glatt, so bei
Strongylus, oder sie ist nur anfangs glatt und bekommt später Höcker, so
bei Ascaris. An der Bildung dieser Höcker betheiligt sich entweder nur
die Cuticularschicht, z. B. bei Filaria obtusa (Taf. XXII, Fig. 11), oder es
sendet auch die körnige, subcutane Schicht einen Fortsatz in jeden Höcker

[1]) Meissner in v. Siebold und Kölliker's Zeitschrift f. w. Z. Bd. V, S. 256.
[2]) Meissner a. a. O.

(Taf. XXII, Fig. 10). Es bieten diese Höcker in ihrer vollkommensten Ausbildung äusserlich ganz das Bild der zottenförmigen Epithelien dar, mit welchen, wie wir sehen werden, der Uterus und die Tuba ausgekleidet sind. Ja bei ältern Individuen, z. B. von Ascaris megalocephala und lumbricoides, hält es schwer, beim Uebergang der Vagina in den Uterus die Gränze zwischen diesen beiden Bildungen festzustellen. An jüngern Individuen ist diese Gränze aber scharf bezeichnet und fällt ˙ schon von Aussen in das Auge (Taf. XXII, Fig. 8). Die Länge der Vagina ist sehr verschieden. Bei Ascaris megalocephala beträgt dieselbe 10 ″″″ und darüber, bei Oxyuris curvula (Taf. XXIV, Fig. 2) ist dieselbe nur auf das kleine, durch eine Einschnürung vom Uterus abgetrennte, Stück beschränkt. Bei Leptodera und Pelodera fehlt die Vagina scheinbar ganz, an ausgewachsenen geschlechtsreifen Exemplaren würde man sie ganz vermissen, allein während der Bildung der Geschlechtsorgane lässt sie sich als ein kurzer, in einen kleinen Hügel der subcutanen Schicht eingebetteter Ring erkennen, später entsprechen ihr nur die innern Flächen der die Vulva umgebenden Lippen. Aehnlich scheint es bei der Gattung Enoplus der Fall zu sein. Es versteht sich von selbst, dass in diesem Fall die Quermuskeln der Vagina entweder ganz fehlen oder doch nur schwer zu erkennen sein werden. Die Vagina kann ein Diverticulum bilden, welches als Receptaculum seminis fungirt. Bis jetzt ist ein solches nur einmal von Lieberkühn[1]) beobachtet worden, an einem merkwürdigen Nematoden aus dem Proventriculus der Ente. Ob dasselbe zur Vagina oder zum Uterus gehört, lässt sich noch nicht sicher angeben.

An die Vagina schliesst sich die zweite Abtheilung der Geschlechtsröhre, der Uterus, an. Die Verbindung der beiden Abtheilungen kann in verschiedner Weise geschehen. Entweder tritt die Vagina unter einem rechten Winkel in den Uterus, dies ist der Fall bei Leptodera, Pelodera, Strongylus (Taf. XXIV, Fig. 3 und 5), Cucullanus und Enoplus, oder das Uterusrohr bildet die unmittelbare Fortsetzung der Vagina. Der Uterus ist diejenige Abtheilung, in welcher die schon erwähnte Verzweigung der Geschlechtsröhre stattfindet. Die Bildungsweise der Aeste steht mit der Art des Eintritts der Vagina in einem nahen Zusammenhang. Tritt die Vagina senkrecht an den Uterus, so besteht die Verzweigung nur darin,

---

[1]) Müller's Archiv. 1865. S. 324 und Taf. XII, Fig. 4.

dass sich das Uterusrohr nach zwei entgegengesetzten Seiten fortsetzt; der Uterus verzweigt sich in Wahrheit nicht, sondern die Vagina mündet nur in der Mitte seines Rohres. Wenn aber der Uterus eine Fortsetzung der Vagina ist, so bildet derselbe zuerst einen unpaaren Stamm, welcher dann in zwei und mehr Aeste zerfällt oder einfach bleibt. Bleibt der Uterus einfach, so setzt sich derselbe auch nur in eine Tuba und einen Eierstock fort, wie bei Trichina, Trichocephalus, Trichosomum, Leptodera membranosa der Fall ist. Die Länge des Stammes ist bei den verschiednen Species eine verschiedne, bei Ascaris megalocephala z. B. ist sie nur gering, bei Ascaris mystax. Filaria papillosa ist sie sehr bedeutend. Auch die Lage der Aeste zum Stamm kann sehr verschieden sein. Mit- . unter laufen die Aeste parallel oder unter einem spitzen Winkel in der Richtung des Stammes weiter, also in der Gestalt eines Y, so bei Ascaris mystax (Taf. XXIV, Fig. 1), bei andern laufen sie in entgegengesetzter Richtung, in der Gestalt eines T, wieder bei andern entspringen die Aeste ebenfalls unter einem spitzen Winkel, aber sie laufen dem Stamm entgegengesetzt, der Stamm und die Aeste bilden eine Figur, ähnlich der Halbirung eines Winkels. Dieser letzte Fall findet sich bei Oxyuris obvelata und curvula (Taf. XXIV, Fig. 2). In diesen beiden Species endet der Stamm im Hinterende blind, und ein Stück vor dem blinden Ende entspringen die beiden Aeste, ja bei der letztgenannten Species entspringt sogar aus dem blinden Ende ein unpaarer kurzer Ast, der erst die Gabelung bildet. Nicht immer setzt sich jeder Uterusast in eine Tuba und einen Eierstock fort; der eine Ast kann auch blind geschlossen enden. Dieser letztere Fall tritt z. B. ein bei Cucullanus elegans, hier läuft der eine Ast des Uterus nach vorn, der andere nach hinten, der hintere endigt in der Schwanzhöhle blind geschlossen. Bei andern sind die beiden Aeste des Uterus sehr ungleich und der blinde Ast nur sehr kurz, so bei Pelodera oxophila und rigida (Taf. XXIII, Fig. 1). Die Theilung des Uterus in mehr als zwei Aeste ist äusserst selten[1]). Bei Filaria labiata kommt eine

---

[1]) Ich möchte die Aufmerksamkeit künftiger Beobachter darauf lenken, dass diese Vieltheilung des Uterus möglicherweise innerhalb der Species variirt. Ich habe nämlich allerdings angegeben, dass A. rubicunda und quadrangularis vier Aeste besitzen, allein nur auf die übereinstimmende Autorität von Retzius (Wiegmann's Archiv 1848 S. 171 übersetzt aus Kongl. Vetensk. Acad. Handlingar 1829) und Valenciennes (Dujardin H. nat. d. Helm. pag. 221), welche den Uterus von A. anura, einer den eben erwähnten

Fünftheilung vor, bei Physaloptera abbreviata, Ascaris rubicunda und quadrangularis eine Viertheilung.

Der Uterus besteht aus einer einzigen Lage von Zellen, welche nach aussen durch eine gemeinsame Membran verbunden sind. Die Gestalt und Verbindung dieser Zellen ist im Uterus und der Tuba wesentlich gleich, daher wir in dieser Beziehung die Beschreibung beider Abtheilungen verbinden können. In ihrer einfachsten Zusammensetzung, wie man sie bei Pelodera und Leptodera beobachten kann, bestehen dieselben aus zwei Reihen sechseckiger Zellen, die in gleicher Weise verbunden sind wie an dem Darm. Die Zellen jeder Reihe liegen mit einer Seite an einander, während die Zellen beider Reihen mit ihren Ecken in einander greifen (Taf. XXIII, Fig. 2). Eine verwickeltere Combination findet sich bei Strongylus, dort bilden die Zellen vier Längsreihen, so dass vier Zellen auf einem Querschnitt liegen (Taf. XXIV, Fig. 4). Die Art der Zusammenfügung kann man an den jungen Exemplaren von Strongylus armatus aus dem Aneurysma sehr gut beobachten, sie ist im Uterus wegen der ungleichen Grösse und Gestalt der Zellen complicirt, wovon die Abbildung (Taf. XXIV, Fig. 5) eine hinreichende Vorstellung geben wird, in der Tuba aber verbinden sich die vier Reihen gleicher Zellen in gleicher Weise wie die eben erwähnten zwei Reihen. Bei Strongylus galeatus und cernuus habe ich eine ähnliche Zusammenziehung beobachtet, sie wird wahrscheinlich durchweg in dieser Gattung vorkommen. In allen übrigen mir bekannten Fällen sind die Zellen auf einem Querschnitt sehr zahlreich und von polyedrischer oder rhombischer Gestalt. Es ist gewiss nicht zufällig, dass eine gewisse Aehnlichkeit in der Bildung des Darms und der Geschlechtsröhre stattfindet. Wo der Darm aus polyedrischen Zellen besteht, besteht auch die Geschlechtsröhre aus solchen, bei Leptodera und Pelodera, wo die Zellen des Darms sechseckig sind, sind es auch die der Geschlechtsröhre. Bei Strongylus lässt sich die Bildung des Darms aus zwei Reihen von Zellen an den Larven

---

sehr nahe stehenden Species, als viertheilig angeben. In meinen Notizen habe ich ihn immer als dreitheilig verzeichnet. Ich war geneigt, meine Angabe als einen Schreibfehler zu betrachten. Indess wäre es auch möglich, dass hier individuelle Verschiedenheiten stattfinden. Zwischen Filaria horrida und labiata habe ich keinen andern Unterschied finden können, als dass bei der ersten ein zweitheiliger, bei der andern Species ein fünftheiliger Uterus vorhanden ist. Sollten beide Species vielleicht doch identisch sein, und dieser Unterschied ebenfalls nur individuell?

noch deutlich erkennen, während sie später, wie wir beim Darm erörtert haben, in die polyedrische Zusammensetzung übergeht, und auch bei der Geschlechtsröhre finden wir diesen Fortschritt zu einer complicirtern Bildung. Beim Hoden habe ich diese Stellungen der Zellen nicht erwähnt, da es dort immer schwieriger ist die Gestalt derselben zu erkennen.

Die Zellen des Uterus und der Tuba bilden häufig in der Mitte einen kegelförmigen Vorsprung, so dass die Geschlechtsröhre ein zottiges Aussehen erlangt. Länge und Gestalt dieser Zotten kann in den verschiednen Abtheilungen der Geschlechtsröhre sehr verschieden sein. Bei Ascaris megalocephala und lumbricoides (Taf. XXII, Fig. 12—15) ist Uterus und Tuba durchweg zottig. Die Zotten werden gegen das Ende der Tuba schlank und fingerförmig, während sie im Uterus die Gestalt eines nach der Längsrichtung platt gedrückten Kegels besitzen. Durch diese eigenthümliche Gestalt der Zotten werden auf der Wand des Uterus viele Längsrinnen gebildet. Solche schmale, in der Länge stehende Erhebungen bilden auch die Zotten von Ascaris mystax. Sie unterscheiden sich dadurch von denen der Ascaris megalocephala, dass sich an der Bildung eines Längskammes mehrere Zellen betheiligen. Bei Filaria papillosa sind im Uterus ebenfalls solche von mehrern Zellen gebildete Kämme vorhanden, welche zuerst der Länge nach, dann beim Uebergang in die Tuba spiral verlaufen. In der Tuba ist das Epithel dunkel pigmentirt und niedrig. Bei Oxyuris curvula sind die Zellen des Uterus dünn und von rhombischer Gestalt, in der Tuba werden sie polyedrisch, dick und bilden cylindrische, nur durch schmale Zwischenräume getrennte Zotten (Taf. XXII, Fig. 16 und 17). Es kommen also alle Combinationen vor; das Epithel ist durchweg zottig, oder im Uterus zottig und in der Tuba glatt, oder im Uterus glatt und in der Tuba zottig.

Bei Ascaris megalocephala und lumbricoides ist die Spitze jeder Zotte zu einer kleinern Zotte verlängert. An jungen Exemplaren (Taf. XXII, Fig. 14) lässt sich besonders gut beobachten, dass diese kleinen Zotten zuerst als eine hügelförmige Erhebung entstehen, dann zu einer Kugel anschwellen, dass die Verbindung zwischen der Kugel und der Zelle sich zu einem Strang verlängert, der zuletzt fadenförmig dünn wird und endlich abreisst. Nimmt man an jungen, noch unbefruchteten Exemplaren das sulzige Secret, welches Uterus und Tuba erfüllt, heraus, so findet man

darin grosse Mengen jener abgerissenen Kugeln mit ihren Verbindungsfäden —
keulenförmigen Körpern — suspendirt. Die Zelle schliesst sich nach der
Ablösung wieder vollkommen. An den ältern Individuen scheint dieser
Process weniger lebhaft vor sich zu gehen, auch findet man die abgelösten
Kugeln in dem Uterusinhalt unter der Masse von Eiern und Zoospermien
nur schwer, dafür sind aber die Kugeln und ihr Verbindungsstrang von
einer auffallenden Grösse. Da die Ablösungsstelle eine breitere Fläche
darbietet, so ist · dieselbe leicht zu erkennen, die sie bedeckende dünne
und faltige Membran unterscheidet sich deutlich von der glatten und dickern
Membran des übrigen Theils der Zotte. Es lässt sich wohl annehmen,
dass die abgelösten Theile der Zellen sich auflösen und einen Theil des
die Geschlechtsröhre ausfüllenden Secretes bilden [1]). Neben den keulenförmigen Körpern finden sich noch Körper von einer andern Gestalt vor,
sie bestehen aus mehreren hyalinen Klümpchen, welche um einen Mittelpunkt
gruppirt sind (Taf. XXII, Fig. 14). Ihre Abstammung liess sich nicht er-.
mitteln, sollte es vielleicht hervorgequollener Zellinhalt sein?

Der Uterus ist, wie wir bereits erwähnt, mit einer Muskellage
bedeckt. In den Gattungen Leptodera und Pelodera scheint dieselbe zu
fehlen, allein es ist mir wahrscheinlicher, dass sie nur wegen der
grossen Zartheit der Fasern übersehen wird. Im Allgemeinen verlaufen
die Fasern quer, seltner in der Längsrichtung, durch häufige Anastomosen sind sie zu einem Netze verbunden. Nur bei der Gattung
Strongylus ist der Verlauf ein anderer ¦und zwar sehr eigenthümlicher.
Die Fasern verlaufen spiral, sie sind aber in zwei Schichten angeordnet, die sich dadurch unterscheiden, dass die Fasern der einen Schicht
im entgegengesetzten Sinne der andern gewunden sind. Ist die Contraction stark, so wird die Richtung mehr senkrecht zur Längsdimension
des Rohres, und die beiden Schichten unterscheiden sich nicht mehr von
einander. Die Fasern des Uterus hängen mit denen der Vagina zusammen,
und wie man aus den Abbildungen (Taf. XXIV, Fig. 4 und 5) ersieht, sind

---

[1]) Dass die Flüssigkeit der Geschlechtsröhre von dem Platzen der Epithelialzellen
herrührt, hat auch Meissner (v. Siebold und Kölliker Zeitschrift f. w. Z. V S. 267
und VI, S. 229, 230 und 232) für Mermis albicans und Ascaris mystax und megalocephala
angegeben, auch bei A. megalocephala die Bildung und Ablösung der keulen- oder kol-
benförmigen Anschwellung beschrieben. Dass dieses Secret aber nicht, wie Meissner
annimmt, zur Bildung des Chorion beiträgt, werde ich später auseinandersetzen.

sie als eine fächerförmige Ausbreitung der letztern zu betrachten. Bei Strongylus auricularis fallen diese spiralen Fasern leicht ins Auge[1]).

Es bleibt uns nun noch übrig die Textur dieses Muskelgewebes der Vagina und des Uterus zu untersuchen. Bei Strongylus wird dasselbe an der Vagina von getrennten, aber durch vielfache Anastomosen verbundenen, dicken Fasern gebildet, welche aus vielen Fibrillen bestehen. An dem Uterus liegen aber die Fibrillen in einer gemeinsamen hellen homogenen Schicht, in welcher vielfache Kerne zerstreut sind. Bei Ascaris kann man die Entwickelung dieses Gewebes wenigstens zum Theil verfolgen. Wenn man die Larven untersucht, welche vielfach in der Bauchhöhle der Seefische vorkommen, so findet man die Geschlechtsröhre mit vielen verlängerten und verästelten kernhaltigen Zellen bedeckt. Sie hängen durch Ausläufer mit einander zusammen, sind aber sonst durch weite Zwischenräume von einander getrennt, liegen auch nicht fest und eng der Wand der Geschlechtsröhre an. Bei Ascaris megalocephala habe ich dieses frühste Stadium nicht gesehen, allein an den schon geschlechtsreifen, aber nur 60 — 70^{mm} langen Individuen findet man ein weiteres Stadium. Die Zellen sind schon deutlich zu Muskelzellen herangewachsen, sie enthalten Kerne und viele Fibrillen. Das Netzwerk, welches sie bilden, umspinnt aber die Geschlechtsröhre ebenfalls locker. In erwachsenen Exemplaren endlich liegt das Muskelnetz eng an. Nun unterscheiden sich die Vagina und der Uterus. An der Vagina liegen die Fasern frei, am Uterus aber sind sie in einer homogenen Grundsubstanz eingebettet, welche mit der structurlosen Aussenwand des Uterus verschmolzen ist (Taf. XXII, Fig. 13 u. 15). Die Decke, welche nach Aussen über den Fasern liegt, ist bei Ascaris dünn, aber deutlich zu erkennen, bei Filaria papillosa jedoch ziemlich dick, und man würde sagen, dass die homogene Aussenwand des Uterus von Röhren durchzogen ist, in welchen Fibrillen liegen. Man kann die Entstehung dieser homogenen Zwischensubstanz nicht verfolgen. Das Wahrscheinlichste ist aber, dass die Geschlechtsröhre bei ihrer allmähligen Erweiterung durch Wachsthum endlich an das Muskelnetz herantritt und indem die Wand wuchert, das Muskelnetz in seine Substanz aufnimmt. Merkwürdig ist, dass das Muskelnetz des Ductus ejaculatorius auch beim Er-

---

[1]) Man vergleiche die allerdings ungenügende Abbildung Dujardin's Hist. nat. d. Helm. Pl. 4 A 10.

wachsenen noch das frühere Stadium darstellt, denn, wie schon erwähnt,
umgiebt es die Wand nur locker.

Ob die Zellen der Tuba an sich contractil sind, ist eine Frage,
welche man sich aufwerfen muss. In den Gattungen Leptodera und Pelodera sieht man nämlich gewisse Stücke der Geschlechtsröhre, welche ich
glaube zur Tuba rechnen zu müssen, in deutlichen peristaltischen Bewegungen, auch mit Knötchen bedeckt, welche von Contractionen herzurühren scheinen (Taf. XXIII, Fig. 1 und Taf. XXV, Fig. 3). Ich würde die
Frage entschieden bejahen, wenn es mir gelungen wäre, in diesen Gattungen Muskelfasern des Uterus zu sehen, man würde dann auch sagen können, wo sie aufhören, so aber bleibt immer der Einwand möglich, dass
auch an diesen sich contrahirenden Stellen Muskelfasern liegen, und die
Tuba erst später beginnt.

Der Bau des Eierstocks gleicht ganz dem des Hodens, und ich muss
auf das verweisen, was ich über den Bau des letztern gesagt habe. Nur das
will ich erwähnen, dass bei Ascaris megalocephala, lumbricoides und mystax
im ersten Stück des Eierstocks die Wand immer in Querfalten gerunzelt ist,
ohne dass Längs- oder Quermuskeln vorhanden wären. Die Länge des Eierstocks ist eine sehr verschiedne, während sie in der Gattung Pelodera und
beim grössten Theil von Leptodera etwa so gross ist, wie die Tuba und der
Uterus zusammen, ist sie bei Ascaris um ein Vielfaches länger, bei Filaria
papillosa wieder viel kleiner und beträgt 40 ᵐᵐ. Die Ausbreitung und Lagerung der Geschlechtsröhre hat sich in keine bemerkenswerthe allgemeine Regeln zusammenfassen lassen. Sie kann z. B. unter den Species derselben Gattung verschieden sein. Die Hauptmodificationen, welche
vorkommen, sind etwa folgende: die Vulva liegt vor der Mitte und die
Masse der Geschlechtsröhren erstreckt sich nach hinten, die Vulva liegt
hinter der Mitte und die Geschlechtsröhren erstrecken sich nach vorn, und
die Vulva liegt in der Nähe der Mitte und die Geschlechtsröhren erstrecken
sich symmetrisch nach vorn und hinten. Wenn die Vagina sich senkrecht
mit dem Uterus verbindet, so kommt der Fall, dass sich die Geschlechtsröhre symmetrisch nach hinten und vorn erstreckt, am häufigsten vor;
allein es tritt auch der andere Fall ein, dass die Geschlechtsröhren sich parallel nach vorn erstrecken, indem der Uterus nur in der kurzen Strecke,
in welcher die Vagina einmündet, senkrecht zu derselben liegt, dann aber
sich umbiegt. So gehen z. B. bei Strongylus auricularis die weiblichen Ge-

schlechtsröhren symmetrisch nach vorn und hinten, bei Strongylus armatus parallel von hinten nach vorn.

Die vier Abtheilungen der Geschlechtsröhre sind mitunter durch Einschnürungen auch äusserlich von einander getrennt, mitunter auch nicht. Es können aber auch an andern Stellen partielle Einschnürungen vorkommen, ich habe deshalb auf die Beobachtung derselben keinen so grossen Werth gelegt. Jedenfalls ist die Unterscheidung der verschiednen Abtheilungen nach ihrem Bau sicherer als nach diesen und jenen Einschnürungen. Sie hat sich nur in den Gattungen Leptodera und Pelodera nicht anwenden lassen, und auch hier werden spätere Untersuchungen noch die nothwendige Sicherheit bringen.

Da die weiblichen Geschlechtsorgane der grösseren Species sich leicht präpariren lassen, so kannte man die Anatomie derselben, soweit sie dem unbewaffneten Auge zugänglich sind, schon seit Tyson und Redi. Nur über die letzten Enden der Eierstöcke blieb man im Zweifel, da man in dem Gewirr der vielen Schlingen, die auch bei sorgfältiger Präparation leicht reissen, gerade bei den grossen Species nie bestimmt wissen kann, ob man das letzte Ende gefunden hat. Redi liess die letzten Enden beider Ovarien mit einander communiciren, Werner liess sie in drei bis vier Zweige zerfallen, und selbst Cloquet[1]) glaubte noch, dass die letzten Enden der Eierstöcke wie des Hodens mit der Leibeswand verwachsen wären. Erst seit der Anwendung der verbesserten Mikroskope konnte über das wahre Verhalten kein Zweifel mehr sein. Siebold[2]) unterschied vier Abtheilungen der weiblichen Geschlechtsröhre: Scheide, Uterus, Tuba Fallopii und Ovarium. Meissner[3]) im Ganzen sechs: Scheide, Uterus, Tuba, Eiweissschlauch, Dotterstock und Eierkeimstock. Die von mir angenommenen Abtheilungen stimmen der Zahl, Reihenfolge und Benennung nach mit den von v. Siebold angenommenen überein. Indess darf man sie nicht für identisch halten, da v. Siebold für seine Abtheilungen keine anatomischen Merkmale angegeben hat. Angaben über die Structur der Geschlechtsröhre fehlen bei ihm überhaupt, sie finden sich zuerst bei Meissner in seinen schon oft citirten Abhandlungen.

---

[1]) Anatomie des Vers Int. S. 49.

[2]) Vergleichende Anatomie S. 150.

[3]) Zunächst bei Mermis albicans, v. Siebold und Kölliker Zeitschrift f. w. Z. V, S. 251; später auch für andere Nematoden, Zeitschrift f. w. Z. VI, S. 208 u. ff.

Meissner's Eintheilung der weiblichen Geschlechtsröhre beruht hauptsächlich auf seinen Ansichten über die Beziehung derselben zur Entwicklung der verschiedenen Theile des Eies. Da ich, wie man aus der folgenden Abtheilung ersehen wird, den Wänden des Uterus eine mehr passive Rolle für die Bildung des Eies zuschreibe, so konnte ich auch seine Eintheilung nicht annehmen. Die zottigen Epithelien der Tuba haben zu einer Controverse Veranlassung gegeben, indem Bischoff[1]) behauptete, dass die sich ablösenden Spitzen derselben von Nelson als Spermatozoen beschrieben wären. Allerdings lösen sich, wie wir gesehen haben, die Spitzen ab, sie lassen sich aber nicht mit den Spermatozoen verwechseln. Wir werden in der folgenden Abtheilung auf diesen Gegenstand noch weiter eingehen. Die verschiednen Schriftsteller, welche über die Organisation der Eierstöcke geschrieben haben, sind ganz dieselben, welche wir bereits beim Hoden citirt haben. Ihre Beobachtungen haben wir, soweit sie von Wichtigkeit sind, bereits in unsrer eignen Darstellung erwähnt. Das Neue, was wir über den Bau der weiblichen Geschlechtsorgane beibringen konnten, verdanken wir hauptsächlich der Entwicklungsgeschichte, welche den früheren Schriftstellern noch nicht bekannt war.

---

[1]) Widerlegung des von Dr. Keber bei den Najaden und von Dr. Nelson bei Ascaris behaupteten Eindringens der Spermatozoen in das Ei. Giessen 1854.

DRITTE ABTHEILUNG.

ENTWICKLUNGSGESCHICHTE.

Cap. I. Entwicklungsgeschichte der Geschlechtsorgane.
Bildung von Ei und Saamen.

Will man die Entstehung von Ei und Saamen verfolgen, so muss man auf die Entwicklung des Eierstocks und Hodens zurückgehen; denn mit der Bildung der Geschlechtsorgane findet gleichzeitig die Bildung ihrer Producte statt. Die Beobachtung dieser Vorgänge habe ich nur bei Pelodera und Leptodera anstellen können. Obgleich die Species dieser Gattungen, namentlich als Larven, sehr klein sind, so wird dieser Nachtheil doch dadurch aufgewogen, dass man eine unbeschränkte Zahl von Individuen zur Verfügung hat. Um die ersten Stadien zu finden, braucht man nur die Thiere in der Nähe der Mitte zu durchschneiden, worauf der Darm und das Geschlechtsorgan allmählig heraustritt. Mit der Nadel lässt sich das Präparat wenig verbessern, da das Geschlechtsorgan, wegen seiner klebrigen Beschaffenheit, meist daran hängen bleibt. Als Flüssigkeit ist Wasser, Eiweiss und Speichel, die dazu meist empfohlen werden, nicht zu gebrauchen, das Object geht darin sofort durch Vacuolen zu Grunde. Ausgezeichnet ist dagegen sehr diluirte Essigsäure, einige Tropfen in ein Trinkglas voll Brunnenwasser; die Geschlechtsorgane bleiben darin unverändert.

Die erste Anlage beider Geschlechtsorgane ist eine einfache Zelle, man kann dieselbe bei Embryonen und mitunter noch in der ersten Zeit des Larvenstadiums finden. Schon während des Embryostadiums beginnt diese Zelle unter Vermehrung der Kerne zu wachsen. Man kann die Entstehung von zwei, vier und mehr Kernen darin verfolgen. Das Ganze stellt eine wurstförmige Zelle mit mehrern Kernen dar (Taf. XXV, Fig. 4). Wie die Kerne

entstehen, ist mir vollkommen verborgen geblieben, dass Veränderungen
damit vorgehen, lässt sich aus gewissen Unterschieden in ihrer Grösse
und in dem Aussehen ihrer Membranen schliessen, allein ich vermag sie
nicht in Zusammenhang mit ihrer Vermehrung zu bringen. Einen Theilungsprocess konnte ich nie bemerken. Sollte der Vorgang ähnlich sein
wie bei der Furchung, nämlich so, dass der Kern unsichtbar wird und
dann plötzlich zwei Kerne auftreten, so wäre es erklärlich warum er sich
der Beobachtung entzieht. Sobald diese Zelle zu einer gewissen Grösse
gelangt, tritt eine Differenzirung ein. Von derselben hängt zunächst die
Bildungsweise der Geschlechtsproducte ab. Und zwar können wir zwei
Bildungsweisen unterscheiden, indem die Geschlechtsproducte sich entweder
von einer Rhachis ablösen, oder von dem Stroma. Die letzte Bildungsweise findet sich bei Trichocephalus, Trichosomum und Trichina, die erste
in allen übrigen mir bekannten Gattungen. Ausserdem tritt mit dieser Differenzirung auch der Geschlechtsunterschied auf. Wir wollen zunächst die
erste der eben erwähnten Bildungsweisen betrachten.

Es scheidet sich die vielkernige Zelle in zwei Lagen, eine äussere „Stroma", und eine innere, die man kurzweg als „Keimsäule"
bezeichnen kann. Dieser Process lässt sich in seinen einzelnen Stadien nicht verfolgen; sobald die Differenzirung eingetreten, ist die Anlage des weiblichen Geschlechtsschlauchs in folgender Weise beschaffen.
Sie stellt (Taf. XXV, Fig. 6) immer noch ein wurstförmiges Körperchen
dar, welches in der Mitte etwas verdickt ist, und zeigt hier deutlich
eine äussere kernhaltige Lage von Stroma, durch welche ein Strang, die
Keimsäule, hindurchzieht. Nach den beiden Enden zu wird die Differenzirung undeutlich und die Keimsäule liegt der äussern Membran an. Nur
in den beiden Spitzen hat sich wieder eine Portion Zellinhalt nebst einem
Kern, die Terminalzelle, von der Keimsäule abgesondert, und liegt der
Membran an. Aus dem Stroma des dickern Theiles werden die Epithelialzellen des Uterus und der Tuba gebildet. Wie wir früher gesehen haben,
ist ja auch beim fertigen Eierstock der zellige Belag, das Stroma, gegen
das blinde Ende dünn und zeigt nur bei wenigen Species deutliche Kerne.
Es gleicht also die Anlage jetzt im Wesentlichen der fertigen Geschlechtsröhre. Bei der männlichen Geschlechtsröhre (Taf. XXV, Fig. 5) tritt das
Stroma deutlich nur am hintern Ende auf, als Anlage des Ductus deferens,
im Uebrigen ist die Keimsäule und die Terminalzelle wie beim ♀.

Eine exceptionelle Stellung nimmt Leptodera appendiculata ein. Die Bildung der Geschlechtsröhre habe ich an dieser Species zwar nicht näher verfolgt, sie geht aber ebenfalls von einer Zelle aus. Sobald nun die Differenzirung eingetreten ist, entwickelt sich das Stroma in einer solchen Mächtigkeit, dass dagegen die Keimsäule fast zurücktritt. Nicht blos ist das Stroma am Uterus sehr dick, es füllt auch die Enden der Anlage ganz aus bis fast ein Viertel der Länge. Aber immer noch findet sich in den beiden blinden Enden ein kleinerer Kern, welcher in Verbindung mit etwas Zellsubstanz der Membran innig anliegt. Die Kerne des Stroma sind von ganz ungewöhnlicher Grösse mit grossen Kernkörpern. Die Kerne der Keimsäule sind zahlreich aber sehr klein und die Zellsubstanz dazwischen gering, so dass man glauben könnte, nackte Kerne vor sich zu haben. Das Stroma ist nicht durch Zellscheidewände getheilt, allein, so lange die Anlage im Innern des Thieres liegt, ist sie gewöhnlich in den Linien, welche der zu jedem Kern gehörigen Zellmasse entsprechen würden, tief contrahirt; ausserhalb des Thieres verschwinden diese Contractionen nach einiger Zeit gänzlich. In den früheren Stadien hat der Schlauch in seiner ganzen Länge einen gleichen Durchmesser, später, wie dies in unserer Figur (Taf. XXV, Fig. 1) abgebildet, verdickt sich das Stroma in der Mitte, und zeigt durch seine Umrisse die Gestalt des künftigen Uterus an. Während nun die blinden Enden beim ♀ ganz gleich gebildet sind, reicht beim ♂ einmal die Keimsäule weiter nach hinten, auch ist das hintere Ende dünn, während das vordere Ende nach Gestalt und Bau ganz dem des ♀ gleicht. Die Keimsäule ist nun in dem grössten Theil ihrer Länge deutlich von dem Stroma abgegränzt, allein beim ♀ an den beiden äussern Enden, beim ♂ im hintern Ende, geht dieselbe allmählig in das Stroma über. Es treten nämlich in dem Stroma allmählig immer kleinere Kerne auf, die sich zuletzt von denen der Säule nicht mehr unterscheiden lassen (Taf. XXV, Fig. 1) [1].

Sobald die weibliche Geschlechtsröhre bis zu diesem Punkte der Ausbildung gekommen ist, findet auch die Bildung der Vagina statt. Ueber

---

[1] Diese Beobachtung ist insofern wichtig, als sie zeigt, dass wahrscheinlich auch bei den übrigen Species ein Zusammenhang zwischen Keimsäule und Stroma fortdauern wird. Es scheint auch, dass die Terminalzelle mit der Keimsäule, wenn auch nur durch dünnere Stränge, in Verbindung steht.

der Vulva erhebt sich ein Hügel aus kernhaltigem Blastem, in welchem eine
Höhlung entsteht, die mit einer Fortsetzung der Cuticularschicht ausgekleidet
ist (Taf. XXV, Fig. 7). Diese Höhlung oder Einstülpung der äussern Haut
wird zur Vagina. Ob dieselbe zuerst nach innen geschlossen ist, oder ob
sie sogleich eine Oeffnung hat, die dann wahrscheinlich von der Geschlechtsröhre bedeckt wird, kann ich nicht entscheiden. Dass dieser Vorgang
gleichzeitig mit der Bildung einer neuen allgemeinen Körperhaut stattfindet,
und dass jetzt die Vulva noch von der Larvenhaut bedeckt ist, werden
wir später noch besprechen. Ueber die Entstehung der Muskelschicht haben
wir das Wesentlichste schon in dem anatomischen Theil erwähnt. Woher
die Zellen, aus welchen sie hervorgeht, stammen, lässt sich mit Sicherheit
nicht angeben, keinenfalls entstehen sie aus der Anlage der Geschlechtsröhre selbst, sondern wahrscheinlich aus der Bauchlinie.

Kehren wir jetzt zu der Säule der Eikeime zurück. Die Säule
läuft, wie wir gesehen haben, bis jetzt noch aus der einen Hälfte des
Eierstocks in die andere. Im weitern Verlauf der Entwicklung wird dieser
Zusammenhang unterbrochen, der Uterus füllt sich mit Flüssigkeit und die
Tuben sind contrahirt. Es lässt sich schwer verfolgen, wie die Unterbrechung entsteht, wahrscheinlich durch Resorption des mittleren Theiles.
Man könnte sich noch die Möglichkeit denken, dass die Säule in der
Mitte zerreisst, die beiden Stücke sich contrahiren und in den Eierstock
zurückziehen, allein bei Leptodera appendiculata bleibt nach Ablauf dieses
Processes von den kleinen Kernen nur ein so geringer Theil übrig, dass
man nothwendig eine Resorption des übrigen annehmen muss. Beim ♂,
sowie natürlich dann, wenn der Eierstock nur einfach vorhanden ist,
braucht eine solche Theilung nicht stattzufinden. Allein es hat mir
nach Beobachtungen bei Leptodera appendiculata scheinen wollen, dass
auch beim ♂ der den Ductus deferens ausfüllende Theil der Säule re-
sorbirt wird.

Wir müssen jetzt auf den Bau der Keimsäule näher eingehen. Ursprünglich besteht sie aus einem fast hyalinen Zelleninhalt, in welchem Kerne
eingebettet sind (Taf. XXIV, Fig. 5 b). Allein bald nach der Differenzirung beginnt die Zellsubstanz zu den Kernen in eine nähere Beziehung zu treten, um
jeden Kern schnürt sich ein gleicher Theil der Zellsubstanz ein und contrahirt sich in der Gestalt einer Kugel, deren Centrum den Kern bildet. Diese
Einschnürung dringt nicht bis in die Axe der Säule, sondern dieselbe

bleibt ungetheilt nnd an ihr sitzen [die Kugeln wie die Beeren an einer Traube. Diese Axe nennt man Rhachis. Nicht in der ganzen Länge der Säule tritt die Rhachis auf. Nahe an den blinden Enden bleibt ein Stück der Keimsäule ungetheilt in dem embryonalen Zustande. Indess kann mitunter, und dies lässt sich bei Pelodera und Leptodera vielfach beobachten, die Rhachisbildung bis in das letzte blinde Ende fortschreiten. Ob vor der Bildung der Rhachis die neuen Kerne in der ganzen Länge der Keimsäule auftreten oder nur an den Enden, lässt sich nicht sagen, da man überhaupt diesen Vorgang nicht kennt; nach der Bildung derselben bleibt die Neubildung der Kerne nur auf das hintere ungetheilte Ende der Keimsäule beschränkt. Wenn man das hintere Ende ungetheilt findet, so darf man dies vielleicht als ein Zeichen der Neubildung von Kernen betrachten, während der Eintritt der Rhachisbildung ein Zeichen des Stillstandes ist. Sicher tritt bei alten Individuen, deren Geschlechtsleben aufhört, die Rhachis immer bis an das letzte Ende auf. Im Moment des Eintritts der Geschlechtsreife hört die Neubildung von Kernen überhaupt entweder ganz auf oder beschränkt sich auf ein Minimum. Bei den kleinen und durchsichtigen Species von Leptodera und Pelodera, deren Leben sich so genau verfolgen lässt, kann man behaupten, dass die Keime, welche beim Eintritt der Geschlechtsreife vorhanden sind, vollständig hinreichen, um alle entstehenden Eier und Saamenkörper zu liefern. Indess will ich nicht die Möglichkeit leugnen, dass sich auch während des Geschlechtslebens einzelne neue Kerne bilden, die überwiegende Menge entsteht aber sicher vorher.

Die Rhachis selbst hat in den verschiednen Gattungen und Species eine äusserst verschiedne Gestalt. Nicht immer ist sie an der unverletzten Geschlechtsröhre zu erkennen. Nur wenn die Keime durchsichtig und die Rhachis von dunklern Körnchen erfüllt ist, fällt sie leicht ins Auge. Dies ist z. B. bei Strongylus armatus der Fall (Taf. XXIV. Fig. 5). Bei andern erkennt man sie nicht leicht im unverletzten Eierstock, wohl aber wenn man denselben sprengt, so z. B. bei Cucullanus elegans [1]). Meist erkennt man sie überhaupt nicht direct, man kann sie nur daraus schliessen, dass die Keime beim Verletzen der Röhre als eine zusammenhängende Säule

---

[1]) Vergl. Claparède de la formation etc. Tab. IV, Fig. 1—5. Da schon zahlreiche und gute Abbildungen verschiedner Rhachisformen existiren, so habe ich selbst nur wenige Figuren gegeben und verweise auf die Arbeiten von Meissner, Claparède und Munk.

ausfliessen, und dass, wenn sie sich von derselben ablösen, die Trennungs-
stelle immer sichtbar wird. Diese verschiednen Bilder, welche die Rhachis
darbietet, rühren von dem sehr verschiednen Grade ihrer Ausbildung her. Bei
Cucullanus ist die Einschnürung wohl am tiefsten, die Rhachis sowie die Stiele
der Keime sind fadendünn, schon etwas stärker sind dieselben bei Strongylus
armatus. Dick ist die Rhachis und breit sind die Stiele bei Ascaris. Nicht
immer sitzen die Keime unmittelbar an der Rhachis, sondern die Stiele verzweigen sich erst vielfach, z. B. bei Filaria papillosa (Taf. XXIV, Fig. 7). Sind
die Stiele unverzweigt, so bilden die Keime eine einzige Schicht um die
Rhachis, sind sie aber verzweigt, so liegen sie in mehrern Schichten über-
einander. Eine sehr merkwürdige Gestalt hat die Rhachis bei Leptodera
appendiculata (Taf. XXV, Fig. 1), die wir hier ausführlicher schildern müssen.
So lange die Keimsäule noch ungetheilt den Uterus durchzieht (Taf. XXV,
Fig. 1), besteht sie aus einer Menge sehr kleiner Kerne, welche so dicht
liegen, dass die Zellsubstanz dagegen verschwindet. Auf ihrer Fläche ist
die Säule den Kernen entsprechend eingeschnürt, so dass eine Rhachis zu
Stande kommt, welche auch in ihrem Innern viele Kerne enthält, ja es
scheint, dass auch im Innern der Zellinhalt den Kernen entsprechend abgegränzt ist; dieser Punkt lässt sich wegen der geringen Dimensionen nur
schwer verfolgen. Sobald nun die Resorption des mittlern Theils der
Keimsäule erfolgt ist, wächst in dem übrigbleibenden Theil die Zellsubstanz
bedeutend, während die Kerne auf ihrer frühern Grösse bleiben. Jetzt
bilden sich von der Aussenfläche polyedrische Einschnürungen, welche die
Eier, jedes mit einem der kleinen Kerne als Keimbläschen, gleich in ihrer
definitiven Grösse abgränzen. Aber die Einschnürungen dringen nicht bis
in das Innere, dort hängen die Eier mit breiten Flächen zusammen; (Taf.
XXV, Fig. 3). Es bietet somit die Rhachis alle Gestalten von einer Traube,
wie bei Filaria papillosa, bis zu einer Brombeere oder einem Pinienapfel
bei Leptodera appendiculata, dar.

Die Rhachisbildung tritt zuerst in der ganzen Länge der Keimsäule
— mit Ausnahme des im blinden Ende liegenden Stücks — gleichmässig auf,
dann aber werden die einzelnen Abschnitte ungleich, und zwar ist das dem
Uterus resp. Vas deferens nächste Stück am weitesten in der Entwicklung,
und von da ab bietet die Keimsäule alle Uebergänge in der Grösse und Ausbildung der Keime bis zum embryonalen Stadium dar. Die Oberfläche der Keimsäule ist im vordern Theil immer fest und glatt, ja sogar oft mit einer Membran

versehen, die sich aber nie abheben lässt, sondern innig mit dem Inhalt zusammenhängt, so z. B. bei Filaria papillosa. Bei andern, wie Pelodera, ist die Oberfläche nicht mit einer doppeltconturirten Membran bedeckt, aber doch fest, und man kann diese feste Begränzung bis an das blinde Ende verfolgen. Bei Filaria und Ascaris aber ist der die Keimsäule am blinden Ende erst in einem Uebergang zur festen Abgränzung der einzelnen Stücke begriffen. Lässt man dort den Inhalt der Geschlechtsröhre ausfliessen, so theilt sich derselbe in einzelne, je einen Kern enthaltende Klümpchen, die aber noch wenig scharf begränzt sind.

Wir haben bis jetzt die Rhachis der beiden Geschlechter als vollkommen gleich betrachtet. Bis zum Eintritt der Geschlechtsreife ist bei vielen Gattungen kein Unterschied vorhanden, bei andern beschränkt sich derselbe darauf, dass bei den ♂ die Keime etwas kleiner sind. Allein es kommen auch Fälle vor, dass beim ♂ die Rhachis complicirter ist. So plattet sich nach Eberth[1]) bei Strongylus striatus und commutatus die Keimsäule zuerst ab, rollt sich rinnenförmig zusammen und spaltet sich dann in der Mitte der Rinne in zwei getrennte Rhachiden. Bei Strongylus armatus, wo ich zwar keine eingehenden Untersuchungen über diesen Punkt ausgeführt habe, scheint die rinnenförmige Gestalt der Keimsäule ebenfalls aufzutreten. Bei Ascaris megalocephala und mystax bilden sich, wie Munk[2]) zuerst beobachtet hat und ich bestätigen kann, sogar mehrere Rhachiden, die wieder unter sich zusammenhängen und so in einer netzförmigen Verbindung stehen.

Nachdem wir den Bildungsmodus der Nematoden mit Rhachis bis hierher verfolgt, wollen wir den zweiten Modus, welcher sich bei Trichocephalus, Trichosomum und Trichina findet, betrachten. Es ist Eberth[3]), welcher zuerst auf denselben aufmerksam gemacht hat. Dort ist gegen das blinde Ende der Eierstock und Hoden einseitig in seiner ganzen

[1]) v. Siebold und Kölliker Zeitschrift f. w. Z. Bd. XI, S. 394 und Taf. XXXII.
[2]) v. Siebold und Kölliker Zeitschrift f. w. Z. Bd. IX, S. 230.
[3]) v. Siebold und Kölliker Zeitschrift f. w. Z. Bd. X, S. 383 und Taf. XXXI.
Meine Darstellung weicht im Wesentlichen nicht von der Eberth's ab. Ich habe nur versucht die Thatsachen in ihren genetischen Zusammenhang zu bringen. Leider standen mir nur wenig frische Exemplare von Trichocephalus zu Gebote, so dass ich diesen Gegenstand nicht nach Wunsch untersuchen konnte. Eine erneute Prüfung wäre wünschenswerth.

Länge mit einer kernhaltigen Masse bedeckt, und die Keime wachsen als kernhaltige Verdickungen aus derselben hervor, welche zuletzt durch Stiele mit ihrem Boden in Verbindung stehen. Aus dieser Bildungsweise lässt sich auf den Vorgang der Differenzirung, wenn er auch noch nicht direct beobachtet worden ist, wohl ein Schluss machen. Die Differenzirung der Keimsäule von dem Stroma wird eine sehr unvollständige sein, sie wird in ihrer ganzen Länge, und zwar einseitig, mit dem Stroma in Zusammenhang bleiben. Die Ablösung der Keime erfolgt nach der andern Seite. nach welcher ein Zwischenraum zwischen der Keimsäule und der Wand der Geschlechtsröhre entstanden ist.

Kehren wir nun zu dem weitern Schicksal der Keime zurück, so müssen wir von jetzt die weibliche und männliche Geschlechtsröhre getrennt betrachten, und wir beginnen mit der erstern. Wir haben gesehen, dass sich an der Keimsäule einzelne Stücke begränzt haben, deren jede einen Kern enthält. Man kann sie als Zellen betrachten, welche durch die Rhachis mit einander zusammenhängen. Aus jeder derselben wird ein Ei. Die Gestalt dieser Eier ist verschieden, bald die einer Kugel bei Pelodera, Leptodera und Strongylus, bald einer Birne bei Cucullanus elegans und Filaria papillosa, bald flach gedrückt, keilförmig, die Spitze in die Axe übergehend, bei den grossen Ascariden. Sie stehen im Eierstock unter einem starken Druck, denn bei jeder Verletzung desselben stürzen sie schnell hervor. Je mehr man sich der Tuba nähert, um so grösser werden nicht nur die Eier im Ganzen, sondern auch die Kerne. Bei den meisten Species treten mit dem Wachsthum in dem ursprünglich hyalinen Inhalt dunkel fettartig conturirte, gröbere und feinere Körnchen — Dotterkörnchen — auf. Ganz durchsichtige Eier sind selten, ich erinnere mich dieselben nur bei Cucullanus elegans und Filaria papillosa gesehen zu haben. Hat nun das Ei seine definitive Grösse erreicht, so löst es sich endlich in dem an die Tuben gränzenden Theile des Eierstocks von der Rhachis ab. Die Stelle, wo die Ablösung erfolgt, bleibt vorläufig offen, es ist die Mikropyle, durch welche die Befruchtung erfolgt. Bis dahin hatten die Eier gewöhnlich eine etwas unregelmässige Gestalt, von der gegenseitigen Abplattung herrührend. Sie nehmen nun eine rein ellipsoidische oder kugelförmige Gestalt an, die Stiele und Fortsätze verschwinden, indem sie wahrscheinlich durch Ausdehnung in die allgemeinen Körperconturen übergehen.

Da die Existenz der Mikropyle mehrfach behauptet und wieder be-
stritten worden ist, so müssen wir ausführlicher darauf eingehen. Da, wo
die Eier mit einer deutlichen Membran versehen sind, z. B. bei Filaria papillosa, prägt sich die Mikropyle überaus deutlich aus, aber selbst da, wo
man an dem Dasein einer Membran zweifeln kann, wie bei Leptodera und
Pelodera, ist die glatte und scharf conturirte Begränzungsfläche von dem
an der Mykropyle frei liegenden Inhalt deutlich zu unterscheiden. Unmittelbar nach der Ablösung ist die Mikropyle am schwierigsten zu erkennen. Untersucht man aber unbefruchtete, schon länger in den Tuben
befindliche Eier, so wird man an der Mikropyle immer einen Tropfen hyaliner Substanz, welche aus dem Innern hervorgequollen ist, bemerken;
so besonders deutlich bei Filaria papillosa (Taf. XXIV, Fig. 6), aber auch
bei Ascaris megalocephala, nur darf man ihn nicht an den noch keilför-
förmigen, sondern an den schon kugelförmigen suchen. Um jeden Zweifel
zu besiegen, bedarf es nur eines einfachen, bei Leptodera appendiculata
leicht anzustellenden Experimentes. Man kann nämlich bei den in Limax
ater lebenden Larven dieser Species die Weibchen schon von aussen erkennen, es sind die grössten und dicksten Individuen. Isolirt man ein
solches in einem Uhrschälchen mit Wasser oder einer wenig faulenden
Substanz, bis die Geschlechtsreife eingetreten ist, dann füllt sich der Uterus
mit den abgelösten Eiern. Sie sind kugelförmig, allein an einer Seite
fehlt ein ziemlich grosses, deutlich in das Auge fallendes Segment, welches durch seine unregelmässigen Conturen und die frei liegenden Körnchen des Dotters sich von der scharf begränzten Kugelfläche deutlich unterscheidet (Taf. XXV, Fig. 9).

Wenden wir uns nun zu dem Hoden. Auch hier sind die einzelnen durch die Rhachis verbundenen Theile als Zellen zu betrachten.
Aehnlich wie die Eier füllen sie sich gegen das Ende ihres Wachsthums mit dunklen Körnchen. Sie nehmen dabei an Grösse zu, die
Kerne aber bleiben immer verhältnissmässig kleiner als bei den Eiern.
Allein nun tritt ein Process ein, welcher sie von den Eiern scheidet. Sie
theilen sich mehrfach. Bei Filaria papillosa kann man beobachten, dass
dies geschieht, ehe sie sich von der Rhachis lösen. Bei den grössern
Ascariden sind die Verbindungsfäden der Rhachis gegen die Tuben hin
so zart, dass ich darüber keine Gewissheit erhalten konnte. Bei Leptodera und Pelodera schien es mir eher, als ob die Trennung von der Rhachis

schon vor der Theilung erfolgt sei. Ueber diese Theilung lässt sich bei
Leptodera und Pelodera nichts weiter berichten, als dass die grossen Portionen gleichmässig körnig bleiben und in gleiche kleinere zerfallen. Bei
andern ist aber damit ein eigenthümlicher Process verbunden. Es isoliren
sich nämlich in der Mutterzelle die dunkeln Körnchen von der hyalinen
Substanz concentriren sich an einem der Peripherie nähern Punkte um
den Kern, und nehmen dabei eine strahlige Stellung an. Ehe die Theilung beginnt, ordnen sich die Körnchen in der Mutterzelle in ebensoviel
solcher Gruppen, als Tochterzellen sich bilden wollen. Dieser Vorgang ist
zuerst von Reichert bei Ascaris acuminata und Strongylus auricularis[1])
beobachtet, später von Meissner[2]) bei Ascaris mystax und megalocephala,
auch von Claparède und Munk bestätigt worden. Ich erwähne diese
Gewährsmänner besonders deshalb, weil ich bei Ascaris megalocephala
die Mutter- und Tochterzellen immer einfach körnig, höchstens mit einem
zarten hyalinen Rand gefunden habe. Ich möchte deshalb vermuthen,
dass dieser Vorgang nicht immer in dieser ausgezeichneten Weise zu verlaufen braucht, dass dieselbe vielleicht nur dann auftritt, wenn die Tochterzellen sich in einer etwas langsamen Weise bilden. Wie dem auch sein
mag, in den meisten Fällen stellt das Spermatozoon, wie es im Hoden vorkommt, ein rundliches, einen kleinen Kern enthaltendes Körperchen dar,
welches entweder hyalin oder mehr oder weniger körnig sein kann. Wenn
man auch zweifeln kann, dass das Spermatozoon von einer Membran umgeben ist, so sind seine Umrisse doch scharf begränzt und nie werden zwei
oder mehrere zusammenfliessen. Nun treten die Spermatozoen in das Vas
deferens und erwarten hier die Uebertragung in den Uterus. An dem
unverletzten Geschlechtsschlauch der kleinern Gattungen, wie Pelodera, sieht
man sie so dicht gedrängt liegen, dass das Vas deferens nur von einer
gleichmässigen körnigen Masse erfüllt scheint (Taf. XXIII, Fig. 3). Weitere
Veränderungen gehen mit den Spermatozoen im Vas deferens nicht vor. Wir
werden sehen, dass sie im Uterus sogleich ihre Gestalt auffallend verändern. Indess nehmen sie nach Beobachtungen von Reichert bei Ascaris
acuminata R., und von Claparède bei Ascaris lumbricoides (A. suilla Cloquet und Claparède) mitunter schon im Vas deferens diese Gestaltsveränderung vor, doch kann man dies nur als eine Ausnahme betrachten.

---

[1]) Müller's Archiv, 1847. S. 88 u. ff.
[2]) v. Siebold und Kölliker Zeitschrift f. w. Z. VI, S. 211.

Die Entwicklungsgeschichte der Geschlechtsröhren ist bis jetzt noch nicht dargestellt worden. Nur das Stadium der mehrere Kerne enthaltenden Zelle wurde bereits von Claus[1]) beschrieben und abgebildet. Desto reicher ist die Litteratur über die Entwicklung von Ei und Saamen. Bereits 1837 beschrieb v. Siebold[2]) die Entstehung der Eier im Wesentlichen richtig, wie das blinde Ende mit einer hellen blasigen Masse erfüllt sei, in welcher sich allmählig Körnchen ansammeln, wie sich der Dotter in kleine Häufchen theile, welche das Keimbläschen mit dem Keimfleck zeigen. Obgleich v. Siebold bereits erwähnt, dass die jungen Eier häufig zu mehreren zusammenhingen, so entging ihm doch die Rhachis. Dieselbe wurde zuerst von Eschricht[3]) bei Ascaris lumbricoides; und zwar als eigentlicher Eierstock, welcher nach allen Seiten hin aussprosst, beschrieben. Später zeigte v. Siebold die sehr allgemeine Verbreitung derselben unter den Nematoden. Auch die Entwicklung der Spermatozoen hat v. Siebold zuerst untersucht, und zwar bei Ascaris paucipara. Im hintersten Ende entstehen nach ihm Zellkerne, welche beim Vorrücken sich mit einer feinkörnigen Masse und schliesslich mit einer Zellmembran umgeben. Weiterhin lässt er einer damals von Kölliker aufgestellten Ansicht folgend das Spermatozoon aus der Umwandlung des Kerns innerhalb dieser Zelle entstehen. Gegen diese Ansicht erklärte sich Reichert[4]) in mehren Punkten. Zunächst suchte er die Vorgänge im blinden Ende genauer festzustellen. Nach ihm finden sich im blinden Ende Zellen mit Membran und Kern, aus welchen auf eine nicht näher zu ermittelnde Weise die etwas kleinern jüngsten Eier und Keimzellen der Spermatozoen hervorgehen. Aus jeder dieser Keimzellen entstehen durch „Zellbildung um Inhaltsportionen" etwa vier neue Zellen, welche durch blosse Umwandlung ohne Verlust eines Theiles in die reifen Saamenkörper übergehen. Die Identität des Spermatozoon mit einer Zelle ist das wichtigste Resultat dieser Untersuchung. Will[5]) hat ebenfalls Untersuchungen über die Bildung des Saamens der Nematoden angestellt, und zwar bei Angiostoma limacis (non Leptodera

---

[1]) v. Siebold und Kölliker Zeitschrift f. w. Z. Bd. XII, S. 358.

[2]) Burdach Physiologie. Bd. II, S. 209. v. Siebold und Stannius vergleichende Anatomie. Bd. I, S. 151 und 153.

[3]) Froriep's neue Notizen. 1840. No. 318. S. 147.

[4]) Müller's Archiv. 1847. S. 88.

[5]) Ueber die Secretion des thierischen Saamens. Akademisches Programm. Erlangen 1849. Ist mir nur aus Reichert's Jahresbericht, Müller's Archiv 1850, bekannt.

Angiostoma nob. Pelodera nob?). Er lässt im blinden Ende kernhaltige Zellen von $\frac{1}{100}'''$ Durchmesser entstehen, um den Kern markirt sich ein heller Hof, der um so deutlicher hervortritt, je grösser die Zelle wird. Beim weitern Wachsthum erhalten die Höfe eine schärfere Begränzung und bildet sich in jeder Zelle eine endogene Tochterzelle Die Tochterzelle wird von dem dunkeln Inhalt der Mutterzelle verdeckt. Membran und Inhalt der Mutterzelle gehen verloren. In der Tochterzelle entstehen viele kleine Kerne, aus denen die Spermatozoen sich bilden. Will lässt also die Spermatozoen wieder nach der Ansicht Kölliker's entstehen. Diese Frage wurde nun von Nelson[1]) wieder aufgenommen. Nelson lässt im blinden Ende von der Wand aus unsere Kerne sich ablösen, die er beim ♂ als Zellen, beim ♀ als Keimbläschen bezeichnet. Während nun die Eier durch Umgebung der Keimbläschen mit Dotter sich bilden, ohne unter sich zusammenzuhängen, entstehen die Saamenkörper direct aus Zellen — unseren Kernen — die jedoch, so lange sie im Vas deferens bleiben, noch von der körnigen Masse umgeben sind. Die Rhachis hat Nelson nicht gekannt. Wieder eine neue Ansicht entwickelte Meissner[2]). Nach Beobachtungen, welche er zuerst bei Mermis albicans, dann bei Ascaris mystax, megalocephala und depressa und bei Gordius anstellte, finden sich im blinden Ende kernhaltige Zellen, Keimzellen, deren Kerne sich durch Theilung vermehren. Diese Keimzellen entwickeln nun Tochterzellen und zwar beim Weibchen allgemein dadurch, dass sich jedem Kern entsprechend die Wand der Zellen ausbuchtet, bis die Tochterzellen nur durch dünne Stiele zusammenhängen und schliesslich abreissen. So entstehen die Eier. Die Entwicklung der Spermatozoen geht bei den Ascariden ebenso vor sich, sie unterscheidet sich nur dadurch von der der Eier, dass die Tochterzellen kleiner sind. Bei Mermis albicans aber entstehen die Tochterzellen nicht durch Ausbuchtung der Keimzellen, sondern durch eine endogene Zellbildung. Während wir annehmen, dass diese Keimzellen nur Theile der Rhachis sind, behauptete Meissner, dass die Rhachis scheinbar durch eine Reihe aneinander gelegter Keimzellen entstände. Nur bei Strongylus armatus musste er sich von der Existenz einer wirklichen, nicht blos scheinbaren Rhachis überzeugen, deren Entstehung ihm unerklärlich schien.

---

[1]) Philosophical Transactions. 1852. II, S. 568.
[2]) v. Siebold und Kölliker Zeitschrift f. w. Z. Bd. V, S. 259 u. ff. VI, S. 208. VII, S. 112.

Gegen diese Ansichten trat Bischoff auf[1]), er setzte nach Beobachtungen an Ascaris mystax die Rhachis für die Eier wieder in ihr altes Recht ein, die Vermehrung der Zellen im blinden Ende erklärte er für unerweislich. Mit grosser Entschiedenheit läugnete er, dass die Eier, so lange sie an der Rhachis sitzen, und auch in der ersten Zeit nach ihrer Ablösung von einer Membran umgeben sind. Eine Mikropyle könne demnach unmöglich entstehen. Im Hoden fand er keine Rhachis, beschrieb aber sonst die auf einander folgenden Entwicklungsstufen des Saamens vollkommen richtig und widerlegte auch für den Saamen die Angaben Meissner's. Gleichzeitig hatte auch Lieberkühn[2]) von einem Nematoden aus dem Proventriculus von Anas boschas die Rhachis beschrieben. Nicht sowohl wegen der Entwicklung der Geschlechtsproducte an sich, sondern besonders wegen der Folgen, die daraus für den Befruchtungsprocess hervorgehen, erregte die Discussion zwischen Nelson, Meissner und Bischoff lebhaftes Interesse. Dies veranlasste Allen Thompson[3]), welcher die Abhandlung Nelson's der königl. Gesellschaft zu London überreicht hatte und darin als Gewährsmann aufgeführt worden war, den Gegenstand nochmals zu prüfen. Er läugnet sowohl Meissner's Keimzellen, als auch die Rhachis. Er lässt im blinden Ende Kerne für den Saamen und Keimbläschen für die Eier entstehen, welche weiterhin sich mit dunkelkörniger Masse umgeben. Diese dunkelkörnigen Portionen werden einerseits zu membranlosen Eiern, andrerseits zu Saamenzellen, welche eine deutliche Membran besitzen. Die Saamenzellen theilen sich unter den von Reichert beschriebenen Vorgängen in vier Tochterzellen, aus welchen die Saamenkörperchen hervorgehen. Fast gleichzeitig hatte die medicinische Facultät der Universität Berlin auf Anregung Joh. Müller's dieses Thema als Preisaufgabe ausgeschrieben. Es liefen zwei Bewerbungsschriften ein, von Claparède[4]) und Herm. Munk[5]), welche beide mit dem Preis gekrönt wurden. Claparède unterschied die Nematoden in zwei Abtheilungen, je nachdem die

---

[1]) v. Siebold und Kölliker Zeitschrift f. w. Z. Bd. VI, S. 377.
[2]) Müller's Archiv. 1855. S. 320.
[3]) v. Siebold und Kölliker Zeitschrift f. w. Z. Bd. VIII, S. 424.
[4]) v. Siebold und Kölliker Zeitschrift f. w. Z. Bd. IX, S. 106 im Auszug. Später vollständig erschienen: De la formation et de la fécondation chez les Vers Nematodes.
[5]) v. Siebold und Kölliker Zeitschrift f. w. Z. Bd. IX, S. 365 erschien nach dem Druck von Claparède's Auszug und nimmt darauf vielfach Bezug.

Eier mit oder ohne Rhachisbildung entstehen. Obgleich ich ebenfalls zwei solche Abtheilungen unterschieden habe, so sind unsere Abtheilungen keineswegs identisch. Alle von ihm als Beispiele der zweiten Abtheilung genannten Species würde ich zur ersten rechnen, Claparède giebt auch zu, dass in seiner zweiten Abtheilung „virtuellement" eine Rhachis vorhanden sei. Es geht schon hieraus hervor, dass die Keimzellen Meissner's nach ihm nicht existiren. Wie die Kerne im blinden Ende sich vermehren, liess sich nicht ermitteln, wahrscheinlich geschieht es durch Theilung. Dann umgeben sie sich mit Dottersubstanz, welche anfangs allen Kernen gemeinsam ist. Die Rhachis tritt in der Weise auf, dass in der Axe dunkle Körnchen sich anhäufen und die Eier sich allmählig von der Peripherie aus abschnüren. Im Betreff der Membran macht Claparède aufmerksam, dass der Streit über ihre Existenz nicht zu entscheiden sei, da zwischen einer festen Gränzschicht und einer Membran Uebergänge existiren können. Eine eigentliche Membran ist nicht vorhanden und schon deshalb eine Mikropyle im Sinne Meissner's unmöglich. Ueberdies trennen sich die Eier so allmählig ab, dass zuletzt keine Lücke der Oberfläche übrig bleiben kann. Nelson und Bischoff hatten die Dotterkörnchen von dem streifigen Belag der Eierstocksröhre abgeleitet, Claparède widerlegt dies und lässt sie zuerst in der ganzen Substanz der jungen Eier entstehen, im untern Ende des Eierstocks vermuthet er aber, dass die Körnchen zuerst in der Rhachis sich bilden und dann in die Eier übertreten. Die Saamenkörper entstehen in ähnlicher Weise wie die Eier, eine eigentliche Rhachis ist nicht vorhanden, die jungen Saamenkörper kleben nur mit ihren Spitzen an einander und vermehren sich schliesslich durch Theilung. Munk erkennt die Rhachis ebenfalls an, und zwar nicht blos beim ♀, sondern auch beim ♂, er verwirft die Eintheilung Claparède's und bemerkt sehr richtig, dass auch bei den kleineren Nematoden, welche Claparède's zweite Abtheilung bilden, die Eier Anfangs durch Stiele zusammenhängen; eine Membran der Eizellen ist nicht vorhanden, ebenso wenig eine Mikropyle. Unsere Kerne, die künftigen Keimbläschen, nennt er gekernte Zellen, die sich im blinden Ende vermehren, er kann jedoch ebenfalls nicht angeben wie. Nachdem sich im Hoden die in mehrere Längssträne zerfallende Rhachis gebildet hat, löst sich die Verbindung der körnigen Körper oder Kugeln bis auf dünne Stränge, und sie beginnen sich durch Viertheilung zu vermehren. Es tritt dabei eine Scheidung der

hyalinen Masse und der darin eingelagerten Körnchen in der schon oben
von uns erwähnten Weise ein. Die Tochterkugeln hängen zuletzt noch
zusammen wie Kegel, deren Spitzen verwachsen und deren kugelförmig
verdickte Basen die körnige Masse enthalten. Bereits die Mutterkugeln
besitzen Kerne sowie Membranen, welche aber erst im untersten Theil des
Hodens entstanden· sind. An den kegelförmigen, zu vier verbundenen
Tochterkugeln beschreibt Munk noch einen sehr eigenthümlichen Process.
An dem Punkt, wo sie zusammenhängen, schwitzt jede Tochterkugel eine
gallertartige Masse aus, welche allmählig die Stelle der Kegelspitzen —
des hyalinen Theiles — einnimmt. Die Tochterkugel sitzt in diesem Ex-
sudat wie in einem Becher. Endlich lösen sich die Tochterkugeln ganz
davon ab und man findet die Becherchen zusammenhängend oder einzeln
frei im Vas deferens. Keiner von allen angeführten Schriftstellern, ebenso
wenig ich selbst, haben etwas Aehnliches beobachtet. Ich zweifle jedoch
nicht, dass sichere Beobachtungen diesen Angaben zu Grunde liegen; ob
sie richtig gedeutet sind, wird die Zukunft lehren. Dass Eberth zuerst
unsere zweite Art der Eibildung bei Trichocephalus und Trichosoma, so
wie Claus bei Trichina entdeckt haben, ist bereits mehrfach erwähnt. In
den Abhandlungen aller dieser Schriftsteller finden sich noch eine Menge
sehr feiner Details, ich bin in dieser geschichtlichen Darstellung darauf nur
in dem Maasse eingegangen, als ich selbst in der Darstellung meiner eignen
Ansichten gethan habe.

Cap. II. Begattung, Befruchtung, Bildung der Eischaale und Formen derselben.

Der Vorgang der Begattung lässt sich, wie erklärlich, nur bei
den freilebenden Species beobachten. Bei Leptodera appendiculata beobachtete ich die ersten Stadien desselben in folgender Weise. Ich setzte
ein frisch gehäutetes ♂ und ein jungfräulich aufgezogenes ♀ in ein mit
Wasser gefülltes Uhrglas. Nach wenig Minuten hatten sie sich gefunden, und das ♂ rollte sich in der Kopfgegend mit seinem Schwanz um
den Leib des ♀. Nun rückte das ♂ seine Schraubenwindung immer weiter
nach der Mitte des ♀ unter beiderseitigen, lebhaften schlängelnden Bewegungen. So wie es an der Vulva angekommen war, hielt es still und der
Begattungsact wurde vollzogen. Der Act selbst liess sich bei dieser Gat-

tung nicht beobachten, wenn man das Pärchen auf ein Objectglas bringen wollte, ging es auseinander. Pelodera strongyloides eignete sich dazu besser, da es bei der Copulation vermöge seiner Schwanzklappe und des Kittes sehr fest haftet. Die Spicula wurden heftig und wiederholt in die Vulva gestossen, endlich stürzte der Saame plötzlich in den Uterus und füllte denselben aus. Eine grosse Zahl von Nematoden, namentlich alle mit einer breiten Bursa versehenen, wie Strongylus und Pelodera, sondern während der Begattung einen erhärtenden Kitt ab, welcher sich zwischen die Bursa und den Leib des ♀ lagert und seitlich hervorquillt. Allein auch bei andern findet sich derselbe, z. B. bei Leptodera appendiculata, Oxyuris curvula u. a. Ich habe schon oben bei der anatomischen Beschreibung bemerkt, dass es mir zweifelhaft blieb, ob derselbe vom ♂ allein, oder vom ♀, oder von beiden zugleich abgesondert wird. Gewiss scheint mir allein, dass er aus den Geschlechtsorganen selbst stammt. Die Anhangsdrüsen des Ductus ejaculatorius können ihn nicht allein oder vorzugsweise liefern, denn er findet sich bei den Species mit und ohne solche Drüsen. Der Kitt ist oft so fest, dass manche Species von Strongylus, so z. B. Strongylus cohaerens, galeatus u. a., noch lange nach der Begattung vereinigt bleiben, und dass er bei andern als ein Sattel von brauner Farbe noch lange die Umgebung der Vulva bedeckt. Die Stellung des ♂ zum ♀ während der Begattung kann eine zweifache sein. Entweder rollt sich der Schwanz des ♂ um das ♀, so dass die Axe des ♀ von der Bursa rechtwinklig geschnitten wird, oder die Bursa legt sich parallel mit der Axe flach auf den Leib des ♀. Der letztere Fall findet immer in den Gattungen Pelodera und Strongylus statt. Wie der Begattungsact bei Gordius stattfindet, hat Meissner gut beschrieben und abgebildet [1]); der Schwanz des ♂ umschlingt den des ♀, vom Hinterende beginnend, in einer langgestreckten Spirale. Dann biegt das ♂ sein Schwanzende kurz vor der Gabel nach der Bauchseite um und setzt die Gabel von hinten her auf die Vulva. Die eigenthümliche Stellung, welche Hedruris androphora behufs und in Folge der Begattung einnimmt, haben wir bei der systematischen Beschreibung dieser Species schon geschildert.

Nach der Begattung kann das ♀ mitunter seinen Wohnort wechseln; sicher ist dies bei Cucullanus elegans der Fall. Man findet immer

---

[1]) v. Siebold und Kölliker Zeitschrift f. w. Z. Bd. VII, S. 118.

im Dünndarm des Barsches geschlechtsreife aber unbefruchtete ♀ zusammen mit den ♂, und zwar frei beweglich, aber niemals die befruchteten, dieselben sitzen vielmehr stets fest eingebissen in den Appendices pyloricae. Man hat auf diesen Vorgang noch wenig geachtet, vielleicht ist er häufiger. Wir werden weiter unten sehen, dass einige Species, und zwar beide Geschlechter, nach Eintritt der Geschlechtsreife noch eine Wanderung antreten, ein Fall, der sich an den eben erwähnten anschliesst.

Verfolgen wir nun das Verhalten des Saamens nach dem Eintritt in den Uterus weiter. Wir haben gesehen, dass der Saamen auf dem letzten Stadium, welches er im Hoden erreicht, runde, plattgedrückte oder spindelförmige Körperchen darstellt, welche aus einer hyalinen Masse bestehen, in der mehr oder weniger Körnchen zerstreut sind und die einen kleinen Kern enthalten. Die Körnchen sind wohl immer, wenn auch mitunter sehr sparsam, vorhanden. Sowie nun diese Körper in den Uterus gelangt sind, tritt eine Scheidung zwischen der hyalinen Grundsubstanz und den Körnchen ein. Die hyaline Substanz nimmt unter Vergrösserung ihres Umfangs die Kugelgestalt an und die Körnchen bilden an der Wand der Kugel eine flache Anhäufung, in deren Mitte sich der Kern befindet (Taf. XXIV, Fig. 10 und Taf. XXIII, Fig. 1 und 2). Jetzt haben die Spermatozoen auch die Fähigkeit sich zu bewegen. Sie verhalten sich ganz wie Amöben, und zwar wie die schnell beweglichen Formen derselben. Man kann sich an durchsichtigen und kleinen Species, am unverletzten Thiere, überzeugen, dass diese Bewegungen im Uterus und der Tuba stattfinden. Am meisten eignen sich dazu die Species der Gattung Pelodera, deren Uterus nicht zu weit, dabei meist prall mit Eiern und Spermatozoen erfüllt, aber nur selten in peristaltischer Bewegung ist. Durch die Vereinigung dieser Umstände wird die Beobachtung sehr erleichtert, allein sie erfordert dennoch eine grosse Geduld, da zwischen den Bewegungen lange Perioden der Ruhe eintreten können. Es ist deshalb von Wichtigkeit, die Bewegungen auch ausserhalb des Uterus zu sehen. Zu diesem Zweck ist es nöthig, die Spermatozoen in eine angemessene Flüssigkeit zu bringen, z. B. Hühnereiweiss, dünne Zucker- und Kochsalzlösungen; in reinem Wasser bewegen sie sich zwar auch, aber platzen schon nach einigen Augenblicken. Auf diese Weise sind die Bewegungen bei einer grossen Zahl von Species, sowohl von mir, als auch von einer Reihe andrer Beobachter constatirt worden, so bei allen Species von Pelodera und Leptodera,

Strongylus auricularis, Oxyuris spirotheca, Oxysoma ornatum, Cucullanus elegans, Hedruris androphora, Ascaris rigida u. s. w. Bei andern Species, z. B. Ascaris megalocephala, lumbricoides, mystax, Trichocephalus dispar, ist es aber mir und Andern nicht gelungen, die Bewegungen zu finden. Vergleicht man diese beiden Reihen von Species, welche so entgegengesetzte Resultate ergeben, so sieht man sogleich, dass die beweglichen Spermatozoen Nematoden angehören, welche entweder frei oder in kaltblütigen Thieren leben, die unbeweglichen solchen aus warmblütigen Thieren. Ich möchte deshalb annehmen, dass die Bewegungen allgemein sein werden und sich auch bei den warmblütigen Nematoden finden werden, wenn man sie in geeigneter Weise, z. B. auf Max Schulze's heizbarem Objecttisch untersucht. Allerdings sind die fadenförmigen Spermatozoen der warmblütigen Thiere nicht so empfindlich gegen die Kälte, doch scheint mir dies kein Einwand gegen meine Vermuthung; denn die Spermatozoen verhalten sich auch sonst verschieden gegen äussere Einflüsse, Kali und Natron regen die Bewegungen der fadenförmigen an, wirken auf die Spermatozoen der warmblütigen Nematoden gar nicht, zerstören aber die der kaltblütigen selbst in schwächsten Lösungen.

Die Formveränderungen der Spermatozoen sind im höchsten Grade mannichfaltig (Taf. XXIV, Fig. 10) [1]. Stumpfe und spitze Fortsätze werden ausgestreckt und eingezogen, es erheben sich Hügel, welche wellenförmig auf der Oberfläche hinschreiten. Mitunter scheint das Spermatozoon in lauter Körnchen verwandelt, die in strömender Bewegung sich befinden. Mitunter nimmt das Spermatozoon theilweise oder ganz die Gestalt eines Krystallstäbchens an, welches wieder Zacken und Aeste hat, die aber alle in Bewegung gerathen, und die anderen Gestalten annehmen können. Es haben diese Erscheinungen die grösste Aehnlichkeit mit den bekannten Bewegungen der sogenannten Sarkode oder Protoplasma, der Körpersubstanz der Rhizopoden, Schwämme, des Protoplasma der Pflanzenzelle u. s. w., und verdienten, glaube ich, von den zahlreichen Forschern, die jetzt diesem Gegenstand ihre Aufmerksamkeit zuwenden, mehr beachtet zu werden, als geschehen ist. Die Form der Bewegungen hängt in gewisser Beziehung von der umgebenden Flüssigkeit ab. In Eiweiss treten die amöbenartigen Fortsätze und die scheinbar feinkörnige Beschaffenheit der Oberfläche ein;

---

[1] Man vergleiche auch die zahlreichen Abbildungen bei Claparède de la formation etc. Taf. IV, V und VII.

in Salzlösung, namentlich in der etwas concentrirtern, ist die Oberfläche glatt aber mit einzelnen Höckern besetzt, welche sich schnell wie Wellen darüber bewegen. In Eiweiss habe ich die Bewegungen acht Stunden lang erhalten, und vielleicht ist dies noch länger möglich. In Salz- oder Zuckerlösung werden die Bewegungen durch die schneller eintretende Concentration langsamer und hören schliesslich auf. So wie die Concentration der Flüssigkeit einen gewissen Grad erreicht, werden die Spermatozoen homogen, fettartig conturirt und unbeweglich, durch Zusatz von Wasser kann man aber die frühere Consistenz und Beweglichkeit sofort wieder herstellen. Verdünnt man die Flüssigkeit noch mehr, so tritt die Gestalt wieder ein, die wir als die normale, ruhende, betrachten können, der hyalinen Kugel mit der peripherischen Stellung des Kerns und der Körnchen. In reinem Wasser platzen endlich die Kugeln und es bleibt ein körniges Körperchen übrig, welches gewöhnlich mit dem einen Ende an dem Objectglas festhaftet. Alle die Formen, welche wir als Folgen der Bewegung ausserhalb des Uterus kennen gelernt haben, von der hyalinen Kugel bis zum fettartig conturirten Körper, finden sich nun auch innerhalb des Uterus vor. Es scheint mir demnach nicht zweifelhaft, dass man auch alle die zum Theil sehr merkwürdigen Formen, welche man bei den grossen Ascarisarten, A. megalocephala, mystax (Taf. XXIV. Fig. 8 u. 9) und lumbricoides, vorfindet, als Gestaltsveränderung auffassen kann, die durch Bewegungserscheinungen und längeres Verweilen im Uterus hervorgebracht worden sind. Wir müssen diese Formen etwas näher beschreiben. Aus den hyalinen Kugeln mit peripherischen Körnchenhaufen hat sich ein etwas spitzer, platter, glockenförmiger Körper gebildet, der aber von hyaliner Substanz umschlossen ist, welche an seinem Mantel, wenigstens scheinbar, eine zarte Membran vorstellt, an der Oeffnung aber flockig oder kuglig in grösserer Menge sich anhäuft. Die Glocke kann dann fettartig scharf conturirt werden, aber immer von der hyalinen Masse umgeben, endlich kann das ganze Spermatozoon in ein durchaus homogenes, fettartiges Körperchen sich verwandeln. Bei Ascaris mystax ist das glockenförmige Körperchen mehr halbkuglig und kann dann sich verlängern wie ein Reagensgläschen, welches entweder gerad oder gekrümmt ist. Trotz des fettartigen Aussehens ist doch kein Grund zur Annahme eines Verfettungsprocesses vorhanden, wir wissen ja, dass bei einigen die fettartigen Conturen sich beliebig durch concentrirte Salzlösungen hervorrufen und durch Wasserzusatz zum Verschwinden bringen lassen. Die Spermatozoen der grossen Ascarisarten sind allerdings ungemein beständig gegen den Einfluss aller Reagentien. In Aetzlauge, Alkohol, Chromsäure verändern sich sowohl die homogenen, als auch die, welche noch von hyaliner Substanz umgeben sind, nicht im mindesten. Das Volumen der Spermatozoen kann bei diesen wechselnden Gestalten äusserst verschieden sein. Es folgt aber daraus nicht, dass sie in Folge irgend eines Substanzverlustes kleiner werden. Die Grössenunterschiede lassen sich vielmehr schon daraus erklären, dass einmal die Spermatozoen in sehr verschiedner Grösse im Hoden gebildet werden, und dann, dass ihr Quellungszustand ein sehr verschiedner ist. Die verschiednen Formen liegen regellos durch den Uterus und die Tuben zerstreut, es ist sehr wahrscheinlich, dass die fettartigen Körper die ältern sind und von einem frühern Begattungsact herrühren. Diese Veränderungen sind auch nicht etwa dazu bestimmt, das Spermatozoon in ein neues Stadium überzuführen, in welchem es erst die Befruchtung bewirken kann, wir werden vielmehr weiter unten nachweisen, dass dasselbe sofort nach dem Eintritt in den Uterus vollkommen befruchtungsfähig ist.

Wir wenden uns nun zu den Eiern und ihrem Zusammentreffen mit den Spermatozoen. Wir haben gesehen, dass die Eier nach der Lösung von der Rhachis eine Mikropyle besitzen, in diesem Zustand bleiben sie, so lange sie nicht befruchtet sind. Durch ihre Bewegungen gehen die Spermatozoen den Eiern entgegen. Gewöhnlich wird das Zusammentreffen der beiden Geschlechtsproducte in den Tuben stattfinden; es ist dies aber durchaus nicht nöthig. Bei Pelodera papillosa findet dasselbe in den Tuben statt. Es sind dieselben nicht wie bei P. strongyloides den Zellen entsprechend eingeschnürt, sondern vollkommen glatt, man kann schon am unverletzten Thiere ihre Bewegungen verfolgen. Bei Ascaris megalocephala und lumbricoides sind die Tuben ebenfalls der entfernteste Punkt, bis zu welchem der Saamen vordringt. Sollte aber ein Ei mit offner Mikropyle erst später von dem Saamen getroffen werden, so wird die Befruchtung ebenfalls möglich sein. Das Spermatozoon dringt in die Mikropyle ein. Bekanntlich ist diese wichtige Thatsache von Nelson, Meissner und Thomson schon früher behauptet und dann wieder geläugnet worden, und ich bekenne selbst ein Zweifler gewesen zu sein. Allein ich habe nun wiederholt beobachtet, wie die Saamenkörperchen von Ascaris megalocephala mit ihrem stumpfen Ende in der Mikropyle sitzen, sonst aber hervorragen. Ich habe auch, um mich gegen alle subjectiven Täuschungen zu schützen, die Objecte meinen Freunden, den Herren Lieberkühn und Wagener, vorgelegt, und sie haben sich von der Richtigkeit dieser Thatsache überzeugt. Bei Ascaris megalocephala gelingt es, sobald man nur die Tuben eines befruchteten ♀ aufmerksam untersucht, fast immer einzelne Spermatozoen in der von mir abgebildeten Stellung (Taf. XXIV, Fig. 8) zu finden. Oft, namentlich bei jüngern Individuen, habe ich derartige Eier zu 30–40 in einem Präparat vor mir gehabt. Was nun das weitere Schicksal dieser Spermatozoen betrifft, so kann ich darüber nichts aussagen, nur bei Ascaris mystax, dessen Spermatozoen eine vorzugsweise charakteristische Form besitzen, fand ich eins derselben mehrere Mal innerhalb der Eier (Taf. XXIV. Fig. 9). Ob ein oder mehrere Spermatozoen eindringen, kann ich ebenfalls nicht angeben.

Wir haben bereits oben erwähnt, dass auf der offnen Mikropyle sich häufig ein Tropfen hyaliner Substanz befindet. Wo die Tuben so weit sind, dass man die Eier leicht isoliren kann, wie bei Filaria papillosa (Taf. XXIV, Fig. 6) und Ascaris megalocephala, lässt sich derselbe leicht beobachten; bei Pelodera und Leptodera aber, wo die Tuben die Eier eng und fest umschliessen, kann man nur soviel sehen, dass das Vorderende der Eier beim Passiren der Tuba ganz hyalin ist (Taf. XXIII, Fig. 1). Nur an den unbefruchteten Eiern von Leptodera appendiculata, wie man sie im Uterus findet, fehlte dieser Tropfen, vielleicht weil sie sich nicht lange genug darin aufgehalten hatten.

Die erste Folge der Befruchtung besteht in dem Verschluss der Mikropyle. Dieser Process ist sehr plötzlich, man kann dies aus folgendem Experimente ersehen. Ich liess ein längere Zeit unbefruchtet gehaltenes ♀ von Leptodera appendiculata (man vergleiche S. 271) sich begatten; als ich es nach zehn Minuten öffnete, waren die Mikropylen sämmtlich geschlossen. Dies Experiment ist auch noch in andrer Beziehung lehrreich. Einmal zeigt es, wie kurze Zeit der Saamen zur Befruchtung braucht, dann, wie die Spermatozoen sofort nach der Immission zur Befruchtung geeignet sind; denn gerade bei Leptodera appendiculata findet man (Taf. XXV, Fig. 3) an den Spermatozoen sehr häufig die fettartigen Conturen, welche sie nach längerm Verweilen im Uterus annehmen. In unserm Experiment hatten die Spermatozoen nicht einmal Zeit gehabt sich in die hyalinen Kugeln umzuwandeln. Ueber das Schicksal der Spermatozoen im Ei lehrte es nichts, denn es war keine Spur derselben aufzufinden. Die nächste Folge der Befruchtung ist, soweit ich die Nematoden kenne, allgemein das Verschwinden der Keimbläschen. Es ist bekannt, dass dies Verschwinden zwar eine sehr allgemeine Erscheinung im Thierreiche ist, dass man aber auch in einigen Fällen eine Fortdauer der Keimbläschen beobachtet hat. Könnte man bei den dunkelkörnigen Dottern noch zweifelhaft sein, so ist dies bei so durchsichtigen, wie bei Filaria papillosa [1], und Cucullanus elegans, unmöglich. Ob es nun bloss seinen Brechungscoefficienten verändert oder sich wirklich auflöst, will ich nicht entscheiden.

Nun folgt ein neues Stadium, das Abheben der Membran von der Dotter. Jetzt erst wird der Gegensatz zwischen Membran und Dotter deutlich. Bei den Eiern, welche ich als dünnschaalige bezeichne, z. B. bei Filaria papillosa, Cucullanus elegans, Strongylus, Pelodera und Leptodera, ist die Schaalenbildung jetzt schon vollendet, der Dotter zieht sich auf ein kleineres Volumen zusammen und der dadurch entstehende Raum füllt sich mit Flüssigkeit. Anders ist es bei den dickschaaligen, z. B. den meisten Ascarisarten, A. mystax, lumbricoides, megalocephala, den meisten Filarien, Trichocephalus u. s. w. Die Membran wird zwar auch deutlich, allein der Dotter bleibt in Berührung mit derselben. Nun beginnt eine eigenthümliche Thätigkeit des Dotters, welche bisher immer falsch gedeutet worden ist. Es tritt eine Scheidung zwischen seiner hyalinen Grundsubstanz und den Körnern ein. Die Körner sammeln sich mehr in der Mitte, die äussere Schicht wird vorzugsweise hyalin und bekommt ein schärferes Lichtbrechungsvermögen. Die Dotterkörner sind nicht absolut daraus verschwunden, sondern in einzelnen Zügen immer noch vorhanden. Jetzt fängt nun die äusserste schon erheblich fest gewordne Membran, die man sich leicht als ein festes Secret denken könnte, an zu wachsen und die verschiednen Schaalengebilde, die Zeichnungen und Buckeln treten auf. Das Ei von Ascaris lumbricoides, welches im fertigen Zustand mit kegelförmigen Höckern bedeckt ist, hat Anfangs eine glatte Membran, und man kann das allmählige Dickerwerden und Hervortreten der Höcker verfolgen. Bei Ascaris mystax bilden sich sofort und sehr schnell die polyedrischen Grübchen,

---

[1] Bei F. papillosa sieht man nach dem Verschwinden der Keimbläschen in dem Dotter eine Gruppe scharf conturirter Kügelchen, sind es vielleicht Reste des Keimbläschens oder des Saamens?

welche die Oberfläche bedecken. Wenn die äusserste Schicht fertig ist, bildet sich bei den jungen mit mehreren Schichten die zweite und so fort die dritte Schicht. Am genauesten habe ich diesen Process bei A. megalocephala verfolgt. Das fertige Ei dieser Species besteht aus drei Schichten. Einer äussern mässig dicken, einer mittlern dicken, einer innern sehr dünnen zart gefalteten Membran. Ich habe (Taf. XXIV, Fig. 11—13) die allmählige Bildung dieser drei Schichten abgebildet. Man hat häufig angenommen, dass diese Eischaalen durch die Absonderung von den Wänden der Tuben und des Uterus gebildet werden. Diese Ansicht lässt sich aber durch die einfache Beobachtung widerlegen, dass z. B. bei Ascaris megalocephala, sobald nur die Mikropyle geschlossen ist, die Bildung der Eischaalen weitergeht, wenn man die Eier aus dem Uterus nimmt und in Wasser legt. Auch bei Ascaris mystax ist die äussere facettirte Schicht eher vorhanden als die andern. Sobald nun die Bildung der Schaalen vollendet ist, verschwindet die stark lichtbrechende hyaline Masse, der Dotter zieht sich auf ein geringes Volumen zusammen und schwimmt nun in einer Flüssigkeit. In dieser Flüssigkeit findet man, namentlich leicht an den dünnschaaligen Eiern, ein scharf conturirtes Körperchen, welches gewiss zu den vor und bei dem Furchungsprocess so vieler Thiere auftretenden Richtungsbläschen gehören wird. Das weitere Schicksal des Eies werden wir im folgenden Capitel besprechen.

Man findet bei der Untersuchung der Nematoden häufig schon ältere unbefruchtete Eier, und es ist nicht ohne Interesse, auch deren Schicksal kennen zu lernen. Es ist verschiedner, als man wohl glauben sollte. Die Ablösung von der Rhachis ist unabhängig von der Begattung; dagegen ist das Vorrücken der Eier in der Geschlechtsröhre bei einigen offenbar davon abhängig. Bei Ascaris megalocephala, mystax und lumbricoides. Cucullanus elegans, Filaria papillosa, Leptodera appendiculata, sammeln sich die Eier bei Befruchteten wie bei Unbefruchteten im Uterus an, bei unbefruchteten Individuen von Pelodera strongyloides aber dringen sie nie durch die Tuben (Taf. XXIII, Fig. 2d), sondern sammeln sich vor denselben an. Die Mikropyle bleibt bei allen offen, und bei allen Obengenannten geht keine Veränderung mit den Eiern vor, sie gehen einfach zu Grunde. Nur bei Cucullanus elegans hebt sich nicht nur die Dotterhaut ab, ja es tritt auch eine Art Furchungsprocess ein. Allein die Furchungskugeln trennen sich und gehen schliesslich ebenfalls unter. Sollte diese verhältnissmässig weite

Entwicklung dadurch bedingt sein, dass die Mikropyle bei Cucullanus elegans so ausserordentlich eng ist.

Der Bau der Eischaalen zeigt eine grosse Mannigfaltigkeit: man kann, wie wir bereits erwähnt haben, die Eier in dünnschaalige und dickschaalige theilen. Diese Eintheilung ist schon an sich keine scharfe und ausserdem kommen beide Formen in den verschiednen Gattungen oft zugleich vor: indess gewährt sie doch eine gewisse Uebersicht. Soweit meine Notizen darüber reichen, ist die Vertheilung folgende: ausschliesslich dünnschaalig sind die Eier bei Anguillula, Leptodera und Pelodera, und wie ich glaube, auch bei Strongylus und Enoplus, ausschliesslich dickschaalig bei Physaloptera, Ancyracanthus, Trichocephalus und Trichosoma. Vorzugsweise dickschaalig sind sie bei Ascaris, doch ist z. B. A. acus dünnschaalig, meist dickschaalig ferner bei Filaria. F. medinensis und papillosa aber dünnschaalig. Bei Heterakis und Oxyuris ist die Schaale zwar dünn, aber doch sehr fest. Die Species, welche sich schon im Uterus bis zum Auskriechen des Embryo entwickeln, sind meines Wissens immer dünnschaalig, ebenso die, welche nach der Geburt in ein feuchtes Medium gelangen, wie Leptodera, Pelodera und Enoplus. Allein es können auch die Embryonen dickschaaliger Species schon innerhalb ihres Wohnthieres das Ei verlassen, so z. B. das Trichosomum in der Milz des Maulwurfs, nach den Beobachtungen von Reinhardt[1]). Die Structur der dünnen Schaalen bietet kein weiteres Interesse, wohl aber die der dicken. Ganz gleichmässig in der Dicke und Oberfläche sind dieselben z. B. bei Physaloptera und dem grössten Theil der Filarien; mit vielen Höckern auf der Oberfläche bei Ascaris lumbricoides (Taf. XXIV, Fig. 15); mit punktförmigen Grübchen bei Ascaris sulcata und depressa, mit polyedrischen Grübchen bei A. mystax (Taf. XXIV, Fig. 14). Die ausgezeichnetsten Bildungen finden sich an den Polen. Verdickungen an den Polen der kurzen Axe sind selten, sie kommen als niedrige Buckeln vor bei Hedruris androphora (Taf. XXIV, Fig. 17)[2]), und als dicke quastenförmig zerfaserte Fortsätze bei Mermis nigrescens[3]). Oefter sind die Pole der langen

---

[1]) Allgemeine deutsche naturhistorische Zeitschrift von Sachse. 1847. S. 224. Reinhardt hat seine Beobachtungen unrichtig aufgefasst, erst v. Siebold (Wiegmann's Archiv 14. Bd. II. S. 358) hat sie verstanden.

[2]) Es ist wohl nur ein Lapsus memoriae, wenn Claparède die Eier eines Trichosomum, welche er in der Leber von Triton taeniatus fand, als die von Hedruris androphora betrachtet (De la formation etc. S. 84 und Taf. VIII, Fig. 1—5).

[3]) Meissner, v. Siebold und Kölliker Zeitschrift f. w. Z. Bd. V, Taf. II.

Axe ausgezeichnet, entweder beide oder nur einer. Quastenförmig zerfaserte Fortsätze an beiden Polen finden sich bei Ascaris dentata [1]). Häufig bestehen die Pole aus einer andern Substanz als die übrige Schaale. So besteht bei Trichocephalus die Schaale aus einer braunen Masse, während die Pole jeder von einem cylindrischen Loche durchbohrt sind, welches mit einem Pfropfen heller Substanz verschlossen ist. Der Pfropfen wird nach aussen von der allgemeinen Ellipsoidfläche begränzt, und ist nur ein wenig spitzer. Ich bediene mich dieses Bildes allein zur leichtern Beschreibung, in der That entsteht die Eischaale von Anfang rings geschlossen. Ganz so beschaffen sind auch die Eier von einigen Trichosomen, während bei andern der Pfropfen vertieft ist. Bei Oxyuris curvula tritt eine ähnliche Bildung, aber nur an dem einen Pole auf. Schliesslich möchte ich noch die sehr merkwürdigen Eier von Dermatoxis veligera erwähnen, obgleich meine Beobachtungen darüber nur unvollständig sind. Es liegen in dem Uterus dieser Species zweierlei Eier, solche mit einer innern dünnen Schaalenhaut und einer darüberliegenden dickern, welche aus lauter Stäbchen zusammengesetzt scheint (Taf. XXIV, Fig. 16), und solche mit nur einer dünnen aber festen Schaalenhaut. An dem einen Pol markirt sich bei beiden Arten ein heller Fleck, welcher bei den dünnschaaligen getüpfelt erscheint, während er bei den dickschaaligen durch Fehlen der Stäbchenschicht sich auszeichnet. Fast schien es mir, als ob die dünnschaaligen das spätere Stadium darstellten, da ich die Dotter derselben immer weiter in der Furchung vorgeschritten fand. Sollten die Stäbchen vielleicht mit der Zeit abgestreift werden?

Seit Nelson's Untersuchungen haben sämmtliche Schriftsteller, welche wir bei der geschichtlichen Uebersicht des vorigen Capitels erwähnt haben, auch die weitern Schicksale der Eier und Saamenkörper verfolgt, wir brauchen deshalb ihre Abhandlungen nicht von neuem zu citiren. Nelson beschrieb von Ascaris mystax als das letzte Stadium, welches die Saamenkörper im Hoden erreichen, körnige, eine Zelle — nach unsrer Meinung einen Kern — enthaltende Körper. Sofort nach dem Eintritt in den Uterus geht die körnige Umhüllung verloren. die Zelle, welche sich dabei stark vergrössert hat, wird frei. Sie hat jetzt eine Gestalt. wie wir sie selbst als die des ruhenden frischen Saamenkörperchens im Uterus beschrieben haben. Nun lässt Nelson

[1]) Kölliker, Müller's Archiv, 1843. Taf. VI, Fig. 19.

seinen Kern wachsen, die Glocken-, endlich die Probirgläschengestalt annehmen. Auf jedem dieser Stadien kann das Spermatozoon durch Platzen
der Zellmembran frei werden. Die Oberfläche des Eies, welche zwar keine
Membran aber feste Umrisse hat, bekommt an verschiednen Punkten Risse,
durch welche die Spermatozoen in grösserer Zahl eindringen. Nach dem
Eindringen verlieren die Spermatozoen allmählig ihre Gestalt, wandeln sich
in eine stark lichtbrechende Substanz und lösen sich endlich auf. Meissner liess, wie wir sahen, aus den Keimzellen Tochterzellen hervorgehen,
welche die von uns als das ruhende Stadium der Spermatozoen betrachtete
Gestalt besitzen. Allein daraus entsteht nach ihm erst das wahre Spermatozoon, in dem der Kern sammt der ihn umlagernden körnigen Masse
die Glocken- und Probirgläschenform annimmt und endlich die Membran
platzt, aber über dem Gläschen wie eine Kappe sitzen bleibt. Die Eier
haben nach Meissner eine Mikropyle, und durch dieselbe allein dringen die
Spermatozoen ein, werden zu Fetttropfen und lösen sich endlich auf. Das
von mir beschriebene Auftreten der hyalinen Massen in der Peripherie des
Dotters beschreibt Meissner ebenfalls, bringt sie aber nicht in Beziehung
zur Bildung der Schaalenhaut, diese entsteht nach ihm vielmehr aus dem
Secret der Uteruswände. Bischoff hält die Spermatozoen Nelson's
und Meissner's nur für Epithelialgebilde, welche ursprünglich mit den
Zotten des Uterus verwachsen sind, und glaubt dadurch die Angaben Nelson's und Meissner's vollständig widerlegt. Die wahren Spermatozoen
sind nach ihm unbekannt, nur vermuthungsweise führt er als solche eine
ganz andere Art Körper an, welche er sowohl im Hoden als im Uterus
von Ascaris mystax gefunden hat; nämlich ovale, das Licht stark brechende,
$\frac{1}{130}$''' grosse Körperchen an, welche eine schwach zitternde Bewegung
besitzen. Thomson lässt die Spermatozoen nicht wie Nelson aus dem
Kern hervorgehen, sondern aus dem ganzen körnigen Körperchen, wie
es im Hoden sich findet. Er scheint anzunehmen, dass sie zuletzt nach
Annahme der langgestreckten Form eine Hüllmembran verlieren. Das Eindringen der Spermatozoen an verschiednen Punkten der Oberfläche des
Eies hält er aufrecht, nur die Risse Nelson's scheinen ihm für das Zu-
standekommen der Befruchtung unwesentlich. Noch vor dem Erscheinen
von Thomson's Abhandlung hatte ich[1]) selbst die Bewegungen der

---

[1]) Monatsberichte der Akademie der Wissenschaften zu Berlin, 1856. S. 192.

Spermatozoen bei einer Anzahl von Nematoden beschrieben. Ich betrachtete die Form der hyalinen Kugel mit dem peripherischen Kern und der darumliegenden Gruppe von Körnern als die ruhende Form der ausgebildeten Spermatozoen, aus welcher die andern Formen nur durch Bewegungserscheinungen abzuleiten seien. Ein Eindringen des Saamen in die Eier hatte ich nicht finden können. Obgleich ich Johannes Müller als Zeugen für die Richtigkeit eines Theils meiner Beobachtungen anführen konnte, schenkte man denselben, vielleicht weil sie nicht von Abbildungen begleitet waren[1], kaum einige Beachtung, sie wären vielleicht ganz vergessen worden, wenn nicht Claparède dieselben ausführlich bestätigt und durch viele Abbildungen erläutert hätte. Claparède beobachtete die Entwicklung der Spermatozoen bis zu der, nach seiner Ansicht, definitiven Gestalt von A. lumbricoides im Hoden selbst. Er lässt von den hellen Kugeln mit Körnchenhaufen aus einen Vorsprung sich bilden, der zuletzt die fingerförmige Gestalt annimmt und schliesslich unter Auflösung der Kugel frei wird. Ein Eindringen der Spermatozoen in der von Nelson und Meissner beschriebnen Weise findet nicht statt. Die Oeltropfen der Eier, welche Meissner für veränderte Spermatozoen erklärt hatte, bilden sich auch im unbefruchteten Ei. Die Schalenhaut entsteht vom Ei aus. Munk hat die Bewegungen der Spermatozoen nicht beobachten können, er scheint sie zu bezweifeln. Die mit einem Kern, einem körnigen Inhalt und einer Membran versehenen Zellen, welche nach ihm das letzte Stadium sind, welches die Spermatozoen im Vas deferens erreichen, entwickeln sich nach ihrem Eintritt im Uterus in der Art weiter, dass der Kern wächst, der körnige Inhalt schwindet und die Membran platzt, so dass der frei gewordne Kern das eigentliche Spermatozoon darstellt. Dass die Befruchtung in der von Nelson oder Meissner beschriebnen Weise vor sich gehe, leugnet er, doch scheint es ihm nicht unwahrscheinlich, dass ein Theil des Spermatozoon, nämlich das flockige Ende, mit dem Kernkörper in das Ei eindringe. Die Körperchen, in welchen Bischoff die wahren Spermatozoen der Nematoden vermuthet hatte, erkannte er, und gewiss mit Recht, für einzellige Pflanzen, ähnlich den parasitischen Gebilden, welche in verschiednen Arthropoden gefunden werden. Die Richtigkeit dieser Ansicht ist später durch

---

[1] Ich hatte eine Tafel Abbildungen zu der Abhandlung gezeichnet, welche ich bei einer andern Gelegenheit veröffentlichen wollte.

Keferstein [1]) bewiesen worden, indem es ihm gelang im Hoden selbst die Fäden des Pilzes — Mucor helminthophorus de Bary — zu finden, dessen Sporen diese Gebilde sind.

Cap. III. Entwicklung des Eies zum geschlechtsreifen Thiere.

§. 1. Morphologische Vorgänge. Furchung, Bildung des Embryo.
Metamorphose.

Wir haben bereits erwähnt, dass das Keimbläschen nach der Befruchtung verschwindet. Gleichzeitig verliert der Dotter seine grobkörnige Beschaffenheit, wenn er eine solche besitzt, wie z. B. bei Ascaris mystax, megalocephala und lumbricoides. In diesem Stadium ist das Ei beweglich und zeigt häufig unregelmässige Einschnürungen und hyaline Fortsätze, welche äusserst langsam auftreten und verschwinden. Noch ehe die zwei ersten Furchungskugeln sich bilden, treten zwei neue Zellkerne auf. Es kann aber auch vorkommen, dass die Kerne erst sichtbar werden, wenn die zwei Furchungskugeln fertig sind, wie dies Reichert [2]) bei Strongylus auricularis beobachtet hat. Wie die ersten Kerne entstehen, ob das Keimbläschen wieder erscheint und sich theilt, oder ob die zwei Kerne sich neu bilden, liess sich nie entscheiden. Die Furchung kann auch erst dann eintreten, wenn sich bereits vier bis acht, ja wohl auch mehr Kerne gebildet haben, wie ich dies bei Cucullanus elegans, Filaria papillosa und bei einer Enoplusart des Süsswassers beobachtete. Auf diese Weise erklärt sich auch die schon mehrfach erwähnte Erscheinung, dass der Dotter zuerst in zwei ungleiche Segmente zerfällt [3]), ein kleineres von etwa ¼ des ganzen Volumens, und ein grösseres. Auch in andrer Weise, welche ich bei Ascaris megalocephala beobachtete, können ungleiche Segmente des Dotters entstehen. Nachdem sich zwei Furchungskugeln gebildet hatten, theilte sich nur die eine, erst wenn diese fertig war, trat die Theilung der andern ein. Von den vier Furchungskugeln begann wieder nur eine zuerst den Theilungsprocess u. s. w ; so dass die

---

[1]) v. Siebold und Kölliker Zeitschrift f. w. Z. Bd. XI, S. 135.
[2]) Müller's Archiv. 1846. S. 196 u. ff.
[3]) Zuerst bemerkt von v. Siebold (Burdach Physiologie. Bd. II. S. 212) bei Ascaris osculata und labiata.

Zahlen der Furchungskugeln sich nicht so folgten, wie man gewöhnlich annimmt, zwei, vier, acht, sondern zwei, drei, vier, fünf, sechs, sieben, acht. Diese, wenn man sie so nennen will, Unregelmässigkeiten sind übrigens keiner Species eigenthümlich, sie sind vielmehr nur Modificationen des regelmässigen Verlaufs, welche wahrscheinlich von äussern Einwirkungen herrühren. Die ebenbeschriebne Art der Furchung von Ascaris megalocephala trat in einem ganzen Haufen Eier ein, welche einem ♀ entnommen und in einem Gefäss befeuchtet aufbewahrt wurden, während bei einer zweiten Beobachtung unter scheinbar gleichen Bedingungen die Furchung wie gewöhnlich verlief. Die Furchungskugeln haben in dem ersten Stadium die Fähigkeit der Bewegung, durch welche sie zwar sich nicht durch Zwischenräume von einander trennen, aber doch in ihrer Stellung vielfach verändern können.

Nachdem endlich der Dotter in eine grosse Zahl vieler kleiner Zellen verwandelt ist, beginnt sich die wurmförmige Gestalt zu bilden. Es geschieht dies nicht dadurch, dass der ellipsoidische Zellhaufen sich streckt und verlängert. Es bildet sich vielmehr an dem stumpfen Pole dieses Zellhaufens eine kleine in der Richtung der kleinen Axe verlaufende Höhlung, welche sich zu einer Spalte erweitert, und diese Spalte trennt Kopf und Schwanz von einander. Der Embryo entsteht also in einer gekrümmten Lage, in welcher sich Kopf und Schwanz berühren. Die wurmförmige Gestalt entwickelt sich aus dem Zellhaufen nicht durch Verlängerung in der grossen Axe, sondern durch Verlängerung an den beiden, erst durch die Spalte bestimmten, Körperpolen[1]. Der Kopftheil

---

[1] Vergleicht man die Entwicklung der Nematoden mit der von Sagitta, so stellt sich eine merkwürdige Aehnlichkeit heraus. Nach Gegenbaur (Abhandlungen der naturforschenden Gesellsch. zu Halle. Bd. IV. 1858. S. 1) geht die Entwicklung der Sagitta in folgender Weise vor sich. Das kugelförmige Ei zerfällt durch successive Theilung in viele gleiche pyramidenförmige Zellen, deren Spitzen im Mittelpunkt der Kugel zusammenstossen, und deren Basen die Kugelfläche bilden. Darauf zerfällt jede dieser Zellen durch eine senkrecht auf ihrem Längsdurchmesser stehende Ebene in zwei Zellen, so dass der Embryo aus zwei concentrischen Zellenlagen besteht. Schon vor dieser letzten Theilung hat sich durch Auseinanderweichen der Zellen ein Kanal gebildet, welcher von der Fläche der Kugel in gerader Linie bis zum Mittelpunkt geht. Dieser Kanal erweitert sich zu einer Höhle. Nach Gegenbaur soll nun diese Höhle zum Darmkanal werden und die Wurmgestalt soll sich so entwickeln, dass die Kugel in der Richtung dieser Höhle, des Darmkanals, auswächst. Allein es scheint mir, dass Gegenbaur seine Beobachtungen nicht richtig auslegt. Dieser Hohlraum ist vielmehr der Beginn der Ausbildung der beiden Körperflächen, er wird sich gewiss zu einer Spalte erweitern, wie bei den Nematoden. Die verschiednen Abbildungen, welche Gegenbaur giebt, lassen völlig ungezwungen diese Deutung zu.

37 *

ist immer dicker, so dass der Embryo, wie Meissner[1]) sich treffend ausdrückt,
die Gestalt der bekannten Verzierung hat, welche man als Palmen bezeichnet.
Man kann in dem Leben eines Nematoden drei Stadien unterscheiden, Embryo, Larve, geschlechtsreifes Thier. Diese drei
Stadien werden dadurch scharf getrennt, dass sich die Nematoden während
ihres Lebens nur zweimal häuten, und dass mit jeder Häutung eine Metamorphose verbunden ist. Nach der ersten Häutung nenne ich sie Larven,
nach der zweiten geschlechtsreife Thiere. Ich verhehle mir zwar nicht,
dass die Entwicklung des grössten Theils der Nematoden noch unbekannt
ist, und dass meine eignen Beobachtungen hauptsächlich nur die Entwicklung der frei lebenden Species aufgeklärt haben. Allein da sich alle bis
jetzt bekannten Thatsachen mit der Annahme dieser drei Stadien in Einklang
bringen lassen, hoffe ich, dass man die folgende Darstellung als einen ersten
Versuch, die verschiednen zerstreuten Beobachtungen zu combiniren, nachsichtig
beurtheilen wird. Diese Eintheilung könnte insofern mangelhaft sein, als
vielleicht noch mehr Häutungen vorkommen, als die von mir beobachteten.

Die Entwicklung der einzelnen Gewebe und Organe lässt sich nicht
verfolgen, selbst der fertige Embryo bietet wegen seiner geringen Grösse
zu eingehenden Beschreibungen wenig Stoff; die Mundtheile sind meist
kaum erkennbar. Bei Cucullanus elegans steht am Mund, wie Leukart
gefunden hat, ein kleiner Bohrstachel. Das Vestibulum ist bei Leptodera
(Taf. XXVI, Fig. 6 und 7) und Pelodera bereits vorhanden. Anguillula (der
Zuckerrübe) hat schon den Mundstachel, der auch dem geschlechtsreifen Thiere
zukommt. Bei Mermis nigrescens besitzt der Embryo einen langen Mundstachel, welcher der Larve und dem geschlechtsreifen Thiere fehlt. Sehr
merkwürdig und von denen der Nematoden im Allgemeinen ganz abweichend, sind die Mundtheile des Embryo bei Gordius[2]). Die ebene Stirnfläche besitzt in der Mitte eine Oeffnung, aus welcher ein festes, vorn
zweispitziges Stäbchen hervorgestreckt werden kann, auf ihrem Rand stehen
in gleichen Abständen sechs nach rückwärts gekrümmte Häkchen. Etwas

---

[1]) v. Siebold und Kölliker Zeitschr. f. w. Z. Bd. VII, S. 124. Taf. VI, Fig. 25.
[2]) Zuerst beschrieben von Grube (Wiegmann's Archiv. 1849. S. 371. Taf. VII),
dann von Meissner (v. Siebold und Kölliker Zeitschrift f. w. Z. Bd. VII, S. 125.
Taf. VI. und VII). Die Angaben der beiden Autoren weichen in Einzelheiten von einander ab. Vielleicht haben sie nur verschiedne Species beobachtet. Da Meissner
offenbar ein reichlicheres Material zur Beschreibung vor sich hatte, werde ich ihm folgen.
Ich selbst habe diese Embryonen nicht gesehen.

weiter nach hinten an denselben Körperstellen ein gleicher Kranz derselben. Bis zu dem hintern Kranz kann der Kopf in den Leib zurückgezogen werden. Auch bei andern Nematoden kann die Stirnfläche, wenn auch in geringerm Grade, bewegt werden; so in dem Embryo eines Nematoden aus Anas Boschas nach der Beschreibung von Lieberkühn[1], und bei Ascaris mystax, dessen Stirnfläche etwas geneigt ist.

Der Schwanz wächst bei vielen Nematoden zu einer bedeutenden Länge aus und ist dann nicht drehrund, sondern gewöhnlich ungleich und etwas gedreht, z. B. bei Pelodera, Leptodera und Cucullanus elegans. Bei den ebenerwähnten von Lieberkühn beschriebnen Nematoden endigt der Schwanz des Embryo in vier kleine Spitzen, wie auch der des geschlechtsreifen Thieres in mehrere Spitzen zerfällt. Ein Unterschied der Geschlechter ist in keiner Weise vorhanden. Die Anlage der Geschlechtsröhren zeigt sich aber bereits als eine in der Bauchlinie liegende, ein- oder mehrkernige Zelle (Taf. XXVI. Fig. 7 und 9). Das Darmrohr ist vollständig ausgebildet und besitzt bei Leptodera und Pelodera einen deutlichen After. Der Oesophagus hat aber im Verhältniss zum Darm eine grössere Länge als im spätern Lebensalter. Die Embryonen von Strongylus trigonocephalus besitzen nach Leukart[2] abweichend von dem geschlechtsreifen Thiere ein Vestibulum, und im Bulbus oesophagi den dreieckigen Zahnapparat. Ob die Anordnung der Darmzellen verschieden von der der Larven ist, kann ich nicht angeben, da sich dieselben wegen der geringen Grösse selten erkennen lassen. Bei Leptodera und Pelodera haben die Darmzellen des Embryo bereits dieselbe Gestalt wie in der Larve und dem geschlechtsreifen Thiere.

Hat nun endlich der Embryo seine volle Entwicklung erreicht, so geht der Uebergang in die Larve vor sich. Wahrscheinlich findet nach Analogie des Uebergangs der Larve in das geschlechtsreife Thier unter der Embryohaut die Bildung der Körperformen und Organe der Larve statt. Da die Haut auf diesem Stadium noch eine sehr dünne ist, so kann diese Häutung leicht der Beobachtung entgehen. Ich würde sie selbst übersehen haben, wenn nicht unter gewissen Umständen die embryonale Haut eine grössere Dicke annehmen könnte. Lässt man nämlich in den Gattungen Pelodera und Leptodera die Embryonen in einem Medium leben, wo sie wenig Nahrung finden, so wachsen sie sehr langsam, aber

---

[1] Müller's Archiv. 1855. S. 324 und Taf. XII, Fig. 5.
[2] Archiv für Heilkunde. 1865. S. 212.

erreichen eine bedeutende Grösse und die Haut eine ziemliche Dicke, ehe sie in das Larvenstadium übergehen. Wir werden sehen, dass die abgestreifte Embryonalhaut eine Cyste für die Larve bildet (Taf. XXVI, Fig. 8) und noch lange als Hülle der Larve sichtbar bleibt. Aehnliches erreicht man auch, wenn man die Embryonen langsam vertrocknen lässt. Die Embryonalhaut zeigt dann bei Pelodera papillosa regelmässige erhabne Längsleisten. Durch diese Erscheinung aufmerksam gemacht, habe ich die Häutung des Embryo auch bei dem schnellern Wachsthum in faulenden Substanzen beobachtet. Bei Ascaris megalocephala tritt diese erste Häutung schon ein, ehe der Embryo noch das Ei verlassen hat, die Haut wird nicht abgestreift, lässt sich aber leicht erkennen, wenn sich die Larve contrahirt. Leukart [1]) hat die Häutung des Embryo mehrfach beobachtet, so bei Cucullanus elegans, Strongylus Filaria, trigonocephalus und hypostomus. In dem Larvenstadium befinden sich alle encystirten, ferner alle sogenannten geschlechtslosen Nematoden, welche frei in der Bauchhöhle der Fische und Insecten vorkommen, ferner die geschlechtslosen Enoplus, welche auf den Tangarten nahe unter der Oberfläche des Meeres leben.

Der Bau der Larven lässt sich schon deutlich erkennen. Man kann daraus häufig schon auf das Genus und sogar, wenigstens annähernd, auf die Species schliessen. Die Mundtheile sind mitunter denen der geschlechtsreifen Thiere ganz gleich, so z. B. bei Enoplus cochleatus und liratus. Die letztere Species hat auch bereits den schreibfederartigen Mundstachel des geschlechtsreifen Thieres. Bei andern ist die Bildung des Mundes abweichend. Bei Strongylus armatus, deren Larven man gewöhnlich in den Aneurysmen der Baucharterie des Pferdes findet, hat die Mundöffnung (Taf. XXIV, Fig. 18—20) eine sechseckige Gestalt, welche von einer in der Haut selbst liegenden, sehr zierlich gebildeten, sechseckigen Rosette umgeben ist, um welche die sechs Mundpapillen liegen. Nach hinten schliesst sich an die Mundöffnung eine kleine, aus zwei Schichten bestehende, Mundkapsel oder Mundrand, der sich trichterförmig erweitert und auf die vordere Fläche des Oesophagus passt. Aus der Gattung Ascaris kennen wir nur Larvenzustände der Species, welche im erwachsnen Zustande Lippen mit Löffeln und Aurikeln besitzen. Einige von ihnen haben als Larven drei undeutliche Lippen, und auf der Stirnfläche einen kleinen ventral stehenden Zahn. Hierzu gehört der im Peritoneum des Maulwurfs

---

[1]) a. a. O. S. 201. 203. 213. 217.

vorkommende encystirte Nematod (Ascaris incisa R.), der wahrscheinlich, wie es bereits Leukart ausgesprochen hat, die Larve von Ascaris depressa darstellt. Eine andere zahntragende Ascarislarve kommt häufig frei beweglich in der Bauchhöhle von Gadus Aeglefinus, Callarias und Lota (aus der Nordsee) vor [1]. sie gehört vermuthlich zu Ascaris spiculigera oder osculata. Andere, in Fischen lebende Ascarislarven haben schon ausgebildetere Lippen und keinen Zahn, so z. B. eine in den Fettstreifen der Bauchhöhle von Cyprinus erythrophthalmus lebende. welche vermuthlich zur Ascaris mucronata gehört.

Der Schwanz der Larven gleicht immer noch dem der ♀ ♀. Er besitzt bereits die Schwanzpapillen, welche man beim Embryo, wenn sie auch möglicher Weise vorhanden sind, nie bemerkt: dieselben können sogar eine bei den Geschlechtsreifen nie vorkommende Grösse und Entwicklung erreichen. So ragen sie bei den Larven von Cucullanus elegans (Taf. XXVI, Fig. 11) als kegelförmige Spitzen. welche dem hinter ihnen liegenden Schwanztheil an Grösse gleichkommen, hervor [2]). Am auffallendsten ist ihre Gestalt bei der in Limax ater schmarotzenden Larve von Leptodera appendiculata (Taf. XXVI, Fig. 1 und 2) und einer in Säckchen der Schleimhaut von Triton taeniatus schmarotzenden Filarie (Taf. XXVI, Fig. 3). Sie bilden breite, längsgestreifte, jederseits quer dem Leibesumfang aufsitzende Bänder, welche bei der Filarie nur eine mässige Länge erreichen, bei L. appendiculata aber ⅓ der Gesammtlänge des Körpers. Man kann sich diese Form so aus den gewöhnlichen Papillen entstanden denken, dass die Oeffnung sich spaltförmig verbreitert und dass die Haut, welche sonst glatt oder nur mit einem geringen Höcker die Oeffnung bedeckt. sich zu den Bändern verlängert. Die Bänder selbst sind in der That nur Hautbildung. wie sie auch bei der Häutung in Zusammenhang mit der allgemeinen Körperhaut abgeworfen werden. In meiner ersten Mittheilung [3]) über diese merkwürdige Larve trug ich Bedenken, diese Bänder als Schwanzpapillen zu betrachten. allein man kann dies ohne Zweifel. da nicht nur bei der Filarie die Aehnlichkeit mit den Schwanzpapillen schon sehr hervortritt, sondern auch bei den frei in faulenden Substanzen aufwachsenden Larven der Leptodera appendiculata auf derselben Stelle sich statt der Bänder die gewöhnliche Form der Papillen findet.

---

[1]) Gadus Lota aus der Spree enthält diese Larve nie.

[2]) Zuerst beschrieben von Leukart: Nachrichten von der Königl. Gesellschaft der Wissenschaften. zu Göttingen. 1865. S. 332.

[3]) v. Siebold und Kölliker Zeitschrift f. w. Z. Bd. X, S. 176.

Der Oesophagus verhält sich, soweit sich dies verfolgen liess, fast wie im geschlechtsreifen Thiere, er ist immer noch etwas länger, auch reicher an Kernen als später. Aus dem eigenthümlichen Bau des Oesophagus konnte ich sogar auf die Gattung zweier sonst unkenntlicher Larven schliessen. Die eine, aus Brasilien stammend, ist die Filaria cystica R., welche v. Olfers in Cysten unter dem Peritoneum bei Symbranchus laticaudatus fand, die andere aus Neuholland von Schomburgk in Galaxias scriba [1]) gefunden. Sie stellten sich beide als zur Gattung Eustrongylus gehörig heraus, welche, wie aus der anatomischen Abtheilung ersichtlich, durch den höchst merkwürdigen Bau des Oesophagus sich auszeichnet. Der Darmkanal der Larve kann sich von dem der Geschlechtsreifen bemerkbar unterscheiden. So zeigt er bei Strongylus armatus noch sehr deutlich die Zellgränzen der zwei Reihen sechseckiger Zellen, welche ich am geschlechtsreifen Thiere gerade an dieser Species nie gefunden habe. Allein die Zellen sind bereits mit zahlreichen Kernen versehen. Bei Anguillula scandens erkennt man im Darm (Taf. XXVI, Fig. 9) eine Reihe von Kernen ohne dazwischenliegende Zellgränzen, während der Darm der Geschlechtsreifen zwar auch keine Zellgränzen, aber viele nebeneinanderliegende Kerne zeigt [2]). Während des Larvenlebens bilden sich nun auch die äussern und innern Geschlechtsorgane aus, wie wir bereits ausführlich in Cap. I. dieses Abschnitts besprochen haben. Die Veränderungen, welche durch die Bildung der Bursa im Schwanztheile vor sich gehen, müssen sehr bedeutend sein, da die Larven, auch die künftigen ♂ ♂ ursprünglich in der Bildung des Mastdarms, der Anordnung der Muskeln, der äussern Gestalt des Schwanzes, ganz den ♀ ♀ gleichen. Leider kann ich darüber keine Auskunft geben.

Die Bildung der Mundtheile des geschlechtsreifen Thieres findet noch während des Larvenlebens statt, wie ich an zwei Species, Strongylus armatus und Cucullanus elegans, genauer beobachtet habe. Bei Strongylus armatus fällt es ungemein auf, dass man an Larven selbst bei solchen

---

[1]) Vielleicht identisch mit den von Baird Proceed. zoolog. soc. 1861. p. 271 in demselben Thier gefundnen Nematoden, welche in einer mit der Bauchhöhle communicirenden, neben der Bauchflosse befindlichen, Abscesshöhle lebten.

[2]) Diese Kerne sind bereits dem Dom Maurice Roffredi (Journal de Physique 1775. S. 7 u. Taf. I, Fig. 1) als eine constante Erscheinung aufgefallen, und werden von ihm als helle Kugeln beschrieben, die, wie er ausdrücklich bemerkt, im Embryo nicht vorkommen.

Exemplaren, welche, nach der vollständigen Ausbildung der Geschlechts-
werkzeuge zu urtheilen, ihrer Häutung sehr nahe stehen, von der so grossen und auffälligen Mundkapsel des geschlechtsreifen Thieres auf den
ersten Blick gar nichts bemerkt, dass aber dennoch an den frisch gehäu-
teten Geschlechtsreifen- die Mundkapsel immer vollkommen ausgebildet ist.
Es ist dies aus der Entwicklung derselben erklärlich, welche in folgender
Weise vor sich geht. Die Mundkapsel der Larve hat, wie wir sahen
(Taf. XXIV, Fig. 18), ungefähr die Gestalt eines mit der weiten Oeffnung
nach hinten gerichteten Trichters. Nun bildet sich sowohl auf der innern
wie auf der äussern Fläche des Trichters eine neue Cuticularschicht, welche
zur Mundkapsel wird. Denkt man sich an der Mundkapsel des geschlechtsreifen Thieres die hintere Hälfte nach vorn eingestülpt, so dass ihre hintere
Oeffnung dicht hinter die vordere zu liegen kommt, und den Oesophagus
gleichzeitig ebensoweit vorgeschoben, so hat man die Lage, in welcher sich
die junge Mundkapsel während des Larvenlebens befindet. So wie bei der
Häutung die Mundkapsel der Larve, welche mit der abgeworfenen Körperhaut in Zusammenhang bleibt, abgehoben wird, klappt sich auch die junge
Mundkapsel auf und hat sogleich ihre definitive Grösse. Dieses Aufklappen
muss sehr schnell geschehen, denn man findet bei der Beobachtung unver-
sehrter Larven nie einen Uebergang. Macht man aber einen Längsschnitt
durch die Mitte des Kopfes (Taf. XXIV, Fig. 19), und bewegt die Larvenhaut ein wenig, so gelingt es leicht, sich von der Lage der jungen Mundkapsel zu überzeugen [1]. Wie die Rinne und die Zähne entstehen, würde
wohl noch schwieriger zu sagen sein.

Die Mundkapsel von Cucullanus elegans entwickelt sich in einer
andern Weise. Vor der Häutung ist dieselbe schon in ihrer künftigen
Lage (Taf. XXVI, Fig. 10); doch unterscheidet sie sich namentlich im Umkreis der hintern Mündung von der definitiven Gestalt (Taf. IV, Fig. 6 u. 7).
Der dreizackige Apparat bildet sich erst später, es liegen aber an seiner

---

[1] Leukart (Arch. f. Heilkunde S. 216) stellt die Entwicklung der Mundkapsel von
Strongylus armatus so dar, dass die vier hinter einander liegenden Segmente, aus welchen
die fertige Kapsel bestehe, sich als ebensoviel Terrassen an der Innenwand der neuen Mundhöhle erheben. Da der Oesophagus in der Larve dicht hinter der Mundöffnung liege, müssten
die Terrassen eine umgekehrte Lage haben, d. h. das hintere Segment sei das vordere,
erst mit dem Zurückweichen des Oesophagus beginne eine Umlagerung, aus welcher die
definitive Gestalt hervorgehe. Es scheint mir, dass Leukart die Entstehung der Mundkapsel nicht richtig verstanden habe.

künftigen Stelle Haufen von Zellen, welche wahrscheinlich seine Matrix vorstellen. Der schreibfederförmige Griffel von Enoplus liratus und den verwandten Arten wird aus der Larve nicht mit hinübergenommen, sondern es bildet sich ein neuer, welcher ziemlich weit hinten, wie es scheint, in der Substanz des Oesophagus liegt (Taf. IV, Fig. 15) [1]). Da man im geschlechtsreifen Thier keinen solchen Reservestachel findet, so lässt sich annehmen, dass dann keine Erneuerung desselben stattfinde.

Nachdem alle diese Vorbereitungen getroffen sind, findet die Häutung statt. Es werden dabei die allgemeine Körperhaut, die bandförmigen Papillen, der Mastdarm, die Mundtheile, so wie die Auskleidung des Oesophagus abgeworfen. Den abgeworfenen Oesophaguskanal habe ich bis jetzt nur bei Strongylus armatus (Taf. XXIV, Fig. 20) gefunden, bei andern, z. B. bei Leptodera und Pelodera, deren Häutungsprocess ich so oft beobachtete, kann man ihn nicht bemerken; wahrscheinlich zerfällt derselbe und wird durch den After entfernt. Neubildungen finden nach dem Eintritt der Geschlechtsreife nicht mehr statt, nur ein allgemeines Wachsthum, wie wir dies bereits bei Besprechung der Haut erwähnt haben.

Der Furchungsprocess der Nematoden ist schon häufig Gegenstand der Beobachtung gewesen und verschieden gedeutet worden; v. Siebold [2]) gab die erste und einfachste Beschreibung. Das Keimbläschen schwindet, es entstehen die immer kleiner werdenden Dotterabtheilungen, welche einen hellen Fleck einschliessen. Nach Bagge [3]), dem darauf folgenden Schriftsteller, verschwindet das Keimbläschen ebenfalls. Es entsteht im Innern des Dotters eine Zelle — die man jetzt einen Kern nennen würde — welche sich durch Einschnürung theilt, worauf auch der Dotter sich theilt, indem jede Abtheilung desselben eine Tochterzelle in sich aufnimmt. Diese Theilung der Zellen und des Dotters schreitet nun gleichmässig bis zur Vollendung des Furchungsprocesses fort. Kölliker [4], stellt den Vorgang als einen viel verwickeltern dar. Wie bei Bagge schwindet das Keimbläschen und es entsteht im Dotter eine Embryonalzelle. Die Embryonal-

[1]) Bastian (monograph of the Anguillulidae. Trans. Linn. Soc. Vol. XXV. S. 104) hat bereits die Erneuerung des Stachels bemerkt und nimmt an, dass dieselbe während des Wachsthums zwei- bis dreimal stattfinde.

[2]) Burdach Physiologie. 1837. Bd. II, S. 212.

[3]) De evolutione Strongyli auricularis et Ascaridis acuminatae dissertatio. Erlangae 1841.

[4]) Müller's Archiv. 1843. S. 68.

zelle hat aber Membran und Kern, welcher letztere bei Bagge nicht erwähnt ist. In der Embryonalzelle entstehen durch endogene Bildung zwei Tochterzellen, welche in derselben sich weiter vermehren. Der Dotter verhält sich nun verschieden Bei den einen, dahin gehören Ascaris dentata, Cucullanus elegans und Oxyuris ambigua, tritt der Dotter in kein näheres Verhältniss zu den Embryonalzellen, sondern wird nur von denselben assimilirt. Bei den andern, dazu mehrere Ascaris- und Strongylusarten gehören, umhüllen sich aber die Embryonalzellen mit Dotter und bilden sogenannte Furchungskugeln, welche aber nie zu Zellen werden. Zum rechten Verständniss dieser Ansicht muss ich hinzufügen, dass Kölliker für die Furchungskugeln andrer Thiere, z. B. Rana, Triton, Lepus cuniculus, die Entstehung der Zellen aus Furchungskugeln annimmt. Dagegen trat Reichert[1]) mit einer neuen Darstellung dieses Vorgangs auf. Auch er sah das Keimbläschen schwinden und nennt den daraus hervorgehenden Zustand des Dotters die erste Furchungskugelzelle. Dieselbe ist mit einer Membran versehen uud bildet in ihrem Innern einen hellen, wahrscheinlich bläschenförmigen Kern. Aber dieser letztere verschwindet wieder und es bilden sich nun innerhalb der ersten Furchungskugelzelle durch „Zellbildung um Inhaltsportionen" zwei neue Zellen, welche nach dem Schwinden der Membran ihrer Mutterzelle frei werden. Sie besitzen eine eigne Membran und es entsteht jetzt in ihnen ein neuer Kern. Diese Tochterzellen vermehren sich, nachdem der Kern geschwunden, ebenfalls durch Zellbildung um Inhaltsportionen bis zur Vollendung des Furchungsprocesses. Reichert fasst also den ganzen Dotter als Zellinhalt und das Bläschen als Kern auf. Kölliker[2]) nahm von Reichert's Untersuchungen Veranlassung seine Ansichten von neuem darzustellen. Er bestreitet die Furchungskugeln und lässt ihre Vermehrung nur durch Theilung vor sich gehen, die hellen Bläschen bezeichnet er jedoch jetzt richtig als Kerne, hält aber fest, dass sie sich durch endogene Bildung vermehren. Auch das hebt er von neuem hervor, dass bei einigen Nematoden, Ascaris dentata u. a., Kern und Dotter nicht in nähere Beziehung zu einander treten. Kölliker hat wahrscheinlich das Vorhandensein mehrerer Kerne in noch ungefurchtem Dotter beobachtet, und sich zu seinen weitern Schlüssen durch die

[1]) Müller's Archiv. 1846. S. 196.
[2]) Archiv für Naturgeschichte. 1847. S. 9.

Analogie der Trematoden und Cestoden verleiten lassen, deren Eier man früher für nackte Keimbläschen hielt [1]). In seiner neusten Darstellung des Furchungsprocesses [2]) beschränkt sich Kölliker nur auf die Mittheilung der Thatsachen, das Verschwinden des Keimbläschens, das Auftreten neuer Kerne und das darauf folgende Zerfallen des Dotters.

Von den andern in diesem §. behandelten Gegenständen lässt sich eine geschichtliche Uebersicht nicht wohl geben, die Entwicklung der Nematoden ist in morphologischer Beziehung bisher nur selten und immer nur beiläufig berücksichtigt worden, und haben wir die Litteratur schon hinreichend citirt. Die wichtigsten Untersuchungen betreffen besonders die biologischen Vorgänge, welche wir im folgenden §. auseinandersetzen werden.

§. 2. Biologische Vorgänge. Wanderung.

Man kann die Nematoden eintheilen in ovipare und vivipare. Dieser Gegensatz ist jedoch kein scharfer, denn viele Species sind zugleich ovipar und vivipar. Die Zahl der wahrhaft viviparen, d. h. derjenigen, bei welchen der Embryo seine Entwicklung noch bis zum Verlassen der Eihaut innerhalb des Uterus vollenden muss, ist gering. Es gehören dazu Filaria medinensis, papillosa und attenuata, Cucullanus elegans, Trichina spiralis, Pseudalius inflexus, Ichthyonema globiceps Die Eier dieser Species sind durchweg dünnschalig. Unter den oviparen lassen sich wieder drei Arten unterscheiden. Bei den einen entwickeln die Embryonen sich zwar im Uterus, aber verlassen die Eischale nicht, dazu gehören Species mit dünn- und dickschaligen Eiern. Bei Filaria guttata dehnen sich die ursprünglich freilich dickschaligen Eier durch das Wachsthum und die Bewegung des Embryo so aus, dass sie dünnschalig werden. Für eine zweite Art, wie die lebenden Species aus der Gattung Leptodera, Pelodera und Enoplus, ist es gleichgültig, ob das Ei im Uterus bleibt oder geboren wird, die Furchung und Entwicklung schreitet ununterbrochen fort. Bleibt das Ei zufällig länger im Uterus, so kriecht der Embryo darin aus. Es scheint, dass diese Embryonen nicht mehr oder wenigstens nicht leicht mehr geboren werden können. Sie bewegen sich in dem Uterus sehr lebhaft und bleiben darin,

---

[1]) Diese Ansicht ist besonders durch die Untersuchungen von Aubert beseitigt worden; Zeitschrift f. w. Z. Bd. V, S. 362 u. ff.

[2]) Handbuch der Gewebelehre. 4. Aufl. 1863. S. 22.

bis der Tod des Thieres erfolgt, ja bis alle weichen Theile zerstört sind, und nur das Hautscelet übrig bleibt. Solche von Embryonen erfüllten Häute erhalten durch die Bewegung der Embryonen eine eigne, dem des lebenden Thieres ähnliche Bewegung. Bei einer dritten Art endlich ist die Entfernung aus dem Uterus und der Aufenthalt im Freien nothwendig zum Eintritt der Furchung, z. B. bei Ascaris megalocephala und lumbricoides. Ich habe in diesen Species nie gefurchte Eier im Uterus gefunden. Die Eier gelangen theils durch die Vulva, theils aber auch, indem die Mutter stirbt, ins Freie. Die dickschaligen Eier sind, wenn die Bildung der Schale vollendet ist, offenbar vollkommen undurchdringlich. Sie ertragen nicht nur das Eintrocknen, sondern auch die Einwirkung von Alkohol [1]), Chromsäure, Kali, Ammoniak, und die Furchung geht ununterbrochen vor sich. Ein Einfluss der Temperatur auf den Verlauf des Furchungsprocesses lässt sich bei den Eiern der freilebenden Species von Leptodera und Pelodera nicht nachweisen, dagegen wirkt eine höhere Temperatur sehr entschieden bei Ascaris lumbricoides, megalocephala und mystax [2]) beschleunigend auf den Verlauf der Furchung. Genauere Temperaturmessungen habe ich nicht angestellt. Der Widerstand der dickschaligen Eier gegen äussere Agentien ist jedoch kein unbegränzter. Die Eier von Ascaris megalocephala, welche ich in dieser Beziehung längere Zeit verfolgt habe, verändern sich bei längerm Liegen in Wasser allmählig in der Weise, dass die drei Hüllen, welche sie besitzen, sich von einander entfernen. Dann löst sich zuerst die äusserste, darauf wird die mittlere lockerer und dicker, endlich bricht sie an einer Stelle auf, und die dritte dünne, gefaltete, tritt allmählig hervor und liegt endlich ganz frei. Gehen wir nun zu den biologischen Schicksalen der Embryonen und Larven über. Es scheint mir am zweckmässigsten die Nematoden in dieser Beziehung in drei Classen zu sondern, solche, welche während ihrer ganzen Lebensdauer frei leben, solche, die als geschlechtsreife Thiere frei leben, als Larven aber parasitisch, und solche, die als geschlechtsreife Thiere parasitisch leben.

Zu der ersten Classe gehören nur Species aus den Gattungen Leptodera, Pelodera und Enoplus. Wir sind gewohnt die Wanderung als eine Eigenthümlichkeit der parasitischen Geschöpfe zu betrachten, allein

---

[1]) Zuerst bemerkt von Ercolani und Vella Compt. rend. T. 38. p. 79, dann von Munk, v. Siebold und Kölliker Zeitschrift f. w. Z. Bd. IX, S. 409.

[2]) Leukart, Wiegmann's Archiv XXIII. Bd. II, S. 188.

die überwiegende Zahl der Thiere durchlebt ihre verschiednen Altersstufen an verschiednen Orten. die Eigenthümlichkeit der Parasiten besteht nur darin. dass der Unterschied der Wohnorte so auffallend ist.
Auch die freilebenden Nematoden sind einer Wanderung unterworfen.
Die Species von Leptodera und Pelodera nähren sich von faulenden Substanzen. bringt man immer neue stickstoffhaltige Körper an ihren Aufenthaltsort. so können sie ihre drei Altersstufen ohne jeden Ortswechsel
durchleben. Allein in der freien Natur sind die Lebensbedingungen andere.
Denken wir uns einen Fäulnissheerd. in welchem geschlechtsreife Thiere
sich aufhalten. Nach einiger Zeit ist der Vorrath an stickstoffhaltiger Substanz erschöpft. die Entwicklung der Eier und die Geburt der Embryonen
geht aber ununterbrochen fort. Die Embryonen finden nur spärliche Nahrung. trotzdem wachsen sie heran, sie verlassen aber ihren Aufenthalt und
zerstreuen sich in die Umgebung. sowohl in Wasser als über feste Körper. Die Dauer dieser Wanderung auf trocknem Boden wird dadurch
unterstützt. dass die Embryonen sich in Schaaren zusammenfinden und durch
ihre eigne und durch die an ihrem Körper haftende Feuchtigkeit sich gegenseitig vor Verdunstung schützen. Auf dieser Wanderung treten die Embryonen in das Larvenstadium, sie werden dabei vor dem Eintritt wohl
doppelt so gross als die. welche bis zum Eintritt in das Larvenstadium
sich in faulenden Substanzen aufhalten. Die Embryonalhaut löst sich
zwar ab. aber die Larve verlässt dieselbe nicht (Taf. XXVI, Fig. 8).
Die Embryonalhaut hat sich dabei erheblich verdickt und ihre Mund-
und Afteröffnung vollständig geschlossen, so dass sie eine Cystenhülle
für die Larve bildet. Die Larve kann sich jedoch mit der Cyste noch
ungehindert bewegen und ihre Wanderung fortsetzen: endlich aber er-
starrt sie und streckt sich dabei linear. Ihr Inneres wird dabei im
durchfallenden Licht dunkel. indem sich in der Leibeshöhle kleinere,
fettartige Kugeln ansammeln und die in der Darmwand vorhandenen
fettartigen Kugeln an Grösse und Menge zunehmen. Hält dieser Zustand längere Zeit an. so stirbt die Larve ab. Anders gestaltet sich der
Lauf der Dinge. wenn die Embryonen auf ihrer Wanderung eintrocknen.
Dieses Ereigniss. weit entfernt ihnen zu schaden, ist vielmehr für ihre Erhaltung von wesentlichem Nutzen; selbst wenn die Embryonen noch lange
nicht ihre vollständige Grösse erlangt haben, treten sie mit dem Eintrocknen, aber wahrscheinlich nur bei langsamem Verlauf desselben, in das

Larvenstadium. Sie häuten sich, nur ist die Embryonalhaut ungleich dünner, sie bildet aber ebenfalls eine Cystenhülle für die Larve. Wie lange und bis zu welchem Grad diese Austrocknung gehen kann, darüber habe ich keine Versuche gemacht. Beim Eintritt von Feuchtigkeit leben sie wieder auf, und beim Schwinden derselben vertrocknen sie. Damit die Larven wachsen und in das geschlechtsreife Stadium treten, müssen sie unbedingt in eine feuchte stickstoffhaltige Substanz gelangen. Dann wird die Cystenhülle gesprengt, sie nehmen Nahrung zu sich, und es gehen alle die Veränderungen vor sich, welche sie zum geschlechtsreifen Thiere machen. Frei bewegliche Larven wittern von weitem einen solchen Fäulnissheerd. Lässt man in einem grössern mit Erde gefüllten Gefässe eine Colonie solcher Thiere sich entwickeln, so vertheilen sich die Larven darin nach Ablauf der Fäulniss [1]. Giesst man nun, wenn die Erde feucht ist, auf einen Punkt derselben z. B. einige Tropfen Milch, so wird man dieselbe schon nach einer Stunde mit Tausenden von Larven bedeckt finden [2].

In diesen beiden Gattungen kann nun ein Parasitismus der Larven eintreten, aber während wir sonst die Einwanderung als nothwendig für die Entwicklung kennen, ist sie hier nur facultativ. Diese facultative Einwanderung ist am einfachsten in der Gattung Pelodera, wo ich sie von P. Pellio beobachtet habe, obgleich sie auch bei andern Species vorkommen mag. Man findet nämlich [3] im Lumbricus agricola häufig Nematoden in einer Cystenhülle eingeschlossen. Sie liegen hauptsächlich auf den Dissepimenten und an den Segmentalorganen. Nimmt man die Cysten heraus und bringt sie in Wasser, feuchte Erde und faulende Substanzen, oder fault der Regenwurm selbst, so verlassen die Larven ihre Cyste und werden geschlechtsreif. Die Nachkommenschaft kann sich freilebend fortpflan-

---

[1] Dieses Experiment ist zuerst von Roffredi (Observations sur la physique par Rozier. 1775. Bd. V, S. 203) in einer ausgezeichneten und inhaltreichen Abhandlung beschrieben worden. Roffredi glaubt, dass diese Würmer ausschliesslich im Kleister vorkommen. Er kochte Waizenmehl in Wasser mit Essig gemischt, und legte es in ein Leinwandsäckchen eingeschlossen in einen Blumentopf, der feucht gehalten wurde. Nach zehn bis zwölf Tagen ist der Kleister immer mit Anguillula gefüllt.

[2] Wir haben bereits bei der Gattungsbeschreibung von Pelodera (S. 149) einen Abriss dieser Entwicklungsgeschichte gegeben. Man möge noch speciell vergleichen, was S. 160 über Leptodera oxophila gesagt worden ist.

[3] Gleichen (Auserlesene Entdeckungen 58) hat diese Parasiten selbst, Lieberkühn (Institut 1858. p 240) ihre Entwicklung in faulenden Regenwürmern zuerst beschrieben.

zen, ohne in einen Regenwurm einzuwandern. Verwickelter ist das Verhältniss der parasitischen Generation zur freilebenden bei Leptodera appendiculata. Limax aber beherbergt im Muskelfleisch des Fusses, so wie in den Blutgefassen die Larven dieses Nematoden. Sie kommen überall vor, wenn Limax aber auf einem fetten Boden, z. B. in Laubwäldern wohnt, hier in Berlin auf dem sandigen Boden des Thiergartens nicht. Diese Larven werden bis zu 2 ′′′′ lang, haben einen vollständig geschlossnen Mund und After, so wie die bandförmigen Schwanzpapillen und die eigenthümliche Anlage des Genitalapparats, welche bereits in den betreffenden Abschnitten beschrieben worden sind (Taf. XXV, Fig. 1, Taf. XXVI, Fig. 1 und 2). Von Zeit zu Zeit, bei feuchtem Wetter, oder wenn man die Schnecken in Wasser legt, kriechen die Larven aus dem Fuss heraus, häuten sich, die Begattung und die Entwicklung geht vor sich. Allein die Larven brauchen nicht einzuwandern, sie verlangen nur eine stickstoffhaltige Nahrung und Feuchtigkeit, sie wandern nur in die Schnecken, wenn sich die Gelegenheit bietet. Die freilebenden Larven unterscheiden sich auffallend von den parasitischen; sie sind zunächst bedeutend kleiner, von etwa 0,75 ′′′′ Länge, sie haben ferner einen offnen Mund und After und die gewöhnlichen Schwanzpapillen, welche nur leicht über die Haut hervorragen, und deren Pulpa linear dünn ist. Auch die Geschlechtsanlage, obgleich im Allgemeinen von demselben Bau, unterscheidet sich. Ausser, dass sie im Ganzen kleiner ist, bilden die Kerne des Stroma im blinden Ende nur eine Reihe, während sie bei der parasitischen Larve zu mehrern neben einander liegen. Diese Stellung der Kerne geht aus den Larven unverändert in die Geschlechtsreifen über. Die Geschlechtsreifen beider Generationen zeigen sonst ausser der Grösse keinen Unterschied. Der Unterschied der Larven, je nach ihrem Aufenthalt, beruht darin, dass gewisse Organe im parasitischen Zustand zu einer bedeutendern Entwicklung kommen als beim freien Leben. Hat die Larve im freien Leben hinreichende Nahrung, so geht sie schnell in den geschlechtsreifen Zustand über, und die Larvenorgane haben keine Zeit, sich vollkommen zu entwickeln, beim parasitischen Leben aber bleiben die Larven, trotz reichlicher Nahrung, länger in einer Umgebung, welche ihnen nicht gestattet, geschlechtsreif zu werden. Dass gewisse Organe, je nach den Lebensbedingungen, bei reichlicher oder kärglicher Nahrung sich entwickeln oder verkümmern können, ist ja bekannt. Ich will nur als ein sehr auffallendes Beispiel erwähnen, dass bei vielen

Hemipterenspecies beide Geschlechter in geflügelten und ungeflügelten Individuen auftreten.

Die Einwanderung der Larven in Limax ater liess sich nicht so leicht experimentell nachweisen. als man vermuthen sollte. Um die Einwanderung verfolgen zu können, erzog ich mir eine Colonie der Leptodera appendiculata und brachte sie mit Berliner Schnecken zusammen, welche, wie erwähnt. niemals diese Larven beherbergen. Die Einwanderung erfolgte erst dann, wenn die Embryonen schon einige Tage auf der Wanderschaft und bereits im Begriff waren. sich zu häuten. Aber auch dann nur, wenn die Lufttemperatur wenigstens 16—17° R. betrug. Leider sterben bei dieser Temperatur die Schnecken. die man zu diesem Experiment in engen und feuchten Gefässen halten muss, sehr leicht. Obgleich ich nach vielen missglückten Versuchen die nothwendigen Bedingungen kennen gelernt hatte, hängt doch das Gelingen von so vielen Zufällen ab, dass es mir nur wenige Mal glückte, eine massenhafte Einwanderung zu erzielen. Die Embryonen häuten sich vor derselben, man findet sie in der bereits abgehobenen Embryonalhaut steckend auf dem Leibe der Schnecken. An welcher Körperstelle das Eindringen stattfindet, liess sich nicht bestimmen. Ich fand sie aber immer äusserst zahlreich in den Blutgefässen der Leibeshöhle. Sie waren noch klein, aber bereits mit den bandförmigen Papillen so wie der Anlage der Geschlechtsröhre ausgestattet, die Fussmuskeln scheinen sie also erst später aufzusuchen.

Ausser der bedeutenden Entwicklung einzelner Organe, die wir bei den parasitischen Larven von Leptodera appendiculata finden, hat das parasitische Leben der Larve sowohl bei Leptodera appendiculata als bei Pelodera pellio doch noch einen Einfluss auf die Lebensweise. Während nämlich die frei aufwachsenden Larven nur in stickstoffreicher Nahrung zu Geschlechtsreifen heranwachsen können. vermögen die Larven, welche parasitisch gelebt haben, dies auch bei sehr dürftiger Nahrung. Ob sie bei gänzlichem Nahrungsmangel in reinem Wasser aufwachsen, habe ich nicht untersucht.

Wir gehen über zur zweiten Klasse, zu denjenigen. deren Geschlechtsreife frei leben, deren Larven aber parasitisch sind. Diese Klasse wird von den Gattungen Mermis und Gordius gebildet. v. Siebold hat die Lebensgeschichte der Mermis albicans entdeckt und genau

beschrieben [1]). Die Embryonen verlassen die im Sommer gelegten Eier
im nächsten Frühjahr und erlangen die Grösse von 5'''. Zuerst leben sie
frei in feuchter Erde. dann suchen sie sich Insectenlarven auf, und bohren
sich in die Leibeshöhle derselben ein. Hier verleben sie ihr Larvenstadium
und wachsen aus. ohne sich zu encystiren. Endlich durchbohren sie die
Haut ihres Wirthes und gelangen in feuchte Erde. wo sie sich häuten, begatten und wieder Eier legen. Ob sich die Embryonen vor oder nach der
Einwanderung häuten. ist nicht beobachtet. Die Embryonen können weite
Wanderungen machen. sie steigen an Bäumen herauf, denn die Larven
finden sich nicht selten in der Raupe von Carpocapsa pomonana, welche
nur im Innern der Aepfel und Birnen vorkommt. Nach v. Siebold finden
sich die Larven von Mermis albicans und wahrscheinlich auch von M. nigrescens am häufigsten in Raupen von Schmetterlingen, aber auch von
Orthopteren, Coleopteren und Dipteren, ja sogar ziemlich häufig in einer
Schnecke, Succinea amphibia. Ich selbst habe Larven einer Mermis (spec?)
häufig. etwa in jedem zehnten Individuum von Locusta viridissima, gefunden. jedoch nur auf feuchten Wiesen und Feldern. Die von Dujardin [2])
beschriebne Filaria lacustris ist zwar, wie v. Siebold richtig vermuthet,
eine Mermis, aber keineswegs geschlechtslos. Herr Dr. R. Hartmann
hat sie bei Berlin häufig gefunden und genauer beobachtet [3]). Die Larven
derselben leben in Tipulidenlarven. Die Lebensgeschichte des Gordius
kennen wir durch Meissner [4]), der sie bei Gordius subbifurcus genau verfolgte. Die Eier werden beim Legen von einer zähen erstarrenden Masse
zu grossen Ballen oder Schnüren vereinigt. Nach einem Monate ist der
Embryo fertig, er durchbohrt mittelst seines Stachels die Eischale und verlässt dieselbe in der Grösse von $\frac{1}{35}$'''. Nun liegen die Embryonen, ohne
ihre Stelle zu wechseln, ruhig auf dem Grunde; ihre einzigen Bewegungen
bestehen in dem Aus- und Einstülpen des Rüssels. Meissner brachte
nun Ephemeren- und Phryganidenlarven in das Gefäss, und sofort wan-
derten die Embryonen ein. Der Vorgang der Einwanderung liess sich

---

[1]) Entomologische Zeitung zu Stettin. Jahrgang 1848. pag. 292. v. Siebold und
Kölliker Zeitschrift f. w. Z. Bd. V, S. 201.

[2]) H. n. d. Helminth. S. 48.

[3]) Sitzungsbericht d. Gesellschaft d. naturforschenden Freunde. Februar 1861. (?)
Leider hat Hartmann nur diese kurze Notiz veröffentlicht.

[4]) v. Siebold und Kölliker Zeitschrift f. w. Z. Bd. VII, S. 130.

nicht verfolgen, sehr wahrscheinlich bohrten sie sich durch das unterste Tarsalgelenk, während die Insecten ruhig auf dem Boden sassen. Vom Fuss aus drangen dann die Embryonen bis in den Leib, theils in den Fettkörper, theils und hauptsächlich zwischen die Primitivbündel der Muskeln. Hier ziehen sie den Rüssel ein, krümmen sich zusammen und umgeben sich mit einer Cyste. Wann die Häutungen eintreten, ist unbekannt.

Wir gelangen zur dritten Klasse, welche solche enthält, deren geschlechtsreife Thiere parasitisch leben. Von den Pflanzenparasiten kennen wir nur die Entwicklung von Anguillula scandens. Die Larven liegen vertrocknet in den Gallen, welche bereits die Mutter bewohnte. Sobald die Gallen in die Erde gelangen, leben die Larven auf, verlassen dieselben und leben frei. Finden sie junge Waizenpflanzen, so kriechen sie zwischen die Blattscheiden, steigen auf in die jungen Aehren und können in die noch unfertigen Blüthen eindringen. Statt der Blüthe entsteht eine Galle, in welcher die Geschlechtsreife eintritt und die Jungen die Eier verlassen. Man kennt die Häutungen nicht, aber ich halte die Jungen vom Verlassen des Eies bis zur Geschlechtsreife für Larven. Nur diese überleben das Eintrocknen, während die Embryonen und Geschlechtsreifen sterben.

Indem wir nun zu den in Thieren parasitisch lebenden Geschlechtsreifen übergehen, betrachten wir zuerst das Schicksal der Embryonen. Dieselben verlassen entweder das Thier, welches die Mutter beherbergt, ganz, oder sie suchen sich innerhalb derselben einen neuen Wohnort auf. Die, welche das bisherige Wohnthier verlassen, können entweder von Viviparen abstammen, wie Filaria medinensis und Cucullanus elegans, oder von Oviparen, wie verschiedne Strongylusarten, so nach Leukart bei Strongylus hypostomus und trigonocephalus, und im letzteren Fall verlassen sie nach vollkommner Ausbildung das bereits in freier Erde liegende Ei. Nach Leukart's Beobachtung ist es gewiss, dass sich die Embryonen der eben erwähnten Strongylusarten während des Lebens im Freien häuten, also in das Larvenstadium übergehen. Rücksichtlich des Cucullanus elegans spricht sich Leukart nicht so bestimmt aus, es wird aber auch bei ihm eine solche Häutung stattfinden, wahrscheinlich nach der Einwanderung, nachdem der kleine Bohrzahn, den die Embryonen am Mund tragen, seine Dienste verrichtet hat. Es kann aber auch der Fall eintreten, so bei Ascaris megalocephala, dass die Eier freiliegen, der Embryo dieselben aber nicht verlässt, seine erste Häutung also der Uebergang in das

Larvenstadium vielmehr noch innerhalb des Eies stattfindet. Bei der Zartheit der abgeworfnen Haut kann man dieselbe leicht übersehen, indess
wird sie bei Bewegungen des Embryo sowohl am Kopf als am Schwanztheil deutlich sichtbar: die vollständige Auflösung der Eischale erfolgt dann
wahrscheinlich erst durch den Magensaft des Wirthes, in welchem das Thier
sein geschlechtsreifes Stadium erlebt. Bei einem andern Theil verlassen
die Embryonen den Wirth der Mutter nicht, suchen sich aber innerhalb
desselben einen andern Wohnort auf. Diese Art der Wanderung ist den
Nematoden ganz eigenthümlich, und bis jetzt bei den übrigen zu den
Entozoen gerechneten Ordnungen der Würmer noch nicht beobachtet
worden. Sie wurde zuerst bei Trichina spiralis gefunden und war so
unerwartet, dass man sich erklären kann, warum die Entwicklungsgeschichte der Trichina spiralis so lange unbekannt blieb und warum die Entdecker derselben so unsicher in der Combination der verschiednen Entwicklungsstufen sein mussten. Bei Trichina spiralis verlassen die Embryonen nach ihrer Geburt sofort den Darmkanal und wandern, indem sie
wohl alle Weichtheile durchbohren können, nach den willkürlichen Muskeln und dringen in das Innere des Primitivbündels ein. Die Muskelstructur des Primitivbündels geht unter, dasselbe verwandelt sich unter
starker Vermehrung der Kerne in ein der Bindesubstanz ähnliches Gewebe,
und bildet schliesslich eine längliche dickwandige Cyste, welche die Larve
umschliesst. Ob sich die Jungen während der Wanderung oder im Innern der Cyste häuten, ist unbekannt. Jedenfalls ist der in der Cyste
eingeschlossne Wurm im Larvenstadium, er zeigt die spätern Geschlechts-
unterschiede noch nicht, wohl aber die Anlage der Geschlechtsorgane.
Auch Ollulanus tricuspis, n. sp. Leukart, aus dem Magen der Katze, hat
wahrscheinlich eine der Trichina spiralis ähnliche Entwicklung. Wir verdanken die Kenntniss derselben wieder Leukart[1]). Dieser Wurm, welcher zu unsrer Gattung Strongylus, in die Nähe von Strongylus armatus,
zu gehören scheint, lebt geschlechtsreif in dem Darm der Katze. Leukart beschreibt die Entwicklung desselben so, dass die Embryonen theils
in der Katze selbst wandern und sich in der Pleura und dem Peritoneum
encystiren, theils durch den Koth und den Bronchialschleim, in welchem
sie zahlreich zu finden sind, auswandern, um einen neuen Wirth zu suchen.

---

[1]) a. a. O. S. 197.

Die Wanderung innerhalb der Katze soll nach ihm nur accidentiell sein, indem die eingekapselten Jungen — wahrscheinlich Larven — nach einiger Zeit zu Grunde gehen, die Auswanderung vielmehr die Regel, und in der That lebten die Embryonen des Bronchialschleims in einer Maus, an welche sie verfüttert wurden, weiter und encystirten sich in den Muskeln. Allein ich glaube kaum, dass man die Wanderung in der Katze als eine Verirrung betrachten kann, ebensowenig als die Wanderung der Trichina im Menschen, obgleich die Trichinenlarven des Menschen der Regel nach untergehen. Hätte man die Ollulanuslarven der Katze wieder an eine Katze, oder an eine Maus gefüttert, so würden sie im Magen wahrscheinlich geschlechtsreif geworden sein, und die Embryonen sich innerhalb der Katze und Maus encystirt haben. Von andern Nematoden, welche innerhalb des Wirthes der Mutter wandern, ist mit einiger Wahrscheinlichkeit Filaria attenuata und immitis zu nennen. Ecker [1]) fand in Corvus frugilegus, und zwar im Blut, zahlreiche geschlechtslose Nematoden, und gleichzeitig in der Bauchhöhle geschlechtsreife Exemplare von Filaria attenuata. Sollten diese Hämatozoen, was nicht unwahrscheinlich ist, in den Entwicklungskreis der F. attenuata gehören, so ist es allerdings wahrscheinlich, dass es Embryonen sind. Ebenso mögen die im Blute der Hunde vorkommenden Nematoden die Embryonen der Filaria immitis oder einer verwandten Species sein (vergl. S. 88).

Nachdem wir so das Schicksal der Embryonen bis zu ihrer Verwandlung in die Larven verfolgt haben, wenden wir uns zur Betrachtung des Wohnorts der Larven und ihrer Wanderung in den Wohnort der Geschlechtsreifen.

Wie wir sahen, gehen die freilebenden Embryonen, sowohl wenn sie von Viviparen abstammen als von Oviparen, und im letztern Fall sogar ehe sie das Ei verlassen, bereits in das Larvenstadium über. Diejenigen, die das Ei nicht verlassen, können auch im Larvenstadium den Aufenthalt in einer trocknen Atmosphäre vertragen, wie sich nach Versuchen an Ascaris megelocephala z. B. leicht nachweisen lässt; ob auch die andern, ist leider noch nicht untersucht, es ist zu erwarten, dass ein Theil derselben gewiss dazu befähigt ist.

Für einen Theil der freilebenden Larven ist nun die Wanderung bereits beendet. Es geht dies aus den Versuchen Leukart's mit Sicher-

---

[1]) Müller's Archiv. 1845. S. 501.

heit hervor. Die noch in den Eiern eingeschlossnen, nach unsrer Auffassung wahrscheinlich im Larvenstadium befindlichen, Jungen von Trichocephalus affinis wachsen im Darm der Schafe zu geschlechtsreifen Thieren aus, nachdem sie, wie zwar noch nicht beobachtet ist, wie man aber nothwendig annehmen muss, sich gehäutet haben. Ebenso wachsen die freilebenden Larven des Strongylus trigonocephalus nach Uebertragung in den Darm des Hundes aus, häuten sich, und werden so zu geschlechtsreifen Thieren. Im hohen Grad ist ein ähnlicher Vorgang, ebenfalls nach Leukart's Versuchen, wahrscheinlich für Ascaris mystax. Es lässt sich erwarten, dass auch Ascaris lumbricoides und megalocephala denselben Lebenslauf haben. Die Larven der Ascaris mystax leben, wie es scheint, längere Zeit im Magen, und wandern erst nach oder bei Beginn der Häutung in den Dünndarm. Allerdings sind die Versuche, Ascaris lumbricoides und megalocephala [1]) durch directe Uebertragung der Eier zu erziehen, bis jetzt immer gescheitert. Die Bedingungen zur Entwicklung sind uns also vielleicht noch nicht vollkommen bekannt, oder, und diese Möglichkeit ist gewiss nicht auszuschliessen, es müssen im Darmkanal gewisse Dispositionen zum Gedeihen der Würmer vorhanden sein.

Bei einer andern Reihe von Nematoden gelangen aber die Larven nicht direct aus dem freien Leben an den Wohnort des geschlechtsreifen Thieres. Entweder müssen sie in ein andres Thier einwandern, oder sie wandern zwar in das Wohnthier des Geschlechtsreifen, aber in ein andres Organ. Durch directe Versuche ist diese Einwanderung bis jetzt, und zwar wieder durch Leukart, festgestellt, nur bei Cucullanus elegans. Dieselben kommen in den Magen von Cyclops und bohren sich von da weiter in die Bauchhöhle, wo sie nach Leukart sich häuten und in den Larvenzustand übergehen. Indess kennen wir eine grössre Zahl andrer parasitisch lebender Larven, von denen wir vermuthen können, dass sie

---

[1]) Ich selbst habe mit Ascaris megalocephala einen vergeblichen Versuch gemacht. Herr G. R. Gurlt erlaubte mir zu diesem Zweck ein Pferd, welches gleichzeitig zu einem andern aber für den meinigen durchaus nicht störenden Versuch diente, zu benutzen. Dasselbe wurde am 24. und 30. Juni und 6. Juli mit erheblichen Quantitäten von Eiern gefüttert. Die Eischalen waren bereits im Verfall, aber die darin befindlichen Larven gesund und beweglich. Am 21. Juli wurde das Pferd getödtet. Darm und Magen enthielten keine Ascariden, selbst nicht in dem aufmerksam untersuchten Schleime. Das Pferd hatte während des Versuchs keine Diarrhöen gehabt, und hatte, um dies zu verhüten, kein frisches Grünfutter erhalten.

nach Uebertragung in einen andern Wirth zu Geschlechtsreifen werden. Dahin gehören die Ascarislarven, welche in der Bauchhöhle vieler Fische vorkommen, und die man gewöhnlich unter dem Namen Filaria piscium begreift. Sie sind bestimmt im Darm der von Fischen sich nährenden Säugethiere (Phocen und Delphine), Vögel (Pelecaniden) und Fische zu leben. Die Larven sind entweder encystirt oder frei beweglich und leben in der Peritonealhöhle, im Muskelfleisch und in den Fettlappen. Ascarislarven in andern Thieren, als Fischen, sind bis jetzt selten beobachtet, Zu Ascaris, vielleicht Ascaris depressa, gehört, wie Leukart mit Recht vermuthet, die mit einem Bohrzahn versehene Larve (Ascaris incisa R.), welche encystirt im Peritoneum des Maulwurfs lebt. Die Larven von Eustrongylus kommen, wie bereits erwähnt, in Fischen, so in Symbranchus laticaudatus und Galaxias vor. Dies erklärt uns auch, warum die geschlechtsreifen Eustrongylus vorzugsweise in Thieren vorkommen, welche von Fischen leben, so der E. tubifex in verschiednen Arten von Mergus, Colymbus, Podiceps und Anas: E. Gigas in Lutra vulgaris, Mustela vison[1]. Dieser Umstand giebt uns auch einen Fingerzeig, wie der Mensch, Hund, Wolf, Pferd, sich mit dem E. Gigas inficiren können, nämlich durch den Genuss roher Fische. Dass diese Thiere in fischreichen Gegenden nicht selten Fische fressen, ist gewiss. Aber auch Menschen verschmähen rohe Fische nicht, ich erinnere mich gehört zu haben, dass in Schweden roher Lachs eine beliebte Speise ist. Auch Physaloptera lebt wahrscheinlich als Larve parasitisch. Im Berliner Museum fand ich eine Nematodenlarve, leider ohne Angabe des Wohnorts, welche zwei Lippen, ähnlich denen der Physalopteren besass. Sollte nicht die Filaria bilabiata Dies., welche in Sterna Leucopareia, dem Darm äusserlich anhängend — also wahrscheinlich encystirt — gefunden ist, eine Physalopteralarve sein.

Noch ist vieles in der Naturgeschichte dieser Larven dunkel, auf einen Punkt möchte ich z. B. die Aufmerksamkeit künftiger Forscher lenken. Leukart hat die Ascarislarven des Maulwurfs sowohl encystirt im Peritoneum als frei beweglich in den Muskelfasern gefunden. Sollten diese Larven vielleicht nach ihrer Einwanderung zuerst in die Muskeln gehen

[1] Worin er nach Weinland (Troschel's Archiv f. Naturgeschichte. 25. Jahrg. Bd. I, S. 283) sehr häufig oft zu sechs Stück in einer Niere vorkommt.

und nachdem sie darin einige Zeit gelebt, sich im Peritoneum encystiren. Vielleicht verhalten sich die Ascarislarven der Fische ähnlich, da sie ebenfalls an verschiednen Orten und Zuständen frei beweglich in den Muskeln und zwischen den Därmen, so wie encystirt gefunden werden.

Wir gehen jetzt zu denjenigen Larven über, welche zwar in dem Wirth des geschlechtsreifen Thieres, aber in einem andern Organ leben. Dieser Fall findet sich bei Strongylus armatus. Die Larven desselben lebten in einem Aneurysma der Baucharterie, meist in grossen Mengen. Wie sie dahin gelangen, ist unbekannt. Sie wachsen hier zum geschlechtsreifen Thiere aus, verlassen aber die abgeworfene Larvenhaut nicht. Dies geschieht vielleicht erst dann, wenn sie ihre Wanderung aus dem Aneurysma nach dem Darm antreten. Merkwürdiger Weise kennen wir die Wege dieser Wanderung ebenfalls nicht, denn obgleich das Pferd so häufig secirt wird, hat man den Strongylus armatus nur selten ausserhalb der Aneurysmen und des Darmes gefunden. Valentin fand ihn einmal in der Pfortader und Gurlt in der Tunica vaginalis des Hoden. An diesen genau bekannten Fall möchte ich noch zwei andre reihen, welche, wie ich wenigstens vermuthe, ebenfalls hierher gehören. Es war mir aufgefallen, dass die Exemplare des Strongylus dentatus sowohl aus der Rudolphischen Sammlung sowie aus der Thierarzneischule, niemals reife Eier enthielten. Zwei Beobachtungen scheinen mir darauf hinzuweisen, dass dies keineswegs zufällig ist. Molin[1]) fand einen dem Strongylus dentatus offenbar nahe verwandten Wurm, Oesophagostomum pachycephalum, in den Häuten des Blind- und Dünndarms von Simia sabaea in mit Flüssigkeit gefüllten Blasen, während andrerseits Strongylus dentatus, und zwar, wie ausdrücklich angegeben wird, geschlechtsreif, in der Leber und im Nierenfell des Schweins in grössern mit Eiter gefüllten Cavernen gefunden worden ist[2]). Es wäre möglich, dass der Strongylus dentatus im Larvenstadium bis zur vollendeten Geschlechtsreife im Darm verweilt, dann aber in die Bauchhöhle, in das Fell eintritt, und dort als geschlechtsreifes Thier lebt. Eine ähnliche Wanderung wäre ferner bei Trichosomum möglich. Es finden sich, nach Krabbe[3]), in der Leber von Triton cristatus freie Trichosomen und viele eingekapselte Eier-

---

[1]) Atti dell' Instituto Veneto. IX, 1860. S. 450.
[2]) Proceedings Boston Soc. of nat. hist. VI, S. 428. Leydy Proceed. Acad. Philadelphia. VIII, S. 54. Diesing Annal. d. Wien. Mus. II, p. 232.
[3]) Sitzungsberichte d. Acad. zu Wien XXV, 1857. S. 520.

haufen, während im Darm unreife Trichosomen vorkommen. Auch das
Trichosomum splenoecum, aus der Milz der Spitzmäuse und Maulwürfe,
dürfte vielleicht vorher im Darm gelebt haben. Indess lässt diese Erscheinung bei den Trichosomen sich vielleicht noch in andrer Weise erklären, nämlich so, dass die ♀♀ erst nach der Begattung die Milz aufsuchen, um dort ihre Eier abzulegen. Endlich wird auch noch ein
Strongylus hierher gehören, von dessen Entwicklung Ercolani [1]) uns
einige Bruchstücke mitgetheilt hat. Derselbe fand im Colon und Coecum
des Pferdes Knoten von der Grösse einer Bohne, welche einen Wurm in
verschiednen Entwicklungsstufen, zuerst ohne deutliche Mundtheile und dann
mit Mundkapsel versehen, enthielten. Mit Unrecht hält Ercolani denselben
für Strongylus armatus; nach seiner Abbildung hat er eher Aehnlichkeit
mit Strongylus tetracanthus. Sollte derselbe vielleicht sein Larvenstadium
in den Knoten verleben und als geschlechtsreifes Thier in den Darm
übergehen?

Es bleibt mir jetzt noch übrig einer Wanderung zu gedenken,
deren Ziel uns unbekannt ist. Wir haben bereits eine Filarienlarve mit
bandförmigen Schwanzpapillen erwähnt (Taf. XXVI, Fig. 3), welche in durchsichtigen Bläschen der Schleimhaut des Darmes von Triton taeniatus vorkommt. Ich fand dieselben niemals im Sommer, immer nur im Herbst und
Winter. Zu dieser Zeit waren die Geschlechtsorgane noch nicht angedeutet. Obgleich ich die Tritonen den ganzen Winter hindurch beobachtete und reichlich fütterte, so trat doch keine weitere Entwicklung ein.
Endlich, im Frühjahr, mit Beginn der Geschlechtsreife ihrer Wirthe häu-
teten sich auch die Larven, und zeigten nun, dass sie zur Gattung Filaria
gehörten. Die geschlechtsreifen Thiere verliessen die Cysten, blieben
aber in der Larvenhaut stecken und wurden mit den Fäces entleert.
Ich glaubte zunächst die Larve von Hedruris androphora gefunden zu
haben, allein schon die Mundtheile sind vollständig verschieden, bei der
Filaria sind sie sehr einfach, während sie bei Hedruris durch die reiche
Entwicklung der Lippen sich auszeichnen. Welches sind die weitern Schicksale der Larve? Offenbar sind zwei Fälle möglich, entweder der Triton
muss von irgend einem Thier gefressen werden, oder die Larve wird aus
dem Wasser, in welchem sie, wie ich mich überzeugt habe, einige Tage

---

[1]) Giorn. d. veterinaria. Turin 1852. Bd. I, S. 317.

leben kann, mit der Nahrung aufgenommen, und geht so in ihren definitiven Wirth über.

Die erste Beschreibung der Wanderung eines Nematoden ist die von Anguillula scandens, welche Roffredi¹) gegeben hat. Dieser ausgezeichnete Beobachter hat die Entwicklung derselben fast erschöpfend beschrieben. Er säcte gesunden Weizen mit Weizengallen aus, verfolgte das Aufsteigen der Larven, bemerkte, dass sie sich während des Aufsteigens veränderten, und dass sie in den Gallen geschlechtsreif wurden. Das ♀ hat er deutlich abgebildet, nur das ♂ hat er übersehen. Seine Versuche sind von Bauer²), allerdings in sehr unvollkommner Weise wiederholt worden; sonst aber war diese Entwicklungsgeschichte fast vergessen worden, bis sie in neuster Zeit durch Davaine in seinem mehrfach citirten Werke wieder an das Licht gezogen und mit vielen neuen Beobachtungen bereichert wurde. Die Entwicklungsgeschichte der übrigen Nematoden machte im Vergleich mit der andrer Eingeweidewürmer, der Trematoden und Cestoden, nur langsame und späte Fortschritte. Zuerst wurde die Wanderung von Mermis durch v. Siebold bekannt und daran schloss sich die Entdeckung der in vieler Beziehung ähnlichen Wanderung von Gordius durch Meissner³). Ich selbst beschrieb dann die Entwicklung der Leptodera appendiculata. Ein wichtiger Fortschritt war die Erkenntniss der Entwicklung von Trichina spiralis, über deren Geschichte wir bereits im systematischen Theile berichtet haben. Allein merkwürdiger Weise blieb die Entwicklung der am längsten bekannten und am meisten verbreiteten Gattungen durch alle diese Entdeckungen ohne Aufklärung, bis Leukart⁴) seine Untersuchungen veröffentlichte. Leukart beschrieb zuerst die Entwicklung von Cucullanus elegans, Strongylus trigonocephalus und Ollulanus tricuspis vollständig, ausserdem von einer grossen Zahl anderer Nematoden einzelne Stadien derselben. Die Einzelheiten seiner höchst verdienstvollen Untersuchung habe ich bereits oben im Wesentlichen mitgetheilt.

¹) Journal de physique par Rozier. Bd. V, 1775. S. 1.
²) Philosophical transact. 1825. Bd. I, S. 1.
³) Die Untersuchungen von v. Siebold und Meissner haben wir oben bei Beschreibung der Entwicklung dieser beiden Gattungen citirt.
⁴) Archiv d. Vereins f. wissenschaftliche Heilkunde. 1865. S. 195.

§. 3. Nematoden mit Zwitterbildung. Wahrscheinlicher Fall einer
Fortpflanzung ohne Befruchtung.

Unter den frei lebenden, von faulenden Substanzen sich nährenden
Nematoden findet man eine grössere Zahl von Species, welche die äussere
Gestalt und den Bau von ♀♀ besitzen, deren ♂♂ man aber stets vergeblich suchen wird. Trotzdem sind ihre Tuben immer mit Spermatozoen gefüllt und die Eier entwickeln sich zu Embryonen. Es
lässt sich mit Sicherheit beweisen, dass diese Nematoden Zwitter sind.
Diese Zwitter stehen im System in der Nähe von Leptodera und Pelodera.
Allein weder ihr Genus noch ihre Species lässt sich mit Sicherheit bestimmen, da sowohl die Genus- als Speciescharactere dieser Genera nur in
der Gestalt des männlichen Schwanzes bestehen. Ich glaube 7 Species
unterschieden zu haben, unterlasse aber deren nähere Beschreibung, da
dieselben von Andern schwerlich wieder zu erkennen sein würden. Ich
bilde nur von drei Species das Kopf- und Schwanzende ab, welche ich
einstweilen als Leptodera dentata, dolichura und foecunda (Taf. X, Fig. 7,
10, 11) bezeichnen will. Später werden wir andere parasitische Zwitter
kennen lernen, welche nachweislich zum Genus Leptodera gehören und
deren Species mit grössrer Sicherheit zu bestimmen sind. Allein in einem
Punkt unterscheiden sich diese Zwitter von Leptodera und Pelodera, nämlich darin, dass ihr Darm aus polyedrischen Zellen zusammengesetzt ist [1]).
Ich bin erst spät auf diesen Unterschied aufmerksam geworden und habe
ihn nur in einer mir seitdem vorgekommnen Species constatiren können.
Uterus und Tuba besteht aber, wie bei Leptodera und Pelodera, aus zwei
Reihen sechseckiger Zellen.

Aus andern Gruppen der Nematoden glaube ich nur eine Zwitter-
species kennen gelernt zu haben, nämlich Enoplus liratus. Doch habe ich
an diesem die Zwitternatur nicht wie bei den vorhergehenden experimentell
nachweisen können, da man seine natürliche Lebensweise nicht künstlich
ersetzen kann.

Für die in faulenden Substanzen lebenden Species lässt sich die
Zwitternatur mit Sicherheit nachweisen. Man isolirt einen Embryo oder

---

[1]) L. foecunda ist identisch mit Pelodytes hermaphroditus mihi, v. Siebold und
Kölliker Zeitschrift f. w. Z. Bd. X, S. 178.

eine Larve in einem Uhrgläschen, welches einige Tropfen leicht faulender Substanzen — z. B. Blut — enthält, und vor Verdunstung geschützt ist. Er wird sich regelmässig häuten, die Tuben füllen sich mit Spermatozoen und die Eier entwickeln sich wieder zu Zwittern. Die Entstehung der Spermatozoen geschieht in der Weise, dass die ersten von der Keimsäule sich lösenden Keime dunkelkörnig werden und sich theilen wie in einem Hoden. Ich habe diesen Vorgang von L. foecunda und dentata abgebildet (Taf. XXIII, Fig. 5. 6), eine weitere Erläuterung halte ich für überflüssig. Um dieses Stadium zu finden, braucht man nur die Exemplare kurz nach ihrer letzten Häutung zu öffnen und die Geschlechtsorgane zu isoliren. Nach einiger Zeit hört die Spermatozoenbildung auf und die Keime werden zu Eiern (Taf. XXIII, Fig. 7). Diese Zwitterbildung widerspricht unsern bisherigen Anschauungen, denn in den uns bekannten Zwittern ist entweder, wie z. B. bei Gasteropoden, die innre Selbstbefruchtung unmöglich, oder wo dieselbe möglich, wie bei Trematoden, wenigstens die Befruchtung durch ein andres Individuum nicht ausgeschlossen. Allein hier lässt sich nicht absehen, wie ein Zwitter durch einen andern befruchtet werden könnte. Es schwebte mir deshalb immer der Gedanke vor, dass die Zwitter unter gewissen Umständen auch ♂ erzeugen würden. Allein obgleich ich dieselbe Colonie oft über ein Jahr verfolgte, hat dieses gewünschte Ereigniss nie eintreten wollen. Man darf sich bei der Beobachtung solcher Colonien nicht täuschen lassen, da, wie wir bereits bei der Schilderung der Lebensweise dieser in faulenden Substanzen lebenden Nematoden erwähnt haben, häufig andere Species, und darunter solche getrennten Geschlechts, auftreten und verschwinden können. Dagegen, glaube ich, ist durch eine andre Gruppe von Nematoden die Entwicklung dieser Zwitter aufgeklärt worden.

In den Lungen unsrer einheimischen Batrachier [1]) lebt ein Rundwurm von 13^{mm} Länge, Ascaris nigrovenosa R. Er gehört zu den Meromyariern, der Darm ist aus polyedrischen Zellen zusammengesetzt, Uterus und Tuba bestehen aber aus zwei Reihen sechseckiger Zellen. Lippen sind nicht vorhanden, aber ein Vestibulum. Die Cuticularschicht besitzt eine unge-

---

[1]) Nach Diesing findet sich dieselbe in Rana temporaria und esculenta, Bombinator igneus, Bufo viridis und cinereus, Pelobates fuscus. In Rana temporaria und Bufo cinereus habe ich sie hier fast regelmässig gefunden. In Rana esculenta dagegen nie. Dujardin giebt irrthümlich an, dass eine Seitenmembran vorhanden sei. Ebenso irrthümlich ist wahrscheinlich auch die Angabe, dass er ein ♂ gesehen, seine Beschreibung desselben ist ganz unvollständig.

wöhnliche Dicke, ihre äusserste Lage ist von der innern durch einen Zwischenraum getrennt und legt sich bei Bewegungen des Körpers in viele unregelmässige Falten. Man findet nur ♀. Die Vulva bildet ein breiter Spalt, dessen Ränder wulstig vorspringen, eine Vagina fehlt. Der Bau der Geschlechtsorgane verhält sich in dieser, so wie in allen übrigen Beziehungen, wie in den Gattungen Pelodera und Leptodera

Die Tuben enthalten stets reife Samenkörper in grossen Mengen. Sie entziehen sich allerdings wegen ihrer Kleinheit leicht der Beobachtung. Allein ihre Bedeutung ist unzweifelhaft, da sie sich isoliren lassen und bei geeigneter Behandlung die den Spermatozoen der Nematoden eigenthümlichen Formen und Bewegungen zeigen. Da die Lungen der Batrachier von so vielen Beobachtern, auch von mir selbst, unzählige Mal auf das Sorgfältigste untersucht worden sind, ohne ein ♂ zu finden, so ist die Vermuthung wohl gerechtfertigt, dass Ascaris nigrovenosa ein Zwitter ist. Ein directer Beweis für die Richtigkeit dieser Vermuthung lässt sich allerdings nicht liefern, da man Ascaris nigrovenosa nicht isolirt erziehen kann. Leider ist es auch schwerer als bei den freilebenden Zwittern sich direct zu überzeugen, dass der Eierstock in einem frühern Stadium den Samen bereitet, da die Geschlechtsorgane der Ascaris nigrovenosa sich nicht leicht herausdrücken lassen, sondern fest mit der Leibeswand zusammenhängen. Indess ist es mir doch gelungen, ein Exemplar zu finden, welches noch keine Eier enthielt, wohl aber Samen in dem noch unentwickelten Stadium als körnige Kugeln, und zwar im Hinterende der Tuben. Aber auch noch andre Gründe sprechen für den Hermaphroditismus, indem A. nigrovenosa mit den oben beschriebnen Zwittern eine grosse Zahl anatomischer Merkmale gemein hat, sie steht durch den Bau der Geschlechtsorgane den Gattungen Pelodera und Leptodera sehr nahe, sie ist Meromyarier und hat einen aus vielen polyedrischen Zellen zusammengesetzten Darm, während Uterus und Tuba aus zwei Reihen sechseckiger Zellen bestehen. Die Spermatozoen zeichnen sich, wie bei jenen Zwittern, durch eine ungewöhnliche Kleinheit aus.

Gehen wir nun weiter zur Entwicklungsgeschichte dieser Species. Schon innerhalb des Uterus entwickeln sich die Eier bis zum fertigen Embryo. Derselbe verlässt aber das dünnschalige Ei innerhalb des Uterus gewöhnlich nicht. Man findet in der Lunge häufig Eier, nur selten Embryonen, aber in grossen Mengen findet man die letztern im Darm. So wie sie in das Freie gelangen und eine faulende Substanz finden, z. B. schon in den Fäces des Frosches selbst, werden sie geschlechtsreif. Die Häutung beim Uebergang aus dem Embryo in die Larve habe ich nicht beobachten können, sie scheint sogleich beim Verlassen des Eies statt zu finden, wohl aber habe ich die Häutung der Larve beobachtet. Die geschlechtsreife freilebende Generation unterscheidet sich wesentlich von der parasitischen, man würde sie kaum für ein und dieselbe Species halten. Zunächst ist sie viel kleiner, nur 0,6"" lang und entsprechend dünner. Der Darm scheint aus zwei Reihen sechseckiger Zellen zu bestehen, leider lässt sich wegen der Zartheit und Kleinheit eine volle Gewissheit darüber nicht erlangen. Ihre wichtigste Eigenschaft ist aber die, dass ihre Geschlechter getrennt sind. Die ♂ haben zwei kurze gleiche Spicula. Aus der Gestalt des Schwanzes ersieht man, dass sie zur Gattung Leptodera gehören. Während die Individuen in den Lungen immer dieselben Species zu sein scheinen, zeigt sich jetzt aus der verschiednen Form der Bursa, dass dies keineswegs der Fall ist. Ich habe zwei Species unterscheiden können, Leptodera nigro-venosa und rubrovenosa. Die erste lebte in der Lunge von Rana tempo-raria, der Schwanz hat hinter dem After eine schmale Bursa (Taf. XXVI, Fig. 5), die andre lebte in der Lunge von Bufo cinereus, der Schwanz ist nur mit kürzerer Spitze versehen und etwas dicker als beim ♀, aber ohne ver-breiterte Bursa (Taf. XXVI, Fig. 4). Zahl und Stellung der Papillen wird man aus der Abbildung ersehen. Ich kann für die Richtigkeit derselben nicht ganz einstehen, da die Papillen ungemein klein und zart sind, und der Schwanz sich stets und sehr beharrlich nach der Bauchseite umbiegt, so dass man ihn nur mühsam in eine gerade Lage bringen kann. Nach-dem die Begattung stattgefunden hat, tritt die Entwicklung der Eier ein. Die Zahl der sich ablösenden und entwickelnden Eier ist immer gering, etwa 4; im Winter, nach Leukart, nur 2. Die Embryonen entwickeln sich im Uterus, kriechen dort aus und verlassen denselben nicht, sondern, wie wir dies schon oben von andern Species der Gattung Pelodera und Leptodera erwähnt, bewegen sie sich in der Körperhaut der Mutter, nach-dem alle Organe derselben zerstört sind. Da wir von den übrigen Spe-cies der Gattung Leptodera wissen, dass sie freilebend sich fortpflanzen und eine unbegränzte Zahl von Generationen erzeugen, so sollte man das-selbe von Leptodera rubrovenosa und nigrovenosa ebenfalls erwarten. Allein es ist mir nie gelungen eine zweite freilebende Generation derselben

zu erziehen. Ich kann dies kaum einem Zufall zuschreiben[1]), da bei den
übrigen Species das Aufwachsen der folgenden Generationen ohne besondre
Nachhülfe von selbst vor sich geht. Allein so wie nun die Jungen der
freilebenden Generation in die Lungen der Batrachier einwandern, entwickeln sie sich wieder als Zwitter. Alle diese Vorgänge kann man mit
Sicherheit beobachten. Man braucht nur ein Individuum aus den Lungen
mit etwas Froschblut in einem Uhrglas aufzubewahren und vor Vertrock-
nung zu schützen, so wird man, sobald die Fäulniss des Blutes eingetreten
ist, oft schon nach 3 -- 4 Tagen, die Entwicklung der geschlechtsreifen
Generation verfolgen können. Bei höherer Sommertemperatur vom 20^0 R.
und darüber missglückt das Experiment, am besten gelingt es bei einer
Temperatur von etwa 15". Im Winter soll, nach Leukart, die Geschlechtsreife oft erst nach 14 Tagen eintreten, ich selbst habe die Versuche nur im Sommer und Herbst angestellt. Die künstliche Einführung
in die Lunge des Frosches hat Leukart ausgeführt, indem er die Frösche
mit Erde fütterte, welche von den Jungen bewohnt war. Es gelangen in die
Lunge immer nur wenige, acht bis zehn Exemplare, welche nach einer
Woche zu 1''''', nach zwei Wochen zu 3,5 ''''' Länge heranwachsen.

Nachdem wir so das Schicksal dieser parasitischen Hermaphroditen
kennen gelernt, kann man wohl die Vermuthung aufstellen, dass auch die
freilebenden Hermaphroditen fähig sind, eine geschlechtsreife Generation
zu erzeugen. Unter welchen Bedingungen dies stattfinden wird, ist allerdings nicht abzusehen.

Die Entwicklung der Leptodera rubrovenosa und nigrovenosa steht
bis jetzt vollkommen einzig da, kein Vorgang in der Thier- und Pflanzen-
welt lässt sich meines Wissens damit vergleichen, insbesondere nicht der
Generationswechsel. Der Generationswechsel besteht in der Aufeinanderfolge mehrer ungeschlechtlicher Generationen auf eine geschlechtliche, hier
aber liegt eine Aufeinanderfolge von Zwitter und getrennt geschlechtlicher
Bildung vor. Ehe wir das Gesetz dieser neuen Entwicklungsweise sicher
aufstellen können, wäre es wohl nöthig noch eine grössere Anzahl ähnlicher
Fälle zu beobachten. Vor allen aber wäre es wünschenswerth durch mehr-
fache Beobachtungen über allen Zweifel festzustellen, dass die Generation

---

[1]) Leukart, der Entdecker dieser Entwicklung, hat zwar auf diesen Punkt nicht
geachtet, allein ich finde bei ihm auch nie erwähnt, dass er eine zweite freilebende Generation erzogen.

mit getrennten Geschlecht nie wieder eine gleiche, sondern nur eine Zwittergeneration erzeugen kann.

Noch eine andre Frage drängt sich auf. Die freilebenden Hermaphroditen pflanzen sich nämlich, wie wir sahen, in einer unbegränzten Zahl von Generationen fort. Von den parasitischen Hermaphroditen hat man jedoch bisher angenommen, dass sie nicht wieder Hermaphroditen zeugen, sondern eine Generation getrennten Geschlechts. Dass dies nothwendig der Fall sein müsse, ist jedoch nicht bewiesen. Es wäre möglich, dass die Larven der parasitischen Hermaphroditen in die Lungen einwandern können, und unmittelbar wieder zu Hermaphroditen sich entwickeln. Vielleicht ist nur die Wanderung und ein zeitweises freies Leben den Larven zur Entwicklung nothwendig; wie die Wanderung überhaupt für die Erhaltung aller parasitischen Species eine Nothwendigkeit ist. Allein wenn sich auch herausstellen sollte, dass die parasitischen Zwitter nicht wieder ihresgleichen zeugen können, so darf man doch immer noch hoffen, dass die freilebenden und parasitischen Zwitter einem gleichen Gesetz der Entwicklung folgen, welches vielleicht so lauten wird: die Generation getrennten Geschlechts muss einen Zwitter zeugen, der Zwitter zeugt entweder sogleich eine Generation getrennten Geschlechts oder vorher beliebig viele Generationen von Zwittern. Dieses Gesetz würde ähnlich sein dem des Generationswechsels, nur dass die Zwittergeneration die geschlechtslose ersetzt.

Die Zwitterbildung der Nematoden habe ich selbst entdeckt [1]); aber die wichtigste Beobachtung in der Reihe der hierher gehörigen Erscheinungen ist von Leukart [2]) zuerst beschrieben worden, nämlich dass die

---

[1]) v. Siebold und Kölliker Zeitschrift f. w. Z. Bd. X, S. 176. Eine andre Art hermaphroditischer Nematoden glaubte Carter (Annal. nat. hist. 1861. Vol. VII, S. 29) gefunden zu haben. Es sind Würmer von etwa 3^{mm} Länge mit bestachelter kolbenförmiger Schwanzspitze, welche in Bombay sehr gewöhnlich Leib, Brust, Kopf und Rüssel der gewöhnlichen Stubenfliege bewohnen. Ich kann jedoch die Vermuthung nicht unterdrücken, dass die Würmer in der That geschlechtslos sind, und dass die angebliche Mündung des Hoden und Eierstocks, welche jedes Individuum enthalten soll, nur die Mündung des Gefässsystems, die angeblichen Hoden und Eierstock aber Anhangsorgane des Gefässsystems. Carter hat sich durch die zahlreichen Kerne, welche jene Anhangsorgane mitunter enthalten, täuschen lassen.

[2]) Nachrichten von der königl. Gesellschaft d. Wissenschaft zu Göttingen. 1865. S. 227. Dubois und Reichert's Archiv f. Anat. 1865. S. 641 und Archiv f. Heilkunde Bd. II. S. 197. E. Mecznikow (Reich. u. Dub. Archiv. 1865. S. 409) hat diese Entdeckung für sich in Anspruch genommen. In der That hat Mecznikow die geschlechtliche Entwicklung der freilebenden Generation zuerst gesehen, als er in Leukart's La-

Jungen der Ascaris nigrovenosa im freien Zustand aufwachsen und geschlechtsreif zu ♀ und ♂ werden, dass ferner die Jungen dieser frei aufgewachsenen Generation, welche wesentlich von ihrer Mutter abweichen, in den Lungen wieder die Gestalt der Ascaris nigrovenosa annehmen. Leukart hat aber einige wesentliche Punkte übersehen. Er hält Ascaris nigrovenosa der Lunge für geschlechtslos, indem er die Samenkörper in den Geschlechtsorganen nicht finden konnte [1]). Ferner ist von ihm die Erscheinung, dass die freilebende Generation nie eine zweite erzeugt, entweder nicht bemerkt, oder nicht in ihrer Bedeutung erkannt worden. Wäre der Entwicklungsgang so wie ihn Leukart schildert, nämlich, dass eine ungeschlechtliche Generation eine geschlechtliche erzeugt und diese wieder eine ungeschlechtliche, so würde sie zu den Erscheinungen des Generationswechsels gehören.

Ich reihe hier die Beobachtung eines Falles von Fortpflanzung ohne Befruchtung an. Als ich einige Exemplare von Limax cinereus längere Zeit in einem Glase aufbewahrte, fanden sich in dem Schleim, welcher die Wände bedeckte, mehrere Exemplare eines Nematoden, welcher äusserlich und im Bau der Geschlechtsorgane Leptodera appendiculata sehr ähnlich war, und sich nur durch die Grösse von 0,7 ^{mm} davon unterschied. Es kamen ausschliesslich ♀ ♀ vor, deren Geschlechtsorgane (Taf. XXV, Fig. 8) entwickelte Eier, aber niemals Spermatozoen enthielten. Das Organ war vollkommen durchsichtig, dass ich die Spermatozoen kaum übersehen konnte, zumal ich ausdrücklich und bei mehren Exemplaren danach suchte. Es gelang mir nicht diese Würmer in faulenden Substanzen zur Vermehrung zu bringen, sie sind mir auch nur einmal vorgekommen. Wahrscheinlich leben ihre Larven in Limax cinereus, wie die von L. appendiculata in Limax ater, ich habe sie jedoch nicht finden können. Wenn ich diese sehr unvollkommnen Beobachtungen erwähne, so geschieht es nur, um Andre darauf aufmerksam zu machen.

---

boratorium unter dessen Leitung arbeitete. Da seine Versuche, die Jungen der Ascaris nigrovenosa im Freien zu erziehen, indessen nur auf Leukart's besondre Veranlassung unternommen waren und einen Theil der grössern Versuchsreihe bildeten, mit welcher sich Leukart zu dieser Zeit beschäftigte und über welche er noch nichts publicirt hatte, so scheint mir Mecznikow's Anspruch nicht gerechtfertigt.

[1]) Ich selbst habe bereits 1856 die Spermatozoen der A. nigrovenosa erwähnt. Monatsb. der Berl. Acad. 1856. S. 192.

§. 4. Nematoden mit Knospenzeugung.   Entwicklung von Sphaerularia Bombi.

Ich habe die Entwicklung der Sphaerularia Bombi keineswegs direct beobachtet, allein man kann schon einen Einblick in dieselbe erhalten, wenn man die Anatomie dieses merkwürdigen Thieres richtig versteht [1]). Sphaerularia Bombi besteht aus einem länglichen Sack, welcher aus einer Lage sechseckiger Zellen zusammengesetzt ist (Taf. XXI, Fig. 6). Die Zellen sind durch Scheidewände getheilt und enthalten jede einen Kern. Ihr Rand ist platt, ihre Mitte springt nach Aussen in der Gestalt einer Halbkugel, deren Gipfel gewöhnlich noch etwas spitz verlängert ist, vor. Auf der Innenseite des Leibesschlauches sind keine Muskeln zu sehen, bei der vollständigen Unbeweglichkeit des Schlauches lässt sich auch annehmen, dass sie fehlen oder doch wenigstens verkümmert sind. An dem Hinterende mündet das weibliche aus einem einfachen Rohre bestehende Geschlechtsorgan. Es reicht bis in das Vorderende und liegt in mehren Windungen. In der Wand der Geschlechtsröhre lassen sich anfangs schöne deutliche Kerne erkennen. Die Eier hängen im Ovarium durch eine Rhachis zusammen, welche durch die in ihrer Axe und den an der Axe anliegenden Theilen dunkeln Dotterkörner sehr deutlich ins Auge fällt. Mit dem Convolut der Geschlechtsröhre ist lose verwachsen ein

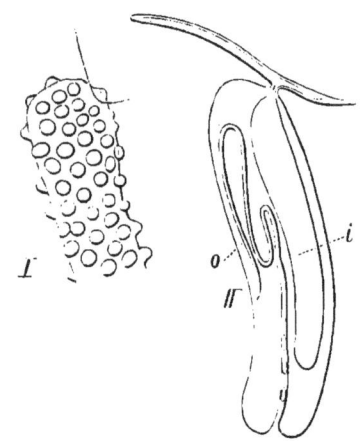

Fig. 1. Sphaerularia Bombi, Nährthier und Vorderende des Geschlechtsthiers. Verg. 25.

Fig. 2. Schematische Darstellung der Anatomie des Nähr- und Geschlechtsthiers, o Eierstock, i Darm des Geschlechtsthiers.

---

[1]) Zur Erklärung einiger Widersprüche, welche sich zwischen den Angaben im systematischen Theil (S. 182) und den hier aufgestellten finden, sei bemerkt, dass ich erst während des Drucks Gelegenheit hatte, Sphaerularia Bombi häufig zu untersuchen.

Strang, der vor dem Hinterende deutlich blind geschlossen endet, am Vorderende aber bis in die äusserste Spitze reicht. Der Strang besteht aus einer zähen flüssigen Masse, in welcher zwei Längsreihen sehr grosser ovaler Kerne mit Kernkörpern eingebettet liegen. Die zähe Masse enthält schon im natürlichen Zustand, noch mehr aber nach Zusatz von Wasser oder Speichel zahlreiche Vacuolen, so dass er das schaumig blasige Ansehen hat, welches dem Darm vieler Nematoden eigenthümlich ist. Oeffnet man den Leibesschlauch, so zerfliesst dieser Strang in Wasser oder Speichel vollständig.

Nicht am Vorderende selbst, sondern kurz dahinter, ist an dem Leibesschlauch regelmässig ein kleinrer Nematod befestigt. Die Anheftungsstelle desselben liegt von seiner eignen Schwanzspitze etwa ⅛ seiner Länge entfernt. In demselben lassen sich keine weitern Organe als der Darm und ein kurzer undeutlicher Oesophagus erkennen. Lubbok, der Entdecker des kleinern Nematod, hat die allerdings sehr annehmbare Vermuthung ausgesprochen, dass derselbe ein ♂ und die Anheftung eine Folge des Copulationsactes sei. Allein man erkennt darin keine Spur männlicher Geschlechtsorgane.

Welche Bedeutung hat aber der grössere Schlauch. Die Organe, welche er enthält, sind vollständig wie bei einem Nematoden gebaut. Das Geschlechtsorgan selbst, die Keimsäule, die Gestalt der Eier, ebenso der Darm, gleichen vollständig den entsprechenden Theilen eines unzweifelhaften Nematoden. Anders verhält sich freilich der Leibesschlauch. Bei keinem Nematoden besteht die Haut aus einer Lage sechseckiger Zellen, bei keinem fehlt so vollständig die Längsmuskelschicht auf der Innenfläche der Haut. Dagegen erinnert der Schlauch an den Uterus eines Nematoden. Die polyedrischen zottenförmigen Zellen gleichen vollkommen den Zellen, wie sie für den Uterus characteristisch sind.

Betrachtet man die Sphaerularia als einen hervorgestülpten Uterus, so wird ihre Anatomie vollkommen verständlich. Der kleine Nematod ist keineswegs mechanisch an die Sphaerularia angeheftet, sondern seine Leibeshaut geht direct in den Leibesschlauch der Sphaerularia über und die Oeffnung, welche sich zeigt, wenn man denselben von seiner Anheftungsstelle löst, ist die Vulva. Nimmt man an, dass der Uterus sich in einem noch jungen Zustand umstülpt, indem er an der Vulva festgewachsen bleibt, so muss nothwendig die Tuba und der Eierstock mit in den hervortretenden Sack gezogen werden. In den durch die Vulva mit der Leibeshöhle

41 *

communicirenden Sack setzt sich auch der Darm fort. Ob der Darm nur einen Ast entsendet, oder ob derselbe in der Gestalt einer Schlinge, wie eine Darmschlinge in einen Bruchsack, hineintritt, lässt sich nicht entscheiden. Jedenfalls müssen die beiden Theile der Schlinge mit einander verwachsen sein. Ein Lumen kann man in dem Darm nicht mehr unterscheiden. Der Zusammenhang des Darms des Nematoden mit dem der Sphaerularia lässt sich wegen der grossen Zartheit des Darmes und der Enge der Vulva nicht mehr nachweisen.

Die Sphaerularia ist somit ein hervorgetretner umgestülpter Uterus, welcher die Geschlechtsorgane, aber auch einen Ast oder eine Schlinge des Darmes enthält. Statt dass die Geschlechtsorgane in den Nematoden wie gewöhnlich sich im Innern entwickeln, stülpt sich der Uterus hervor. Allein indem er ein Stück des Darms zugleich in sich aufnimmt, wird er zu einem selbständigen Wesen. Die Nahrungsaufnahme verbleibt dem kleinen Nematoden, man kann ihn als das Nährthier betrachten. Die Geschlechtsfunction ist dem grossen Schlauch zugetheilt, man kann ihn als das Geschlechtsthier betrachten. Ihre Analogie findet diese Erscheinung in der Entwicklungsgeschichte der Hydroidpolypen, bei denen ja ebenfalls an den Nährthieren die Geschlechtsthiere knospen. Das Eigenthümlichste der Sphaerularia liegt darin, dass der Uterus selbst als der Leibesschlauch einer Geschlechtsknospe auftritt. Hätte ich eine besondre Abhandlung über diesen Gegenstand geschrieben, so würde ich ihr das Wort van Helmont's „Uterus animal in animali" vorgesetzt haben.

Die Entwicklungsgeschichte der Sphaerularia Bombi durch directe Beobachtung zu verfolgen, wird nach dieser Auffassung ein dringendes Bedürfniss. Wie der Embryo, so wird auch die Larve sich durch nichts von einem gewöhnlichen Nematoden unterscheiden. Ich vermuthe, dass bei den Larven die Geschlechtsorgane noch im Innern des Körpers liegen und dass sie nach der Häutung sogleich hervortreten. Es wäre deshalb äusserst wichtig die Larven kennen zu lernen. Dass das Geschlechtsthier zuerst sehr klein ist, geht schon aus den Beobachtungen Lubbok's hervor. Lubbok[1] fand am 21. Dezember, dem frühsten Termin, an welchem er Spaerularien der Hummel beobachtete, die Geschlechtsthiere bedeutend kleiner als die Nährthiere.

---

[1] The natural history Review IV, (1864) S. 267.

SCHLUSS.
ÜBER DAS SYSTEM DER WÜRMER.

Die Muskelstructur der Nematoden schien bei ihrer Entdeckung so eigenthümlich und von allen bisher bekannten so abweichend, dass ich mich veranlasst sah, nach einer weitern Verbreitung derselben, zunächst unter den Würmern zu suchen [1]). Dabei zeigte sich bald, dass überhaupt die Structur und Morphologie der Muskeln ein besseres Moment zur Unterscheidung der Ordnungen der Würmer darbiete als alle, welche man bisher angewandt hat.

Es ist bisher noch nicht gelungen, die Klasse der Würmer durch feste Charactere zu begränzen. Meine Untersuchungen haben sich auch auf diese Frage nicht erstreckt, ich folge deshalb dem allgemeinen Brauch und ziehe in Betracht die Nematoidea, Acanthocephala, Trematoda, Cestoidea, Turbellaria, Chaetopoda, Hirudinea, Peripatus (Onychophora Grube) und Sagitta (Chaetognatha Leuk.).

Diese verschiednen Ordnungen lassen sich sehr scharf in zwei grosse Abtheilungen unterscheiden. Bei den einen, deren Typus die Nematoidea darstellen, ist der Leibesschlauch aus einer Haut- und Muskelschicht zusammengesetzt, die Muskelschicht ist auf der Hautschicht festgewachsen, aber beide Schichten sind durch eine scharfe Linie gegen einander getrennt. Wir bezeichnen sie als N e m a t h e l m i n t h e s. Bei den andern, als deren bekanntesten Vertreter man die Hirudinea betrachten kann, sind die Muskeln räumlich nicht von der Haut getrennt, sondern die Muskelfasern sind in die Zellschicht der Haut eingebettet. Wir bezeichnen sie als P l a t h e l-

----

[1]) Eine vorläufige Mittheilung über diese Untersuchung steht Reichert und Dubois Archiv f. Anat. und Phys. 1864. S. 590.

minthes. Andre zahlreiche Unterschiede zwischen diesen beiden Abtheilungen wollen wir hier übergehen. die angeführten genügen für jetzt vollständig.

Unter den Nemathelminthes können wir wieder zwei Gruppen unterscheiden, die eine umfasst die Gephyrea und Acanthocephala, die andre die Nematoidea. Rhamphogordius. Sagitta und die Chaetopoda.

In der Gattung Rhamphogordius [1]) ist die Muskelschicht. ohne durch Seitenfelder unterbrochen zu sein. über den ganzen Körper vertheilt (Taf. XXVII. Fig. 1): dagegen sind Bauch- und Rückenlinien vorhanden. Die Muskeln bestehen aus dicht neben einander stehenden Platten fibrillärer Substanz. sie gleichen den Holomyarii der Nematoden. Rhamphogordius stellt somit einen gegliederten Holomyarier dar. Mit den Nemertinen hat er aber keine Aehnlichkeit. Rhamphogordius ist so eigenthümlich gebaut, dass er als Repräsentant einer eignen Ordnung betrachtet werden kann, für die ich den Namen Gymnotoma vorschlage.

---

[1]) Rhamphogordius ist seit seiner Entdeckung durch Rathke (Nov. Acta. 1843. P. II. S. 237) nicht wieder beobachtet worden. Auch wurde die allerdings unvollständige Beschreibung und Abbildung wenig bekannt und berücksichtigt. Als ich 1865 in Helgoland verweilte, zeigte mir Hr. Dr. Möbius aus Hamburg ein ihm räthselhaftes Thier im lebenden Zustand, welches mich an den mir zufällig im Gedächtniss gebliebenen Rhamphogordius erinnerte. Ich werde später eine ausführlichere Beschreibung desselben mit Abbildung veröffentlichen und erwähne hier nur folgendes: Es kommen bei Helgoland zwei Species vor, die eine wahrscheinlich identisch mit Rhamphogordius lacteus Rathke, die andre eine neue R. purpureus. Jene ist getrennten Geschlechts, diese Zwitter. Rhamphogordius lacteus, welchen ich allein genauer untersuchen konnte, erreicht die Länge von 40 mm bei der Dicke von etwas über 1 mm. Der Körper zerfällt in Segmente, welche in der Mitte die Länge von 1,5 mm besitzen. Seine Oberfläche ist glatt, nur mit einzelnen Haaren versehen, Borsten wie bei den Chaetopoda fehlen. Der Mund ist eine trichterförmige dreiseitige Spalte auf der Bauchseite. Der spitze Kopflappen endigt in zwei contractile hohle Fühler. Zu jeder Seite des Mundes liegt eine bräunlich gefärbte wimpernde Grube, während der Körper sonst nicht wimpert. Der Darm ist den Segmenten entsprechend eingeschnürt und durch Dissepimente an den Körper befestigt. Seine innre Fläche wimpert. Auf der Rückseite, dem Darm anliegend, verläuft der Längsstamm des Blutgefässsystems. In jedem Segment giebt derselbe nach rechts und links einen Ast ab, welcher nach hinten ein Stück verläuft und blind endigt. Auch am Vorderende vor dem Munde sind zwei solcher Aeste vorhanden, welche bis hinter den Mund verlaufen, und sich dort auf der Bauchseite durch eine quere Anastomose verbinden. Das Blut hat eine gelbröthliche Farbe. Die Segmente enthalten jederseits ein Segmentalorgan. Es besteht aus einem einfachen in der Längsrichtung verlaufenden wimpernden Rohre, welches vorn nach innen, und hinten nach aussen sich umbiegt. Das hintere Ende mündet seitlich der Bauchlinie, genähert nach aussen. Der After ist von acht Zacken umgeben, welche die Figur einer Mauerkrone bilden. Vor dem After stehen im Leibesumfange vierundzwanzig eigenthümliche Haftorgane.

Die Muskeln des Leibesschlauchs von Sagitta bestehen nur aus. einer Schicht von Längsfasern. Sie bilden vier Bänder ¹), welche durch eine Rücken- und Bauchlinie so wie durch breite Seitenfelder getrennt sind (Taf. XXVII. Fig. 6). Die Muskeln bestehen aus spindelförmigen Stücken von keilförmigem Querschnitt (Taf. XXVII, Fig. 7). Ihre Structur ist so zart, dass man selbst an feinen Querschnitten nichts erkennen kann; bei Längsansichten sind die Muskeln bekanntlich sehr schön quergestreift. Eine der Marksubstanz entsprechende, aber äusserst dünne Schicht ist vorhanden, es lassen sich aber keine deutlichen an die Medianlinien tretenden Querfasern unterscheiden. In der subcutanen Schicht verlaufen eine Menge heller Fasern, welche ihrer Anordnung nach den Hautnerven der Nematoden entsprechen ²). Die Aehnlichkeit des Leibesschlauchs mit dem der Nematoden ist in die Augen springend. Der Darm ist sowohl an der Rücken- als an der Bauchlinie durch eine Membran befestigt, unterscheidet sich also in dieser Beziehung von dem der Nematoden.

Gehen wir nun zu den gegliederten Chaetopoden. Der Muskelschlauch besteht immer aus einer Längs- und Ringfaserschicht. Die Ringfaserschicht umkreist den Leib ohne Unterbrechung, während die Längsfaserschicht durch Längslinien unterbrochen ist. Diese Längslinien verhalten sich ganz wie die der Nematoden. Am Deutlichsten tritt die Aehnlichkeit bei der Rücken- und Bauchlinie hervor (Taf. XXVII, Fig. 3. 4 und 5), sie bedarf keiner nähern Erläuterung. In Betreff der Seitenfelder ist es jedoch schwieriger die Analogie herzustellen. Bei den Rapacia (Grube), von denen ich Aphrodite, Amphinome, Nereis und Glycera untersucht habe, ebenso bei Ammotrypane ist ein deutliches Seitenfeld vorhanden, und die Borstenbündel, mögen sie ein oder zwei Reihen bilden, sind immer in dasselbe eingepflanzt. Von der Limivora kenne ich in dieser Beziehung genauer Arenicola piscatorum An derselben kann man zwar auch ein sehr deut-

---

¹) Diese Anordnung der Muskeln in vier Längsbinden ist bereits von Krohn (anatomisch-physiologische Beobachtungen über die Sagitta bipunctata. Hamburg. S. 6) beschrieben worden.

²) Diese hellen Fasern sind wahrscheinlich identisch mit den Faserzügen, welche Keferstein (v. Siebold und Kölliker Zeitschrift f. w. Z. Bd. XII, S. 130) in die Basis der auf der Haut von Sagitta stehenden Borsten oder Haarbündel eintreten sah und welche sich bis zum sogenannten Bauchsattel verfolgen liessen. Diese Fasern gehen jedoch nicht blos zur Bauch- sondern auch zur Rückenlinie. Nach Keferstein's Beobachtung lassen sich diese Fasern um so sicherer als Nerven betrachten.

liches breites Seitenfeld unterscheiden. Allein parallel demselben in geringer Entfernung, etwas näher der Bauchlinie, lässt sich in der Muskelschicht noch eine schmale Längslinie unterscheiden (secundäre Medianlinie?), welche sich dadurch auszeichnet, dass die Segmentalorgane darauf münden. Nur die Rückenborsten ragen nach innen vor und stehen alle auf dem Seitenfelde, während die Bauchborsten überhaupt nicht nach innen vorragen. Man kann jedoch nicht zweifelhaft sein, dass nur das breitere Feld dem Seitenfeld entspricht. Bei Terebella ist das Seitenfeld ebenfalls deutlich, ob die secundäre Medianlinie vorhanden ist, kann ich nicht angeben, da meine Exemplare nicht gut genug erhalten waren. Anders verhalten sich die Oligochaeta. Bei Lumbricus wird die Muskelschicht seitlich in zwei Längslinien unterbrochen, so dass also der ganze Muskelschlauch durch diese beiden Längslinien, so wie die Bauch- und Rückenlinien in sechs Längsmuskelstreifen zerfällt[1]). Diese beiden seitlichen Längslinien enthalten die Insertionspunkte der nach innen vorragenden Borstenbündel, allein sie unterscheiden sich wieder, indem auf der mehr ventralen derselben die Segmentalorgane münden. Vielleicht ist es erlaubt, deshalb diese letztere Linie mit der zu vergleichen, auf welcher bei Arenicola die Segmentalorgane münden, und die obere als das Seitenfeld zu betrachten. Gesetzt also, dass auch unsre letzte Betrachtung richtig wäre, so hätten wir bei den borstentragenden Ringelwürmern das Vorkommen der Seitenfelder als ein sehr allgemeines bewiesen.

Die Seitenfelder liegen nie genau lateral. Die Bauchfläche ist immer etwas grösser als die Rückenfläche; auffallend tritt dieser Unterschied bei Arenicola (Taf. XXVII, Fig. 3) hervor. Bei andern, so bei den Nereis und Ammotrypane ist scheinbar das Verhältniss umgekehrt, allein jede Hälfte der Bauchseite ist nur cylindrisch gewölbt, der Umfang des Querschnitts derselben übertrifft den der Rückseite. Von der Bauchlinie nach dem Seitenfelde gehen allgemein Querfasern, welche eine grosse Aehnlichkeit mit den Musculi bursales der Nematoden besitzen. Diese Muskeln bringen bei den Rapacia und Ammotrypane jene cylindrische Wölbung der Bauchhälften hervor; die Längsmuskelschicht setzt diese cylindrische Fläche fort, und

---

[1]) Vergleiche den allerdings idealen Querschnitt von Limnodrilus bei Claparède (Recherches sur les Oligochétes. Genéve 1862. Taf. I, Fig. 7). In Lumbricus liegen die beiden seitlichen Längslinien der Bauchlinie genähert.

legt sich noch weiter an die den Seitenflächen sich ansetzenden Quermuskeln an, wie man aus den abgebildeten Durchschnitten ersieht.
Gehen wir nun zu der Structur der Längsmuskeln des Leibesschlauchs über. Leider kann ich darüber nicht so ausführlich berichten,
als ich wünschte, da man die dazu nöthigen Querschnitte nur an frisch
getrockneten Exemplaren machen kann. Es lassen sich zwei Modificationen
unterscheiden.

Bei den einen ist die Muskelschicht vollständig so gebaut, wie bei
den Polymyariern unter den Nematoden. Sie besteht aus spindelförmigen
Muskelzellen, welche mit der schmalen Kante auf dem Leibesumfange dicht
neben einander stehen, und welche wieder bandartige Platten fibrillärer
Substanz enthalten (Taf. XXVII, Fig. 2). Denkt man sich viele längliche
bandartige Platten parallel nebeneinander mit einer Kante auf einer Unterlage festgeheftet, wie die Blätter eines Buches, denkt man sich dann die
Unterlage zusammengebogen, wie eine Rinne, aber so, dass die Blätter
nach Innen stehen, so hat man das Bild einer einzigen solchen sogenannten Muskelzelle, und solche Muskelzellen aneinandergereiht bilden die Längsmuskelschicht der borstentragenden Ringelwürmer. Die interfibrilläre Substanz ist sehr gering und das Sarcolemma äusserst dünn. Man erhält
deshalb bei Maceration oder Kochen in Säuren nicht so leicht wie bei den
Nematoden die ganze Muskelzelle isolirt, sondern nur die einzelnen Platten
fibrillärer Substanz. Indess gelingt es mitunter bei Lumbricus die Muskelzellen durch Kochen mit Essigsäure zu isoliren. Kerne enthalten die
Muskelzellen nicht. Mit Sicherheit habe ich mich von dieser Structur bei
Lumbricus agricola und Glycera alba überzeugt. Allein so viel man am
Querschnitt von Spiritusexemplaren sehen kann, welche allerdings immer
nur ein sehr zerstörtes Bild der wahren Anordnung geben, kommt diese
Structur auch Aphrodite, Amphinome, Nereis, also wohl den Rapacia allgemein, ferner auch Ammotrypane, zu.

Die zweite Modification habe ich bei Arenicola gefunden. Sie unterscheidet sich schon durch den gröbern Bau von der vorher erwähnten.
Die Längsmuskeln bilden nämlich ein, wie es scheint, durch das ganze
Thier ununterbrochen sich erstreckendes Netzwerk von Platten, welche mit
ihrer schmälern Kante auf der Leibeshaut befestigt sind. Die spitzwink-
ligen Anastomosen bilden sich nicht dadurch, dass die Platten in ihrer
ganzen Höhe verschmelzen, sondern nur an ihren Kanten, sowohl an den

nach Innen freistehenden, als an den nach Aussen festgewachsenen. Die freie Oberfläche der Platten ist mit einer Membran (Sarcolemma) bedeckt. Ihrer feinern Structur nach bestehen die Platten aus dicht aneinanderliegenden Streifen fibrillärer Substanz von polyedrischem Querschnitt (Taf. XXVII, Fig. 8). Ausser Arenicola scheint auch Terebella eine ähnliche Muskelstructur zu besitzen. Diese Modification ist eine eigenthümliche und lässt sich mit den bei den Nematoden vorkommenden nicht vergleichen, wie wir gleich sehen werden, findet sie sich aber bei den Gephyreen wieder. Da wir nun einmal den verschiednen Modificationen der Muskelstructur Namen gegeben haben, so mögen diese Dictyomyarier heissen.

Den Quermuskeln habe ich weniger meine Aufmerksamkeit geschenkt. Bei Lumbricus bestehen sie aus aneinanderliegenden Streifen fibrillärer Substanz, welche durch die stärker als an den Längsmuskeln entwickelte interfibrilläre Substanz getrennt sind. Bei Arenicola ist die Structur der Quermuskeln und der Längsmuskeln zum Verwechseln ähnlich.

Um die Verwandtschaft der Nematoidea mit den borstentragenden Ringelwürmern zu beweisen, könnte ich noch die grosse Aehnlichkeit der Hautstructur hervorheben. Wie bei den Nematoidea liegt wohl allgemein auf der Zellschicht der Haut eine feste durchsichtige Cuticularschicht, welche aus zwei Häuten besteht. Dieselben zeigen feine parallele Streifen, welche schief zur Längsaxe unter gleichem Winkel verlaufen, so aber, dass die Streifen der einen Haut die der andern kreuzen. Diese Häute sind in gleicher Richtung wie die Streifen von Spalten durchsetzt [1], und wo die Spalten sich kreuzen, liegt ein viereckiger Porenkanal. Eine ähnliche Structur

---

[1] Diese Textur hat unter den Chitingebilden eine grössere Verbreitung, sie findet sich namentlich an den Flügeldecken verschiedner Käfer. Der eigenthümliche Bau der letztern wurde von Hermann Meyer (Müller's Archiv. 1842. S. 12) entdeckt, darauf von Leydig (Müller's Archiv. 1855. S. 384 etc.) und später von Kölliker (Verhandlungen der phys.-medic. Gesellschaft in Würzburg. 1857. S. 75) wieder beschrieben, allein nicht ganz richtig erkannt. Leydig z. B. sagt: „die Chitinhaut selber zeigt sich aus homogenen . . . . . Schichten zusammengesetzt, welche, wie senkrechte Durchschnitte . . . . . lehren, abwechselnd sich kreuzen. Die Schichten bestehen bei den genannten Käfern aus cylindrischen Massen." Leydig denkt sich also die Chitinhaut aus isolirten in Schichten angeordneten Cylindern zusammengesetzt. Kölliker nennt den Bau geradezu „faserig." Trennt man aber, z. B. bei Lucanus cervus, die Schichten vorsichtig, so zeigen sich dieselben als zusammenhängende Lamellen, welche durch parallele kurze Spalten netzartig wie die gefensterten Häute durchbrochen sind. Natürlich ist dieses Bild nur zu sehen, wenn man eine einzelne Lamelle frei gelegt hat.

haben wir ja auch bei den Nematoden beschrieben. Allein bei den Ringelwürmern fehlt die äussere Ringelschicht, welche bei den Nematoden die
gekreuzten Faserschichten bedeckt und die Porenkanäle verschliesst. Vielleicht tritt das flüssige Secret, welches die Haut der Regenwürmer bedeckt,
durch diese Porenkanäle hervor. Da die Chitinschicht der Ringelwürmer
nie abgeworfen wird, so muss sie des Wachsthums fähig sein und gleicht
also auch in dieser Beziehung der der Nematoden.

Nachdem wir nachgewiesen, in welcher Weise die einzelnen Ordnungen mit den Nematoden verwandt sind, bleibt uns übrig zu erörtern,
wie wir die ganze Gruppe in sich ordnen sollen. Die Aehnlichkeiten sind
so mannichfaltig, dass uns verschiedne Wege offen stehen. Wir haben
z. B. vier Modificationen der Muskelstructur kennen gelernt, Holomyarii,
Meromyarii, Polymyarii und Dictyomyarii, wir könnten diese vier Gruppen
beibehalten und sie wieder weiter theilen, je nach dem Auftreten der Borsten
und Glieder. Ich will das System, welches man danach aufbauen könnte,
nicht weiter ausführen. Es wäre zwar vollkommen consequent, allein man
müsste die sonst so natürliche Gruppe der Nematoidea zerreissen; dies geschieht nicht, wenn man den Unterschied in Gegliederte und Ungegliederte
als den hauptsächlichsten betrachtet. Nimmt man als den nächst wichtigen
die An- und Abwesenheit der Borsten an, so bleibt auch die nicht minder
natürliche Gruppe der Chaetopoda vereinigt. Die Muskelstructur endlich
dient dazu, wichtige Unterschiede innerhalb der Ordnungen hervorzuheben.
So hat man z. B. die drei Gruppen der Chaetopoda: Rapacia, Sedentia,
Oligochaeta, welche unter verschiednen Namen in allen Systemen seit
Savigny wiederkehren, bisher nicht durch anatomische Charactere trennen
können. Vielleicht wäre es besser die Chaetopoda in Polymyarii und
Dictyomyarii zu theilen. Die Polymyarii würden die Rapacia und Oligochaeta umfassen, die sich dann wieder durch die Anordnung der Seitenfelder und Medianlinien unterscheiden liessen, die Dictyomyarii — Terebella
und Arenicola — würden ungefähr den Sedentia entsprechen. Weitere
Untersuchungen müssen freilich die Stellung der übrigen Familien bestimmen;
Ammotrypane z. B. würde schon zu den Polymyarii kommen, mit denen
sie, wie man aus ihrem Querschnitt sieht, sicher auch in andrer Beziehung
näher verwandt ist.

Gehen wir nun über zu der zweiten Hauptgruppe der Nemathelminthes, den Gephyrea und Acanthocephala. Ihr Muskelschlauch besteht

allgemein aus einer innern Längsfaser- und einer äussern Querfaserschicht;
Seitenfelder fehlen denselben durchgängig. Nun giebt es zwar auch in
der ersten Gruppe der Nemathelminthes Gattungen ohne Seitenfelder, Gordius, Trichocephalus, Rhamphogordius, es sind aber solche, welche nur die
Längsmuskelschicht besitzen und ausserdem zu den Holomyarii gehören.
Man kann demnach diese zweite Gruppe characterisiren als Nemathelminthes
ohne Gliederung, mit Längs- und Quermuskeln ohne Seitenfelder.

Die Muskeln der Acanthocephala bestehen allgemein aus verhältnissmässig dicken Cylindern, welche durch häufige Anastomosen mit einander verbunden durch die ganze Länge ein ununterbrochnes Netzwerk
bilden (Taf. XXVII, Fig. 10). Längs- und Querschicht stehen in keinem
Zusammenhange, sie lassen sich durch Maceration in Salz- und Salpetersäure vollständig von einander trennen. An jedem Cylinder unterscheidet
man eine äussere dicke Rindenschicht und einen innern Hohlraum, dessen
Inhalt flüssig sein muss, da man ihn an Querschnitten immer leer findet
(Taf. XXVII, Fig. 9). Die Rindenschicht zeigt sowohl auf Querschnitten
als auf Längsansichten eine deutlich fibrilläre Structur. Die Längs- und
Quermuskelschicht verhalten sich rücksichtlich ihrer Structur vollkommen gleich.

Die Muskeln der Gephyrea bilden mehr oder weniger dicke Stränge,
die entweder dicht aneinander liegen, oder durch Zwischenräume getrennt
sind. Diese Stränge können sich ebenfalls durch Anastomosen verbinden.
Mitunter, und besonders an der Längsfaserschicht, sind diese Anastomosen
selten, mitunter aber, so an der Querfaserschicht von Phascolosoma, sind
sie so häufig, dass ein vollständiges Netzwerk zu Stande kommt. Rücksichtlich der Structur verhalten sich die beiden Schichten vollkommen gleich.
Allein die Structur selbst zeigt bei den verschiednen Gattungen auffallende-
Unterschiede. Bei Sipunculus (S. eremita) gleicht die Structur vollkommen
der, welche wir von Arenicola beschrieben haben (Taf. XXVII, Fig. 12),
bei Priapulus (P. caudatus) besteht aber jeder grössere Strang aus dicht
an einander liegenden Cylindern (Taf. XXVII, Fig. 11), welche an ihrem
Umfang von getrennten Fasern fibrillärer Substanz besetzt sind, während
das Innere nur eine Flüssigkeit enthält. Ob jeder Cylinder von einer besondern Membran umschlossen ist, oder ob die Begränzungsfläche durch
die am Rand zusammenfliessenden Fasern sich bildet, lässt sich bei der
geringen Grösse des Objects nicht entscheiden.

Wir gehen nun über zur Betrachtung der Platyelminthes. Ihre Muskeln bestehen wohl allgemein aus langgestreckten Cylindern, welche aus einer Rindenschicht fester, fibrillärer Substanz und einer weichen, wohl flüssigen Marksubstanz zusammengesetzt sind. An ihrem platten Körper lässt sich nur eine Rücken- und Bauchfläche unterscheiden, Seitenflächen wie bei den Nemathelminthes bemerkt man nie. Es ist überhaupt zwischen den Platyhelminthes und Nemathelminthes ein so grosser Unterschied des Baues, dass man vielleicht schon jetzt berechtigt ist, beide als zwei verschiedne Klassen des Thierreichs gleichwerthig mit den Coelenteraten und Mollusken zu betrachten.

Am zugänglichsten für Untersuchungen, wie wir sie hier bedürfen, sind die Hirudineen. Unter der die Oberfläche zunächst bedeckenden Zellschicht liegt (Taf. XXVIII, Fig. 1) eine Schicht Querfasern, auf welche eine Schicht sich schiefkreuzender Fasern folgt. Zwischen diesen queren und schiefen Fasern inseriren sich unmittelbar auf der äussern Zellschicht Fasern, welche vom Rücken zum Bauch verlaufen. Man kann sie als Dorsoventral- oder Sagittalmuskeln bezeichnen. In den Räumen zwischen den Sagittalmuskeln, unmittelbar nach Innen von den schiefgekreuzten Fasern, stehen Längsfasern in dicken Bündeln. Die schiefgekreuzten und Querfasern stehen in den verschiednen Gattungen etwas verschieden geordnet, bei Clepsine (C. complanata) sehr dicht, bei Hirudo (H. medicinalis Taf. XXVIII, Fig. 2) [1] durch weite Zwischenräume getrennt.

An die Hirudineen schliessen sich die Onychophora (Peripatus) eng an. Man kann die Querschnitte am besten an den Jungen, welche man im Uterus findet, machen (Taf. XXVIII, Fig. 3). Die Muskelfasern bestehen aus ganz ähnlichen Cylindern mit weitem Lumen wie bei den Hirudineen. Die Quer-, schiefgekreuzten und Längsfasern stehen in derselben Anordnung. Die Sagittalfasern sind aber sparsamer, sie laufen schief nach Aussen und enden vorzugsweise in den Fussstummeln. Bei den Trematoden sind die Muskelelemente viel dünner, aber in derselben Lagerung und Reihenfolge geordnet. Man unterscheidet Quer-, schiefgekreuzte, Längs- (Taf. XXVIII, Fig. 4) so wie Sagittalfasern. Ich habe diese An-

---

[1] In der eben citirten Figur sind die Querfasern irrthümlich unter die schiefgekreuzten gezeichnet.

ordnung beobachtet bei Monostoma, Distoma, Amphistoma und Tristoma, man kann erwarten bei Polystoma und Octobothrium dieselbe zu finden. An die Trematoden schliessen sich die Dendrocoela an. Bei den Planarien des süssen Wassers wenigstens kann man die Quer-, schiefgekreuzte und Längsfasern deutlich unterscheiden. Ob die Sagittalfasern vorhanden sind, muss ich dahin gestellt sein lassen, da sich keine Querschnitte anfertigen liessen. Auch die Landplanarien, von denen ich eine Geoplana untersuchte, enthielten Quer-, schiefgekreuzte, Längs- und Sagittalfasern, so dass auch über deren systematische Stellung kein Zweifel obwalten kann.

Die bis jetzt geschilderten Ordnungen der Platyelminthes bilden eine Gruppe, welche durch das Vorhandensein der schiefgekreuzten Fasern characterisirt wird und der eine andre gegenübersteht, die Cestoidea und Rhabdocoela umfassend, in welcher diese schiefgekreuzten Fasern fehlen.

Im Leib der Cestoidea unterscheiden wir nächst der Hautschicht Längsmuskeln, dorsoventrale Muskeln und solche, welche von Seite zu Seite verlaufen, Quermuskeln. Was die Lage der einzelnen Systeme betrifft, so liegen die Längsmuskeln in den Zwischenräumen zwischen den dorsoventralen Muskeln zu Bündeln vereinigt, deren Querschnitte radial gestellt sind. Die Mitte des Leibes ist leer von Längsmuskeln, es ist der Raum, in welchem sich die Geschlechtsorgane bilden. Die Anordnung der Quermuskeln ist in den verschiednen Gattungen der Cestoidea nicht gleich. Ich will nur zwei Gattungen in Betracht ziehen, Ligula und Taenia. Bei Ligula (Taf. XXVIII, Fig 8) sind diese Quermuskeln gleichmässig vertheilt, sie laufen von einer Seite zur andern, gleichsam von Pol zu Pol, wie die Meridianlinien auf der Karte einer Hemisphäre. Bei Taenia (Taf. XXVIII, Fig. 9) entspringen nun die Quermuskeln zwar auch getrennt an den Seiten, sobald sie aber an die Längsstämme des Excretionssystems gelangen, vereinigen sie sich zu einer starken Schicht, die einer Ringmuskelschicht ähnlich ist. Diese Ringschicht umschliesst den innern Raum, in welchem die Geschlechtsorgane liegen. Einzelne Quermuskeln verlaufen in der Nähe der Haut. Wir haben also eine äussere — nur wenig entwickelte — Ringschicht, eine Längsmuskelschicht und eine innre mächtige Ringschicht.

Von den Rhabdocoelen habe ich den Bau des Muskelgerüstes nur bei den Nemertinen untersucht. Es ist schon längst bekannt, dass dasselbe aus Längs-, Quer- und Sagittalfasern besteht. Die Querfasern sind, wie wir dies schon bei Taenia fanden, zu Ringschichten vereinigt, deren wohl immer zwei, eine äussre unmittelbar unter der Zellschicht der Haut liegende und eine innre, welche die Leibeshöhle begränzt, vorhanden sind. Zwischen den Ringschichten liegt die Schicht der Längsmuskeln. Das Verhalten dieser Schichten kann ein sehr complicirtes sein (Taf. XXVIII, Fig. 6). Doch muss ich mir versagen darauf einzugehen, da ich keine eingehenden Untersuchungen darüber gemacht habe. Die Sagittalfasern sind nur bei den grossen Arten und im Vordertheile des Leibes bemerklich [1]). Von der Muskulatur der Rhabdocoela arhynchia kann ich nichts melden, weitere Untersuchungen müssen lehren, ob sie so nahe mit den Rhynchocoela, den Nemertinen, verwandt sind, als man anzunehmen pflegt.

Wir haben bis jetzt von den Cestoidea und Nemertinen diejenige Anordnung der Muskeln beschrieben, welche sich im grössten Theile des Körpers findet. Bei den Cestoidea ohne Bothrien und Saugnäpfe, also ohne Auszeichnung des Kopfendes, findet sich auch keine andre vor. Allein wo die Kopfbildungen auftreten, nehmen die Fasern einen andern Verlauf. Der Kopftheil der Cestoidea hat bekanntlich einen vierseitigen Querschnitt, der namentlich bei den Taenien deutlich ausgeprägt ist, sich aber auch bei den Bothriadea (van Bened.) findet. Hier treten nun Fasern auf, welche parallel den Diagonalen dieses Vierecks verlaufen, und sich in der Mitte der Seitenfläche schneiden (Taf. XXVIII, Fig. 7). Die Sagittal-, Längs- und Querfasern sind ebenfalls vorhanden, allein mehr auf den innern oder mittlern Theil beschränkt. Diese Diagonalfaser habe ich hier nur von einem Bothriocephalus abgebildet, sie finden sich aber auch bei Taenia in dem Raum zwischen dem Saugnapf. Die ausgebildeten, d. h. napf- oder becherförmig dem Kopf aufsitzenden Bothrien stehen immer auf der Rücken- und Bauchseite, mögen nun zwei, wie bei Echinobothrium und dem einen Theil der Tetrarhynchen, oder vier, wie bei den andern Tetrarhynchen und Tetrabothrium vorhanden sein. Bei einigen, so dem Bothriocephalus latus, scheinen allerdings die Bothrien seitlich zu stehen, diese beiden seitlichen Spalten entsprechen aber, wie mir scheint, nicht den Bothrien, sondern dem seitlich zwischen den Bothrien entstehenden Raume. Die vier Saugnäpfe der Taenien gleichen weder ihrem Bau noch ihrer Stellung nach

---

[1]) Ich habe leider nur einen Querschnitt ohne Sagittalfasern abgebildet, aber man vergleiche z. B. den Querschnitt bei Keferstein (v. Siebold und Kölliker Zeitschrift f. w. Z. Bd. XII, Taf. VII, Fig. 4).

den Bothrien, sie stehen in den Ecken des viereckigen Querschnitts. Der den Kopfbildungen der Cestoidea gemeinsame Theil besteht also in den Diagonalfasern.

In dem Kopf der Nemertinen treten nun ebenfalls Fasern auf, deren Aehnlichkeit mit den Diagonalfasern der Cestoideen sich nicht verkennen lässt. Sie stehen wie Tangenten um den kreisförmigen Querschnitt des Rüsselbehälters. Die Berührungspunkte vertheilen sich jedoch nicht gleichmässig um den ganzen Umfang, sondern gruppiren sich vorzugsweise um vier Punkte, welche symmetrisch auf der Rücken- und Bauchseite stehen (Taf. XXVIII, Fig. 5). Erwägt man die Wirkung, welche der fortdauernde Zug dieser Fasern hervorbringt, so scheint es mir, dass sie die Ursache der Bildung der seitlichen Kopfspalten sind. Nun finden sich allerdings diese Fasern in der gleichen Anordnung und sogar besonders kräftig auch bei den Nemertinen ohne Kopfspalten, allein es sind dann andre Muskeln sehr stark entwickelt, welche einen Antagonismus gegen die Spaltbildung ausüben. Unter der Zellschicht der Haut liegt nämlich, wie in dem übrigen Körper, eine Schicht Ringfasern, und diese ist schwach ausgebildet wenn die Kopfspalten vorhanden sind, sehr stark wenn dieselben fehlen. Im letztern Falle können wohl vorübergehend Furchen am Kopf entstehen, aber sie werden durch die Wirkung der Ringfasern wieder ausgeglichen. Auch bei den Nemertinen ist also diese Anordnung der Fasern die constante Eigenthümlichkeit der Kopfbildung. Wahrscheinlich können die Nemertinen wie die Bothriadeen die Rücken- und Bauchfläche des Kopfes als Sauggruben zur Befestigung benutzen. Es scheint mir demnach nicht gewagt, die Kopfspalten der Nemertinen mit den seitlichen Spalten, wie wir sie bei Bothriocephalus latus finden, als gleichwerthig zu betrachten, und es bietet die Aehnlichkeit der Kopfbildung ein neues Merkmal, um die Stellung der Nemertinen neben den Cestoden zu rechtfertigen.

Fassen wir das Resultat unsrer bisherigen Betrachtung zusammen, so können wir folgendes System der bisher in die Abtheilung Vermes vereinigten Thiere aufstellen:

Nemathelminthes. Haut- und Muskelgewebe des Leibesschlauches in zwei Schichten getrennt.

I. Muskeln des Leibesschlauches entweder eine Schicht von Längsfasern oder zwei Schichten, eine äussre von Quer- und eine

innre von Längsfasern bildend. Im letztern Fall sind immer
Seitenfelder vorhanden.
- a. Ungegliederte. Nur Längsfasern vorhanden.
  Nematoidea.
  Chaetognatha.
- b. Gegliederte.
- aa. Nur Längsfasern vorhanden.
  Gymnotoma.
- bb. Längs- und Querfasern vorhanden.
  Chaetopoda.
- II. Muskeln des Leibesschlauches, eine innre Längs- und äussre
  Querfaserschicht bildend. Seitenfelder fehlen.
  Acanthocephala.
  Gephyrea.

Platyelminthes. Muskelfasern in das Hautgewebe eingebettet.
Längs-, Quer- und Sagittalmuskelfasern bilden ein
Muskelgerüst.
- I. Schiefgekreuzte Muskelfasern vorhanden.
  Trematoda.
  Dendrocoela.
  Hirudinea.
  Onychophora.
- II. Schiefgekreuzte Muskelfasern fehlen.
  Cestoidea.
  Rhabdocoela.

Druckfehler und Berichtigungen.

S. 18 Z. 21 von oben statt dann lies darin

S. 100 Z. 17 von oben statt Taf. VI lies Taf. V

S. 138 Z. 2 von unten hinter Mundkapsel ist einzuschalten „mit blossem Auge"

S. 143 Z. 15 von oben statt Hinterrippen lies Vorderrippen

S. 155 Z. 4 von oben statt Limaris lies Limacis

S. 164 zur Beschreibung von A. scandens ist hinzuzufügen: „dass dieselbe nach Roffredi, obgleich selten, auch in der Gerste vorkommen soll. Indess ist die Anguillula der Gerste vielleicht eine eigne Species"

S. 174 bei P. minor lies Fig. 6 und 7

S. 175 bei I. globiceps ist hinzuzufügen (Taf. XII, Fig. 11)

S. 183 Z. 21 von oben statt Meridian lies Median

S. 200 Z. 3 von unten statt Haut lies Haupt

S. 201 Z. 7 von oben ist einzuschalten (Taf. XVI, Fig. 13)

S. 206 Z. 3 von unten statt §. 3 lies §. 2

S. 207 Z. 9 von oben hinter Polymyariern ist einzuschalten „und Meromyariern"

S. 238 Z. 1 von oben statt Lippen lies Lappen

S. 309 Z. 20 von oben wäre noch hinzuweisen auf die jungen Nematoden, welche Valentin (de functionibus nervorum cerebralium et nervi sympathici 1839. p. 144) und Vogt (Müller's Archiv 1842. p. 189) in den Blutgefässen der Frösche gefunden haben. Man vergleiche auch v. Siebold's Bemerkungen (Wiegmann's Archiv. 1843. II. S. 313).

REGISTER

der in Abtheilung I, § 4 erwähnten Gattungen und Species.

(Die Namen in Cursivschrift sind die Synonymen.)

43 *

342 REGISTER.

ERKLÄRUNG DER ABBILDUNGEN.

Sämmtliche Abbildungen sind mit der Camera gezeichnet.

Tafel I.

Sämmtliche Figuren stellen Oberlippen von Innen gesehen dar. Bei Fig. 6—9 und Fig. 14—16 ist jederseits eine Zwischenlippe mit abgebildet.

Fig. 1.	Ascaris	megalocephala.	V. 34.
„ 2.	„	lumbricoides.	V. 90.
„ 3.	„	transfuga.	V. 62.
„ 4.	„	Mystax.	V. 90.
„ 5.	„	leptoptera.	V. 90.
„ 6.	„	depressa.	V. 90.
„ 7.	„	ensicaudata.	V. 90.
„ 8.	„	rubicunda.	V. 90.
„ 9.	„	radiosa.	V. 90.
„ 10.	„	quadrangularis.	V. 90.
„ 11.	„	sulcata.	V. 90.
„ 12.	„	holoptera.	V. 90.
„ 13.	„	osculata.	V. 90.
„ 14.	„	nasuta.	V. 90.
„ 15.	„	spiculigera.	V. 90.
„ 16.	„	granulosa.	V. 90.

Tafel II.

Fig. 1.	Ascaris ferox.	Oberlippe von Innen. V. 90.	
„ 2.	„ „	Kopf. Laterale Ansicht. V. 90.	
„ 3.	„ rigida.	Oberlippe von Aussen. V. 93.	
„ 4.	„ Mystax.	Oberlippe von Aussen. Junges Exemplar. V. 130.	
„ 5.	„ „	Unterlippe von Aussen. J. E. V. 130.	
„ 6.	„ lumbricoides.	Längsschnitt einer Lippe. oe Oesophagus, li lobus impar, l lobus, z Zahnleiste, sm Submedianpapille, p Pulpa, n Nervus submedianus. V. 90.	

Fig. 7. Ascaris lumbricoides. Querschnitt, der Lippen durch die 6 Kopfpapillen. Man bemerkt den Querschnitt der Pulpa und des Lobus impar, die Nerven und Pulpa der Submedianpapillen, welche in 2 Spitzen enden, eine dickere lateralwärts und eine dünnere medianwärts liegende. Die Lateralpapillen enden in 2 dünne Spitzen. V. 90.

	8.	„	Acus.	Oberlippe und Zwischenlippen.V. 130.
	9.	„	adunca	Oberlippe. V. 130.
	10.	„	mucronata.	Oberlippe. V. 130.
	11.	„	incurva.	a Oberlippe von Aussen. b Unterlippe von Innen. V. 93.
	12.	„	megalocephala.	♀ Schwanz mit After und Schwanzpapillen. Junges Exemplar. V. 25.
	13.	„	aucta.	♀ Schwanz. V. 90.
	14.	„	„	Oberlippe von Aussen. V. 130.
	15.	„	labiata.	Oberlippe von Innen. V. 90.

Tafel III.

Fig. 1—7 eine Lippe von Innen gesehen. V. 130.

Fig.	1.	Physaloptera	digitata.
	2.	„	turgida.
	3.	„	truncata.
	4.	„	clausa.
	5.	„	spiralis.
	6.	„	retusa.
	7.	„	subalata.
	8.	„	retusa. a und b Spitzen der beiden Spicula. V. 90.
	9.	„	„ Kopf. Laterale Ansicht, zeigt die Hautfalte, welche die Lippen umgiebt. Junges Exemplar. V. 90.
	10.	Heterakis distans.	Kopf. Ansicht von Oben, zeigt den Mund und die Submedianpapillen. V. 90.

Fig. 11—17. Oberlippe von Innen gesehen. V. 130.

	11.	Heterakis	maculosa.
	12.	„	inflexa.
	13.	„	truncata.
	14.	„	compressa.
	15.	„	lineata.
	16.	„	serrata.
	17.	„	flexuosa.
	18.	„	fasciata. Kopf und Hals. V. 130.
	19.	„	„ Querschnitt der Halskrause.
	20.	„	„ Verlauf der Halskrause und Gestalt der Lippen schematisch.

Tafel IV.

Fig. 1. Heterakis foveolata. Kopf und Hals. Laterale Ansicht. V. 130.
" 2. " inflexa. ♂ Schwanz. m unregelmässig auftretende Papille. V. 62.
" 3. " " ♂ Querschnitt, der Bursa kurz vor dem After, nur die Hautschicht ist gezeichnet. V. 62.
" 4. Cucullanus melanocephalus. Kopf. Mediane Ansicht. V. 93.
" 5. " " " Laterale Ansicht. V. 93.
" 6. " elegans. Kopf. Laterale Ansicht. V. 180.
" 7. " " " Mediane Ansicht. V. 180. Fig. 6 u. 7. ist von Hrn. G. R. Wagener gezeichnet
" 8. Hedruris androphora. Kopf. Ansicht von oben. V. 130.
" 9. Euoplus cochleatus. ♂ Schwanz. V. 62.
" 10. " " Kopf und Hals. Mediane Ansicht V. 130.
" 11. " " Kopf. Ansicht von Oben, zeigt die Mundöffnung, die Lateral- und Submedianpapillen, die 10 regelmässig gestellten Haare. V. 130.
" 12. " " ♂ accessorisches Stück von d. Innenfläche gesehen. V. 300
" 13. " " Spiculum. V. 300. (Diese Figur ist irrthümlich mit 15 bezeichnet.)
" 14. " globicaudatus. Kopf. Ansicht von Oben zeigt, den Mund, die Submedian- und Lateralpapillen, die Mundkrause und die 10 regelmässig gestellten Haare. V. 103.
" 15. " liratus. Larve. Kopf und Hals mit dem aus dem Mund hervorragenden schreibfederförmigen Stachel, dahinter im Oesophagus der Stachel für das geschlechtsreife Thier. V. 130.
" 16. " " Larve und ♀, Schwanz. V. 130.

Tafel V.

Die Figuren 4, 5, 6 und 8 sind von Hrn. G. B. Wagener gezeichnet.

Fig. 1. Filaria sanguinolenta. Kopf von vorn gesehen. V. 150.
" 2. " capitellata. Kopf von vorn gesehen. V. 130.
" 3. " microstoma. Kopf von vorn gesehen. V. 130.
" 4. " obtusa. Kopf von vorn gesehen. V. 180.
" 5. " megastoma. Kopf von vorn gesehen. V. 350.
" 6. " leptocephala. Kopf und Hals. Mediane Ansicht. V. 130.
" 7. " " Kopf vorn gesehen. Die Figur ist unrichtig orientirt, sie muss um 90° gedreht werden.
" 8. " leptoptera. Kopf von vorn gesehen. V. 500.
" 9. " quadrispina. Kopf von vorn gesehen, zeigt Mundöffnung.
" 10. " nitidulans. Kopf. Ansicht von vorn.
" 11. " " Querschnitt des Körpers, um die Seitenmembran mit den sie begleitenden niedrigen Wällen zu zeigen.
" 12. " laticaudata. Kopf. Ansicht von der Rückseite.
" 13. " papillosa. Schwanzspitze.
" 14. " " Kopf. Mediane Ansicht.

Fig. 15. Filaria gracilis. Schwanzspitze.
„   16.   „   attenuata. Kopf von vorn gesehen. V. 93.
„   17.   „   horrida. Kopf von vorn gesehen. V. 62.
„   18.   „   terebra. Schwanzspitze.

Tafel VI.

Fig. 1. Filaria denticulata. Kopf und Hals.
„   2.   „   pungens. Dreizack aus dem Vorderende d. Oesophagus. V. 90.
„   3.   „   laticeps. Kopf und Hals. Mediane Ansicht. V. 62.
„   4.   „   uncinata. Kopf und Hals. Dorsale Ansicht. Die Krausen weichen
                auseinander und die beiden vorher lateralen Reihen der
                Hautstacheln treten dazwischen. V. 90.
„   5.   ,.   alata. Kopf und Hals. Laterale Ansicht. V. 90.
„   6.   „   spinifera. Kopf und Hals. Laterale Ansicht. V. 130.
„   7.   „   quadriloba. Kopf von vorn gesehen. V. 130.
„   8.   „   „   Querschnitt der Leibeshaut, um die rinnenförmige Ge-
                stalt der Krausen zu zeigen. V. 130.
„   9.   „   Radula. a Kopf von vorn gesehen. V. 62. b Theil einer Stachel-
                reihe der Haut. V. 130.
„   10. Ancyracanthus longicornis. a Kopf und Hals. Laterale Ansicht. b Kopf
                von vorn gesehen. V. 90.

Tafel VII.

Fig. 1. Oxyuris curvula. Kopf von vorn gesehen. V. 93.
„   2.   „   „   Querschnitt, des Oesophaguscanals kurz hinter dem
                Munde. V. 93.
„   3.   „   obesa. Kopf von vorn gesehen.
„   4.   „   „   ⎫
„   5.   „   „   ⎬ Querschnitte des Oesophaguskanals von vorn nach
„   6.   „   „   ⎭ hinten einander folgend. V. 93.
„   7.   „   corollata. ' Kopf von vorn gesehen. V. 130.
„   8.   „   longicollis. ♂ Schwanz mit hervorgestrecktem Spiculum. Laterale
                Ansicht. V. 130.
„   9.   „   megatyphlon. ♂ Schwanz mit hervorgestrecktem Spiculum. V. 130.
„   10.   „   spirotheca. ♂ Schwanz. Ventrale Ansicht, ein junges Exemplar.
                V. 130.
„   11.   „   „   ♂ Schwanz. Ventrale Ansicht, ein älteres Exemplar.
                V. 130.
„   12.   „   ambigua. ♂ Schwanz. Laterale Ansicht. V. 130.
„   13. Oxysoma tentaculatum. Kopf. Dorsale Ansicht. V. 130.
„   14.   „   lepturum. Kopf von vorn gesehen. V. 130.
„   15. Labiduris gulosa. ♂ Schwanz. Ventrale Ansicht. V. 93.
„   16.   „   „   Kopf und Hals. Ventrale Ansicht. V. 130.
„   17.   „   „   Kopf. Dorsale Ansicht. V. 130.

Tafel VIII.

Fig. 1. Strongylus armatus. Kopf. Laterale Ansicht. V. 50.
„ 2. „ „ Larve. Kopf von oben gesehen, sehr junges Exemplar. V. 130.
„ 3. „ „ hintere Oeffnung der Mundkapsel nebst einem Theil der Rinne. Die ohrförmigen Fortsätze fehlen, statt ihrer sind nur die Rinnen vorhanden. V. 50.
4. „ „ Theil der Mundkapsel, Rinne nebst den beiden am Hinterende derselben stehenden ohrförmigen Fortsätzen, letztere aus einander gelegt. V. 50.
„ 5. „ „ Querschnitt der Rinne. V. 130.
„ 6. „ „ Mundkapsel isolirt, vorn quer durchschnitten. Es ist die dorsal stehende Rinne und alle 4 ohrförmigen Fortsätze sichtbar. V. 50.
„ 7. „ „ tetracanthus. Kopf u. Hals. Mediane Ansicht V. 93.
„ 8. „ „ „ Kopf von vorn gesehen. V. 93.
„ 9. „ hypostomus. Kopf und Hals. V. 62.
„ 10. „ „ Theil der Kapselwand, hinten quer durchschnitten, zeigt vorn die Stacheln um den Mund, die Längs-Rinne und die Theilung derselben in die um die Kapsel kreisförmig laufende. V. 90.
„ 11. „ galeatus. Kopf. Laterale Ansicht. V. 90.
„ 12. „ „ Querschnitt der Mundkapsel und Haut. V. 90.
„ 13. „ „ Klappenförmiger Zahn, welcher vor der hintern Oeffnung der Mundkapsel steht. V. 90.
„ 14. „ dimidiatus. Kopf. Laterale Ansicht. V. 90.
„ 15. „ „ Kopf von vorn gesehen.
„ 16. „ ventricosus. Querschnitt der Haut. V. 90.
„ 17. „ invaginatus. Querschnitt der Haut. V. 130.

Tafel IX.

Fig. 2, 3, 4 und 9 sind von Herrn G. R. Wagener gezeichnet.

Fig. 1. Strongylus venulosus. Kopf und Hals. V. 50.
„ 2. „ dentatus. Kopf und Hals. V. 150.
„ 3. „ duodenalis. Kopf und Hals. V. 130.
„ 4. „ costatus. Kopf und Hals. Laterale Ansicht. V. 150.
„ 5. „ tubaeformis. Kopf und Hals. Dorsale Ansicht. V. 90.
„ 6. „ cernuus. Kopf. Laterale Ansicht. z Zahn am hintern Eingang der Mundkapsel. d Dorsal stehender Zahn. V. 90.
„ 7. „ „ Kopf dorsale Ansicht. V. 90.
„ 8. „ galeatus. ♂ Schwanz. V. 50.
„ 9. „ armatus. ♂ Schwanz.
„ 10. „ venulosus. ♂ Schwanz. p Papille. p Mündung d. Costa anterior externa. V. 34.
„ 11. „ auricularis. ♂ Spicula. V. 130.
„ 12. „ hypostomus. (?) ♂ vorstehendes Ende des Afters.
„ 13. „ paradoxus. Kopf von vorn gesehen. V. 130.

44*

Tafel X.

Die Vergrösserung ist immer 130, wo nicht anders bemerkt steht.

Fig. 1. Leptodera flexilis. *a* Kopf und Hals. *b* Schwanz des ♂. *c* Spiculum.
„ 2. „ Angiostoma. *a* Kopf und Hals. *b* Schwanz d. ♀. *c* Schwanz d. ♂.
„ 3. „ elongata. *a* Kopf und Hals. *b* Schwanz d. ♀. *c* Schwanz d. ♂.
„ 4. „ curvicaudata. *a* Kopf u. Hals. *b* Schwanz d. ♀. *c* Schwanz d. ♂.
„ 5. „ producta. *a* Kopf u. Hals. *b* Schwanz d. ♀. *c* Schwanz d. ♂.
„ 6. „ inermis. *a* Kopf u. Hals. *b* Schwanz d. ♀. *c* Schwanz d. ♂.
„ 7. „ dentata. Hermaphrodit. *a* Kopf und Hals. *b* Schwanz.
„ 8. „ teres. *a* Schwanz d. ♀. *b* u. *c* Schwanz d. ♂.
„ 9. Pelodera strongyloides. *a* Kopf u. Hals. *b*. Schwanz des ♀. *c* Schwanz des ♂. *d* Spicula, dorsale Ansicht. *e* Spicula und accessorisches Stück. Laterale Ansicht.
„ 10. Leptodera dolichura. Hermaphrodit. *a* Kopf und Hals. *b* Schwanz laterale Ansicht.
„ 11. „ foecunda. Hermaphrodit *a* Kopf und Hals. *b* Schwanz. V. 90.
„ 12. „ lirata. ♂ *a* Schwanz. *c* Spiculum und accessorisches Stück. V. 200

Tafel XI.

Die Vergrösserung ist immer 130, wo nicht anders bemerkt steht.

Fig. 1. Oxysoma brevicaudatum. *a* Kopf. *b* Schwanz des ♂. V. 62.
„ 2. Atractis ductylura. ♂ Schwanz. *a* Ventrale, *b* laterale Ansicht. *c* Gestalt des ♀ und des Oesophagus. *a* u. *b*. V. 90. *c* V. 17.
„ 3. Pelodera papillosa. *a* Kopf und Hals. *b* Schwanz des ♀. *c* Schwanz des ♂. *d* Spicula und accessorisches Stück. Ventrale Ansicht.
„ 4. Leptodera appendiculata. *a* Kopf und Hals. *b* Schwanz des ♀, laterale Ansicht. *c* Schwanz des ♂, ventrale Ansicht.
„ 5. „ macrolaima. *a* Kopf und Hals. *b* Schwanz des ♂.
„ 6. „ oxophila. *a* Kopf und Hals. *b* Schwanz des ♀, laterale Ansicht. *d* Schwanz des ♂. *e* Spiculum, laterale Ansicht. V. 200
„ 7. „ uncinata. Hermaphrodit. *a* Kopf u. Hals. *b* Schwanz.
„ 8. „ lirata. ♀ Durch die Haut ist der Oesophagus und Darm so wie der Uterus sichtbar.
„ 9. „ rigida. *a* Kopf u. Hals. *b* Schwanz des ♀. *c* Hinterende des Schwanzes des ♂. *d* Spicula. V. *c* u. *d* 200.
„ 10. „ membranosa. ♀ Schwanz laterale Ansicht. V. 90.
„ 11. Pelodera Pellio. ♂ Schwanz.

Tafel XII.

Fig. 1. Oxysoma tentaculatum. ♂ Schwanz hinter den Spiculen das accessorische Stück. V. 93.
„ 2. Nematoxys commutatus. ♂ Schwanz.
„ 3. Oxysoma lepturum. ♂ Schwanz hinter den Spiculen das accessorische Stück. V. 50.
„ 4. Dermatoxys veligerus. ♂ Schwanz. V.
„ 5. Nematoxys ornatus. ♂ Schwanz hinter den Spiculen das accessorische Stück. V. 93.

Fig. 6. Pseudalius minor. Kopf von vorn gesehen. V. 130.
" 7. " " ♂ Schwanz. V. 62.
" 8. " convolutus. ♂ Schwanz. V. 93.
" 9. " tumidus. ♂ Schwanz. V. 90.
" 10. " inflexus. ♂ Schwanz. V. 62.
" 11. Ichthyonema globiceps. ♂ Schwanz. V. 500.

Tafel XIII.

Fig. 1. Trichina spiralis. ♂ Man sieht den Oesophagus, Darm, Mastdarm,
Hoden. V. 130.
" 2. Trichosoma Plica. ♂ Schwanz mit hervorgestrecktem Spiculum und seiner Scheide.
Fig. 3—6 und 3 stellt das männliche Schwanzende mit hervorgestrecktem Spiculum und
seiner Scheide dar. V. 200.
Fig. 3. Trichocephalus crenatus.
" 4. " depressiusculus.
" 5. " dispar.
" 6. " affinis.
" 7. " unguiculatus. Vorderende, links ist das Bauchband der
Haut sichtbar, im Innern der Oesophagus
mit seinem vordern glatten Theile und dem
folgenden vielfach eingeschnürten.
" 8. " "
" 9. Gordius setiger. ♂ Schwanzende. V. 90.
" 10. Eustrongylus tubifex. Kopf. (Ist um 30° zu drehen.)
" 11. Anguillula scandens. ♂ Schwanz. V. 250.
" 12. Trichosoma aërophilum. ♂ Schwanz. V. 200.

Tafel XIV.

Die Vergrösserung ist 93, ausser wo es anders bemerkt.

Fig. 1. Gordius gratianopolensis. ♀ Schwanzende.
" 2. " subbifurcus. ♂ Schwanzende.
" 3. " impressus. ♂ Schwanzende.
" 4. Mermis nigrescens. Kopf und Hals. l Lateralpapillen, sm Submedian-
papillen. V. 130.
" 5. " lacinulata. ♀ Schwanzende.
" 6. " " ♂ Schwanz.
" 7. " " Kopf sm u. l wie Fig. 4. V. 130.
" 8. " Spec? Larve aus Phalaena dispar, Schwanzende.

Tafel XV.

Fig. 1. Oxyuris curvula. Hinterende des Oesophagus, in der Länge durchschnitten.
In der Mitte des Bulbus eine Platte des dreieckigen
Zahnapparates von der Fläche gesehen, an den Rän-
dern des Kanals die Durchschnitte der beiden andern
Platten. V. 62.

Fig. 2. Schematische Zeichnung eines Querschnittes durch Fig. 1, die punktirten Linien bezeichnen den abgeschnittenen Theil des Oesophagus.

„ 3. Oxysoma tentaculatum. Ein Zahn des Zahnapparats aus dem Bulbus isolirt. V. 130.

„ 4. Trichocephalus crenatus. Querschnitt des ganzen Körpers in der Gegend der zweiten Abtheilung des Oesophagus in der Mitte der Oesophagus mit seinem Kanale. *t* Hautverdickung des

„ 5. „ affinis. Dasselbe wie Fig. 4. In dem Oesophagus ist ausser dem Kanal ein Kern sichtbar. V. 130.

„ 6. „ dispar. Querschnitt des Körpers in der Gegend der er-

„ 7. „ affinis. Dasselbe wie Fig. 4. V. 130.

„ 8. „ „ ein Stück der zweiten Abtheilung des Oesophagus isolirt. V. 130.

„ 9. Mermis nigrescens. *oe* Oesophagus. *i* Darm.

„ 10. „ „ Stück der schlauchförmigen Verlängerung des Oeso. phagus *n* Kern.

„ 11. „ Larve aus Locusta viridissima. Stück der schlauchförmigen Verlängerung des Oesophagus mit dem innern Kanal und den Kernen.

„ 12. Strongylus armatus. Querschnitt des Oesophagus. V. 120.

„ 13. Eustrongylus. Larve aus Symbranchus laticaudatus. Querschnitt des Oesophagus zeigt die Querschnitte der Längskanäle.

„ 14. „ tubifex. Stück des Kanalsystems des Oesophagus isolirt. V. 120.

„ 15. „ Larve wie in Fig. 13. Stück des Oesophagus. *c* Wand des grossen Oesophaguskanals, links einzelne Röhre des Kanalsystems, 3 Kerne und die queren Muskelbalken.

„ 16. Ascaris megalocephala. Vorderer Theil der Wand des Oesophaguskanals isolirt. *o* Mundöffnung a, a Begränzungslinien der 3 Flächen des Oesophaguskanals. *e* Mündung des Kanals *d*. V. 42.

„ 17. Ascaris ferox. Querschnitt des Oesophagus. V. 90.

Tafel XVI.

Fig. 1. Ascaris ferox. Oesophagus und Anfang des Darms mit seinen beiden Blindsäcken nat. Gr.

„ 2. Oxysoma tentaculatum. Querschnitt des Oesophagus an seinem Vorderende um die drei Zellkerne zu zeigen. V. 13.

„ 3. Ascaris spiculigera. Oesophagus und Anfang des Darms mit ihren beiden Blindsäcken. V. 20.

„ 4. Strongylus tetracanthus. Darm mit den sechseckigen Zellen und den vielen Kernen darin. V. 34.

„ 5. Filaria papillosa. Längsschnitt des Darms aus seinem Hinterende, die Zellmasse enthält viele Kerne ohne Zellgränzen zu zeigen. V. 130.

„ 6. Dieselbe. Zellen des Darms aus seinem Vorderende, helle und dunkle Zellen. V. 130.

„ 7. Ascaris megalocephala. Zellen des Darms im Querschnitt die Stäbchenschicht unversehrt. V. 130.

Fig. 8. Dieselbe. Zellen des Darms im Querschnitt, die Stäbchen aus ihrer Lage gebracht. V. 130.

„ 9. Gordius subbifurcus. Querschnitt des Körpers aus dem Vorderende, zeigt die Hautschicht, Muskelschicht und das zellige Gewebe mit einer grossen Höhlung. Zunächst über der Bauchlinie liegt der Oesophagus (Chorda), darüber der Darm. V. 122.

„ 10. Derselbe. Querschnitt, weiter hinten, das zellige Gewebe zeigt zwe Höhlungen. Schwache Verg.

„ 11. Mermis nigrescens. Querschnitt des Leibesschlauchs zeigt die Hautschicht, Muskelschicht, die Bauch- und Rückenlinie, die secundären Bauchlinien und die Seitenfelder. V. 250.

„ 12. Pseudalius inflexus. Querschnitt des Körpers, zeigt die Hautschicht, Muskelschicht mit dem Markgewebe, den Darm, die Seitenfelder, Haupt- und secundäre Medianlinien. V. 50.

„ 13. Strongylus tetracanthus. Querschnitt des Körpers durch die Mündung des Gefässsystems. Die Seitenfelder bilden eine Brücke nach der Bauchlinie, darauf die Gefässanastomose liegt, in jedem Muskelfeld liegen die Querschnitte von 4 Muskelzellen. V. 90.

Tafel XVII.

Fig. 1. Schematische Darstellung der innern Fläche der Leibeswand eines Meromyariers in einer Hauptmedianlinie aufgeschnitten und aus einander gerollt. Die Felder mit dem wellenförmigen Gefäss sind die Seitenfelder. Die mittelste Linie ist die Hauptmedianlinie, die nächsten Parallellinien sind die secundären Medianlinien. I. Die erste halbe Muskelzelle (Kopfzelle), II. III. IV. die folgenden ganzen Muskelzellen.

„ 2. Spiroxis contortus. Der Leibesschlauch in einem Seitenfelde,' welches nicht gezeichnet, ist aufgeschnitten und auseinander gerollt, d Bauchlinie, v Rückenlinie (die Buchstaben d u. v sind hier irrthümlich verwechselt worden). S. S. 202. V. 130.

„ 3. Oxysoma ornatum. Theil des Leibesschlauches von der Innenfläche (Seitenfeld m, Hauptmedianlinie m') (am vorderen Ende steht irrthümlich m) secundäre Medianlinie. S. S. 203. V. 62.

„ 4. „ acuminatum. Dasselbe wie Fig. 3. S. S. 202.

„ 5. Filaria obtusa.' Muskelzellen mit vielen Kernen.

„ 6. „ Radula. Muskelzellen. V. 62.

„ 7. Ascaris lumbricoides. Isolirte Muskelzelle mit Kern und Querfortsatz. V. 93

„ 8. Heterakis maculosa. Querfortsätze der Muskelzellen mit den Kernen der letztern, Medianlinie und Blasen der Marksubstanz.

Tafel XVIII.

Fig. 1. Ascaris lumbricoides ♀. Querschnitt des Körpers hinter den Geschlechtsorganen, i Darm, l m Hauptmedianlinie, m Leibesmuskel, s i subcutane Schicht, ol Seitenfeld, vs Gefäss. Soll die Querfortsätze der Muskelfasern, die markhaltigen Bläschen, die Wucherung des Sarkolemma, und wie die Leibeshöhle bis zum Darm von diesen Geweben erfüllt wird, zeigen. V. 50.

Fig. 2. Pelodera papillosa. Kopftheil, oe Oesophagus am Centralring des Nervensystems, vs Gefäss, avs Anastomose der Gefässe, i Darm aus
6 eckigen Zellen zusammengesetzt. In der Mitte verläuft die
Bauchlinie. V. 130.

„ 3. Strongylus armatus. Gefässsystem dessen Anastomose und Ausmündung.
vs das weite schlauchförmige Gefäss, welches die Anastomose
bildet und nach aussen mündet. vs′ Das dünnere geschläugelte
Gefäss. ap Die drüsenartigen Anhänge des Gefässsystems. V. 32.

„ 4.   „   armatus. Das hintere Ende des drüsenartigen Anhanges des Gefässsystems, nebst den daran sich setzenden faserigen Strängen
mit den krümmlichen Körperchen (vgl. S. 220). V. 90.

Tafel XIX.

Fig. 1. Oxyuris curvula. Centrales Nervensystem und ein Theil der Kopfzellen.
Die Leibeswand ist aufgeschnitten und ausgebreitet. an Nervenring. sm Nervi submediani. l Nervi laterales. rc Rami communicantes. Mit der Nervenscheide verbinden sich die Fortsätze der Kopfzellen c. Bei l setzt sich an den Centralring das
eigenthümliche schlauchförmige Organ. V. 90.

• „ 2.   „   curvula. Vollständiges Centralnervensystem, N. N. submediani und
laterales die schlauchförmigen Organe. Kopfzellen mit ihren
Kernen sowie die ersten ganzen Zellen. Der vordere Rand der
Gefässanastomose ist noch sichtbar. sm Submedianlinien. V. 20.

„ 3.   „   curvula. Dicker Querschnitt durch den Leibesschlauch kurz hinter
dem Centralring. Die dem Beschauer zugekehrte obere Fläche
ist die hintere Fläche des Querschnittes. d, v Dorsale und ventrale Medianlinie. sm Die Submedianlinien. pr Fortsatz der
Kopfzelle, pr′ Fortsatz der ersten ganzen Muskelzelle, an u. c
wie in Fig. 1.

„ 4. Ascaris lumbricoides. Centralring des Nervensystems. g v Ganglion ventrale, gl Ganglion laterale, tr tripolare Ganglienzelle. V. 62.

„ 5.   „   megalocephala. Querschnitt des gesammten Körpers durch das
Centralnervensystem. ml Längsmuskelfasern des Oesophagus,
welche in der Peripherie stehen. ma Längsmuskelfasern des
Oesophagus, welche in den Dreiecksspitzen stehen. cc Muskel-
zellen, deren Fortsätze zum Nervenring gehen. sc subcutane
Schicht.

Tafel XX.

Fig. 1. Ascaris megalocephala. Centralnervensystem und Anastomose des Gefässsystems sammt Ausführungsgang. n Nervenring, gl Ganglion
laterale, gv Ganglion ventrale, vs Anastomose der Gefässe und
Ausführungsgang, links liegt im Gefäss der zellähnliche Körper, mm Fortsätze der Leibesmuskeln zur Scheide. In l liegende
dunkle Punkte sind die durch Karmin sichtbar gemachten Zellen
des Seitenfeldes. sm N. submedianus, v Bauchlinie. V. 66.

„ 2.   „   megalocephala. Querschnitt durch die Rückenlinie und den
Nervenring, um die tripolare Ganglienzelle nebst ihren Aus-
läufern zu zeigen. V. 150.

Fig. 3. Ascaris megalocephala. Querschnitt der Rückenlinie kurz hinter dem Nervenring zeigt die Querschnitte der Fasern des N. dorsalis. V. 150.

„ 4. „ lumbricoides. Subcutane Schicht nebst einer darin verlaufenden Nervenfaser, welche kurze Aeste abgiebt. V. 150.

„ 5. „ lumbricoides. Subcutane Schicht der Haut, ein längeres Stück vollständig. v Die Bauchlinie, p Gefässporus, pp Halspapillen. Die Seitenfelder und der Verlauf der subcutanen Nerven ist deutlich. Schwache Vergr.

Tafel XXI.

Fig. 1. Ascaris megalocephala. Oberfläche der Cuticula, die Hautringel und ihr Verhalten in den Seitenlinien zeigend. V. 93.

„ 2. „ osculata. a Oberfläche der Cuticula, die Hautringel, die darunter liegenden Poren. V. 200. b ein einzelner Porus stark vergrössert ,um seine Gestalt genau zu zeigen.

„ 3. „ megalocephala. Schiefgekreuzte Schicht.

„ 4. Strongylus armatus. Längsschnitt der Haut, a subcutane Schicht, b u. c die beiden schief gekreuzten Schichten, d innere Schicht der Cuticula mit undeutlichen Ringeln, e äussere Schicht der Cuticula mit deutlichen Ringeln. V. 130.

„ 5. Ascaris megalocephala. Längsschnitt der Haut, a subcutane Schicht mit b ihrer hyalinen Gränzschicht, cde die schiefgekreuzten Schichten, f innere homogene Schicht der Cuticula, g äussere Ringelschicht der Cuticula. V. 130.

„ 6. Sphaerularia Bombi. Körperhaut.

„ 7. Ascaris megalocephala. ♂ Querschnitt des Körpers kurz vor dem After, v Bauch u. Rücken, l Seite, nb Nervus bursalis, e Vas deferens, p Papillen, mb Musculi bursales, i Darm, sp Spiculum in seiner Scheide. V. 17.

„ 8. „ megalocephala. ♂ Längsschnitt des Schwanzes durch den After. rt Retractores spiculi, sp Spiculum, i Darm, c Sphincter des Darms, t kernhaltige Balken, welche den !Mastdarm umgeben, pr Protractores spiculi, r Mastdarm, e Vas deferens mit Muskeln umgeben. V. 19.

„ 9. „ megalocephala ♀. Querschnitt des Körpers durch den Mastdarm. t Eigenthümliche Balken, welche den Mastdarm umlagern mit den 3 Kernen, r Mastdarm, h Hohlraum, welcher sich bis in die Schwanzspitze erstreckt. V. 25.

„ 10. „ megalocephala ♀. Längsschnitt des Schwanzes durch die Seitenlinie. Ansicht der Bauchhälfte, etwas schematisch gehalten mit Hinweglassung der Muskeln, i Darm, t kernhaltiger Balken, welcher den Mastdarm umgiebt, nc N. caudalis, l Seitenfeld, p Schwanzpapillen, a After, r Mastdarm, h Ansatz des Darms an das Seitenfeld und Beginn des Hohlraums (vgl. h in Fig. 9), c Sphincter des Darms, x Ansatz des Darms an den Mastdarm. V. 32.

Fig. 11. Ascaris mucronata ♀. Ansatz des Darmes an den Mastdarm, *t* die drei zellenartigen Ausbuchtungen des kerubaltigen Balken. (Vgl. *t* in Fig. 8—10.) V. 90.

.. 12. „ megalocephala ♂. Ansicht der subcutanen Schicht der Bursa nach Entfernung der Muskeln. *t* Seitenfeld, *nb* Nervus bursalis, *ml* Musculi bursales, theilweise erhalten, um ihren Ansatz längs des N. bursalis zu zeigen. *n n* Quernerv zwischen dem Nervus bursalis und ventralis. V. 93.

.. 13. .. lumbricoides ♀. Ansicht der subcutanen Schicht, um den Verlauf des N. caudalis und seine Ganglienzellen zu zeigen. *nc* N. caudalis, *p* Schwanzpapille, *a* After. Bezeichnung wie in Fig. 2. V. 130.

Tafel XXII.

Fig. 1. Ascaris megalocephala. *a* Hinterende des Spiculum in der Scheide. *b* Vorderende des Spiculum ohne Scheide. Bezeichnung wie in F. 3. V. 130.

., 2. „ megalocephala. Querschnitt des Spiculum und der Scheide I. Subcutane Schicht d. Spiculum. II. Cuticularschicht der Scheide. III. Aeussere feste Schicht d. Spiculum. IV. Aeussere körnige Schicht d. Spiculum. V. Innere feste Schicht d. Spiculum. VI. Innere körnige Schicht d. Spiculum. V. 130.

3. Filaria attenuata. Spiculum. In der Nähe des Vorderendes.

,. 4. Ascaris megalocephala. Verästeltes Epithelium aus dem Vordertheil des Receptaculum seminis. V. 90.

.. 5. „ megalocephala ♂. Kerne des Epithelium und Faserschicht, welche nach innen von der structurlosen Membran d. Hoden liegt. V. 90.

,. 6. „ megalocephala. Muskelbelag des Vas deferens. V. 62.

,. 7. „ megalocephala. Querschnitt durch den Hoden oder Eierstocksschlauch, um die Vorsprünge des zelligen Belags der Wand zu zeigen. V. 90.

„ 8. „ megalocephala. Verbindung der Vagina u. des Uterus. *g* Gränze d. Vagina u. des Uterus. V. 25.

9. „ megalocephala. Querschnitt der Vagina in der Nähe der Vulva. V. 90.

., 10. „ megalocephala. Querschnitt der Vagina in der Nähe des Uterus. V. 90.

., 11. Filaria obtusa. Querschnitt der Vagina. V. 96.

„ 12. Ascaris megalocephala. Zellenförmiges Epithel des Uterus. Ansicht von der Fläche. V. 130.

., 13. „ megalocephala. Zellenförmiges Epithel d. Uterus. Ansicht auf einen Längsschnitt, *m* Muskelschicht. V. 130.

.; 14. ., megalocephala. ♀ Zellenförmiges Epithel des Uterus. Ansicht nach dem Längsschnitt. *b* Abgelöste Zellspitzen frei im Secret d. Uterus schwimmend. Sehr junges Exemplar. V. 200.

,. 15. „ megalocephala. Zellen d. Tuba. Längschnitt, *m* Muskelschicht. V. 130.

,; 16. Oxyuris curvula. Epithel des Uterus. V. 90.

„ 17. „ curvula. Epithel der Tuba. V. 130.

,. 18. Ascaris megalocephala. Zellgränzen und Kerne des Epithel der Tuba. V. 130.

Tafel XXIII.

Fig. 1. Leptodera rigida. ♂ Geschlechtsröhre, *n* Kerne des Belags der structurlosen Membran. *sp* Spermatozoen. V. 206.

„ 2. Pelodera strongyloides. Weibliche Geschlechtsröhre, *a* Eikeime an der Rhachis, *b* grössere Eizellen, *c* abgelöste unbefruchtete Eizellen, *d* befruchtetes Ei, *e* Epithelium wulstig hervortretend. V. 200.

„ 3. „ strongyloides. Männliche Geschlechtsröhre, *ap* Anhangsdrüsen. V. 200.

„ 4. „ papillosa. Vulva nebst den kreuzförmigen Muskeln. V. 130.

„ 5. Leptodera foecunda. Hermaphrodit. Zwitterstock. Zur Zeit der Bildung der Samenkörper. *sp* Spermatozoen V. 200.

„ 6. „ dentata. Zwitterstock. Zur Zeit der Bildung der Samenkörper. V. 200.

„ 7. „ dentata. Zwitterstock. Zur Zeit der Bildung der Eier, *sp* Spermatozoen. V. 200.

Tafel XXIV.

Fig. 11—15 von Hrn. G. R. Wagener gezeichnet.

Fig. 1. Ascaris Mystax. Weibliche Geschlechtsorgane. nat. Gr.

„ 2. Oxyuris curvula. Weibliche Geschlechtsorgane. nat. Gr.

„ 3. Strongylus cernuus. Weibliche Geschlechtsorgane. Vagina und Uterus. V. 34.

„ 4. „ „ Querschnitt des Uterus. V. 90.

„ 5. „ armatus. *a* Weibliche Geschlechtsorgane aus einer reifen Larve, *b* Stück aus einem jüngern Stadium.

„ 6. Filaria papillosa. Unbefruchtete Eier. V. 200.

„ 7. „ „ ♀ Stück der Rhachis. V. 200.

„ 8. Ascaris megalocephala. *a* Ei mit daransitzenden Spermatozoen. *b* Spermatozoen aus dem Uterus. V. 130.

„ 9. A. Mystax. Bezeichnung und V. wie in Fig. 8.

„ 10. Pelodera papillosa. Spermatozoen. V. 200.

„ 11. Ascaris megalocephala. Ei mit erster Schicht d. Chorion. V. 400.

„ 12. „ „ Ei mit erster u. zweiter Schicht. V. 400.

„ 13. „ „ Ei durch längeres Liegen alle 3 Schichten sichtbar, und Embryo. V. 400.

„ 14. A. Mystax. Reifes Ei. V. 400.

„ 15. A. lumbricoides (aus d. Menschen) reifes Ei. V. 400.

„ 16. Dermatoxys veligerus. Ei.

„ 17. Hedruris androphora. Reifes Ei. V. 200.

„ 18. Strongylus armatus. Kopf der Larve. Ansicht von vorn V. 90.

„ 19. „ „ Kopf der Larve, Querschnitt. *b'* Mundkapsel der Larve, *b''* des Geschlechtsreifen in der Bildung begriffen. V. 90.

„ 20. „ „ Abgeworfene Larvenhaut d. Kopfes. V. 90.

„ 21. „ „ Längsschnitt durch den Rand der Mundkapsel des geschlechtsreifen Thieres, *b''* die entsprechende Stelle wie in Fig. 19. V. 90.

45 *

Tafel XXV.

Fig. 1. Leptodera appendiculata. Anlage der weiblichen Geschlechtsröhre, *st* Stroma mit den grossen Kernen, *n* Säule der kleinen Kerne künftiger Keimbläschen, *a* Anlage des Uterus. V. 200.

„ 2. Leptodera appendiculata. Reifer Hode, *st* Stroma, *n* die kleinen Kerne der Mutterzellen, *sp* Mutterzellen und Tochterzellen (Spermatozoen). Diese Figur ist unrichtig gestellt, *st* ist das obere Ende.

„ 3. „ appendiculata. Reifer Eierstock, *st* Stroma, *o* Eier an der Rhachis, *t* Tuba, darauf folgt der Uterus mit Spermatozoen, befruchteten und gefurchten Eiern.

„ 4. Pelodera Anlage des Geschlechtsschlauches. V. 200.

„ 5. „ Anlage des Hoden. *st* Zellen, aus welchen der Ductus deferens entsteht. V. 130.

„ 6. „ Anlage des Eierstocks. V. 200.

„ 7. „ Stück des Körpers, um die Anlage der Vagina zu zeigen. *i* Darm, *v* Vagina. V. 200.

„ 8. Leptodera *n. sp.* aus Limax cinereus. Entwickelung der Eier ohne Spermatozoen. V. 200.

„ 9. Leptodera appendiculata. Ein unbefruchtetes Ei mit offner und ein befruchtetes mit geschlossener Mikropyle. V. 200.

Tafel XXVI.

Fig. 1. Leptodera appendiculata. Schwache V.

„ 2. „ „ Schwanz, starke V.

„ 3. Filaria „ Larve mit Schwanz. ♂ Im Momente der Häutung. Dünndarm von Triton taeniatus.

„ 4. Leptodera rubrovenosa. ♂ Schwanz, Hermaphrodit in der Lunge von Bufo cinereus. V. 200.

„ 5. „ nigrovenosa ♂. Schwanz. Hermaphrodit in der Lunge von Rana temporaria. V. 200.

„ 6. Pelodera papillosa. Embryo nach dem Ausschlüpfen aus dem Ei. V. 130.

„ 7. „ „ Embryo ausgewachsen. V. 130.

„ 8. „ „ Larve. In der embryonalen Haut befindlich, welche als Cystenhülle dient. Nach dem Austrocknen wieder befeuchtet. V. 130.

„ 9. Anguillula scandens. Larve aus den Gallen des Weizen. V. 62.

„ 10. Cucullanus elegans. Larve aus dem Darm von Perca fluviatilis. Kopf. V. 130.

„ 11. „ „ Larve a. d. Darm von Perca fluviatilis. Schwanz. V. 130.

Tafel XXVII.

Fig. 1. Rhamphogordius lacteus. Querschnitt durch den halben Leibesumfang, *c* Cuticularschicht, *sc* subcutane Schicht, *m* Muskelschicht, *v* Bauchlinie, *d* Rückenlinie, *i* Darm.

„ 2. Lumbricus agricola. Querschnitt des Leibesschlauches in der Breite zweier Muskelzellen, *c* Cuticularschicht, *sc* subcutane Schicht mit Quermuskeln, *ml* Längsmuskeln. V. 93.

Fig. 8. Arenicola piscatorum. Leibesschlauch am Rande des Seitenfeldes geöffnet und ausgebreitet, Ansicht von Innen. *v* Bauchlinie (Nervenstrang), *d* Rückenlinie, *al* Seitenfeld mit den nach Innen vorstehenden Borstenbündeln. *mv* Quere Bauchmuskeln. Natürliche Grösse.

„ 4. Nereis pelagica. Querschnitt des Leibesschlauches zwischen zwei Fusshöckern, *mv*, *al*, *ml* wie in Fig. 2 u. 3. V. 10.

„ 5. Ammotrypane limacina. Querschnitt des Leibesschlauches. *al* wie in Fig. 4. Das übrige von selbst verständlich. V. 10.

„ 6. Sagitta bipunctata. Querschnitt des Leibesschlauches. *al* u. *ml* wie in Fig. 3 u. 4, *i* der Darm. V. 10.

„ 7. „ bipunctata. Querschnitt des Leibesschlauchs. Hautschicht und Muskelschicht. V. 200.

„ 8. Arenicola piscatorum. Querschnitt des Leibesschlauches. *c. mt* u. *ml* mit in Fig. 2. V. 90.

„ 9. Echinorhynchus Gigas. Querschnitt des Leibesschlauches, *sc* homogener Theil der subcutanen Schicht, *scv* gefässhaltiger Theil der subcutanen Schicht, *mt* u. *ml* wie in Fig. 2, *n* Membran, welche den Leibesschlauch nach Innen auskleidet. V. 62.

„ 10. Echinorhynchus Gigas. Quermuskelschicht isolirt. V. 62.

„ 11. Priapulus caudatus. Querschnitt des Leibesschlauches. Bezeichnung wie in Fig. 2. V. 62.

„ 12. Sipunculus eremita. Querschnitt des Leibesschlauches. Bezeichnung wie in Fig. 2. V. 90.

Tafel XXVIII.

Fig. 1. Clepsine complanata. Querschnitt, *n* Nervensystem, *i* Darm, *mtv* Musculi transversi et obliqui, *ml* Musculi longitudinales, *ms* Musculi sagittales, *c* Haut. V. 25.

„ 2. Hirudo medicinalis. Muskelnetz, Ansicht von der Haut aus. Die Musculi transversi sind irrthümlich unter die obliqui gezeichnet.

„ 3. Peripatus Edwarsii. Querschnitt eines jungen aus dem Uterus entnommenen Exemplars. *c mtv, ms, ml* wie in Fig. 1. V. 60.

„ 4. Amphistoma conicum. Ansicht des Muskelnetzes von der Haut. V. 62.

„ 5. Bothriocephalus angustatus. Querschnitt des Kopfes, *b* die Bothrien. V. 62.

„ 6. Nemertes *sp.* Querschnitt des Kopfes, *r* Rüsselscheide mit den umgebenden Muskeln, *f* Seitenspalte. V. 62.

„ 7. Nemertes *sp.* Querschnitt des Körpers, *c* Haut, *mt* erste Schicht der Musculi transversi, *mt'* zweite Schicht derselben, *ml* erste Längsmuskelschicht, *ml* zweite Längsmuskelschicht, *d* Theilungsstelle der zweiten transversalen Muskelschicht. V. 62.

„ 8. Ligula simplicissima. Querschnitt, *ml* wie in Fig. 2, *n* Zellhaufen. V. 25.

„ 9. Taenia solium. Querschnitt durch den Halstheil, *v* Gefäss, *mt* u. *ml* wie in Fig. 2. V. 25.

Taf. 1.

Schönler del.

Waagenschieber sc.

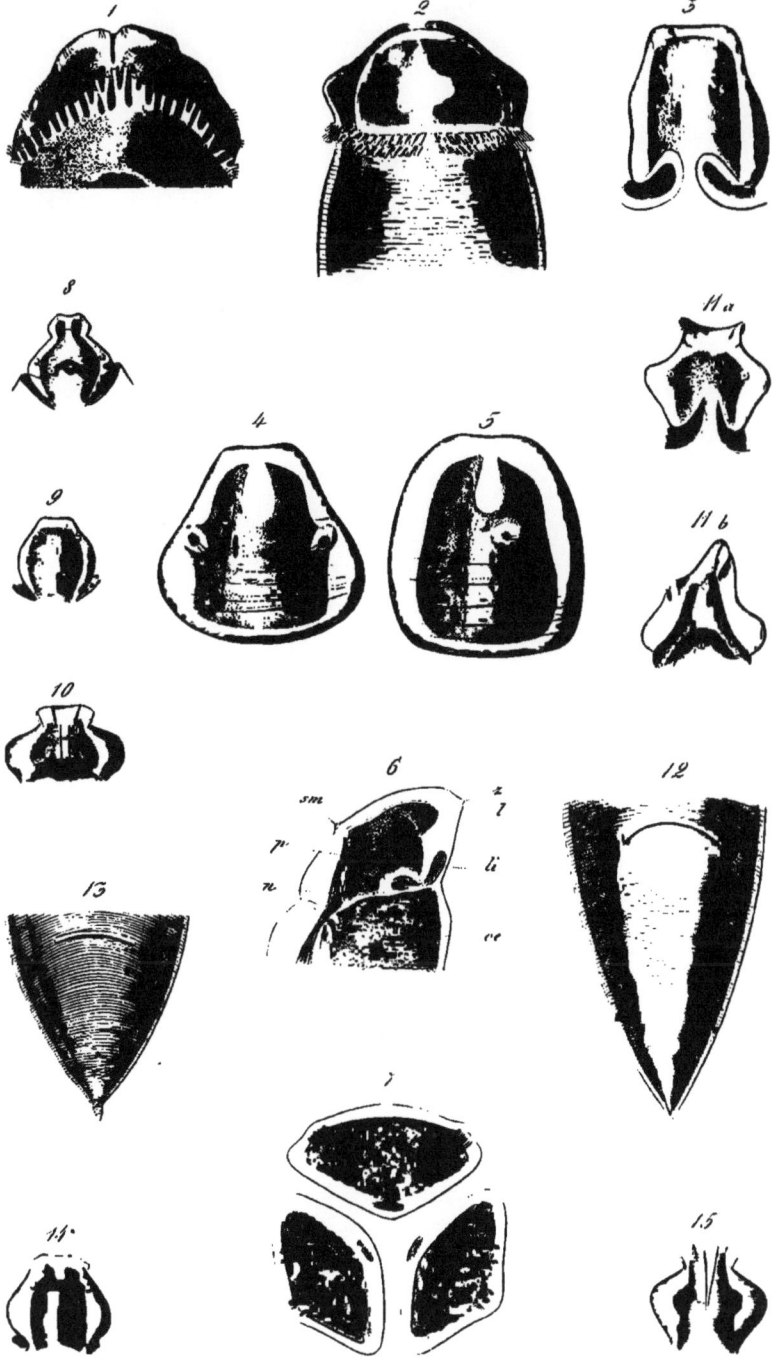

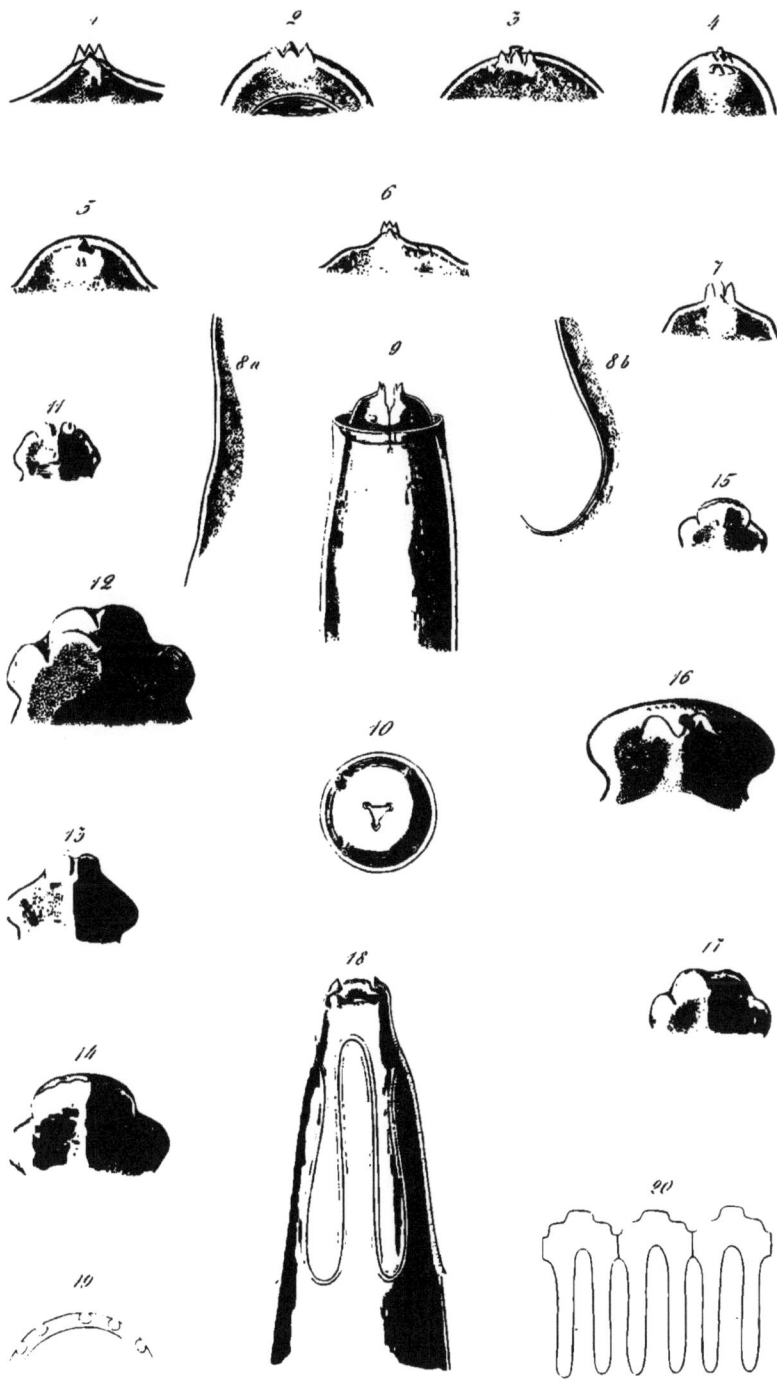

Schneider del.

Wagenschieber sc.

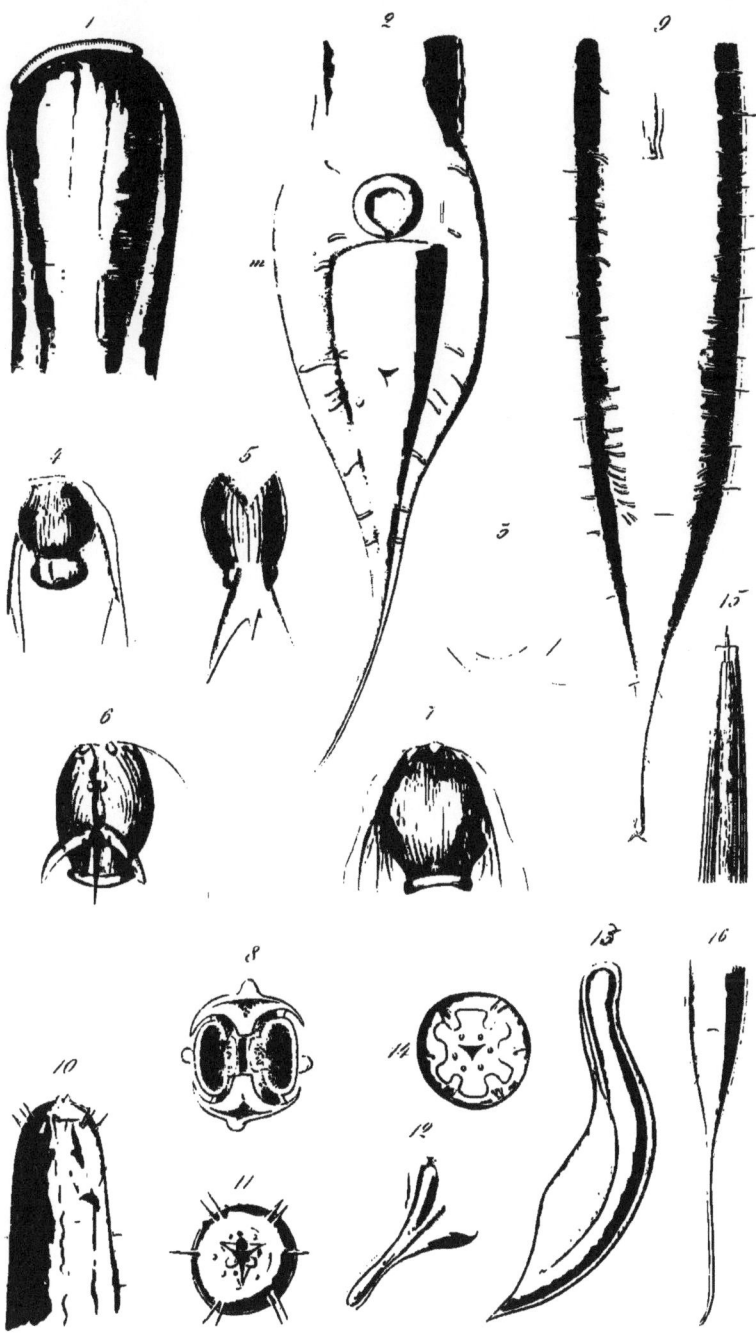

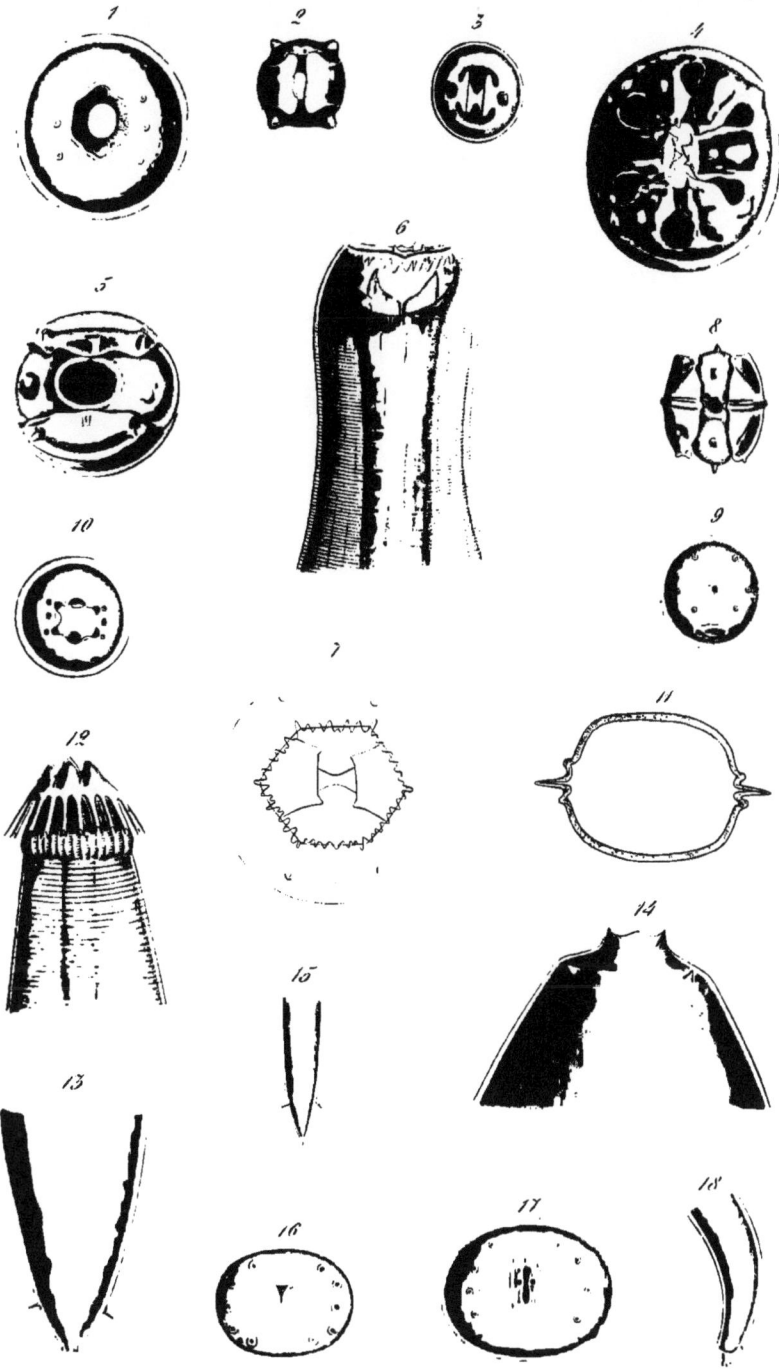

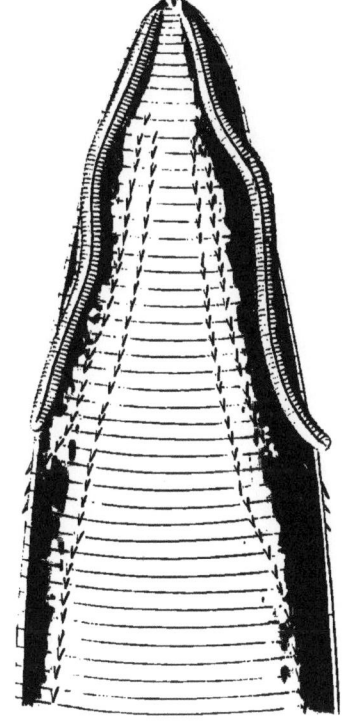

Schamier del

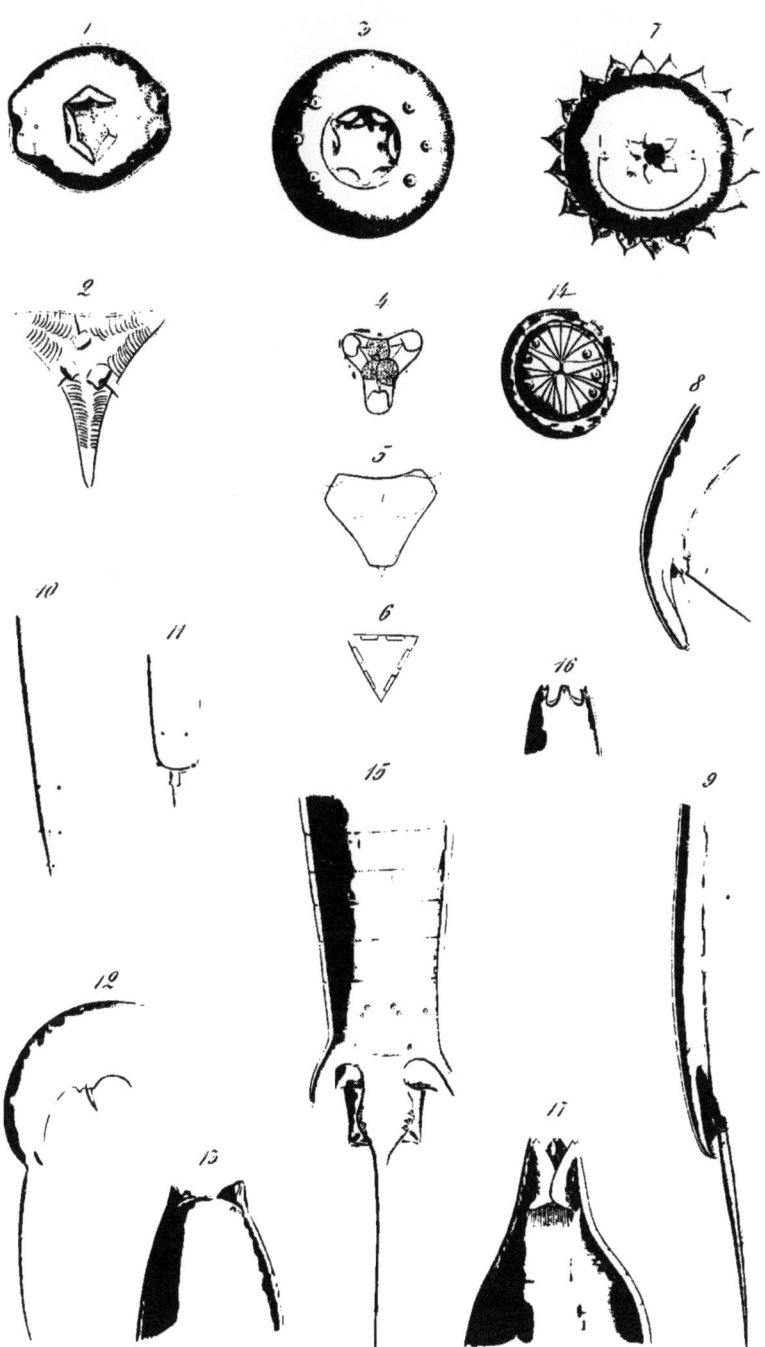

Schneider del.   Wagenschieber sc.

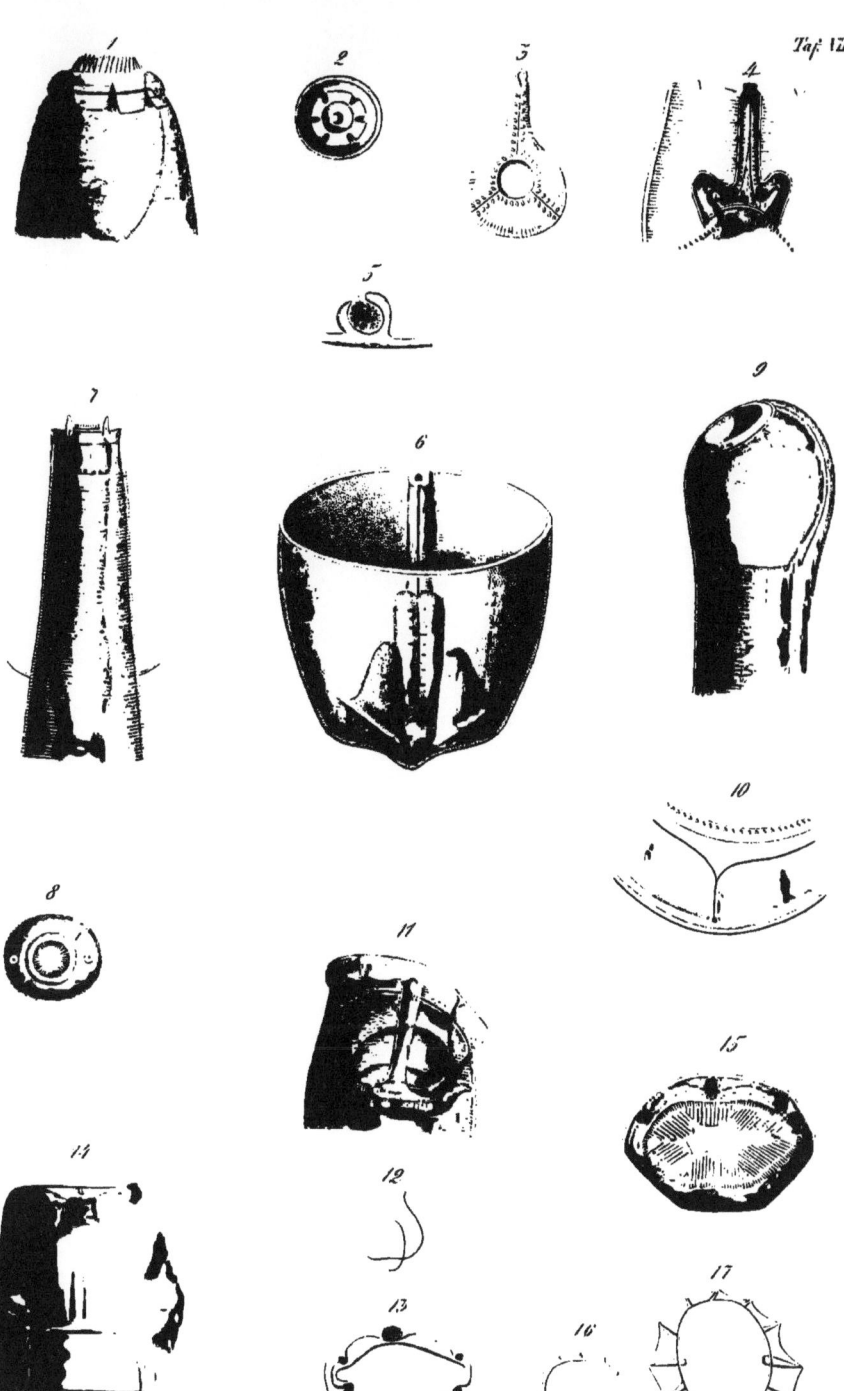

Schneider del.

Wagenschieber sc.

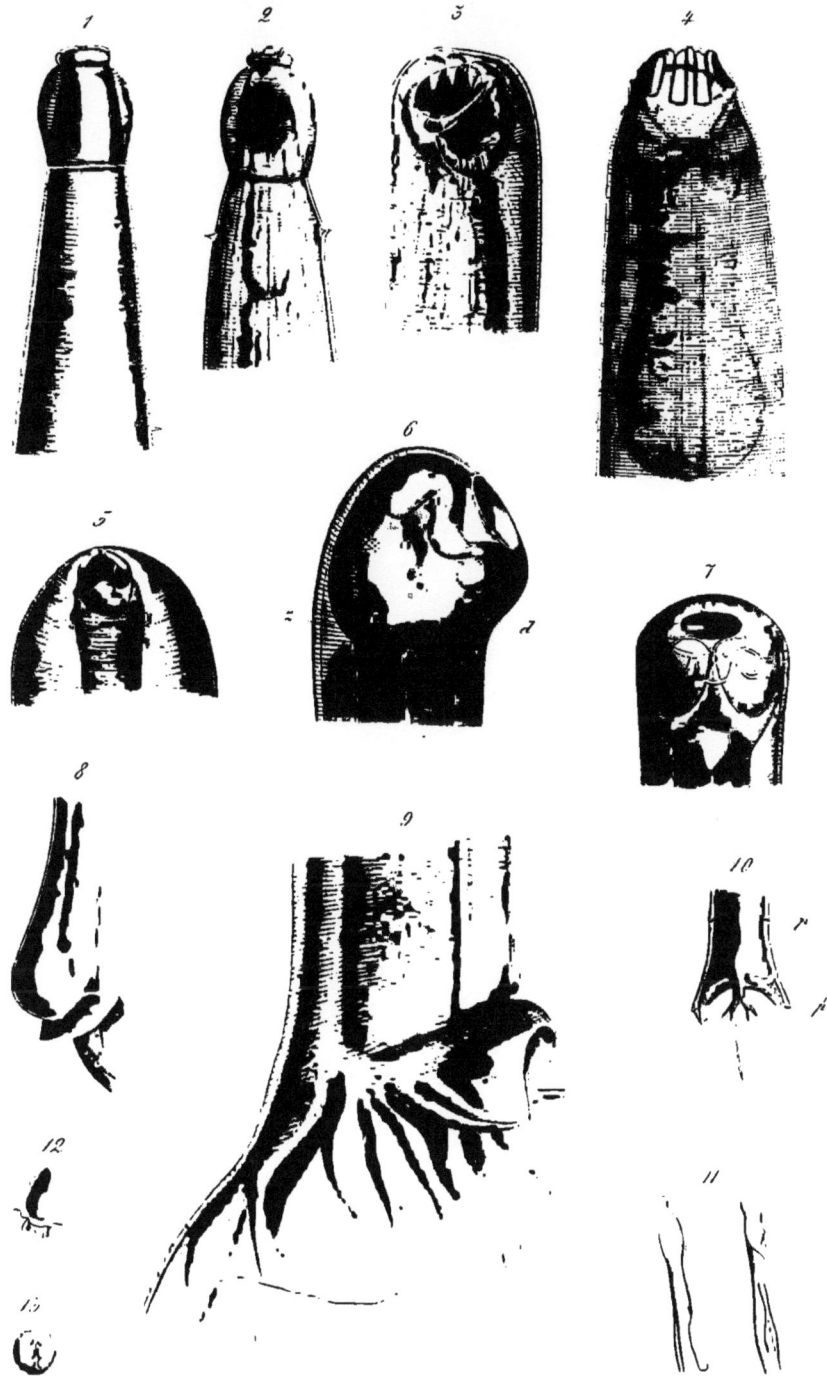

A. neuter del.   Watzenschieber sc.

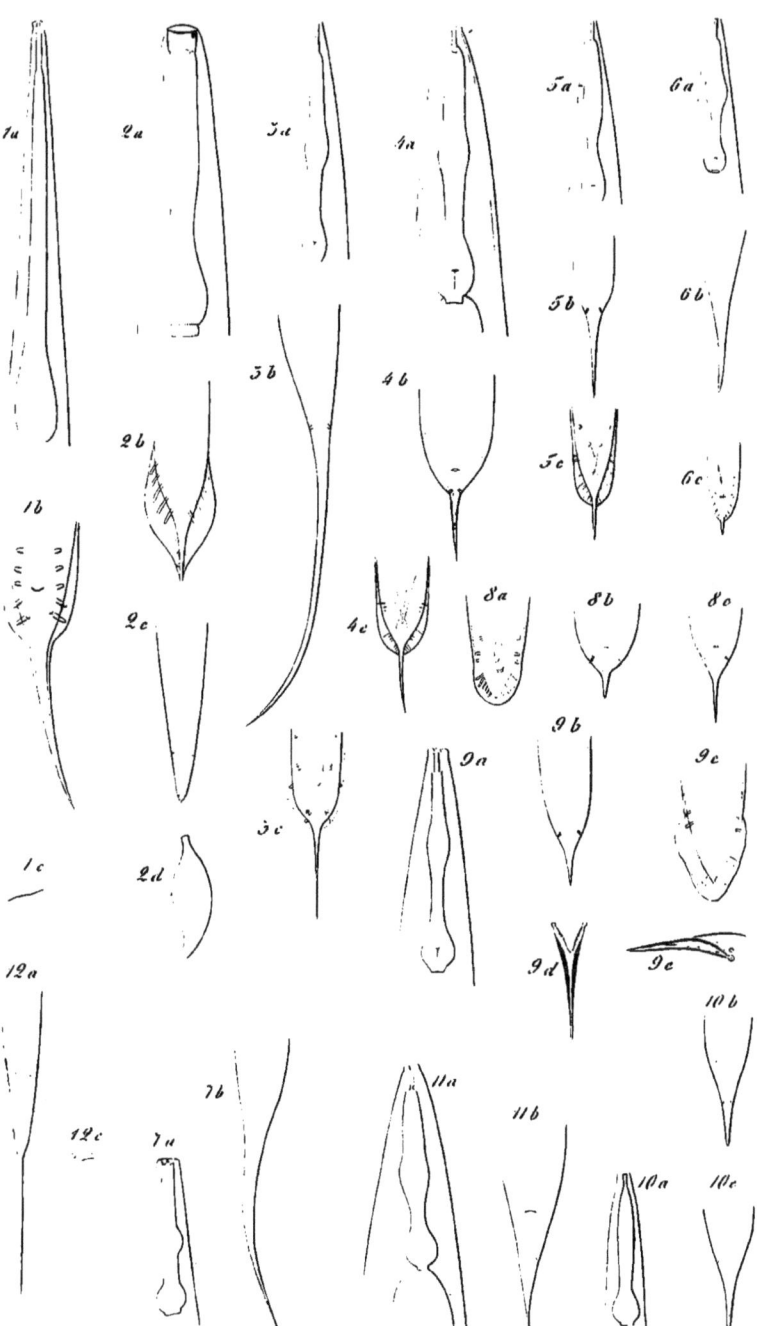

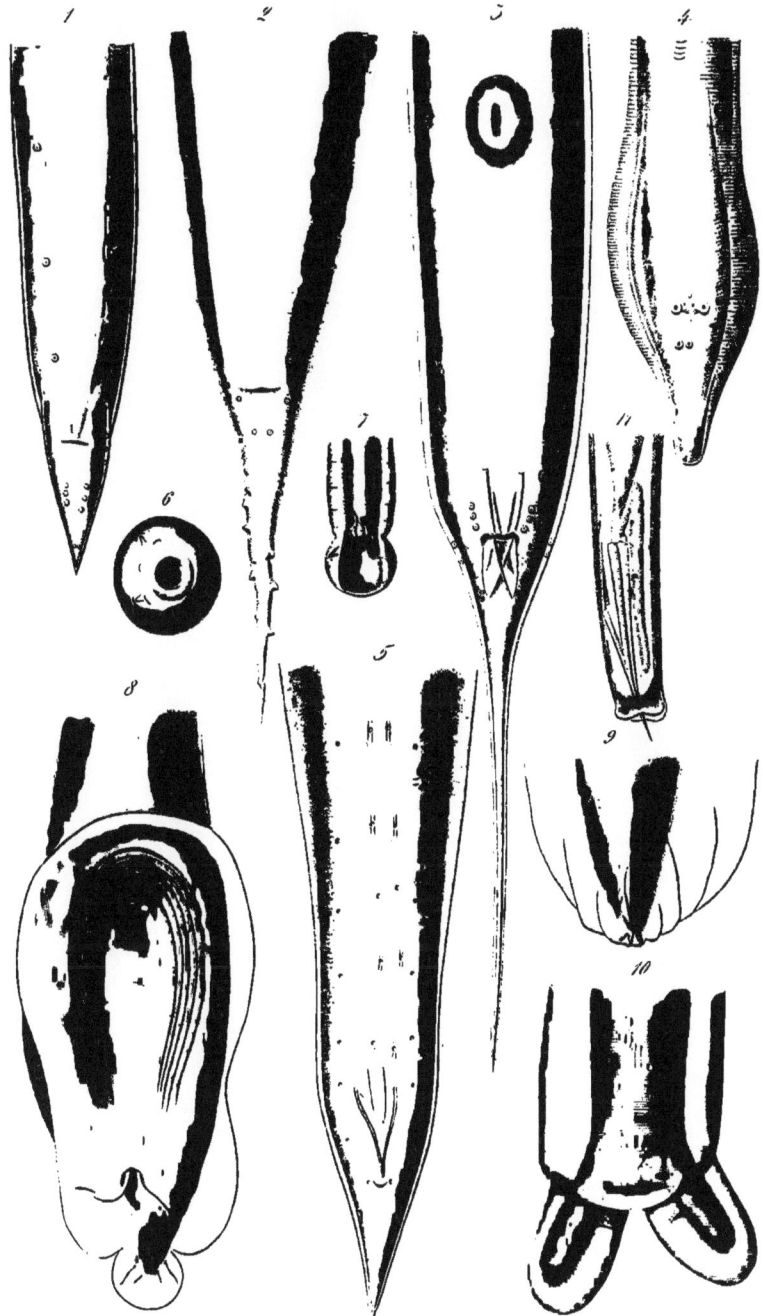

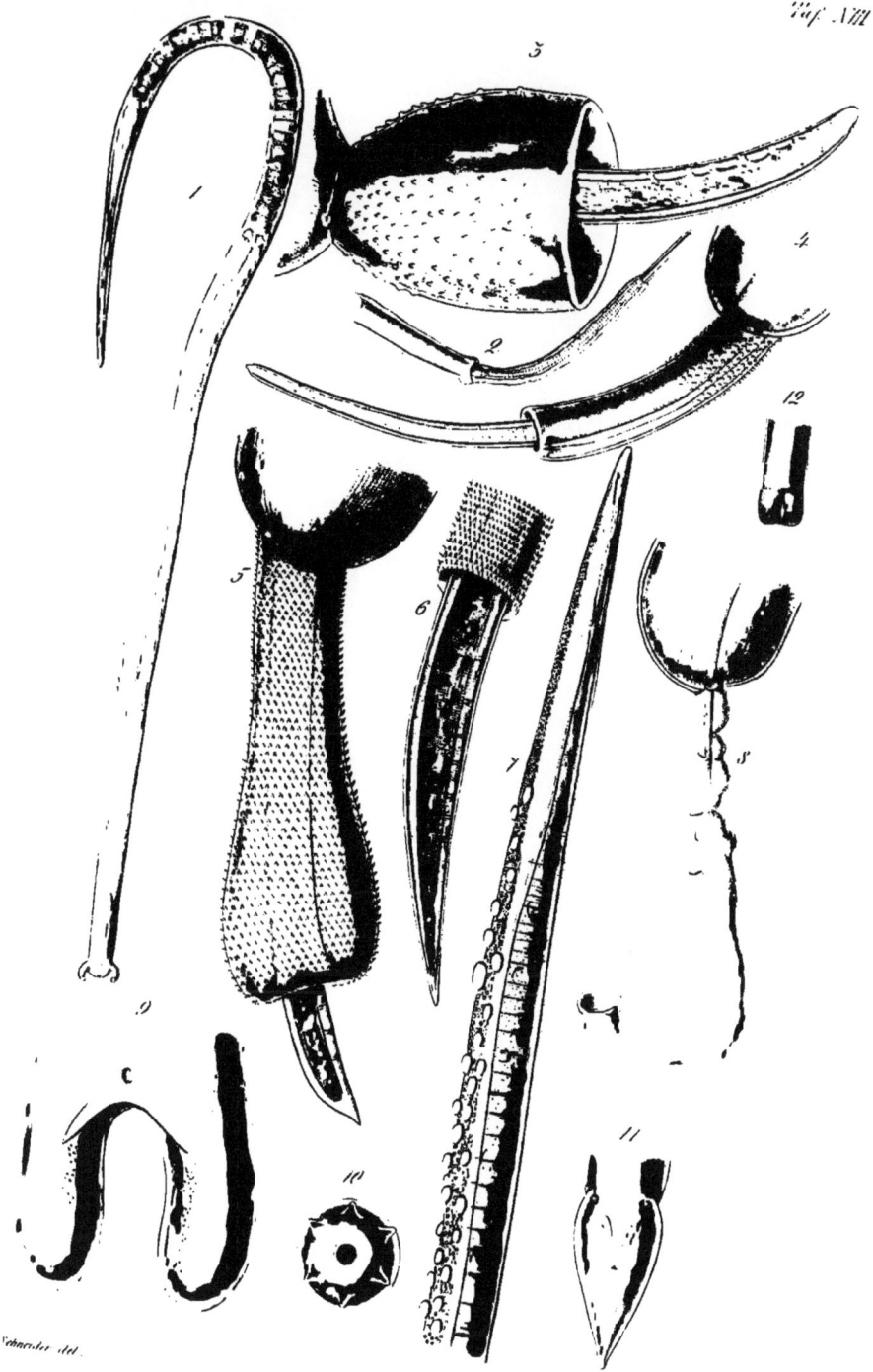

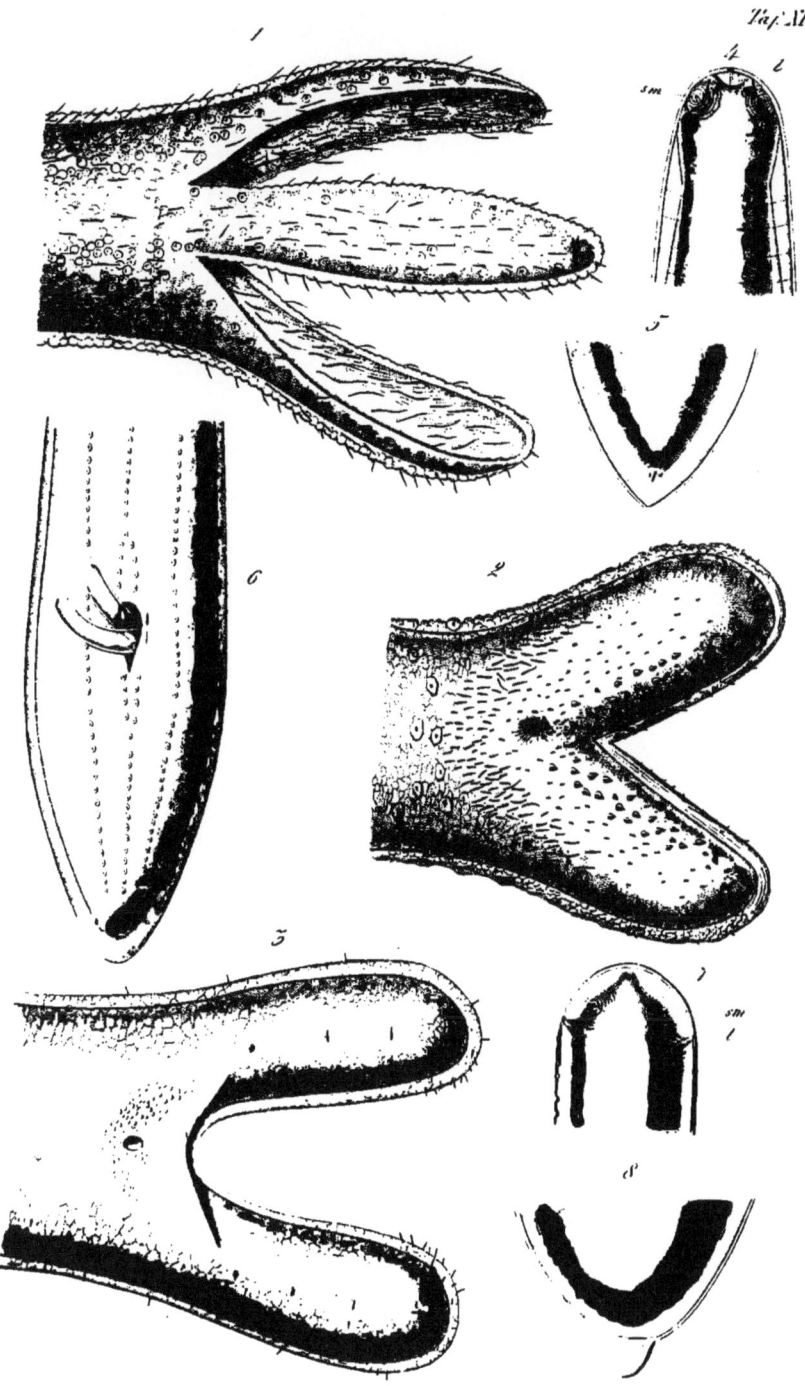

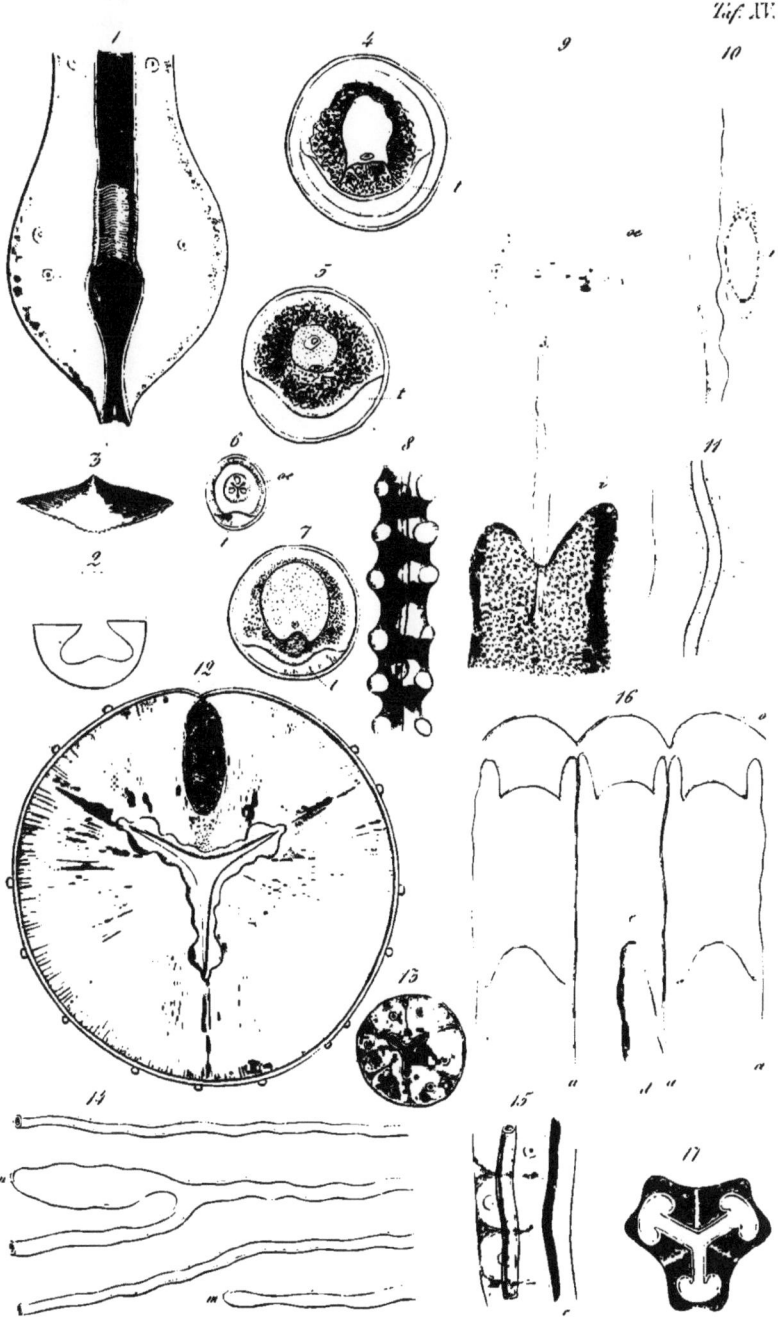

Schneider del.

Waagenschieber sc.

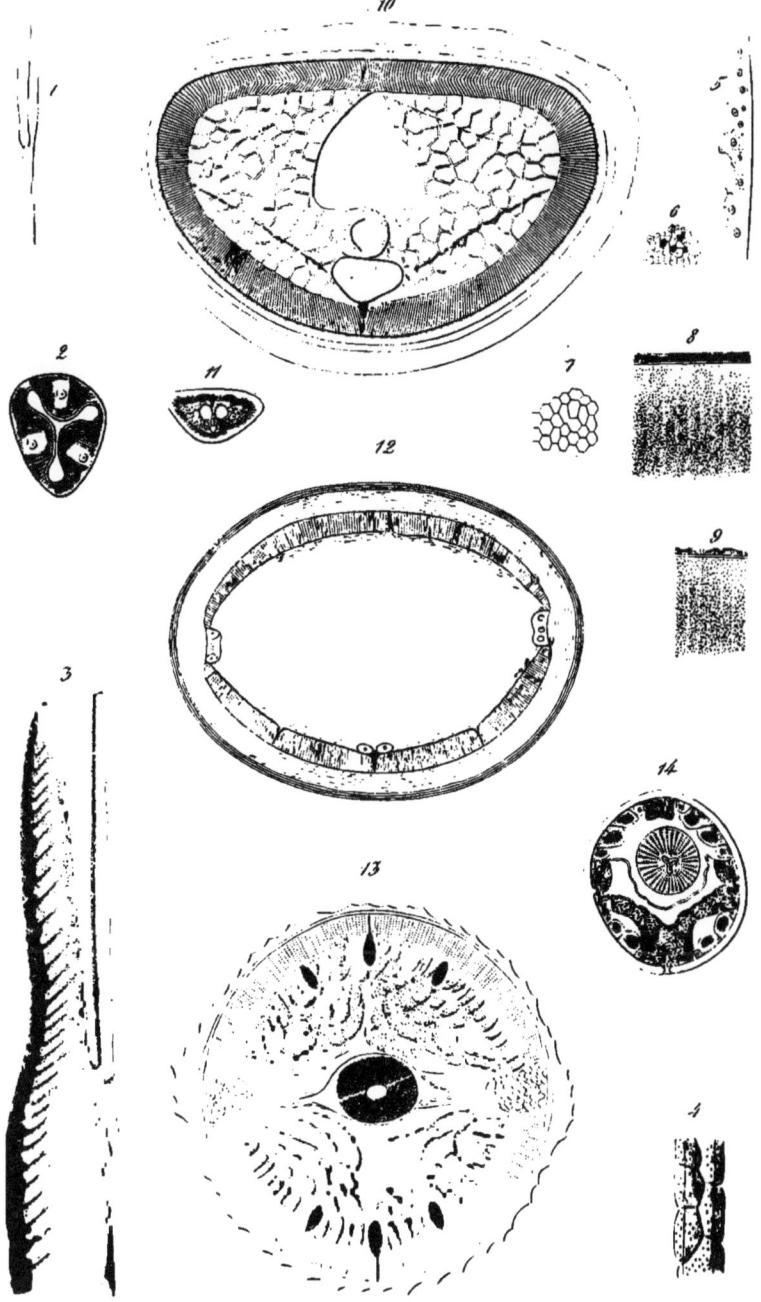

Schauder del.

Wassenbieber sc.

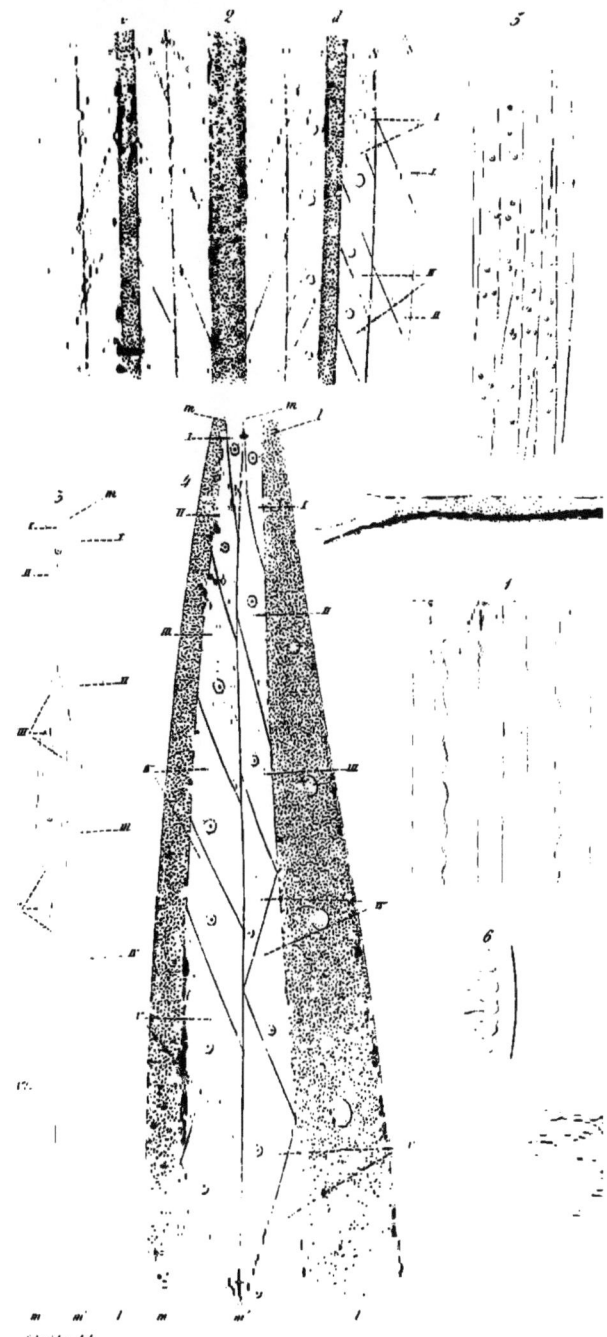

Schneider del

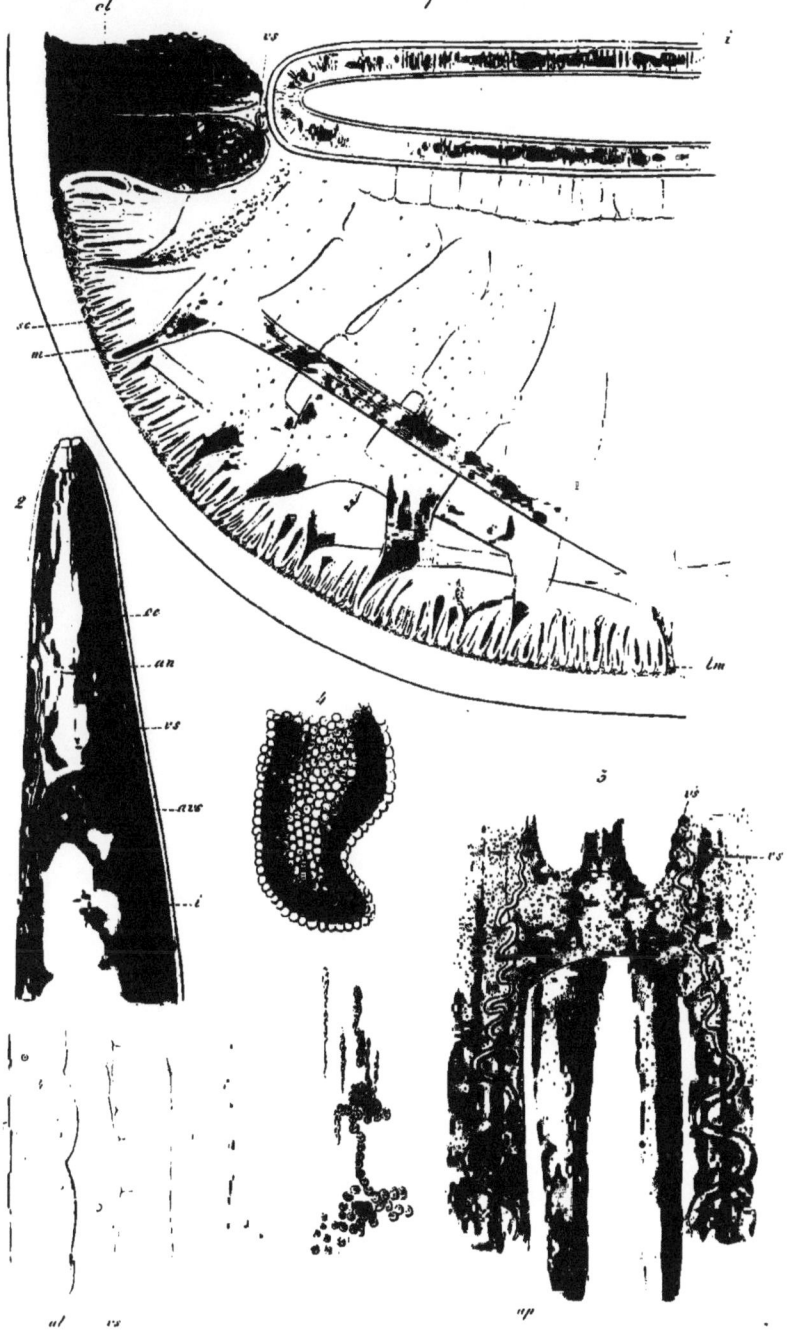

Schneider del.

Wagenschaber sc.

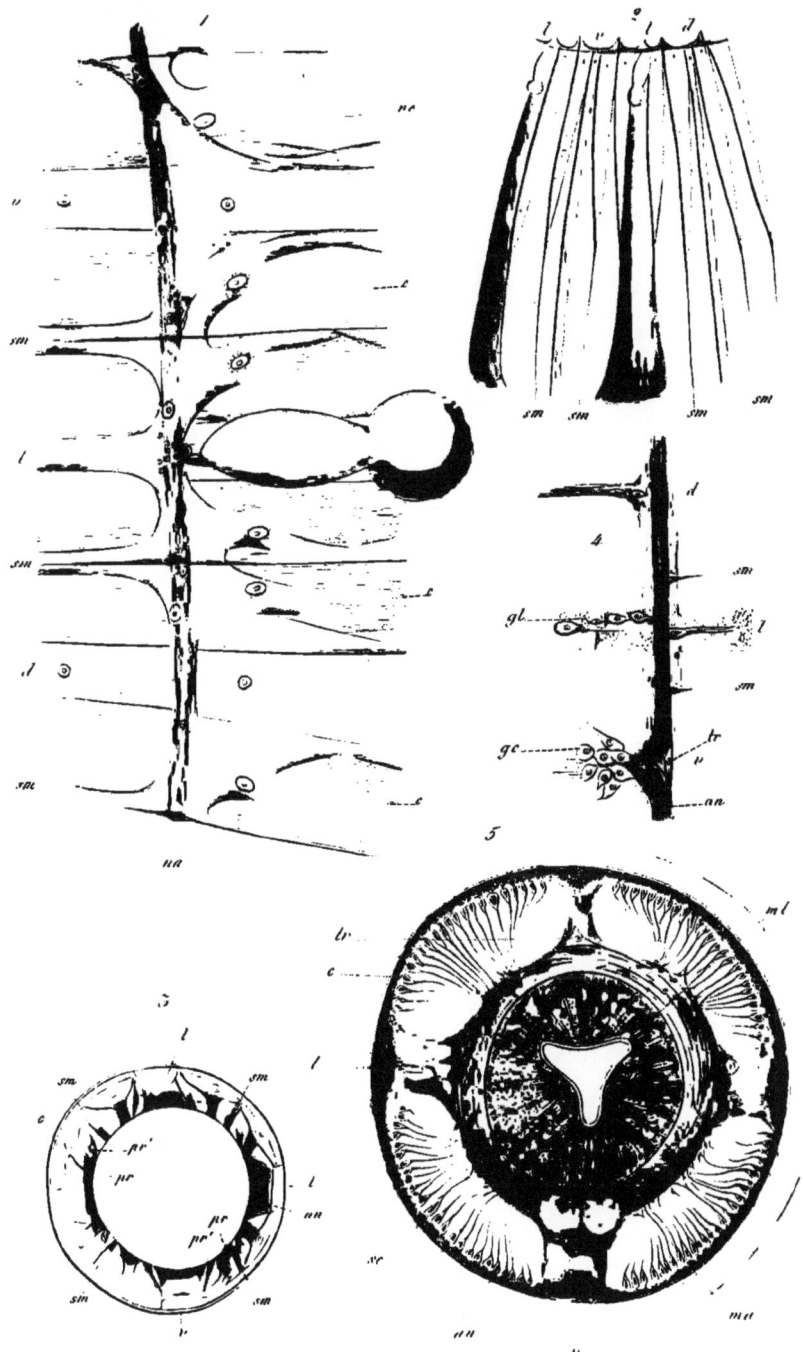

Wagenschieber sc.

Taf. XX.

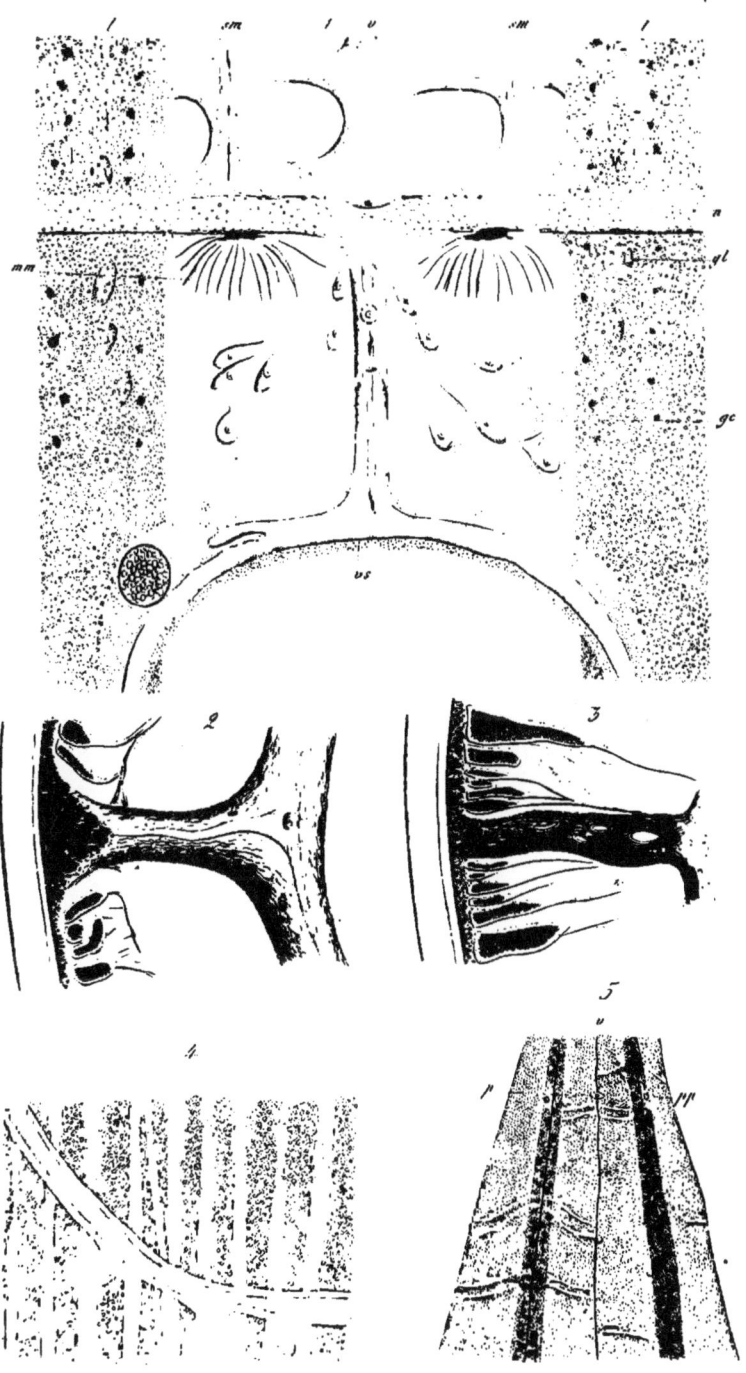

Schauder del.   Wagenschieber sc.

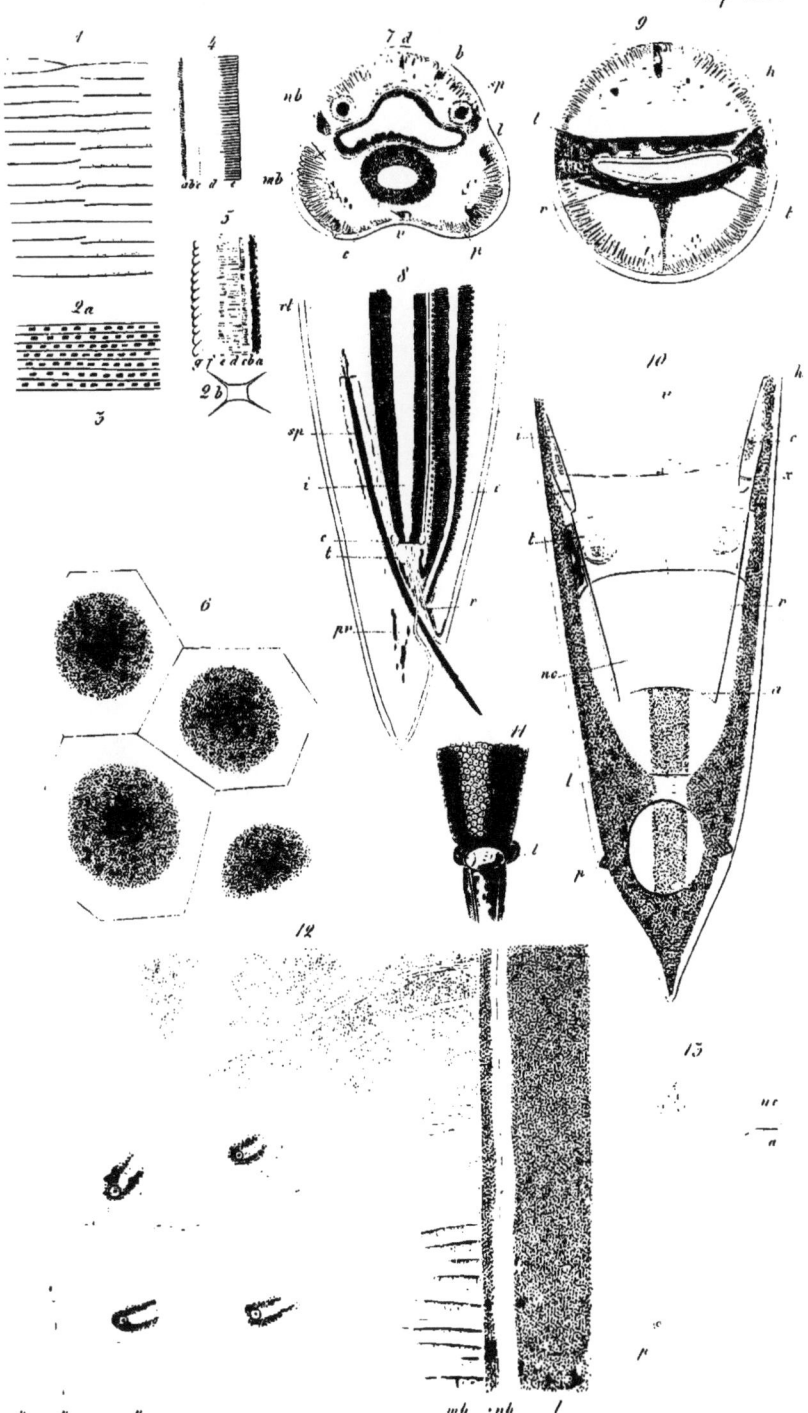

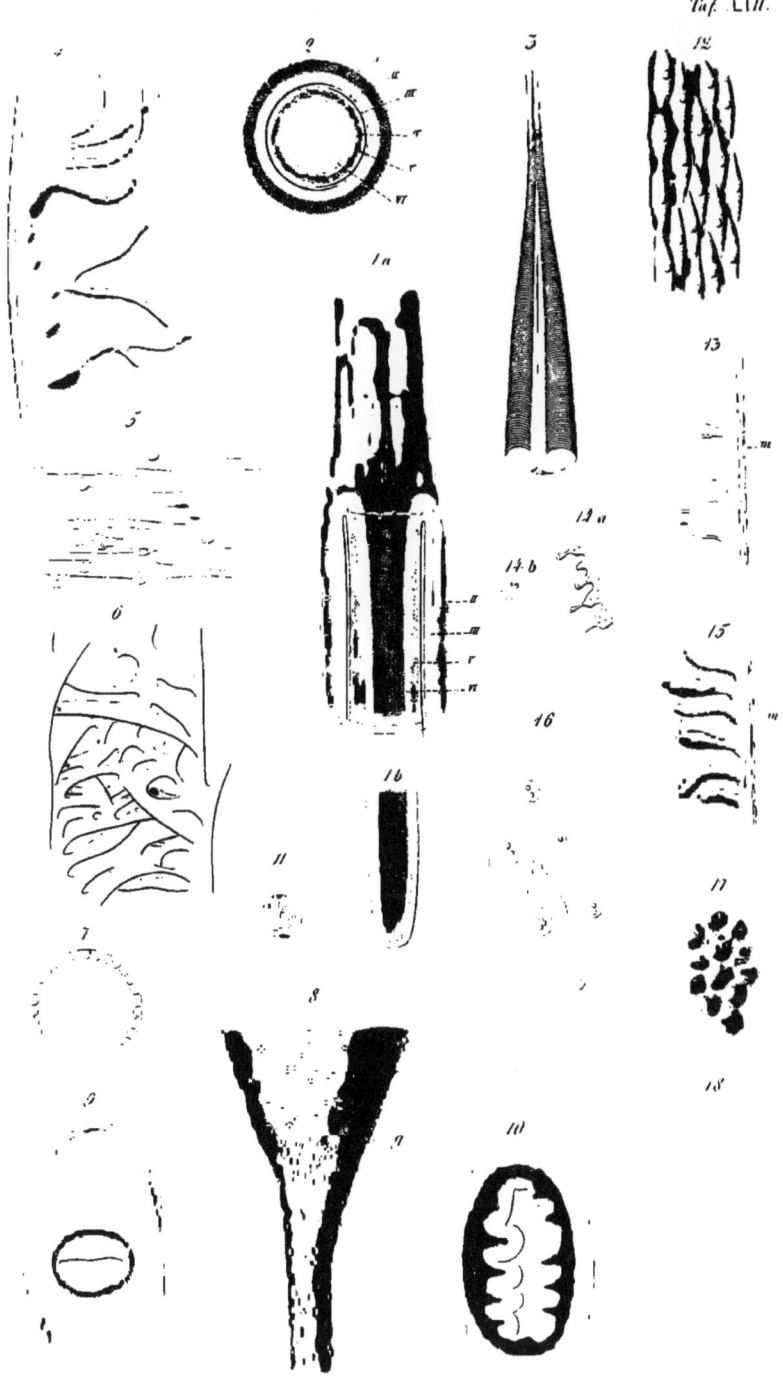

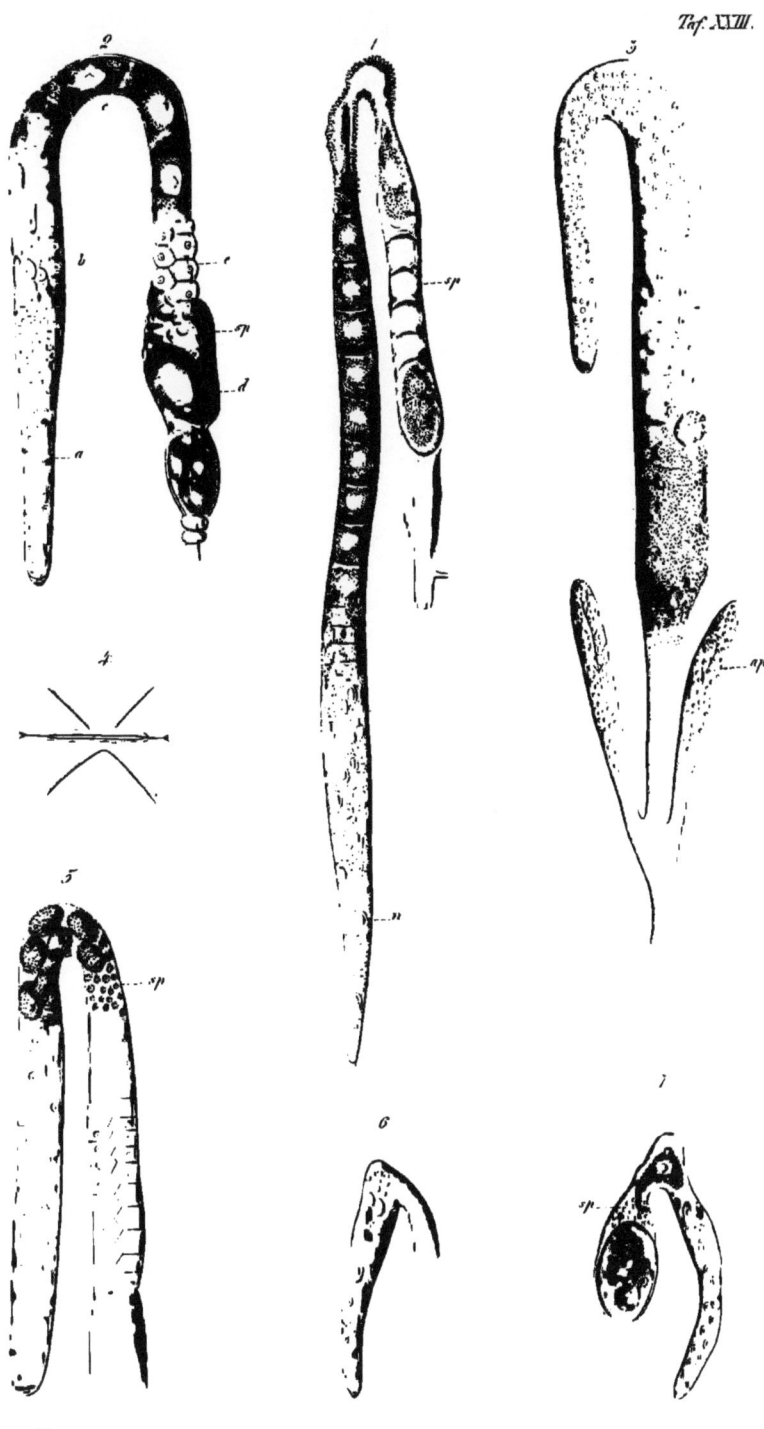

Schneider del
Wesenschader sc

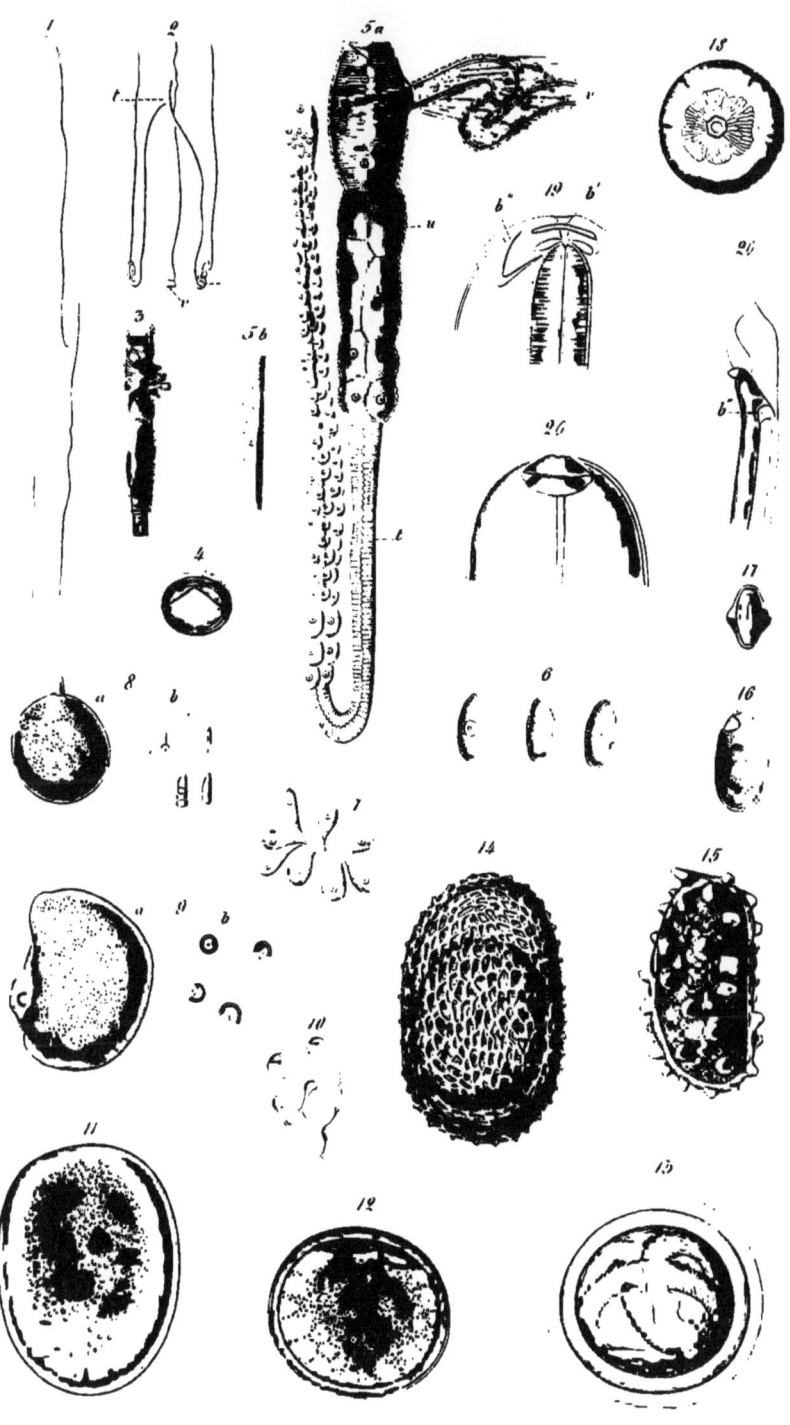

Schnuder del

Wagenschieber sc.

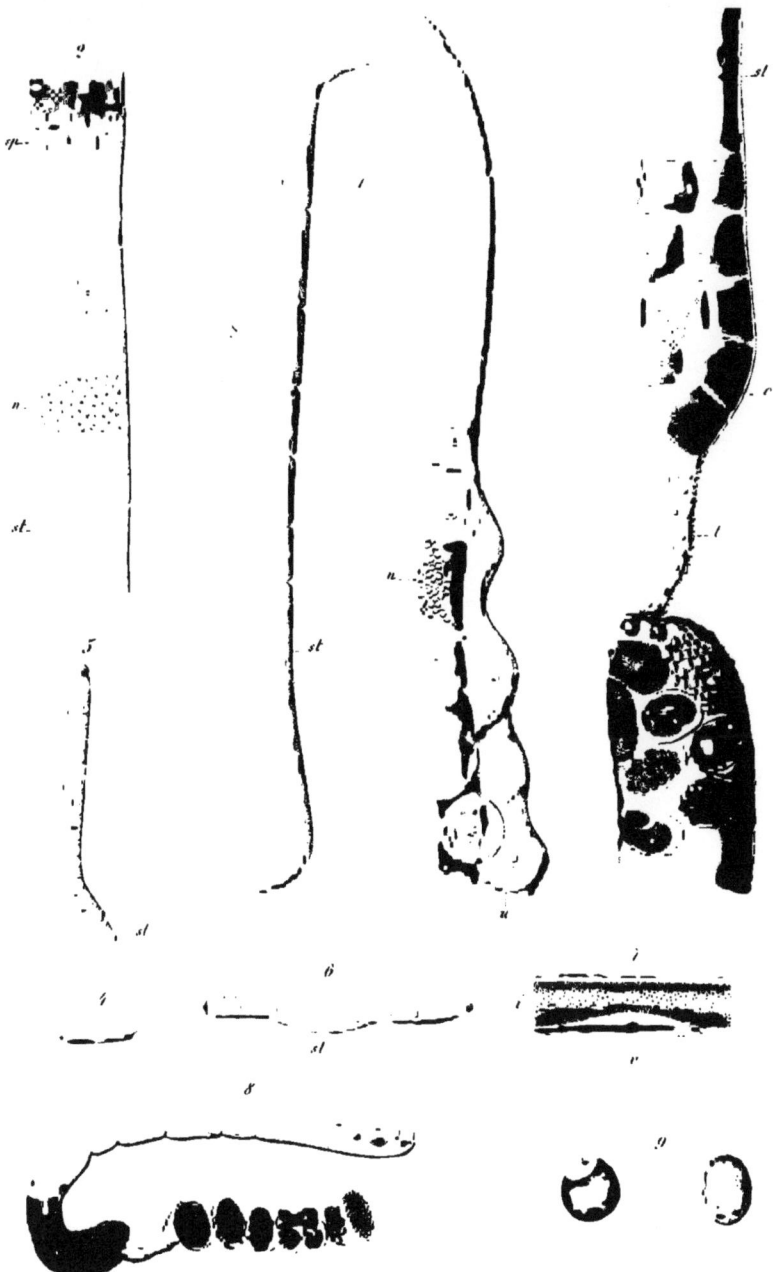

Schneider del.

Weigenschweber se.

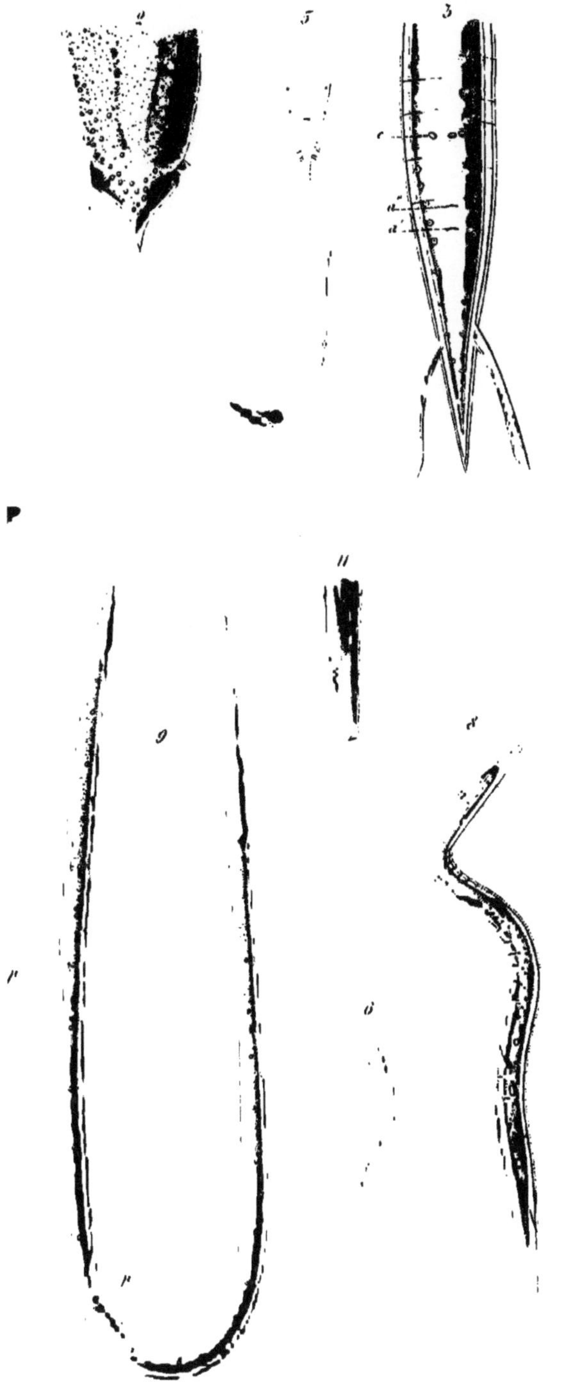

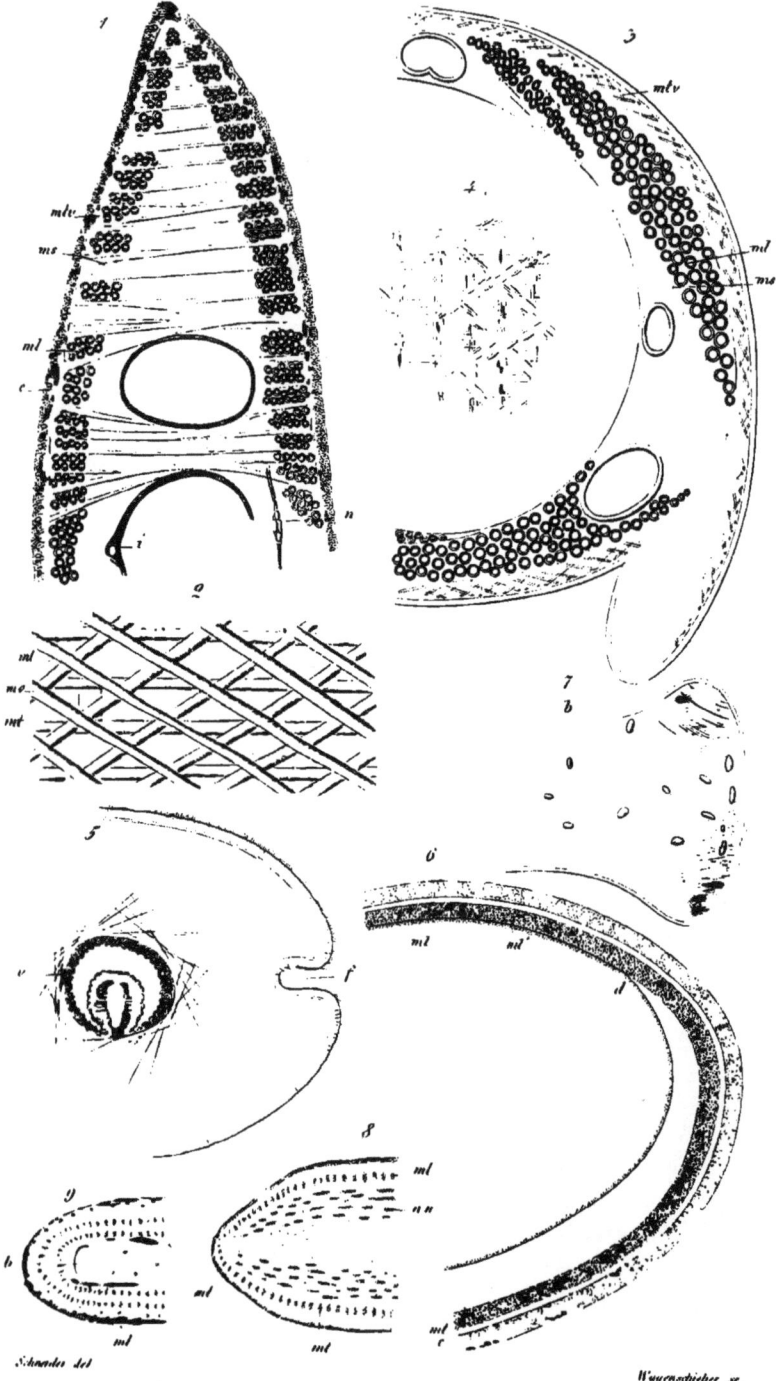

Schneider del.

Wagenschieber sc.